国家社科基金重点项目（批准号14AZJ001）

宗教学理论新探

金 泽 著

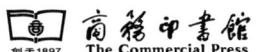

图书在版编目（CIP）数据

宗教学理论新探 / 金泽著. — 北京：商务印书馆，2022
ISBN 978-7-100-21118-5

Ⅰ. ①宗… Ⅱ. ①金… Ⅲ. ①宗教学－研究 Ⅳ. ①B920

中国版本图书馆CIP数据核字（2022）第078001号

权利保留，侵权必究。

宗教学理论新探
金 泽 著

商 务 印 书 馆 出 版
（北京王府井大街36号 邮政编码100710）
商 务 印 书 馆 发 行
三河市尚艺印装有限公司印刷
ISBN 978 - 7 - 100 - 21118 - 5

2022年9月第1版	开本 680×960 1/16
2022年9月第1次印刷	印张 29 1/4

定价：150.00元

目 录

第一章 信仰：宗教学理论研究的逻辑起点 1
    一、宗教信仰的"虚"与"实" 4
    二、宗教性与宗教形 8
    小结 47

第二章 坚守与质疑：有张力才有可能创新 52
    一、边界的清晰与相互间的互动同样重要 52
    二、不同的解读，不同的启示 64
    三、可凝练范式，却不可凝固思想 72
    小结 94
    附录："宗教"在知识体系中的位置 97

第三章 宗教学关键词：宗教现象学 101
    一、词源与学源 102
    二、宗教现象学 110
    三、深层的问题 131
    四、历史的宗教现象学 136
    五、中国的宗教现象学研究 144

  小结 154

第四章 立足国情，与时俱进，坚持和发展马克思主义宗教观 157
  一、以发展的思路建设有中国特色的马克思主义宗教观 157
  二、多角度定位宗教 166
  三、宗教是人类掌握世界的方式之一 170
  四、马克思主义宗教观对宗教人类学的丰富与发展 178
  五、马克思主义对当代宗教人类学的影响 189
  六、立足中国宗教实际，坚持和发展马克思主义宗教观 203
  小结 209

第五章 社会文化发展战略与宗教文化格局 213
  一、从社会发展战略的角度思考宗教问题 213
  二、宗教文化格局——明清两代的比较 242
  小结 282

第六章 关注"民间信仰"有何新意 287
  一、民间信仰是历史悠久且当下活跃的宗教文化形态 289
  二、民间信仰的定性与特征 296
  三、民间信仰与其他社会文化的互动关系 301
  四、民间信仰、文化再生产、建构中层理论 306
  五、民间信仰、文化发展战略与社会治理方略 315
  小结 332

第七章 宗教与政治 336
  一、宗教与政治的复杂互动 337
  二、政教关系：历史拐点与互动模式 351

三、宗教与政治互动的主要层面 374

小结 410

第八章 宗教与法治 418

一、宗教律法与世俗法律 418

二、"宗教信仰自由"的理解 429

小结 447

参考文献 451

第一章　信仰：宗教学理论研究的逻辑起点

　　信仰还用讨论？在许多人的心目中，宗教就是信仰，信仰就是宗教，用不着讨论。这恰恰印证了黑格尔所说的"熟视无睹"。在我们的生活中，在人类历史上，在当今世界，人们在信仰和宗教上的分歧导致了许多问题，产生了许多事件，甚至是恶性事件。

　　说宗教是信仰，人们承认。说信仰是宗教，有些人肯定，有些人则不以为然，因为某些信仰，如政治信仰就不是宗教。于是"信仰是宗教"就成了问题，由此人们自然会问：信仰是什么？

　　世界上有许多宗教，因而有许多信仰。这个有些人肯定，有些人就不认可了，他们说自己的宗教是信仰，其他的宗教都不是信仰，或者反过来说自己的信仰是宗教，其他的则是异端、迷信。于是宗教和信仰都成了问题。

　　如果说凡宗教都是信仰，那信仰就有许多，因为有许多宗教及诸多教派。那我怎样看待别人的宗教，别人又怎样看待我的信仰？如果大家"老死不相往来"可相安无事，但若大家共居一片蓝天下，我尊重或承认他的信仰，但他却不尊重或不承认我的信仰，会有什么样的结果？为什么会这样？我又当怎么做？不同的宗教信仰往大处说在世界观、人生观和价值观上有分别，就小处说有穿衣吃饭行礼的不同。遇到同一件事，我有我的标准，他有他的好恶，形不成统一意见，甚至形不成底线的共识，却又不得不相互面对，怎么办？

所以宗教就是信仰或信仰就是宗教，不是不需要讨论，而是涉及一个根本的大问题。面对信仰，我们不能想当然，要知其然；不仅要知其然，还要知其所以然。宗教学要论说宗教，"信仰"这个问题首当其冲，不可回避。

宗教学是研究宗教现象的本质、特征、结构、功能以及演变的一门学问。一个学科或一个学说体系自有一个理论原点或核心范畴，诸如物理学之原子，化学之分子，诸如道家之"道"，儒学之"仁"，柏拉图之"理念"。宗教学理论是一门研究"宗教"的学问，是社会科学与人文科学中的一个学科，它也应有自己的理论原点或核心范畴。这个理论原点应当是历史的与逻辑的统一。所谓"历史的"指的是客观现实的历史发展过程，以及人类认识客观现实的历史（包括科学史、哲学史等）；而"逻辑的"则是指历史发展过程在思维中概括的反映。

历史的与逻辑的相统一的思想是由黑格尔系统提出来的，他认为逻辑概念的发展与哲学体系的发展是一致的。黑格尔将每一种哲学体系的发展都看作"绝对观念"发展的特殊阶段，但是他却有意地选择历史事件，如将基督教作为绝对精神在宗教领域发展的顶峰，这不仅对基督教之后的各种宗教（尤其是伊斯兰教这样体量巨大的宗教）视而不见，而且也意味着基督教之后的各种宗教也都没有了历史地位。所以黑格尔的历史的与逻辑的统一有自相矛盾之处：由于要有"绝对"的地位而扼杀了"精神"的活路。我们不能绝对地或片面地理解历史的与逻辑的统一，而只能理解为理论的逻辑进程与客观现实的历史发展进程之间应有某种内在的一致性，也就是恩格斯所说的"历史从哪里开始，思想进程也应当从哪里开始，而思想进程的进一步发展不过是历史过程在抽象的、理论上前后一贯的形式上的反映"[①]。

[①] 恩格斯：《卡尔·马克思〈政治经济学批判〉》，《马克思恩格斯选集》第2卷，第122页。

维科在他的《新科学》中说:"学说,必始于其所研究事实的开端。"萨义德(Edward W. Said)接着说:"开端不只是一种行为;它也是一个思维框架,一种工作,一种态度,一种意识。"更重要的是萨义德认识到开端乃是"意义产生意图的第一步"。① 就社会科学或人文学科来说,一个学说体系的完整性和系统性,首先要有明确且独特的逻辑起点。这个逻辑起点要具有本体论、认识论和实践论的价值,至少要承载如下使命:它是这个学科体系(或学说体系)之有别于其他学科(或学说体系)的"核心范畴",并使这个学科有可能体系化;它与理论学说体系的逻辑展开及相关历史现象的发展演变有内在的相关性;它具备较强的理论解释力和现象涵盖面。

　　宗教学理论当以"宗教"为起点?不妥。宗教虽然是宗教学理论的研究对象,却不宜被当作研究起点。宗教是信仰,尤其是宗教信仰发展到一定阶段的社会结果和文化产物。人类不是因为有了宗教才有信仰,而是因为有了信仰才有宗教。② 以往宗教学研究多以宗教的构成要素和结构开始,但究竟有几个要素方为宗教,意见不统一;宗教的内部结构是一种还是多种,意见也不统一;宗教与其他社会事物和文化事物的边界在哪里,这些边界是刚性的还是柔性的,转变的临界点又在哪里。对这些问题,以往的研究或者没有触及,或者蜻蜓点水。然而从理论逻辑上说,这是将宗教作为研究起点造成的。宗教是信仰的观念系统化、行为规范化与成员组织化的产物,同时也是个人信仰演变为信仰共同体的产物。信仰有不同的深度和层面、不同的表达方

---

① 萨义德:《开端:意图与方法》,章乐天译,生活·读书·新知三联书店2014年版,第15、21页。

② 即使从宗教信仰者的角度看也是如此。W. E. 佩顿指出,宗教内部的人们并不是先有宗教理论,然后才决定成为宗教的信仰者。毋宁说,他们是因为自己是信仰者,然后才有宗教理论。基督教神学家保罗·蒂利希写道,唯有以我们与神的关系为基础,我们才能谈论神。(保罗·蒂利希:《系统神学》第1卷,芝加哥大学出版社1951年版,第214页)佛教的评注家们断言:"开悟是阐释的终极标准。"(此语出自小唐纳德·S. 洛佩兹编:《佛教阐释学》导言,夏威夷大学出版社1988年版,第8页)

式和不同的集结样态，因而有千姿百态的宗教。无论在历史上还是在逻辑上，宗教都不是"因"而是"果"。

宗教学理论或以"神鬼"为起点？也不妥。宗教学理论虽然会论及神鬼，却不能将其作为研究起点。为什么？神鬼只是信仰的对象而非信仰本身或全部，而且神鬼也没有穷尽信仰对象的全部。就"神鬼"而言，许多神学家和宗教家都十分肯定神鬼的存在并以之作为其神学体系的起点，但无神论者坚决否认神鬼的存在，实验科学也找不到神鬼存在的证明。况且，一方面有许多宗教形态一再否认自己以神鬼为崇拜对象，另一方面无数以神鬼为核心的宗教定义（如一神还是多神）让人莫衷一是。然而各种宗教都以"信仰"为前提这是没有什么争议的。人们有信仰（且先不论信仰的内容）是事实；人们有了信仰会在思想上、心理上、行为上有反映，这是事实；信仰相近的人会聚在一起礼拜，并作为一个群体有所为有所不为，这是事实。这些思想事实、行为事实、心理事实、文化事实和社会事实，构成了宗教学的研究对象。①

信仰（这里所说的是宗教信仰），乃是宗教学理论研究的逻辑起点。

一、宗教信仰的"虚"与"实"

何谓"信仰"？信仰是对尚未实现的或尚未证实的观念与境界的

---

① 波普（K. R. Popper）于1978年的一次讲演中提出了"三个世界理论"。他认为存在着三个世界：物理世界（简称"世界1"）、精神世界（简称"世界2"）和客观知识世界（简称"世界3"）。"世界1"指的是客观世界的一切物质客体及其各种现象，如物质、能量、一切无机物质和一切生物有机体，包括人体及其大脑。"世界2"指的是一切古今中外的主观精神活动（对个人来说就是他个人的主观精神活动）。波普认为主观精神是实在的（包括感性世界和理性世界），因为它对"世界1"，尤其是对人和动物的躯体能起反馈作用，即它直接支配着人和动物的物质躯体通过其活动表现出来。"世界3"被波普定义为人类精神产物的世界（广义地说应该是：一切主观精神活动的产物的世界），如思维观念、语言、文字、艺术、神话、科学问题、理论猜测和论据等一切抽象的精神产物，以及一切具体的精神产物，如工具设备、图书、房屋建筑、计算机、飞机和轮船等等。"三个世界理论"可以说进一步细化了我们所说的社会事实或文化事实，宗教信仰过程中的许多因素，可以归入三个世界的不同层面。

确信与追求。"尚未实现"或"尚未证实"的特征说明"信仰"虽然可能包含真理，但却不能等同于真理。信仰（英文 faith，拉丁文 fides）意为自愿地将某些一直没有（或不能）得到理性或经验支持的观点作为真理，特别与对宗教信条的信奉有关。康德认为信仰就是接受先验理念、上帝、自由意志和灵魂不朽。它们超越了经验的王国，不是理论知识的对象，但它们在道德事务中起重要作用。[①] 在中国古代汉语中，"信"字有诚实不欺、信从信任之意，但"信仰"一语却较少见（《辞源》中举唐译《华严经》十四："人天等类同信仰"为例）。现代汉语中的"信仰"意为"对某种宗教，或对某种主义极度信服和尊重，并以之为行动的准则"[②]。我们认为信仰不仅是"行动的准则"，而且更重要的是行动的动力。信仰中有"思想"但不同于思想，关键在于它含有处世态度并付诸行动：信仰是知行合一的，它将某种"思想"作为信仰者"行动的准则"和动力，这一特性决定了信仰不同于哲学和科学知识。我们学习和掌握了哲学与科学知识（如"知道了"逻辑实证主义或水的分子式），不一定和自己的人生价值挂钩，也不一定和自己的行为方式与生活方式有所关联。但是信仰却与之截然不同，它对信仰者有着特殊的魅力（或吸引力）和定力：一个人有信仰，定会体现为在思想上、情感上和行为上对某种人生观、价值观或世界观的选择、趋同和执着。反过来说，如果有人只是嘴上说信仰什么，而行为与之不搭界甚至背道而驰，人们会说那只是"伪信仰"或"骗子"。总之，信仰是一种状态，又是一个过程，它必然会在思想方式、行为方式和生活方式等方面对信仰者个人和信仰者群体，以及信仰者所处的社会产生实实在在的影响。

人类的社会活动与精神活动在自身发展中逐渐衍生出不同的层面

[①] 参见布宁、余纪元编著：《西方哲学英汉对照辞典》，人民出版社 2001 年版，第 361 页。
[②] 参见《辞海》，上海辞书出版社 1979 年版，第 565 页。

（或维度），这决定了信仰的对象涉及不同的精神层面和思想体系：有的涉及政治领域，如对"天下为公"的信仰，对共产主义的信仰等；有的涉及神圣的或超自然的宗教方面，如对上帝、佛或道的信仰；有的涉及道德和人性的领域，如对"人皆可以为尧舜"的信仰[①]；有的涉及科学领域，如对科学主义的执着，认为科学技术可以解决人类社会的一切问题[②]。

在信仰的不同层面（维度）中，宗教学聚焦于宗教信仰。宗教信仰正如其限定词"宗教"所表明的，有着不同于其他精神层面之信仰的特质，但是宗教信仰作为"信仰"与其他层面的"信仰"有着相似的特质：

（1）相同层面的信仰（如共产主义与封建主义、基督教与佛教等）或多或少（至少在某种程度上或某些方面）会具有相互排斥的属性；而不同层面的信仰（如民主主义与佛教、保守主义与基督教等）虽然相互有别却不一定互相排斥，或不一定是完全相互排斥的。

（2）信仰会产生认同（但非必然），即具有相同或相似信仰的人彼此相契并有可能以此为基础组成社团（在政治层面、道德层面和宗教领域出现的许多社团，大都是以信仰认同为基础，但也有相同的信仰却因不同的社会地位而结成不同的社团），不同层面的认同（如政治认同与道德认同、族群认同与宗教认同）有可能相互排斥，也可能相互增进。

（3）信仰的形成既有内因亦有外因，一般认为家庭的影响对个人信仰的形成十分重要，但个人的内在回应、个人的经历对信仰的牢固

---

① 可能有些人会说自己信仰个人主义或实用主义，甚至崇拜"金钱至上"，严格说来此类信仰只能看作带引号的"信仰"，因为这种信仰的对象不是"尚未实现的或尚未证实的观念与境界"，但若从虔信之且笃行之看，也可广义地视为"信仰"。

② 科学主义主张科学是唯一的知识，科学方法论是获取知识的唯一正确的方法。内格尔在《出自无处的观点》（1986）中指出："科学主义实际上是一种特殊形式的理想主义，因为它把宇宙和关于它可说及的托付给一种类型的人类知识。"

与改变更为重要。个人信仰不是与生俱来的，它是通过某些途径或某些体验获得的。对绝大多数人而言，个人信仰是在家庭、社会和文化的塑造中形成的，因而也是可以改变或放弃的。

（4）随着现代社会的发展，人们居住方式和交往方式的发展，宗教信仰的多样性、信仰选择的多样性和信仰结构的多样性等特点越来越凸显。

宗教信仰有如阴阳相合的太极图，自身有"虚"亦有"实"：宗教信仰之"虚"的方面在于其对象，即信仰对象具有"尚未证实"或"尚未实现"的属性；宗教信仰之"实"的方面在于其过程及其作用，信仰过程中形成的观念、情感和行为、组织都是心理事实、社会事实或文化事实。然而对宗教信仰之"虚"的方面也不能做绝对化的理解，因为东方的某些宗教，在信仰的对象中既有鬼神，也有对宇宙法则的崇尚。如道教中既有"三清"，亦有"道"；印度教中既有3亿多神灵，亦有 Dharma（法、法则）。人们在对自然运行的观察和对人生的体悟中，真切地感知到这种宇宙法则的实在与作用，同时又将其视为高高在上的，远远超越了人类社会和周遭的自然。在宗教信仰的"虚"和"实"这两方面中，我们聚焦的是宗教之"实"的方面，即关注宗教信仰的行为过程和作用的诸方面，同时也关注这些"虚"中之"实"。

"虚"与"实"这两个方面构成宗教信仰的内在张力或双重属性。许多人将信仰仅仅看作一种精神活动。但我们要再次强调：信仰不同于一般的思维活动，它既是名词也是动词，信仰首先是"确信"某些尚未实现的或尚未证实的观念与境界，同时也是对这种观念与境界的"追求"。人们往往关注宗教信仰的精神性而忽略了宗教信仰的实践性；宗教信仰上的追求，不同于从事哲学或文学艺术，它是一种全身心的投入，不仅是观念的，而且是充满激情的，不仅是心向往之，而且付诸行动。不管是"解脱"也好，"成仙"也好，还是"救赎"也好，"成圣"也好，宗教信仰的历程实际上总是个人或群体的奋斗进程。

二、宗教性与宗教形

当一个人或一个群体对具有某种超越性的神圣存在（或力量、宇宙法则等）或神圣境界形成（有虚亦有实的）信仰关联时，其心理过程、文化过程或社会过程及其产物就具备了"宗教性"。说无"宗教性"的信仰不成其为宗教信仰，或凡宗教信仰都有"宗教性"似乎是同义反复，但在此有强调之意：一是强调宗教信仰不同于其他信仰，"宗教信仰"只是"信仰"这个概念的一个分支或一个分层；二是强调古往今来，世界历史上的宗教信仰虽形形色色，"宗教性"却是贯穿其中的本质规定，是"多"中之"一"。然而任何宗教信仰，只要成为一种社会现象或文化事项，必有其"宗教形"。因天时地利人和或社会历史条件与文化传统，宗教信仰形态可有一神与多神之别（对象维度），可有科层制的金字塔结构与平面结构的区分（组织维度），可有崇尚艺术的与倾心于冥想（修行）的，诸如此类都涉及"宗教形"。宗教性与宗教形是宗教信仰的两个方面。我们判定一种社会现象或文化事项是不是宗教的，首要的（也是根本的）是从"宗教性"入手，即看它或它们是否与具有某种超越性的神圣存在（或力量、宇宙法则等）或神圣境界形成了（有虚亦有实的）信仰关联。但宗教信仰既然是一种社会现象或文化事项，必定处于特定的时空当中，天地人条件的特定组合决定了这种或那种宗教信仰具有其独特的表现形态。人们对宗教性与宗教形及其相互关联的不同理解，直接影响人们对宗教做出不同的定义并形成不同的宗教观。

在宗教学研究中，西美尔（Georg Simmel）最先提出了"宗教性"这个概念并将其与"宗教"区分开来。他认为宗教性是人类体验的内在形式，是"无私的奉献与执着的追求、屈从与反抗、感官的直接性与精神的抽象性等的某种独特混合"。宗教性是"社会精神的结构"，体现为某种人际行为的态度。它往往是自发形成的情感状态，体现了灵魂敞开的状态。而宗教只是宗教性在经验上的转换，是通过不同的方式如教会、教派、宗派与运动，在组织层面上的一种实现。宗教性在顺序上先于宗教。正如认识不可能产生因果性，但是因果性能够产生认识一样，宗教也不可能创造出宗教性，但是宗教性可以创造出宗教。① 对于宗教性如何创造或者转换为宗教的问题，西美尔认为在人们的生活领域中有三个部分能够转化为宗教：人对待外在自然的态度、对待命运的态度以及对待周围人事的态度。人周围的自然界激起人的各种感情——震惊、恐惧、感激等，这本身就是宗教性。这种宗教性如果能够"持续下去，进入超验范围，并使其自身本质成为其客体，而看上去又能自己从中抽身出来，那么，它们便发展成为宗教"。西美尔认为，当人们把一切偶然之物当作命运来对待，命运之中交织着的各种关系、各种意义、各种感情摆脱了"事实性的束缚"（西美尔解释为"被贯穿于其中的宗教性联系起来"），对待命运的态度也就发展成为宗教。人对待周围人事的态度是西美尔最为关注的部分，他强调宗教性构成了人的宗教生活，但是宗教生活的构成却又不仅需要宗教性，而且还需要"社交性"，也就是说，宗教生活的形成是宗教性与社交性相互交织在一起的结果。西美尔的这种说法与杜尔凯姆将"神圣"与"教会"作为宗教构成的两个要素有异曲同工之妙，但是"宗教性"作为一个概念的生成，西美尔功不可没。后来的宗教社会学家费拉罗迪（Franco Ferrarotti）将西美尔的"宗教性"概念运用于理解世俗化现象，提出在当今社会世俗化浪潮过程中，人的宗教性并没有衰退，神圣者也没有衰退，衰退的只是制度化的宗教，即教会宗教。②

西美尔的概念是原创，费拉罗迪的说法是应用，但是他们都没有

---

① 其实，西美尔说的是一种逻辑顺序，可以更加明确地表述为：事物和现象的属性（如因果性、宗教性）在先，人们的认知范畴（如因果、宗教）在后。

② 参见高师宁：《格奥尔格·西美尔：宗教性创造出宗教》，《中国民族报》2011年8月16日。

说明令宗教之所以为宗教的这个本质规定到底是什么。不同的宗教学家对宗教本质已有太多相距甚远的理解，但是我们若对大多数人的论述做大致的抽象或归类，会发现"超越"与"神圣"是宗教性不可缺少的必要品质。

（一）超越性

宗教既是一种历史现象，也是社会文化生活的一种形态（常态的或形成某种运动）。一种文化现象或社会现象之所以被看作"宗教的"，其核心是对具有不同超越性（或超验性）的神圣存在（或力量、宇宙法则或境界等）的信仰。这句话的关键和容易引起争议的是"超验"这个词。英语 transcendent（超越的或超验的）来源于拉丁语 transcedere，trans 意为超越，scandere 意为攀登、上升，字义为胜过、超越，或与某种界限分离。欧洲中世纪经院哲学曾使用 transcendent 一词，但现代的使用始于康德。康德首次将"先验的"（transcendental）与"超验的"（transcendent）区分开来。"先验的"在认识论中具有先于经验的意思，他所说的"先验的"是指一种特殊的知识，它不涉及对象，而只涉及我们认识对象的形式，如因与果、质与量等。"先验的"不同于"经验的"，当我们面对世界、感受世界时，作为人类的一分子，我们秉承了人类累积的传统，其中十分重要的部分就是以语言和概念凝结而成的认知框架，即康德所说的"先验的"认知范畴。但认知形式的"先验"性是对人类个体而言的，对人类整体而言，"先验的"不是既定的而是历史的，是经验的累积、凝练和升华，因而还会再充实和再发展。而"超验的"则是指思维或意识超越经验世界的界限而进入超经验的领域。在康德哲学中，理性与知性不同，它追求绝对的完整性，即无条件者；而经验的东西只具有相对的完整性，是有条件者。理性超越经验界形成的理念（如自由、上帝等）虽具有规范的意义，但不存在于经验界，不是认识的对象。①康德关于"超验的"阐释有助于我们理解宗教信仰对象的属性，他将宗教信仰对象置于人类知性的领域之外，也就是将它们判定为不属于经验知识的范围，这一点和我们的认识有相合之处，即都看到了宗教信仰之"虚"的方面。

然而这种宗教信仰对象之超验性的理解，乃是出自近现代西方哲学家和基督教神学家的改造和提升。如果我们与非基督教的（如佛教的或儒教的）宗教思想家、宗教家或仪式专家②讨论宗教的"超验性"，许多人会不以为然。因为许多宗教传统中的信仰对象虽可冠以"终极实体"，却不被看作绝对"超验的"。古往今来，有许多宗教思想家或宗教家认为"神灵"或者"道"并不在远隔万里的"彼岸"，在人神之间没有一道不可逾越的鸿沟。人神之间不是咫尺天涯，而是既在天涯又在咫尺（如"头上三尺有神明"），甚至就在人自身中（如人人皆有"佛性"等说法）。自己的信仰或修为乃是要成就自己，能够把握某种神秘的力量，生活在亲近"神"（或"道"）或与之融为一体的境界中，或者是在自己的内心深处启蒙或觉悟，获得无上智慧。无论在一神论宗教中还是在多神论宗教中，都孕育出神秘主义传统和教团，他们执着于这种追求，意在与神合一并发展出各种各样的实现途径和方法。

超越性，说到底，是承认不承认世上有没有一种在人之外或在人之上的，人又不得不受制于它的东西，不管你赋予它什么名字。在人

---

① 康德认为理性的理念有三种："心灵"是主体的绝对统一；世界或宇宙是客体的绝对统一；上帝是主体与客体的统一。康德认为知识是"内在的"，不能超出主体可能的经验，理性的超越作用是必然的，但要予以批判的考察亦即规定它的正当地位。

② 在此若称他们为神学家或神职人员，他们会不认同，我们也觉得不妥帖。所以我们提出"宗教思想家""宗教家"和"仪式专家"的称谓，前者指各种宗教中专门从事或主要从事宗教教义、教法、学说和思想研究的人士，后者指各种宗教中主要从事传教、修行和仪式操演等实务的人士。

类历史的不同阶段和世界上的不同地区，宗教信仰者与信仰对象之间的联系途径从来都不是绝对唯一的，而是多样的：既有对神圣存在的个人领悟，也有借助神圣的象征来创造共同体；既有生活在同宇宙法则的和谐之中，也有借助精神修炼获得自由；既有通过完善人际关系或通过社会责任心以获得宗教意义，也有通过理性和艺术的力量升华与改变自身。[①]总之，许多宗教信仰的对象不可简单地归为"超验的"，却可以"超越的"来概括。所以我们更倾向于transcendent的"超越"意义，认为用它来界定宗教要比"超验"具有更强的解释力、概括力和普适性。"超验的"东西一定是"超越的"，但"超越的"东西并非一定是"超验的"。"超越"可以有程度上的不同（如钟摆划出的一个"扇区"），而"超验"则位于这个区域的一端（或极致）。

（二）超越性的不同内涵或理解

宗教学的创始人缪勒（Friedrich Max Muller）和宗教人类学的创始人泰勒（Sir Edward Burnett Tylor）从不同的层面解析了宗教信仰的对象从此岸到彼岸的演变过程，在这种具有异化性质的过程中，不仅宗教信仰对象的"超越性"变得越来越强，而且具有不同的内涵。

泰勒提出"万物有灵论"（Animism），通过追溯灵魂观念及相关习俗的产生与演变，不仅解释了早期人类对死亡和灵魂的理解，而且将宗教定性为对精灵的信仰。泰勒认为万物有灵论产生于早期人类对两类生物学问题的思考：第一，是什么构成生和死的肉体之间的差别，是什么引起清醒、梦、失神、疾病和死亡？第二，出现在梦幻中的人的形象究竟是怎么回事？"看到这两类现象，古代的蒙昧人—哲学家们大概首先就自己做出了显而易见的推论，每个人都有生命，也有幽

[①] 参见斯特伦：《人与神——宗教生活的理解》，金泽、何其敏译，上海人民出版社1991年版。

灵。显然，两者同身体有密切联系：生命给予它以感觉、思想和活动的能力，而幽灵则构成了它的形象，或者第二个'我'。由此看来，两者跟肉体是可经离开的：生命可以离开它出走而使它失去感觉或死亡；幽灵则向人表明远离肉体。"一旦将生命与幽灵结合起来，万物有灵论就迈出了第二步："灵魂是不可捉摸的虚幻的人的影像，按其本质来说虚无得像蒸汽、薄雾或阴影；它是那赋予个体以生气的生命和思想之源；它独立地支配着肉体所有者过去和现在的个人意识和意志；它能够离开肉体并从一个地方迅速地转移到另一个地方；它大部分是摸不着看不到的，它同样也显示物质力量，尤其看起来好像醒着的或者睡着的人，一个离开肉体但跟肉体相似的幽灵；它继续存在和生活在死后的肉体上；它能进入另一个人的肉体中去，能够进入动物体内甚至物体内，支配它们，影响它们。"①泰勒指出，关于人的灵魂的概念应当是关于灵魂的第一个概念，然后才类推扩展为动物、植物等的灵魂，同样，关于灵魂迁移的最初概念"也包含在下面的直接而合乎逻辑的推论之中：人的灵魂是在新的人体中复活，而这是由于家族中下代与上代的相似而被判明的；后来这种思想就被扩大为灵魂在动物等的形体内复活"②。在某些地区（特别是在印度），灵魂的转生还有道德的意义。③由此灵魂观念再向外扩展，发展为"较为广泛的关于精灵的学说，从而成为完整的自然宗教的哲学"。在泰勒看来，精灵概念跟关于灵魂的观念相似，而且显然是从灵魂观念引导出来的。过渡的状态是灵魂分化为善魔与恶魔的等级。崇拜死人的阴魂，形成迁入人体内、动物体内、植物内以及非生物内的精灵的学说，将着魔视为生病和能做预言的原因，由精灵体现在某物之内而形成拜物教与偶像崇拜等。④ "作

---

① 泰勒：《原始文化》，连树声译，上海文艺出版社1992年版，第416页。
② 泰勒：《原始文化》，连树声译，第499页。
③ 参见泰勒：《原始文化》，连树声译，第486—496页。
④ 参见泰勒：《原始文化》，连树声译，第573—638页。

为自然现象之个体原因的精灵",导致水崇拜、树木崇拜和图腾崇拜等自然精灵的崇拜。由此再进一步,"善的或恶的精灵"又上升为"神",出现了天神、雨神、雷神、风神、地神、水神、海神、火神、太阳神、月神等,并由此出现了人们常说的"多神教"。而当人们将诸神中的一位人类始祖或自然神灵抬高到其他神灵的地位之上,当人们"试图在全宇宙中或在宇宙的范围之外寻找一切的第一动因"时,至上神就出现了。①

与泰勒的英国经验主义思路(从具象出发)不同,缪勒更多地是以语言学分析和文献分析的方法,沿着德国理性主义(形而上学的抽象概念)的思路,提出宗教本质上是对"无限"的体认,这种无限感来自人的感觉,指的是人们在有限事物之外或之内实实在在感到它的存在,却又看不见、摸不着的东西。"无限者"具有"模糊不定的、不可见的、超感觉的、超自然的、绝对的或神圣的"特征。人们虽不能用感觉把握它,但可利用信仰的潜能相信它的存在,"一切宗教的基本要素之一,就是承认有神灵的存在,那既不是感性所能领悟的,也不是理性所能理解的"。② 无限观念虽然不等于宗教观念,但无限观念的最初形态,对宗教观念的萌生,有着内在的决定作用。缪勒认为,对无限者的体认,乃是一切宗教赖以建立的基础,对无限者的渴望,乃是宗教的起点和动力。缪勒认为,原始人是从三类自然对象中形成神灵和上帝观念的。第一类是他们完全能够把握的物体,如石头、甲壳之类;第二类是能部分把握的物体,如树木、山岭、河流、大海等;第三类则是可见不可及、完全不能触知的物体,如苍天、太阳、星辰等。缪勒说,第一类事物不可能产生宗教观念,这些东西被赋予某种神秘性,成为拜物教的崇拜对象,乃是后来宗教发展的结果。关键在

---

① 参见泰勒:《原始文化》,连树声译,第 769—791 页。
② 参见缪勒:《宗教学导论》,陈观胜、李培茱译,上海人民出版社 1989 年版,第 18—22 页。

于第二类和第三类物体,因为第二类物体"提供了可称为半神之物的材料",而在第三类物体中,人们可"找到用神的名字称呼的那种东西的萌芽"。宗教观念的历史起点,是在半触知事物中把握无限,后来又在不可触知的东西中寻找它,最后在不可见的物体中寻找它。人们尽管越来越不可能直接地把握它,却总是真切感到它的存在。人们从越来越普遍地感到有限事物之外或之内存在着一种无限之物,到形成神的观念,有个转变的过程。缪勒认为,推动前者转变为后者的因素,或产生这种历史结果的原因主要有两点:一是人们深切感受到现象背后有某种起支配作用的原因、规律或秩序;二是原始语言在人们命名无限过程中的作用决定了神的观念的产生。缪勒认为宗教的产生和发展,经历了三条最基本的路线:原始人从自然现象中形成对上帝的信仰(物质宗教);原始人从自身中发现了灵魂,并对之进行崇拜(人类宗教);在生与死、有限与无限、灵魂与上帝中,都能找到结为一体的媒介(心理宗教)。从发展的脉络说,缪勒描述了神灵观念发展的三个重要阶段,即从单一神教到多神教,最后演变为唯一神教。

乍看起来,泰勒的"万物有灵论"是从个体的灵魂到普遍的灵魂,然后再到不同等级的灵魂;缪勒的"无限"说是从可接触的物象到半接触的物象,再到不可接触的物象。二者殊途同归:他们各自从一个侧面挖掘宗教信仰之"超越性"的形成与演变,无论是具象还是抽象,其实都把功夫用在揭示宗教信仰的对象如何从无到有,从简单到复杂,通过细致的解析,说明经验的或现象的东西如何一步一步"超越"自身而异化并最终成为"超验"的;通过揭示人类思维发展的轨迹,寻找宗教信仰对象由此岸到彼岸的形成根据。

法国的社会学家杜尔凯姆(Emile Durkheim)在个体灵魂和自然物象之外,揭示了另外一个可以让人们体验到"超越"的途径。他不是从思想,而是从社会入手解析宗教信仰的超越性。帕尔斯认为"杜尔凯姆倡导社会(社会的结构、联系和制度)在理解人类的思想和行为方面的核心的重要作用。……他坚决地主张人类生活中的每个重要的事业（我们的法律和道德，劳动与娱乐，家庭和个人，科学，艺术，以及最重要的宗教）都要透过它们的社会方面这个镜头来认识。没有社会的孕育和塑造，这些事物无一能够存在"①。在杜尔凯姆那里，社会所孕育的"集体意识"被看作一般社会成员所共有的信仰与情感的总和。集体意识弥漫于整个社会空间，它的存在虽然有赖于个人意识中的情感与信仰，但它又独立于个人并与个人意识有所分离，它有自己的发展走向和规律，而不仅仅是个人意识的放大和累积。也就是说，集体意识既有赖于个人，同时又超越于个人之上。"集体意识是独立于个人置身其间的特殊情况的；个人消逝了，它仍旧存在，无论在南方还是在北方，在大城市还是小城市，在这样那样的行业中，都是一样"。同时，集体意识还具有相当强的稳定性，它"不是每代必变的，相反，它承上启下，代代相传。因而，尽管它只能出现在个人身上，但与个人意识相比则完全是另一回事"。集体意识具有相当的独立性，它有自己的生命，它"是社会的精神象征，有着自己的特性、生存环境和发展方式，完全像个人一样，尽管方法不同"。②杜尔凯姆之所以将图腾崇拜看作宗教的基本（原初）形式，乃是因为图腾崇拜符合他所提出的两个基本条件：一是这个宗教体系在社会所发现的组织中的简单性是其他地方不能比拟的；二是它无须借助于以前宗教的任何因素就可以解释。杜尔凯姆认为几乎所有重要的社会制度都来自宗教，而宗教乃是"一个与神圣事物（也就是说，被分开的和有禁忌的）相关联的信仰与实践的统一体系，这些信仰和实践将所有的信徒结合成在同一个被称为教会的道德共同体中"③。杜尔凯姆认为"宗教不表现大

---

① Daniel L. Pals, Seven *Theories of Religion*, Oxford University Press, 1996, chapter 4.
② 杜尔凯姆：《社会分工论》，渠东译，生活·读书·新知三联书店 2000 年版，第 46 页。
③ 参见杜尔凯姆：《宗教生活的基本形式》，渠东、汲喆译，上海人民出版社 1999 年版，第 54 页。译文略有改动。

自然中不存在的东西",并将这一观点作为他分析宗教的一项原则。由此他认为宗教及其原初形式——图腾崇拜——所表现的那个真实存在的东西是社会,社会的观念乃是宗教的灵魂。社会只要凭借着它凌驾于人们之上的那种权力,就必然会在人们心中激起神圣的感觉,这是不成问题的;因为社会之于社会成员,如同神之于它的崇拜者。实际上,神首先被人们认为是高于人自身的一种存在,是人的依靠。无论它是有意识的人格(如宙斯和耶和华),还是仅仅像在图腾制度中发挥作用的那种抽象的力,崇拜者都会认为自己不得不遵循由神圣本原强加给他们的那种特定的行为方式,而且觉得他们在这种行动中会与这种神圣本原互相沟通。然而社会对个人不仅是强制的,也给我们永远的依赖感。既然社会有一种和我们个体不同的独特本性,那么它就会去追求同样也为其所具有的独特目标。并且,社会不以我们为媒介就不能达到目的,所以它就会命令我们去协助它。它将我们本身的兴趣置之不顾,而要求我们自甘做它的仆人。它听任我们蒙受种种烦恼、失落和牺牲,而如果没有这些,社会就不可能有其生命。正因为如此,我们每时每刻都被迫屈从于那些行为和思想的准则,而这些准则,既不是我们所制定的,也不是我们所渴望的,有时甚至违逆了我们最基本的倾向与天性。[①]杜尔凯姆既分析了超越性乃是宗教信仰对象的关键和根本,又指明了这种超越性对象的真谛是"社会"。他所说的这一切,的确让许多人茅塞顿开。而且,若将杜尔凯姆关于社会作为宗教本质的社会学论述与哲学中的"异化"理论结合起来,理解会更为深刻。

还有一种解读的思路是将道德法则神圣化为超越个人的"终极实体"。唐君毅和牟宗三等人曾提出"内在超越"说,主张中国古代的儒家有一种不同于西方(以基督教为代表)之"外在超越"的"内在超

[①] 杜尔凯姆:《宗教生活的基本形式》,渠东、汲喆译,第276—277页。

越"。① 任剑涛认为，从一个"社会—政治"共同体所必需的"人心—社会秩序"来看，儒家强调的基于道德信念的相关秩序安排，具有同基督宗教一样的收摄人心、整合社会的作用，但在境界上不存在"超越"的问题，只存在"提升"的问题。② 在我们看来，对"内在超越"的强调，实际上是在推崇某种道德伦理或社会秩序的超越性，但同时又强调这种神圣存在与人们的生活密不可分。承认不承认有超越的东西是一回事，主张这种具有超越品性的东西存在于何处（内还是外，还是既内且外）是另一回事。宗教现象学家斯特伦（Frederick J. Streng）曾指出，中国和印度的非有神论的宗教形态主张"做出宗教的选择即意味着体认到某种超越的生活法则。这种超越的生活法则虽然没有那么一位神圣的'赐法者'，但却赋予人们一套普遍的道德原则"③。这种普遍的同时也是超越的法则或秩序（既是有意义的，也是有结构的），在古代中国被称作"道"，在印度被称作"法"，在西方"有时被称作普遍的道德本质"。人们在宗教生活中获得的根本转变，就是要把个人和群体的日常生活与"普遍的、宇宙的、终极的律法和谐一致起来"。这是不同于杜尔凯姆所说的"社会"的另一种类型的"超越"，然而从某种意义上看，又可以看作大同小异的同一类"超越"，即从社会的层面探究宗教的本质。泰勒与缪勒所说的"灵魂"与"无限"则可看作另一类别，他们更多地是从精神的层面探索宗教的本质。然而无

---

① 唐君毅认为在中国思想中，"天一方不失其超越性，在人与万物之上；一方亦在人与万物之中"（唐君毅：《中国文化之精神价值》，台北正中书局1974年版，第338页）。牟宗三则从康德哲学出发，提出："儒家所肯定之人伦（伦常），虽是定然的，不是一主义或理论，然徒此现实生活中之人伦并不足以成宗教。必其不舍离人伦而经由人伦以印证并肯定一真善美这'神性之实'或'价值之源'，即一普遍的道德实体，而后可以成为宗教。此普遍的道德实体，吾人不说为'出世间法'，而只说为超越实体。然亦超越亦内在，并不隔离。"（牟宗三：《人文主义与宗教》，载《生命的学问》，台北三民书局1970年版，第74页）

② 任剑涛指出："即使从物质境界到天地境界，境界的构成似乎具有了结构性差异，但境界的人性特质未曾发生任何改变。"（任剑涛：《内在超越与外在超越：宗教信仰、道德信念与秩序问题》，《中国社会科学》2012年第7期）

③ 斯特伦：《人与神——宗教生活的理解》，金泽、何其敏译，第96页。

论从哪个层面切入和解读,我们看到的都是对宗教性具有"超越"品质的肯定:超越的品质是一种客观的存在,是人们能够在自然界和社会中真切感受到的,经过异化与提升,最终变得高高在上、受人崇拜。它们有些是宗教味十足的象征,如泰勒所说的"灵魂"与神灵和缪勒所说的"无限",有些却显得宗教味清淡,如杜尔凯姆所说的"社会"(但后来贝拉又为国家戴上"公民宗教"的桂冠)和新儒家的"境界"。

(三)神圣性

如果说宗教信仰对象具有"超越性"表达的是高高在上或十分遥远的,一种距离或层位的关系,那么"神圣"则重在表达宗教信仰对象的非同寻常的品质。这种"神圣"的品质不是说"神圣"是与其他物象截然不同的东西,而是凸显同样的东西会具有完全不同的性质并由此带来不同的功用和价值(如同一根蜡烛既可以放在神像前,也可以放在餐桌上)。我们自然会发问:何为"神圣"①?"神圣性"与"超越性"是什么关系?但是"神圣"与"超越"不是一对范畴,人们说到"神圣"就会提及"世俗",它们才是一对范畴。

1. 神圣的空间

正如伊利亚德(Mircea Eliade)所说,人在直立行走后对世界的感知就有了上下左右前后的方位维度,可以说"空间"(尤其是以人为中心来定位的"空间")是人们认识和把握周遭世界的重要依据,它既有客观性,又有主体性。客观性来自自然,主体性来自文化。人们认

---

① 在古代汉语中,"神圣"一词有三种含义:一指圣明,如《庄子·天道》"老子曰:夫巧知神圣之人,吾自以为脱焉";二是对帝王的尊称,如扬雄《羽猎赋》"丽哉神圣,处于玄宫";三指神灵,黄石公《素书·安礼》"非其神圣,自然所钟"。《康熙字典》中关于"神"之宗教意义的解释为《说文》"天神,引出万物者也"(徐注:申即电也,天主降气,以感万物,故言引出万物)。《皇极经世》"天之神栖乎日,人之神栖乎目"。《书·大禹谟》"乃圣乃神"。《孔传》"圣无所不通,神妙无方"。《易·系辞》"阴阳不测之谓神"(王弼:"神也者,变化之极,妙万物而为言,不可以形诘")。《孟子》"圣而不可知之谓神"。

知神圣与世俗也是如此。"神圣"（the sacred）与"世俗"（the profane）这对范畴来自拉丁语 sacrum 与 profanum，词源上涉及人们在空间上的划分。拉丁语 sacrum 意味着属于神灵及其力量，但罗马人实际上是用它来指谓膜拜仪式及其场所，即它原本关联的是圣殿以及在其中或周围举行的仪式。而 profanum 这个词的早期用途也是指特定地方，意为"在圣殿区域的前面"。总之，神圣与世俗的本意都与特定的和完全分开的地方有关，其中一个场所称作 sacer，即用墙或其他东西隔离开来，也就是说，sanctum（意为圣所）是位于其他地方之中的，周围其他地方可用于世俗的用途。不仅古罗马如此，古代中国的许多祭坛也是这样，如人们现在在天坛依然可以看到几重围墙将"神圣的"祭坛与"世俗的"周遭世界区分开来（老北京的热闹市井"天桥"①和平民区就在其附近）。

神圣性是一种品性，只要一个地方被信仰者赋予了这种品质或功能，它就是"神圣"的，或因神话传说此地为神灵居所或创世之地，或因此地具有某种神秘力量，或因此地为祖先或文化英雄创建社会组织模式、生活方式与文化传统之地（有时可能是他们的安息之地），或因此地为在宗教修行上有大德大成就者之所。总之，一个地方或一个时点为"神圣"的，不在于它自身是天然的还是人造的，不在于它的材质和形态（如哥特教堂、印度神庙和中国天坛形态各异），而在于它是人与神灵沟通的地方，是天人感应或合一的地方。我们感知的神圣性首先体现为一个界定了的物理空间，它有别于其他的空间，是专门供奉神灵和举行宗教仪式的地方。其次，我们不应将神圣空间仅限定为人工建造的物理空间（如寺庙教堂等），无论在历史上还是在现实中，有许多"自然的"山岭河川在当地具有"神圣性"（"五岳"还具

---

① 天桥原为皇帝到天坛和先农坛祭祀时使用，建于元代，南北方向，有汉白玉栏杆，桥下是由西向东的龙须沟，桥北边东西各有一个亭子。清末改为石板桥，1934 年全部拆除。但其作为一个地名和商贸娱乐地被保留了下来。

有"国家级"的神圣性），甚至有些部落村寨都有自己的"神树"，这些地方可能看不到物理的围墙，但在信仰者心中，它们不仅是神圣的，而且有其不可冒犯的"边界"。最后，神圣的空间与世俗的空间在一定条件下是可以转换的，比如佛道教的水陆道场，既有在寺庙中举行的，也有在日常视为世俗之地的信仰者家中举行的（如为亡者超度）。平日的世俗空间通过各种仪式要素的具备（或布置），在某个特定的时刻或特定的事件中被转换成了神圣的空间。①

在不同传统的宗教生活中，神圣空间的形态与构成要素相异处很多，如中世纪西方的教堂布局取向是向上的，而中国寺庙的布局倾向于平面纵深的延展，又如许多印度和东南亚的寺庙门是向东开的，而中国寺庙的结构大多是坐北朝南的。但是与这些差异同时存在的是它们作为神圣空间所共有的基本功能：神圣空间是人与神灵交流的地方，是神圣力量所在之地；它自身的结构乃是建构人类生活世界的模板。

2. 神圣的时间

神圣与世俗这对范畴还表现于时间的领域。时间如同空间，本身无所谓神圣或世俗②，各种文化传统都有表达空间的单位，也都有表达时间周期的历法，它们在根本上都有自然物理的和自然周期的基础并以某种方式与之相合。自然的周期，无论对于游牧族群还是农耕族群，都是与生活资源的生产与再生产密切相关的（如中国的不同"节气"对应不同的物候和农时）。而且，人类的个体生命，从生到死，从孩子变成大人，结婚生子，最终变老，一环一环也都是在特定的时间

---

① 参见马学良、于锦绣、范惠娟：《彝族原始宗教调查报告》，中国社会科学出版社1993年版。
② 但不同的文化传统有不同的计时方法，近代西方以365.4天为一年；中国的农历以月为主、阴阳相调，并以19年7闰为一大周期；阿兹特克人有365天的太阳历（另有260天的神历，并有52年的大周期）；玛雅人认为一个月（兀纳）等于20天（金），一年（盾）等于18个月，再加上每年之中有5天未列在内的忌日；一年实际的天数为365天；此外古代印度也有多种历法且比较复杂。

中展开的。无论自然周期还是个体的生命周期，每个时间单位都是等长的（每个小时都是 60 分钟，每分钟都是 60 秒）。可是特定时代和特定地域的特定人群赋予每个节点的意义（价值）却不一样。"立春"是个"自然"节点，立春表达的是大地回春、阳气回升的"时刻"。虽然在不同地区略有差异，但就总体而言，这个节气所表达的自然内容与其他节气明显不同；相比之下，"元旦"与地球运行的冬至点并不重合，"春节"（农历新年）与立春也不一定重合。"新年"这个作为一年之始的时间点明显地带有不同传统，甚至不同时代的人为印记，虽有"自然"的基础，但却有更多的"文化"因素（如两伊地区的"新年"起点是在春分时节）。同样，人的个体生命的时间单位也是等长的，但不同的时间节点上发生的重大变化（如成年、结婚、生育等）对于个体（以及个体生存于其中的社会）而言却差异很大。这些差异不仅与人种、生活地域和生存状态密切相关，更重要的在于它们所具有的不同意义和价值对个人与群体的生活影响极大。在许多情况下，自然的成年时刻与社会文化的成年时刻也不一定是完全重合的。这种"自然"时间与"文化"时间的关联与区别，构成我们理解神圣时间的基础。

各大宗教传统中都有神圣时间与世俗时间的区分。这里的神圣时间大多是指宗教节日或仪式时间，人们在此时间内要怀着不同于日常的情感，按照文化传统所规定的方式举行祭祀、礼拜或欢庆等宗教仪式。神圣时间与神圣空间一样，它首先具有与世俗时间的区隔，即在特定的时点和时长内，宗教信徒要举行特定的宗教仪式或参与特定的宗教生活。其次，在不同的宗教传统中，历法都是有其"神圣"起点的，且大都和神创世界或某个宗教开创者相关联，如佛教有"佛历"，道教有"道历"，儒教有"儒历"，基督教有"耶历"。再次，不同的宗教传统所规定的神圣时间，无论在时点上还是在时长上都差异很大。这个宗教传统认定的神圣的时间点可能在另一宗教传统中只具有世俗性，反之亦然。最后，神圣时间除了各个宗教或教派认定的本系统的神圣时间（这可以说是一种"公共的"神圣时间），如妈祖的神诞日和基督新教的圣诞节，佛教的初一、十五进香，天主教的大斋日，伊斯兰教的斋月等之外，还有一种"私人的"神圣时间，即根据信徒个人的需要而举行某种仪式时所认定的举行仪式的"神圣时间"（既涉及时点亦涉及时长），这是需要宗教师根据信徒个人的相关信息通过一套算法（各教派甚至各宗教师亦有差异）确认的。这个神圣时间只是对特定信徒（在此期间他或她的行为要符合神圣时间的相关要求）而言的，其他的信徒则依然处于世俗时间之中。尤其是在当今多元社会中，某时某地对某个宗教信仰群体可能是"神圣的"，但对其他群体而言，这个时空节点却是"世俗的"。

3. 神圣是一种被赋予的属性

无论神圣空间还是神圣时间都不具有绝对性，它们都是相对的；不是某一地点或时点原本就是神圣的，而是特定空间点与时间点的神圣性是由特定宗教信仰群体或宗教信仰传统赋予的，它们并不具有贯穿整个人类宗教史和跨越不同地域的统一性。杜尔凯姆在对宗教生活的基本形式所做的系统分析中，将神圣/世俗的区分既看作认识论的，又看作社会功能的。他说已知的所有宗教（无论简单的还是复杂的）都展现出一个共同的特征：它们对所有的事物预先做了分类，由此将人们所能想象的事物，无论是真实的或是理想的，都纳入两个对立的门类——"世俗的"和"神圣的"。由此世界被分成两个部分，一个全都是神圣的，另一个全都是世俗的。而这种区分，在杜尔凯姆看来，构成了宗教思维的特殊品质。信仰、神话、教义、传说都属于表象或表象之体系，意在表达神圣事物的本质，表达归属于它们的美德和力量、它们的历史、它们彼此间的联系以及它们与世俗事物的关联。但是，神圣事物并非只是被称为神灵或精灵的人格化的存在。一块岩石、一棵树、一颗卵石、一片木头、一所房子，总之任何事物都可以是神圣的。但是神圣对象的范围从来不是固定的，它的范围在不同的宗教中也极为不同。[①] 显然，杜尔凯姆已经认识到，神圣与世俗都只是一种属性，它们不是内在于特定的空间、时间和事物，而是任何空间、时间和事物都可能成为神圣的，也可能成为世俗的，人也如此。神圣的人有几种情况：第一种情况是在传统社会里，有些"神圣家族"的人生来就比其他家族的人更具有神圣性，比如埃及的法老、中国古代的"祝"，其神圣地位和神圣"职业"是世袭的。第二种情况是人被选中而从事沟通天地人神的"工作"，如巫师、萨满、毕摩（彝族）等。第三种情况是通过修行或通过某种皈依仪式而成为"神圣"的，如僧侣、苏非等。第四种情况是具备"三不朽"（立德、立功、立言）之一而造福天下或一方的个人，被世人尊为圣贤而成为"神圣"。第五种情况是因神鬼"附体"而代神鬼言变得"神圣"，或因参与宗教仪式进入宗教场所而暂时地处于"神圣"状态中。如此等等，还可以列举，但无论长期的还是暂时的，只要是活着的个人在特定时空具备了"神圣"属性或进入"神圣"状态，他或她就必须同时地遵守某些行为规范和禁忌。这些规范和禁忌有助于他或她进入具有神圣属性的状态并保有这种属性。一旦条件改变或时空挪移，他或她就不再具有神圣属性，也不再成为受崇拜的对象。简言之，无论何时何地何物何人，若想具有神圣性，必须处于特定宗教文化的"场"（或氛围）之中。

我们知道"神圣"与"世俗"是一对范畴。神圣是一种属性，同理，世俗也是一种属性。神圣与世俗互为参照，互为基础，互为依托。神圣与世俗这对属性在人类文化中的出现，特别是当人们给空间、时

[①] 在杜尔凯姆看来，神圣与世俗这两个类别的对立，须经可见的标识（sign）表现出来，无论在什么地方，只要存在着这种特殊的分类，人们都借助外在的标识很容易地将其辨认出来。在澳大利亚土著社会，神圣世界的组成包括作为图腾本身的动物或植物、画有图腾的物件，以及许多与之相关的仪式和行为规范。它们所构成的图腾崇拜制度，不是崇拜某些动物、某些个人或某些图像，而是对某种不知名、非个人力量的崇拜。这种力量存在于上述物体中，但又不能等同于这些物体。没有任何一个人全部拥有这种力量，但所有的人都参加其中。它完全独立于体现它的个人，它先于个人，同时比个人的存在更持久。它会超越个人的死亡而一代一代传下去。它永远是现实的、充满活力的和一如既往的。（参见杜尔凯姆：《宗教生活的基本形式》，渠东、汲喆译）

间、事物、人物贴上不同的标签时,是人类在对世界和对自己做出某种价值判断。神圣与世俗和东西南北不一样,人们通过空间维度把握世界和通过"神圣/世俗"把握世界有着不同的意味。在这一方面,伊利亚德的研究很有建设性和启发性。

　　伊利亚德与杜尔凯姆相似,即非常明确地将"神圣"作为"宗教性"的必要条件,但是他更关注"神圣"对于世界和人生的"意义"。伊利亚德主张宗教有一种独属于自己的特性,或在理解人类文化时有一个独立的维度,这就是"宗教性"。他认为"宗教性"是理解人类文化或人类行为的一个基本要素,"一个常数或作为一个自变量"。他十分强调宗教的功能是一种原因而不是一种结果,而所谓的"宗教性",说到底,在他那里就是"神圣的因素"。神圣的因素不仅是独立存在的,而且是十分重要的,因为它使人的周遭世界,使人的社会生活和个人生活充满了"意义"。在伊利亚德看来,宗教可定义为"神圣的显现"。宗教现象之所以不同于其他文化现象,关键在于它关注的是"神圣"。这种"神圣",既是一种"力量",也是一种"实在"。虽然在一神教的背景中,神圣往往被理解为一位人格神,但实际上神圣还包括许多神灵、祖先和不朽者。不同的宗教对"神圣"有着不同的界说,但共同的任务就是阐示"神圣"是如何显现,人如何认识和接近"神圣"。宗教的作用就是促进人们与"神圣"相遇,将个人"带出世俗世界或历史状态,推动他进入一个不同质的世界,即完全不同、超越和神圣的世界"[①]。伊利亚德认为,神话中的某些象征,如天、太阳和月亮、水和石、大地等,是广泛存在于各民族神话中的。人们在神话中,重返超越时间的创世起点。人们通常在仪式中重演神灵在创世时所做的事情,在这个时刻世界从无到有。每年新年、每个再生或重新

[①] Mircea Eliade, "1937-1960: Exile's Odyssey", *Autobiography*, vol. II, trans. by Mac Linscott Rickets, Chicago: University of Chicago Press, 1988, pp. 188-189.

整合的神话、每个成年仪式，都是返回到起点，形成世界重新开始的机会。神话虽然是在讲神的故事，记述神的话语，但它的功能却在于人类通过在仪式中模仿、重复神的作为，以及不断地再现诸神的神圣模式，不断地圣化世界，即按照神圣的范式建造或重建群体的和个人的生活世界。这就是伊利亚德所说的宗教活动对于神圣模式的真诚模仿具有的双重结果："通过对诸神的模仿，人们使自己依然存在于神圣之中，因此也就生活在实在之中；通过不断再现神圣的模式，也将世界神圣化了。人们的宗教行为有助于维持这个世界的神圣性。"① 通过宗教仪式，人们再次实现了他们整个的宗教生活，这既是一种纪念和庆祝，也是再次实现了神话。"不仅仪式有神话的模型，任何人类行为如要见效，他们都必须得恰如其分地重新实行神祇、英雄或先祖在太初之际实行的事迹。"②

宗教作为一种世界观，宣称有一个超越尘世的神圣世界（或神圣秩序），它是世俗生活（社会和个人）的参照系。"神圣"是宗教的关键属性，它不仅赋予人的生活（包括思想与行为）以"意义"的定位，而且世界和宇宙也由此变成可以理解的和可以把握的。③ 由此而论，解释宗教的任务就在于揭示蕴含于不同模式（"神圣"在这些模式中展现

---

① 参见伊利亚德：《神圣与世俗》，王建光译，华夏出版社 2002 年版，第 52 页。
② 参见耶律亚德（伊利亚德）：《宇宙与历史：永恒回归的神话》，台北联经出版事业公司 2000 年版，第 17 页。在《神圣与世俗》一书中，伊利亚德从各种文化里提取大量例证，说明这些传统社会的人如何认真地遵循神灵所建立的模式安排自己的日常生活。古代氏族在建立自己的村庄时，总是围绕一个神圣的中心，如此建构的社会从一个仪礼中心点向外扩展，它明显地与在通常情况下环绕它的沙漠、森林或广阔平原的无序状态形成了鲜明区别。按照能够彰显神圣的方式建立起来的社会有一种限定的神圣化社会结构，它是一套神圣系统。时间在宗教生活中有着非线性的意义，"①通过每年一次的对宇宙生成过程的重复，时间又被重新产生；也就是说它又一次地作为神圣时间而重新开始，因为它与世界第一次产生出的时间相一致。②通过仪式性地参与进世界终极点和参与对世界的再造，每一个人都成了与那个时间同时而在的人。因此，每个人都获得了重生；借助于他那毫无减损的生命力之源，他又开始了他的新生命；正好像在他出生的那一刻一样。"（伊利亚德：《神圣与世俗》，王建光译，第 30 页）
③ 参见伊利亚德：《神圣与世俗》，王建光译，第 30 页。

出来）中的价值和意义，不同的宗教形态是以各自的模式将人类的经验组织化了。象征、神话与仪式（尤其是在未开化的社会中）体现了人类自我意识的再评价，而"这种评价是借助超验、终极实体与一种根本不同于历史、以及日常生活所表现的价值观进行的"。神话的模式具有一种力量，它们体现了人类意识中一以贯之的一个方面，但却由于不同历史时代与不同文化条件的作用，呈现出不同的形态。这种结构性的东西总是超越具体的文化形态，而且还展示了比较相似的具体表现形式所蕴含的宗教意义。①

　　神圣，在许多人的理解中是对象化的，不论是一个实体还是一个意象（象征），它都是一种"实在"。但是从根本上说，事物本来没有神圣与世俗之别，神圣与世俗是人（具体说是宗教信仰者）在特定的时空与文化条件中，赋予意象或实物的一种属性。这种神圣性的赋予往往要经过特定的程序，即神灵的意象也要经过"开光"仪式（如佛教和道教）或"祝圣"仪式（如天主教和东正教）后，才具有不同凡俗的神圣性。无论是"超越性"还是"神圣性"都是宗教信仰对象的一种被赋予的品质，这种品质对社会中的个人和代际传承的后代人来说是既成的。对宗教信仰者来说，这种"超越性"或"神圣性"的感知十分重要。因为人们一旦感受到信仰对象的超越性和神圣性，他或她的人生观、世界观和价值观就会重新整合，生活经验中的方方面面和许多因素也会以此为中心重新组合（或重新结构化），由此带来生活方式和行为方式的改观。

　　超越性与神圣性并非高远深奥的缥缈之物，我们在日常生活中就能体验到它的作用。我们经常听到人们说某某人信教以后婆媳关系变好了，不再整天争吵了，或者某某人原来斤斤计较，现在和同事们的关系和谐了，等等。这不是说她或他信了佛或基督以后，婆媳关系和

---

① 参见斯特伦：《人与神——宗教生活的理解》，金泽、何其敏译，第332—333页。

同事关系不存在了，而是她或他对这些事务的态度改变了，她或他的生活经验与人际关系被重新组织了，她或他处理这些事务的方式改变了，由此带来行为方式和交往方式的改变发生。信教者有了超越性和神圣性的信仰对象以后，原来在生活中看得很重的东西，现在与信仰对象相比变得不重要了，整天想的是佛法和圣经上的话，想的是积德行善，人家说一句半句不好听的话也不会琢磨半宿睡不着了，人际关系自然会改善了。

信仰改变人生。"砍头不要紧，只要主义真"（夏明翰烈士语）这句话最好地说明了信仰之超越性的力量，为了信仰，无价的生命都舍得，其他一切就更微不足道了。或者说，还有什么不能放下呢？

（四）宗教形

宗教性与宗教形是宗教信仰的两个方面。"宗教性"是"多"中内在之"一"，而"宗教形"则是外在形态之"多"。实在的万物都有形，实在的宗教也有其形。这样说似乎"宗教形"没什么可讨论的，但是宗教为何有复数，即历史上和现今世界上为何会有诸多宗教？同一种宗教形态也会有不同的宗派，这是何故？宗派不是同时产生的，那么新宗派与老宗派的关系有没有不同的类型？我们如何看待复数的宗教和复数的宗派？特别地，我们如何看待新宗派？等等。由此延伸，看似简单的问题又陡然复杂起来。

1. 组织社会学的视角

人们不仅纠结于如何定义宗教性（缪勒曾说过有多少人研究宗教就有多少种宗教定义），亦纠结于如何看待宗教形。这些争论往往并不限于学术圈内，还会形成社会运动，有时甚至会让人类不堪回首。如西欧历史上有段时间基督教自视正统，将前基督教的宗教视为异教或巫术，其极致是"女巫审判"中成千上万的"女巫"被迫害致死。宗教组织有特殊性（它的"宗教性"使之不同于商业组织、政党或学校等），但它不是超脱于社会组织之外的一种组织。研究"宗教形"的学问可以称作宗教形态学，可以做类型学的分析，也可以进行组织社会学的研究，即研究宗教组织内部的结构与功能。宗教的组织形态只是形形色色的社会群体中的一个类别。通过不同的视角或尺度将千姿百态的宗教分门别类，我们能够从中发现某些规律或共性。社会群体不是随随便便的一群人，它"是由那些在对彼此行为有着共同期待的基础上有组织地在一起发生相互作用的人组成的集团"[①]。如果对照社会学所说的"集合体"（指一些恰巧在同一时间、同一地点聚集在一起的人，如某一辆公共汽车上的乘客）或"类"（指一些并不相识，却具有共同特征的人，如年龄、性别或种族等类别），我们能够更好地把握宗教信仰群体的特征：因某种宗教信仰而组织起来的群体成员间的相互作用使这个群体成员有一种共同的"归属"感，即群体成员对外（如非成员）有所区别，对内有所认同，并对彼此之间在行为上有所期待。

实际上，社会群体的内部结构[②]是有严密与松散之别的，而且有不同的类型，如可分为首属群体（由以直接的、情感的和个人的方式发生作用的少数人组成，如家庭、帮派）和次属群体（为某一具体的实用的目的凑在一起的，如商业公司、政府部门、宗教运动团体）。一个群体若有精心设计的结构，用以协调其成员的活动，以求实现组织的目标，那它就可以看作"正规组织"，正规组织可分为志愿性组织（进出自由，如政党、宗教）、强制性组织（如监狱）、功利性组织（如公司、企业）。首属群体被归入前现代的，属于非正规组织。学者们对不同的组织制度做了深入的研究，如韦伯（Max Weber）对官僚制度的研究，米歇尔斯（Robert Michels）对寡头政治的研究，特洛奇（Ernst

---

① 伊恩·罗伯逊：《社会学》，黄育馥译，商务印书馆1991年版，第207页。
② "群体的本质是它的成员彼此间发生相互作用。这一相互作用的结果是使群体形成了一种内部结构。每一群体都有其自己的界限、规范、价值标准和相互关联的地位及角色（如领导者、追随者、爱讲笑话者或替罪羊等）。"（伊恩·罗伯逊：《社会学》，黄育馥译，第208页）

Troeltsch）曾提出"教会—教派"类型学，英格（J. Milton Yinger）则以成员数量比、社会（价值）相适度和自身制度化程度三个维度宏观把握宗教团体的类型。①

学者们的理论化研究虽然增进了人们对宗教组织的认识和理解，但这种理论抽象有时也容易让人们陷入思维定式：一是以为概念（宗教组织类型）间的界线是斩钉截铁的；二是以为除了这些宗教组织类型，其他都在宗教之外。然而正如老生常谈的那句"理论是灰色的，而生活之树常青"。不要说现实生活中"山外有山"，一个宗教或宗派之外是宗教的花海；就是原来自诩最正宗、最"有型"的宗教在20世纪也变得有些"落伍"或"形散"了。人们恍然大悟：在世俗化的潮涌中，宗教不必执着于某一特定形式，"形散而神不散"的是宗教性，只要这个根本在，宗教不仅可以从体制化宗教演变为"个人宗教"，甚至可以有"无形的宗教"。② 其实，任何宗教自有其形，它们"自在"地在那里，但其是否能进入理论认知和社会治理的画面，取决于人们的"取景框"。只要我们不是非要偏执地坚持必须是某某"形"才是宗教，神采万千的宗教形态就会映入我们的眼中。

2. 宗教是一种群体现象

宗教有其形。宗教不仅仅是一种精神现象和心理现象，更重要的还是一种社会现象。"宗教是一种群体现象"，这是约翰斯通（Ronald L. Johnstone）在《社会中的宗教》里下的一个论断。他说英语 religion（宗教）的拉丁词根有两个意思：一个是 religare，表

---

① 英格提出的宗教团体的类型学标准：（1）宗教团体的成员数在一个社会总人数中所占的比例；（2）宗教团体接受或拒绝社会世俗价值观和社会结构的程度；（3）宗教团体作为一个组织把众多的单位组成一个结构，培养专职人员，建立官员体制的程度。(英格：《宗教的科学研究》，金泽等译，中国社会科学出版社 2009 年版，第 370 页)

② 参见卢克曼：《无形的宗教——现代社会中的宗教问题》，覃方明译，中国人民大学出版社 2003 年版。卢克曼（Thomas Luckmann）的主要观点是：在现代社会中，宗教已从"有形宗教"即以教会为制度基础的信仰体制转化为以个人虔信为基础的"无形宗教"。

示联系(指群体和伙伴)在一起;另一个是 relegere,表示演习和执行(涉及宗教礼拜仪式的重复)。这两个意义都包含在他的宗教定义中:"一种信仰和实践的体系,一个群体的人们将依据这个体系来解释他们认为是神圣的东西和习惯上认为是超自然的东西,并对之作出反应。"①

宗教无论规模大小,都是由一定数量的宗教信仰者组成的。这些信仰者都是有个人权利、有思想、有情感、有个性、有个人经历的个体,自然会在信仰的内容、信仰的体验、信仰的程度、信仰的表达方式等方面千差万别。但是"宗教"不等于信仰者个人,它是诸多信仰者组成的群体,其内涵大于信仰者之和,仅有个人的宗教体验还不能被说成宗教,宗教是一种群体现象(即人们常说的"群众性")。按照约翰斯通的说法,任何"群体"都具有六个特征:一是群体是由两个或更多的人(成员)所组成,他们之间建立了特定的互动(包括交流)模式;二是群体成员具有某些确定的共同目标;三是群体有其共同的规范做指导;四是每个群体成员都要扮演一个角色或履行一套功能;五是群体的集体功能和某种地位体系相一致;六是群体成员对其所属群体会感到和表现出一种认同感。② 作为群体的宗教自然不在此列之外。然而群体要生存和延续,必须要解决五个"功能性前提":一要补充新成员,维系群体的"再生产";二要培训和教育新成员,即所谓的"社会化";三要"使福利与服务达到一个令人满意的程度";四要保持秩序(包括协调与监督),推动成员在利用和遵守群体准则的情况下去追求群体的目标;五要保持目的感,由此"发展并维持某种信任自己的群体、并与自己的群体相认同的情感"。③ 现实生活中的宗教群体不是发展就是消亡:若是越来越萎缩,甚至会解体或消亡;但若群体

---

① 约翰斯通:《社会中的宗教》,尹今黎、张蕾译,四川人民出版社1991年版,第23页。
② 参见约翰斯通:《社会中的宗教》,尹今黎、张蕾译,第15—17页。
③ 参见约翰斯通:《社会中的宗教》,尹今黎、张蕾译,第97—104页。

规模不断扩大，一方面可能在群体内部出现科层化，另一方面可能会有部分成员出现疏离化或亚群化。

"宗教形"具有内外两个方面：一定数量的宗教信仰者因为共同的信仰聚集在一起，在其内部会形成一定的组织结构，在其外部会表现为具有若干特征的形态。这是内部要素的结构关系形成了相互有别的外在形态。

3. 宗教形态可以区分为不同类型

古往今来，宗教的形态非常之多，学者们从内部结构或外部特征入手，加以归纳分类。

若以信仰对象观之，可分为一神信仰和多神信仰。一神教指认为只存有一个神并对之崇拜的宗教形态，以犹太教、基督教和伊斯兰教为典型。这三种宗教都主张该教所信奉的神灵是创造并主宰世界的，无所不在、无所不能、无所不知、无形无象的精神体。面对人们对一神教中所具有的天使和魔鬼等提出的疑问，一神教的回答是他们虽然也是非物质的精神体，但却不是"创造者"而是"被造者"，因而不能称之为神，亦非崇拜对象。多神教是同时崇拜众多神灵的宗教形态，崇拜并相信世上有众多神灵并存且有不同司职，如有山神、水神等自然神灵，也有熊神、鹰神等动物神灵，还有战神、爱神、行业神和土地、城隍等。多神教内部还可再分为若干亚型，如有学者将崇拜者出于己意在不同情况和需要下选择不同的特定神灵归于一类；将不同地域、不同群体、不同时期而将不同的神灵作为主神崇拜的归为另一类（如缪勒所说的"轮换主神教"）；也有按神灵大小（威力因而有别）而区分的；也有按职能分为自然神、祖先神、行业神的。

若以组织程度而论，有严密型和松散型。世上可以有无组织的信仰，但却没有无组织的宗教，说组织程度松散并不等于没有组织。所以宗教在"组织"这个维度上的分类，不是有无的问题，而是程度的区分。有学者进一步将宗教组织的严密性与世俗社会生活（和制度）关联起来分析，例如，杨庆堃（C. K. Yang）在讨论中国宗教时就区别了制度性宗教（institutional religion）与分散性宗教（diffused religion）。① 若以内部管理分，有科层化的金字塔（甚至是帝国式的）结构，也有民主自治的结构。基督新教内部教派林立，有圣公会、路德宗、加尔文宗、卫理公会、教友派、公理会、浸信会等，它们虽然在根本信仰上一致，但在管理体制上却各有特色。② 伊斯兰教的自身管理既有传统的教坊制（由公推"乡老"或"堂董"组成清真寺管理组织，管理寺务并聘请阿訇，信众围绕清真寺而居形成社区），也有从苏非与宗法制度相结合演变而成的门宦制（教主直接负责）。佛教在不同时代和不同地区也有不同的管理制度，如南传佛教中的波章（又称"安章"，负责安排佛事活动等）制度③和藏传佛教中的"活佛"及其转世制度④就与汉传佛教有较大区别。若以所宗祖师或修行体系分，汉传佛教内部有天台、法性、法相、华严、唯识、净土、律宗、密宗、禅宗

---

① 参见杨庆堃：《中国社会中的宗教——宗教的现代社会功能与其历史因素之研究》（欧大年序），范丽珠等译，上海人民出版社2006年版。

② 基督教内部的管理体制有主教制、长老制、会众制等。主教制形成较早，主教一般有权祝圣神父或派立牧师，施行一切圣事，统辖所属教区的教会，神父或牧师隶属于主教，协助主教施行某些圣事，管理主教所委托的某些堂区。长老制以从事世俗职业的教徒领袖，经教会选举，接受长老"圣职"而为管理教会的骨干。专职牧师则受全体教徒所授权的长老们聘任，牧师在长老们的委托下管理教务工作。会众制（公理制）以每一堂区的会众为教会的独立自主单位，不设教务行政上的各级总机构，每个独立教堂的会众（全体教徒）以民主的方式直接选聘牧师管理教会。"公理"一词取其"公众治理"之义，各教堂的具体制度和礼仪，也由各堂会众自行决定。这些管理体制有时是跨教派的，如主教制见于天主教、东正教、新教中的圣公会和部分信义会以及东方较小的古老教会中。

③ 参见郑筱筠：《人类学视域下南传上座部佛教的中国阈限理论分析——以南传上座部佛教管理体系中的安章现象为例》，《思想战线》2010年第2期；《中国南传佛教研究》，中国社会科学出版社2012年版，第181—188页。

④ 活佛是汉地称呼，藏语称作"朱古"（音译），意为"化身"。活佛转世始于13世纪的噶举派噶玛噶举的噶玛拔希。格鲁派兴起后，严禁僧人娶妻。为解决宗教领袖的传承问题，由达赖三世索南嘉措开始，实行转世（蒙语"呼毕勒罕"）制度。随后制度日益完备，并在清乾隆五十七年（1792）实行"金瓶掣签"法选定在理藩院注册的大活佛的转世。

（禅宗内又有临济、曹洞等）等，同是藏传佛教，内有宁玛派的大圆满①、噶举派的大手印②、萨迦派的道果③等不同法门。

（五）再讨论："无形"宗教与宗教信仰的内在规定

我们说凡宗教必有其形，这里又讨论"无形"的宗教，岂不自相矛盾？这个问题并非空穴来风。

1. 卢克曼的"无形宗教"

德国当代宗教社会学家卢克曼在 50 多年前发表了《无形的宗教》（1967），产生了巨大影响并引发争论。在卢克曼看来，教会体制只是宗教的一种特殊的历史形态，宗教的本质在于它是一种世界观，一种客观化的意义系统。卢克曼将宗教的产生和存在与人类的世界观和社会化过程联系起来，指出人的行动总是有目的的和有计划的，人们必须对自己的当下经验做出解释，以便在多种可能性中做出选择。人的经验虽然是个体的和片断的，但人却可以借助人类已有的思维成果（一代一代积聚的抽象概念或范式）将零碎的经验加以分类整理并连

---

① 《土观宗派源流》说此法"说先前离垢之智，明空赤露，为大圆满。若释其字义，说现有世界、生死涅槃所包含的一切诸法，悉在此灵明空寂之内，圆满无缺，故名圆满，再无较此更胜的解脱生死方便，故名为大"。宁玛派认为人的心体本质上是纯洁的，是远离尘垢的。若想把握好心体，应听其自然，让"心"随意而往，如能在"空虚明净"中把"心"安于一境，即可成佛。具体步骤为心部、界部和教授部三部修行，由无明转为明，证得"明空赤露的智性"。

② 大手印为噶举派教法之一，有显密之分。显教大手印是以经教证空性，修法者将心专注于一境，持之以恒，获得"禅定"，然后观察安于一"境"的"心"是在身外还是在身内，若发现无处查觅时便会明白"心"非"实有"，而是"空"的，此即达到了"空智解脱合一"的境界。密教大手印以"空乐双运为道"，运用吐纳、导引等一套类似气功的法门观修，先参证本心体相，用以指导风息"入""住""融"于中脉，引至脐端，拙火炽燃。据称由此可产生四种"喜乐"，使心转为"大乐"（将一世烦恼业障连根拔尽），此时"境"与"空性"无有分别，成"空""乐"二智，再专注此智，经四瑜伽修法次第的修炼，达到最高成就"即身成佛"。

③ 此法认为修法者断除一切"烦恼"可得"一切智"而达到"涅槃"境界之"果"。其修行次第要修法者先抛弃"非福"（指所谓"坏事""恶业"），专心做"善业"，来世即可长虹人"三善趣"（即人、阿修罗和天）。如升入"三善趣"而仍未脱"轮回之苦"者，还须断除我执，才能超脱。为此需要苦修，悟出人身和宇宙"皆非实有"，还要断除"一切见"，才能领悟佛法，获得"解脱"之果。

缀起来，成为一个连续的整体，成为有"意义"的东西。人凭借这种"意义"不仅理解和把握了外部环境，同时也理解和把握了自己。卢克曼把人的这种创造和利用解释架构的活动称为人创造意义的活动，并将这个"意义"体系称作"世界观"。世界观是人在认识和实践活动中，借助概念和范式建立起来的，但对个人来说，它是既有的和不断丰富着的。"解释图式来自过去体验的积淀。体验、它的意义与解释图式三者之间的关系是互惠的与动态的。体验的意义是从当下过程与解释图式的关系中寻出的。反过来，当下的体验又修正着解释图式。连续不断的体验非常有可能被沉淀在一个不同于任何实际体验的图式之中，这种可能有赖于某种程度的超脱。"①

卢克曼认为世界观对于个人而言，是一种"客观"的意义体系并具有一定的"超越性"和道德性，陈维纲将卢克曼对此的长篇论述概括为三点：一是世界观作为一代又一代建造的解释范式系统的活动的结果，相比于个人从零开始发展起来的解释范畴，具有无可比拟的丰富性和多样性，个人从作为历史客观实在的世界观中获得了意义。二是世界观对每个人都具有超越性，"世界观作为意义的历史发源地，跨越了个人的生活和世代的生活"，世界观的这种"历史居先性"，为人类有机体超越生物本性提供了经验基础，"并使人类有机体超越于直接的生活脉络，而将他们作为人整合进一个意义传统脉络之中"。三是世界观的普遍范畴系统对个人行为具有强制性和规范性，"它决定了个人在世界中的取向，并对他的行为施加影响"，而且"这一影响是如此深

---

① 卢克曼：《无形的宗教——现代社会中的宗教问题》，覃方明译，第47页。将宗教看作一种"意义系统"的观点，是许多学者的共识，如卢曼（Niklas Luhmann）也认为：宗教的功能在于提供一个意义系统，为其他社会系统构成一种参照点。……作为意义系统的宗教，在现代社会中的功能因此不仅是为个体提供意义资源，由于宗教语义承受个体的社会化进入了沟通，把个体和社会的不确定性、不稳定的因素转移到确定的、稳定的水平上，使个体和社会的自我认同有一个表征系统。（卢曼：《宗教的功能》，第26页，转引自卢曼：《宗教教义与社会演化》，刘锋、李秋零译，中国人民大学出版社2003年版，选编者导言，第20页）

刻，以至于个人将其视作理所当然"。世界观的这种规范性的作用，构成了社会控制和社会秩序的资源。①

在卢克曼看来，世界观作为一个客观的与历史的社会实在，"执行着本质上是宗教的功能"。他不仅把世界观"定义为宗教的基本社会形式"，而且认为这一形式在人类社会中是普遍的。之所以说世界观执行了宗教的功能，在于世界观的意义体系具有"等级结构"，由此产生的两种"实在"将人所生活的世界二重化：一层是世界观内在的"意义等级秩序"所指向的"理想实在"，另一层是这种意义秩序的客观化所产生的现实实在或社会结构，卢克曼把前者称为"神圣实在"或"神圣世界"，把后者称为"世俗世界"或"日常世界"。

> 意义的等级结构代表着作为整体的世界观的特征，是世界观的宗教功能的基础，意义的等级结构在世界观内的一个独特的高级意义层面上得到清楚表述。这一层面通过象征性表象明确指涉一个与日常生活世界相分离的实在领域。这一领域可以恰当地称作神圣世界。代表神圣世界之实在的象征可以称之为宗教表象，因为这些象征以一种具体而集中的方式执行着世界观整体的广泛宗教功能。……作为世界观的一部分，神圣世界处于与社会结构整体的关系之中。神圣世界渗透了形形色色的、多少明确分化的制度领域，诸如血亲关系，劳动分工与权力实施的规范。神圣世界直接决定着个人的全部社会化，并且与整个个人经历相关。换言之，宗教表象在社会情景的整个范围内使行为合法化。②

由于世界观在意义结构上分为神圣世界和社会日常生活世界两个

---

① 参见卢克曼：《无形的宗教——现代社会中的宗教问题》，覃方明译，第41页。
② 卢克曼：《无形的宗教——现代社会中的宗教问题》，覃方明译，第66—67页。

层面，这决定了宗教表象具有两方面的功能：一方面它能够表明，"在什么意义上现存的社会秩序是合理的、正当的"；另一方面，"宗教又是我们赖以评价和批评现存秩序的依据"。对个人而言，社会化的过程也使个体自我形成一种多重结构，当个人通过参与客观和道德的社会实在过程而做出行为时，他或她不可避免地同时要内化客观的意义体系或世界观，个人意识与良心也在此过程中得以形成。陈维纲将这一点概括为：

> 个人在内化客观的意义体系或世界观的同时，也内化了指涉神圣世界的宗教表象。他把这称之为个人的主观"终极"意义系统或个人宗教性，实际上，个人的主观"终极"意义系统的建立，或者说，个人的主观价值优先系统的建立，乃是内化客观的意义体系或世界观的前提，正如意义等级秩序结构是客观化的世界观的前提。这可以解释历史上的宗教何以对人格形成并进而对社会秩序的形成具有如此至关紧要的作用。①

一方面，意义系统（世界观）作为宗教的内核有一个形成并客观化的进程；另一方面，宗教作为这个意义系统的载体也有个发展的过程。在卢克曼看来，宗教的基本功能就在于"把一个自然族类的成员转化为一个历史地产生的社会秩序内的行动者"②。宗教最初是在整合社会秩序与将现状合法化的过程中发挥作用的。神圣世界是嵌入在社会结构之中的，所以个人"在早期社会化（以及后来的）过程中遇到许多社会情景，在这些情景中，将要被内化的宗教表象被各种并非仅限于宗教事务的制度所强化"③。然而，专门化宗教共同体的出现，自然会

---

① 卢克曼：《无形的宗教——现代社会中的宗教问题》，覃方明译，陈维纲中译本序言。
② 卢克曼：《无形的宗教——现代社会中的宗教问题》，覃方明译，第119页。
③ 卢克曼：《无形的宗教——现代社会中的宗教问题》，覃方明译，第64页。

要求追随者效忠，从而将这些追随者置于和"世俗"制度（或其他宗教共同体的成员）相互冲突的境地。"教义的制度化、教会组织的发展和宗教共同体从社会中的分化这三者最终达到了世界其他地方无法比拟的程度。"① 卢克曼提醒人们：宗教的完全制度性专门化仅仅发生在特殊的社会—历史环境中。"在那些宗教确实采用了这一社会形式的社会中，宗教通过教会的中介被视为理所当然，正如在其他社会中，将宗教等同于它所出现的社会形式被视为理所当然一样。"② 这一说法很有启发性：我们认为"理所当然"的宗教制度，其实只是在特定历史—文化环境中的社会建构；既然是建构起来的，也就会随着历史—文化环境的改变而解构（虽然不是同步的）。

卢克曼的论述有德国学风，深刻分析有余而简洁明快稍逊。他的主要观点有四：一是将意义系统（世界观）看作宗教的核心；二是说制度化宗教是特殊社会—历史环境的产物；三是指明现代化进程中宗教信仰呈现个体化趋势；四是宗教从以教会为制度基础的"有形宗教"转化为以个人虔信为基础的"无形宗教"。

2. 杨庆堃的"分散性宗教"

20 世纪 60 年代是个风起云涌的时代，战后成长起来的新一代学者开始在各个领域建树新的理论学说。有关宗教形态的探讨也是异峰突起。其实，早在卢克曼发表《无形的宗教》之前，杨庆堃就已经出版了《中国社会中的宗教——宗教的现代社会功能与其历史因素之研究》(1961)。杨庆堃与卢克曼看似探讨的是不同的问题，实际上是以东西方两种文化（包括或尤其是宗教文化）为背景，回应时代变迁提出的挑战。面对西方社会经常去教堂礼拜的人越来越少的局面，卢克曼将世界观所凝聚的意义和秩序作为宗教的根本，而将制度化的教会

---

① 卢克曼：《无形的宗教——现代社会中的宗教问题》，覃方明译，第 59—60 页。
② 卢克曼：《无形的宗教——现代社会中的宗教问题》，覃方明译，第 64 页。

看作特殊历史—社会环境的产物，认为"个人虔信"将是新时代宗教信仰的重要形态。而杨庆堃面对的问题是：无论中国还是西方的学界，都有一大批人主张宗教是人类社会的普遍现象，同时他们又认为中国人没有宗教信仰或宗教意识相当淡薄。杨庆堃给出的解答是：中国历史上不是没有宗教，而是中国的宗教形态与西方的制度化教会有所不同。

杨庆堃提出"分散性"（diffused）宗教的概念。他认为中国的宗教不同于西方，也不同于印度，在绝大多数时间内，既没有在社会分层上独占鳌头的、高度组织化的宗教，也没有教会与国家之间、教派与教派之间长期而血腥的争斗。他指出中国的宗教有两种形态：一种是制度性宗教（institutional religion），即有自己的神学、仪式和组织体系，独立于其他世俗社会组织之外。它自成一种社会制度，有其基本的观念和结构。另一种是分散性宗教（diffused religion），其神学、仪式、组织与世俗制度和社会秩序其他方面的观念和结构密切地联系在一起。分散性宗教的信仰和仪式能够发展为有组织的社会体系，同时它也是社会组织整体的一部分，在分散性的形式中，宗教发挥着多种功能，以组织的方式出现在中国社会生活中。①杨庆堃对中国宗教的基本判断是：中国宗教拥有兼容并蓄的特性。在民众的宗教生活中，主导民众意识的是民间信仰所具有的道德和神圣的功能，而并非宗教信仰境界的描述。宗教通过分散性形式服务于世俗社会制度，并强化其组织。"宗教普遍地渗透在世俗社会制度中，从传统社会的制度结构得到支持，而其特有的神学、神明、信仰、仪式无一不对民众的生活产生了系统的影响。所以，宗教在现实生活中的活动基本上是围绕着世俗制度来进行的。作为社会风俗的一部分，宗教通过展示其功能形

---

① 杨庆堃：《中国社会中的宗教——宗教的现代社会功能与其历史因素之研究》，范丽珠等译，第35页。

成了四处渗透的影响力，好像也不需要拥有强大而独立的结构。"①所谓制度性宗教，"在神学观中被看作一种宗教生活体系。它包括①独立的关于世界和人类事务的神学观或宇宙观的解释，②一种包含象征（神、灵魂和他们的形象）和仪式的独立崇拜形式，③一种由人组成的独立组织，使神学观简明易解，同时重视仪式性崇拜。借助于独立的概念、仪式和结构，宗教具有了一种独立的社会制度的属性，故而成为制度性的宗教"②。而分散性宗教，则"拥有神学理论、崇拜对象及信仰者，于是能十分紧密地渗透进一种或多种的世俗制度中，从而成为世俗制度的观念、仪式和结构的一部分"③。

杨庆堃的论著经中译本传播，越来越多的中国学者了解了他的观点与论证。虽然对其理论褒贬不一，但总的来看，杨庆堃的范式有较强的理论解释力，得到许多学者的认可。然而在我们看来，更为重要的是要认识到，杨庆堃所说的分散性宗教也是群体性宗教现象，不能将其等同于没有组织、没有制度，只有巫师（或萨满）或信仰者个人参与的个体宗教行为，它只是没有佛教、道教、伊斯兰教、基督教那样的由职业宗教者组成的独立教团和系统化的皈依、修行等制度，更没有天主教、东正教等在内部组织上的金字塔结构。与制度性宗教相比，分散性宗教（如家族的祖先崇拜、地方性的祭祀神灵活动等）确实"分散"。但只要是群体活动，哪怕只是节庆祭仪，甚至是朝圣进香④，都少不了组织、时间、地点和程序上的"讲究"或"规矩"（包括

---

① 参见杨庆堃：《中国社会中的宗教——宗教的现代社会功能与其历史因素之研究》，范丽珠等译，第307页。
② 杨庆堃：《中国社会中的宗教——宗教的现代社会功能与其历史因素之研究》，范丽珠等译，第268页。
③ 杨庆堃：《中国社会中的宗教——宗教的现代社会功能与其历史因素之研究》，范丽珠等译，第269页。
④ 例如北京妙峰山的香社相关研究可参见吴效群：《妙峰山：北京民间社会的历史变迁》，人民出版社2006年版；樱井龙彦、贺学君编：《关于妙峰山庙会的民众信仰组织（香会）及其活动的基础研究》，2006年版。

礼仪程序和禁忌等)。这些宗教活动实际上也是有组织有制度的,只不过与"制度性宗教"有所不同罢了。(至于个体宗教现象,传统中国社会不仅有,而且很丰富,但却属于另一层面的现象。)

3. 内容与形式、结构与功能

我们可以从诸多视角理解杨庆堃的理论,但就我们目前讨论的问题而言,杨庆堃提出的"制度性宗教"与"分散性宗教"这对范畴,卢克曼提出的"无形宗教"范畴,都极大地丰富了我们对宗教形的认识和理解。由此可以进一步拓展我们对宗教的理解。

第一,不是宗教的学术研究"发明"或"发现"了宗教形态的多样性,宗教形态才有了多样性,而是宗教形态的多样性本来就自在于历史—社会中。哲学不仅要让人们正视或重视日常生活中"熟视无睹"(黑格尔语)的东西,而且还要揭示出熟视现象背后的东西。人们了解的个案越具体、越丰富,理论概括所需的涵盖面就越大,既有结论所受到的挑战也越大。所以问题不是宗教形态是不是多样的(这是事实),而是如何囊括、如何看待、如何理解这种多样性。当然,人们可以将与既有理论相左的现象排除在外(如当作不纯粹的或不完善的),但更多的人不愿意削足适履,而是选择换双新鞋试试。于是在人们转换视角或拓展视野的过程中,新的宗教景观开始重构宗教学的理论画卷。

杨庆堃既将中国历史—社会中宗教形态的多样性作为自己理论研究的基础,又将这种多样性作为对既有理论的挑战,并试图以制度性宗教和分散性宗教回应这种挑战。在杨庆堃看来,制度性宗教的最大特点就是其自身可独立于世俗体系之外(在这一点上与卢克曼相同),从而在某种程度上与之相分离;分散性的宗教虽然也有其神学、祭祀与人事的运作系统,但无论是其精神内核,还是形式化仪轨组织,均与世俗制度和社会秩序有机地整合在一起(卢克曼也有此意),成为世俗社会结构的一部分,它自身没有任何独立的价值和意义。根据杨庆堃的说法，中国传统文化宗教是一种分散性的宗教而非制度性的宗教，而分散性宗教的特质就是其教义、仪式与组织都与其他世俗的社会生活与制度混为一体。

杨庆堃的"分散性"宗教是相对"制度性"宗教而言的，但它不是没有群体性，也不是没有崇拜活动。这些要素依然具备，只不过独立的制度化程度比较低。然而卢克曼的"无形宗教"太有挑战性了。这种无形宗教只存有一种"个人虔诚"，他（或她）不归属任何制度化的教会。卢克曼说世界观（意义系统）是"宗教"的核心，但我们不能反过来说所有的世界观（意义系统）都是宗教的。每个人都有自己的世界观，世界观有宗教性质的，也有世俗性质的。于是我们的第一个问题是：区分执有世俗的世界观与执有"个人虔诚"的世界观的临界点在哪里？难道说一个人的意义系统中包含"上帝""佛"或"道"的存在，就是"宗教"的？当然，"我信仰上帝"或"我信佛"也可以看作宗教认同，但这种归属是归属于某个神明而非某个制度化的宗教或教派——那么我们如何判断一个人是不是宗教信徒，是看他（或她）归属于某个教会（或教团），还是看他（或她）表白自己心归何处？第二个问题是：我们所说的宗教信仰是既有虚亦有实的，宗教信仰不仅有神灵等信仰对象，而且有相应的崇拜或修行等实践活动。如果"无形宗教"指的是不归属任何教会或教团，而不是没有任何宗教实践，那还可以说是"宗教"的，但如果只有包含神灵的"意义系统"而无相关的实践，那还能否认作是"宗教"的？

卢克曼的无形宗教说是对现代化进程中宗教信仰方式改变的一种理论概括。卢克曼所说的"个人虔诚"现象，在改革开放30年后的中国也开始呈现。这说明此类现象不是一时一地的个别现象，而是伴随现代化进程出现的具有一定普遍性的宗教信仰现象。如何在理论上加以界定和回应，既是对卢克曼的挑战，也是对宗教学的挑战。

用哲学的话语说，宗教性与宗教形的关系是内容与形式、本质和现象的关系。宗教性涉及的是内容、本质，宗教形涉及的是形式、现象。现象和形式是多样的，因时因地因社会因文化而异。但无论如何多样，它们之所以被认作宗教信仰，取决于它们的本质和内容。然而问题并不这么简单。我们说本质和现象，似乎是两个层面，一层是现象，现象的底层是本质。内容与形式是两层吗？简单地说，可以是。但这样一来，似乎内容层等于本质层，形式层等于现象层。其实不然，这样就把问题简单化了。实际上，现象不等于形式，内容不等于本质。形式虽然是事物的外在表现，但却是某类现象的类型化。内容不是事物的本质，而是事物的构成要素。宗教信仰的内容要比宗教信仰的本质更为具体，它是宗教信仰的构成要素；宗教信仰的形式要比宗教信仰的现象更为抽象，它是宗教信仰之类型化的外在表现。我们将宗教信仰的本质与现象作为一对范畴，将宗教信仰的内容与形式作为另一对范畴，它们之间有关联但却不是一回事。我们在随后展开的分析和讨论中，会体悟到这种区分绝非无关紧要。

第二，宗教有不同的要素，但这些要素没有固定的结构，而是在天时地利人和的机缘作用下形成特定的结构组合。我们判断一个事物或一种现象形态，不能只看它含有什么要素，还要看这些要素的含量是多少，彼此间形成一种怎样的结构关系。现代科学研究发现，每个人的身体里都有若干金属元素，当某种元素在人体内存量过多或过少时，结构关系就变成另外一种组合，人们会进入另一种身心状态。这就说明同样的要素，会因其结构不同、相对的数量不同，而在形态与功能上有很大的区别，如同样用木材和砖瓦，同样有地基、墙面、柱子和屋顶，在中国的不同地域，历史地形成了不同的建筑风格以适应不同的气候，并体现不同的文化理念。从这种结构—功能的角度分析民间信仰，不仅可以将它与其他宗教形态区分开来，而且可以在其内部再区分出不同类型的结构组合（不仅仅是"散"与"聚"不同，而且无论是散是聚都有不同的结构组合）。不同的组合结成不同的形态，它们既是一个动态的"光谱"连续体，又是一个个"定格"。

在分析宗教的结构—功能时，我们最好再进一步，将特定宗教的宗教功能与其社会功能区别开来。从功能的角度看，任何宗教总是在满足特定人群的某些宗教需要的基础上，形成一个宗教团体或一种信仰类型（这不同于个人的宗教体验）。虽然我们每个人每天都要喝水，但是有的人爱喝茶，有的人爱喝可乐，有的人爱喝白开水，人们在宗教需要上也有不同的倾向，并不是只要信教就会崇拜同样的神灵，也没有哪一个类型的神灵信仰可以完全满足天下所有人的宗教需要（即使是一神教，内部也有不同的教派），而且人们的宗教需求还会因为时代的演变而有所变化，创造出新的信仰形态。所以宗教必然会有不同的形态，不同的形态具有不同的特性和功能，不同的宗教形态也会有生有灭有变。特定宗教形态的功能，首先是对其信徒产生作用，并由此形成特定宗教内部要素的互动。但任何宗教形态都不是，也不可能是独往独来的（即使与社会"隔离"），它在发挥其宗教功能的同时，也必然与其他宗教形态、与整个社会文化诸形态形成外在的互动。这种外在的互动，自然也有结构—功能的问题，即一个特定宗教的功能，总是在与其他宗教形成的结构关系中，在与整个社会文化诸形态形成的结构关系中，展现和发挥出来。内在的互动会影响外在的互动，反之，外在的互动也作用于内在的互动，其结果，会使特定宗教的某些功能和特征得到强化或凸显、消解或改变。

功能不是抽象的，而总是与事物组成要素的特定结构关联在一起；不是有什么样的功能就会有什么样的结构，而是有什么样的结构才会有什么样的功能。我们在对宗教的社会功能做出价值判断时，要充分认识到这不是个非此即彼的简单论断，而是要辩证地具体分析具体的问题。曾经有一段时间，人们总是全面否定宗教的社会功能，后来逐渐赞成或接受宗教既有正功能，亦有负功能的说法。但是这种认识还属于统观的层面，应当再深入一步：在同样的社会历史环境中，每种宗教的内在结构不一样，它们的社会功能就有所不同；而同一种宗教，在不同时期、不同地域会形成内部要素的结构变化，其社会功能亦随之有所改变。所以我们不仅要将宗教作为一个整体与社会文化诸形态的互动来解析宗教的社会功能，而且要依据特定宗教传统或教派的内部诸要素形成的结构组合与互动模式，来解读特定宗教的社会功能，甚至还要将特定宗教形态（如民间信仰）内部的不同类型区分开来解读。①

第三，除了形式与内容、结构与功能的视角之外，还可以从中心与边缘（或核心与非核心）的视角思考宗教信仰构成要素间的关系。对此问题我们可围绕两个基点讨论：一是业已体系化（或体制化）的宗教信仰，其内在要素的分布可以用同心圆的不同地带表达其地位；二是分析不同要素的固化程度，虽然构成宗教的要素都是在历史进程中形成并逐渐积淀下来的，但固化（或弹性）的程度大有区别。

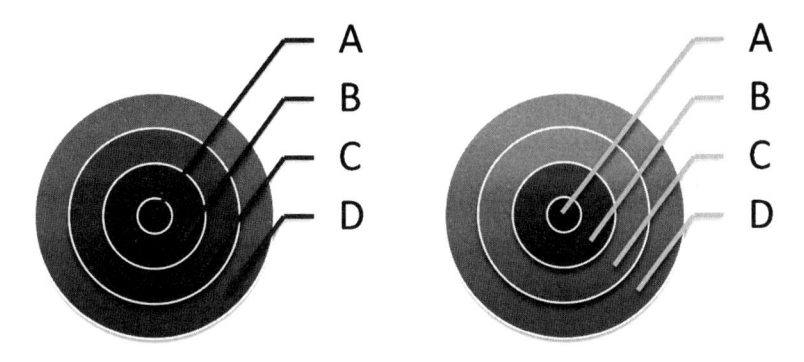

图 1-1 同心圆结构

---

① 这个认识值得关注和强调：一是因为它提醒我们在分析宗教及其功能时，不要轻易地做出全称肯定判断或全称否定判断。二是这不仅仅是出于学者在理论探索时的求真与谨慎，而且出于学者关怀天下的责任心。三是令我们联想到，当我们推动宗教与社会主义社会相适应时，不是推动那个作为抽象理论的"宗教"，而是一个个实存的特定宗教形态或宗教团体。四是启发我们按照结构—功能观点逆向思考：如果人们意欲推动特定的宗教形态或宗教团体在功能上有所改变，内在的结构关联与外在的结构关联是不可忽视的层面。

在此展示的两个同心圆（见图1-1），首先可以表达宗教与非宗教的关系。宗教之所以是宗教，非宗教之所以不是宗教，区别不是处于C、D地带的构成要素（如宗教团体和非宗教团体可能都有金字塔的组织层级），而是位于A、B地带的构成要素，尤其是A地带的构成要素（如是否是有神论，是否具有超验性或超越性的实在）。其次可以表达诸宗教之间的关系。一种宗教之所以是甲不是乙，区别可能也不是处于C、D地带的构成要素（如修行是否有进阶），而是位于A地带的构成要素（如一神论还是多神论）。最后，在同一宗教的不同宗派之间，可能形成区别的不是位于A地带的构成要素（基本相同），而是位于C、D地带的构成要素（如供奉是荤是素，画十字时伸两个手指还是三个手指）。最后这一点提醒我们：宗教构成要素的分布在同心圆的不同地带，但其重要性必须放到具体情境中去理解和评价。同一个要素虽然可能在共时性的同心圆里处于相同的地带，但被赋予的价值却可能因讨论的问题不同而不同。

宗教构成要素的价值不是绝对的，而是相对于他者而言的。同样，宗教构成要素自身的固化程度也不是相同的，有的固化程度较高（如基本教义），有的相对有弹性（如佛经使用的语言），有的原已固化后来又灵活了（如圣经在宗教改革后使用本地化语言）。宗教构成要素是否固化，与其处于同心圆的哪个地带没有必然的联系，处于不同地带的要素都有可能是固化的，也都可能在历史的变迁中有所变通。当一种宗教的内部宗派越来越多时，其构成要素的边界虽然在内部人看来十分清晰（甚至会为此殉道），但在外人看来可能会变得有些模糊。

我们已将"信仰"作为宗教学理论研究的逻辑起点，论证中涉及信仰的超越性和神圣性、宗教性与宗教形等相关内涵。然而，我们无论何时都不应对"宗教"和"信仰"这两个范畴持绝对的执着。因为自宗教学诞生以来，尽管学者们（包括东方学者在内）一直在对其抽象、完善和修正的过程中不断反思和质疑，使之更具普适性和客观性，但由于：第一，它们出身于西方文化和基督教传统，不可避免地带有故乡的色彩和情怀；第二，它们在不断地走向世界的过程中，面对各种各样的宗教文化和宗教现象，其中很多现象与产生这两个范畴的传统相距甚远；第三，不同背景的学者在论说中虽然都使用这两个范畴，但对它们的内涵与外延的理解往往貌合神离，在使用中产生了多种多样的分歧——所以在宗教学界，尤其是在宗教学理论领域内，20世纪80年代以来，许多学者对"信仰"与"宗教"范畴做出反思或提出质疑。这些反思虽然没有定论，但却会让我们保持清醒，推进我们的进一步思考，拓展我们对宗教信仰的理解。①

小结

1. 宗教学是研究宗教现象的本质、特征、结构、功能以及宗教演变的一门学问，是社会科学与人文科学中的一个学科。

2. 信仰是对尚未实现的或尚未证实的观念与境界的确信与追求。"尚未实现"或"尚未证实"的特征说明"信仰"虽然可能包含真理，但却不能等同于"真理"。信仰不仅是"行动的准则"，而且更重要的是行动的动力。信仰是知行合一的，它将某种"思想"作为信仰者"行动的准则"和动力，这一特性决定了信仰不同于哲学和科学知识。信仰是一种状态，又是一个过程，它必然会在思想方式、行为方式和生活方式等方面对信仰者个人和信仰者群体，以及信仰者所处的社会产生实实在在的影响。

3. 宗教信仰之虚的方面在于其对象，即信仰对象具有"尚未证实"

---

① 可参见史密斯（Wilfred Cantwell Smith）：《宗教的意义与终结》，董江阳译，中国人民大学出版社2005年版；Malcolm Ruel, "Christians as Believers", in John Davis (ed.), *Religious Organization and Religious Experience*, London: Academic Press, 1982, pp. 9-31。

或"尚未实现"的属性；宗教信仰之实的方面在于其过程及作用，信仰过程中形成的观念、情感和行为、组织都是心理事实、社会事实或文化事实。

4. 当一个人或一个群体对具有某种超越性的神圣存在（或力量、宇宙法则等）或神圣境界形成（有虚亦有实的）信仰关联时，其心理过程、文化过程或社会过程及其产物就具备了"宗教性"。古往今来，世界历史上的宗教信仰虽形形色色，"宗教性"却是贯穿其中的本质规定，是"多"中之"一"。然而任何宗教信仰，只要成为一种社会现象或文化事项，必有其"宗教形"。因天时地利人和或社会历史条件与文化传统，宗教信仰形态可有一神与多神之别（对象维度），可有科层制的金字塔结构与平面结构的区分（组织维度），可有崇尚艺术的与倾心于冥想（修行）的，诸如此类都涉及"宗教形"。宗教性与宗教形是宗教信仰的两个方面。我们判定一种社会现象或文化事项是不是宗教的，首要的（也是根本的）是从"宗教性"入手，即看它或它们是否与具有某种超越性的神圣存在（或力量、宇宙法则等）或神圣境界形成了（有虚亦有实的）信仰关联。但宗教信仰既然是一种社会现象或文化事项，必定处于特定的时空当中，天地人条件的特定组合决定了这种或那种宗教信仰具有其独特的表现形态。人们对宗教性与宗教形及其相互关联的不同理解，直接影响到人们对宗教做出不同的定义并形成不同的宗教观。

5. 宗教既是一种历史现象，也是社会文化生活的一种形态（常态的或形成某种运动）。一种文化现象或社会现象之所以被看作"宗教的"，其核心所在是对具有不同超越性（或超验性）的神圣存在（或力量、宇宙法则、境界等）的信仰。

6. 在人类历史上的不同阶段和世界上的不同地区，宗教信仰者与信仰对象之间的联系途径从来都不是绝对唯一的，而是多样的：既有对神圣存在的个人领悟，也有借助神圣的象征创造共同体；既有生活在同宇宙法则的和谐之中，也有借助精神修炼获得自由；既有通过完善人际关系或通过社会责任心以获得宗教意义，也有通过理性和艺术的力量升华与改变自身。

7. 超越的品质是一种客观的存在，是人们能够在自然界和社会中真切感受到的，经过异化与提升，最终变得高高在上、受人崇拜。它们有些是宗教味十足的象征，如泰勒所说的"灵魂"与"神灵"和缪勒所说的"无限"；有些却显得宗教味清淡，如杜尔凯姆所说的"社会"（但后来贝拉又为国家戴上"公民宗教"的桂冠）和新儒家的"境界"。

8. 在不同传统的宗教生活中，神圣空间的形态与构成要素相异处很多，如中世纪西方的教堂布局取向是向上的，而中国寺庙的布局倾向于平面纵深的延展，又如印度和东南亚的许多寺庙门是向东开的，而中国寺庙的结构大多是坐北朝南的。但是与这些差异同时存在的，是它们作为神圣空间所共有的基本功能：神圣空间是人与神灵交流的地方；是神圣力量所在之地；它自身的结构乃是建构人类生活世界的模板。

9. 神圣时间大多是指宗教节日或仪式时间，人们在此时间内要怀着不同于日常的情感按照宗教文化传统所规定的方式举行祭祀、礼拜或欢庆等宗教仪式。神圣时间与神圣空间一样，它首先具有与世俗时间的区隔，即在特定的时点和时长内，宗教信徒要举行特定的宗教仪式或参与特定的宗教生活。其次，在不同的宗教传统中，历法都是有其"神圣"起点的，且大都和神创世界或某个宗教开创者相关联。如佛教有"佛历"，道教有"道历"，儒教有"儒历"，基督教有"耶历"。再次，不同的宗教传统所规定的神圣时间，无论在时点上还是在时长上都差异很大。一个宗教传统认定的神圣的时间点可能在另一宗教传统中只具有世俗性，反之亦然。最后，神圣时间除了各个宗教或教派认定的本系统的神圣时间（这可以说是一种"公共的"神圣时间）外，还有一种私人的神圣时间，即根据信徒个人的需要而认定的举行仪式的"神圣时间"（既涉及时点亦涉及时长），这需要宗教师通过一套算法（各教派甚至各宗教师之间亦有差异）根据信徒个人的相关信息确认。

10. 无论神圣空间还是神圣时间都不具有绝对性，它们都是相对的：不是某一地点或时点原本就是神圣的，而是特定空间点与时间点的神圣性是由特定宗教信仰群体或宗教信仰传统赋予的，它们并不具有贯穿整个人类宗教史和跨越不同地域的统一性。神圣与世俗是一种属性，它们不是内在于特定的空间、时间和事物的。任何空间、时间和事物都可能成为神圣的，也可能成为世俗的。无论何时何地、何物何人，若具有神圣性，则必须处于特定宗教文化的"场"（或氛围）之中。

11. 宗教作为一种世界观，它宣称有一个超越尘世的神圣世界（或神圣秩序），它是世俗生活（社会和个人）的参照系。"神圣"是宗教的关键属性，它不仅赋予人的生活（包括思想与行为）以"意义"的定位，而且世界和宇宙也由此变成可以理解的和可以把握的。

12. 事物本来没有神圣与世俗之别，神圣与世俗是人（具体说是宗教信仰者）在特定的时空与文化条件中，赋予意象或实物的一种属性。人们一旦感到信仰对象的超越性和神圣性，他或她的人生观、世界观和价值观就会重新整合，生活中的方方面面和许多因素也会以此为中心重新组合（或重新结构化），由此带来生活方式和行为方式的改观。

13. "宗教"不等于信仰者个人，它是诸多信仰者组成的群体，其内涵大于信仰者之和，仅有个人的宗教体验还不能被人们说成是宗教，宗教是一种群体现象（即具有人们常说的"群众性"）。

14. "宗教形"具有内外两个方面：一定数量的宗教信仰者因为共同的信仰聚集在一起，在其内部会形成一定的组织结构，在其外部会表现为具有若干特征的形态。这是内部要素的结构关系形成了相互有别的外在形态。

15. 我们认为理所当然的宗教制度，其实只是在特定历史—文化环境中的社会建构；既然是建构起来的，也就会随着历史—文化环境的改变而解构（虽然不是同步的）。

16. 与制度性宗教相比，分散性宗教（如家族的祖先崇拜、地方性的祭祀神灵活动等）确实"分散"。但只要是群体活动，哪怕只是节庆祭仪，甚至是朝圣进香，都少不了组织、时间、地点和程序上的"讲究"或"规矩"（礼仪程序和禁忌等）。这些宗教活动实际上也是有组织有制度的，只不过与"制度性宗教"有所不同罢了。

17. 功能不是抽象的，总是与事物组成要素的特定结构关联在一起，不是有什么样的功能就会有什么样的结构，而是有什么样的结构才会有什么样的功能。在同样的社会历史环境中，每种宗教的内在结构不一样，它们的社会功能就有所不同；而同一种宗教，在不同时期、不同地域会形成内部要素的结构变化，其社会功能亦随之有所改变。所以我们不仅要将宗教作为一个整体与社会文化诸形态的互动来解析宗教的社会功能，而且要依据特定宗教内部诸要素形成的结构组合与互动模式，来解读特定宗教的社会功能，甚至还要将特定宗教形态（如民间信仰）内部不同类型区分开来解读。

18. 宗教构成要素分布在同心圆（见图1-1）的不同地带，但其重要性必须放到具体情境中去理解和评价。同一个要素虽然可能在共时性的同心圆里处于相同的地带，但赋予的价值却可能因讨论的问题不同而不同。宗教构成要素的价值不是绝对的，而是相对于他者而言的。同样，宗教构成要素自身的固化程度也不是相同的，有的固化程度较高，有的相对有弹性，有的原已固化但后来又灵活了。宗教构成要素是否固化，与其处于同心圆的哪个地带没有必然的联系。处于不同地带的不同要素都有可能是固化的，也都可能在历史的变迁中有所变通。

第二章 坚守与质疑：有张力才有可能创新

进入 21 世纪，中国宗教学界越来越关注如何立足于本土经验和文化发展战略，努力创新宗教学理论。而要创新，重要的途径之一是转换视角，善于在那些司空见惯的现象中发现问题，善于反思甚至质疑那些被视为金科玉律的结论。换句话说，在谈论现象时不停留于表面，在回顾既有理论时不"炒冷饭"。其实，自宗教学诞生之日起就不断有人嘲讽，其原因之一是宗教学发展至今仍没有一个统一的宗教定义，每个学者提出的宗教定义都有可能遭到其他人的质疑，甚至有的学者在晚年会否定自己年轻时提出的宗教定义。然而换个角度看，这恰恰说明宗教学是科学探索而不是神学教条，它不是将观点学说教条化，变成神圣不可怀疑的东西，而是不断地自我扬弃，向前发展。宗教学秉承的是科学精神而非不容怀疑的神学态度，它的诸多理论（或观点）形不成共识，有些被质疑、遭否定，但这不一定是坏事。这种精神既是它的安身立命之基，也是其理论创新的动力。

一、边界的清晰与相互间的互动同样重要

宗教学理论创新的一个基本层面是方法论，必然涉及宗教学与哲学的关系问题，这既是哲学的一个老问题，也是贯穿宗教学百多年发展进程的一个重大问题。从学科上说，宗教学与哲学是可以分立的两

个领域；但是它们之间的密切关联，可以说从以苏格拉底和老子等思想家为代表的"轴心时代"以来的2500多年中，总是处于"剪不断，理还乱"的纠结之中，时而合作、时而冲突的相互作用孕育出许许多多的成果和有如满天繁星的思想火花。在新世纪里，当关注这方面研究的学者们从宗教学的角度推动宗教与哲学的相关研究时，如何看待宗教与哲学的关系，如何看待相关论断，能不能超越既有的诸多结论，乃是宗教学研究创新的关键。

（一）宗教与哲学的分别与互动

1. 宗教与哲学是两个不同的领域

宗教与哲学的区别，首先表现在它们内部层面的构成不同，它们只有部分的相合。在哲学内部虽然有不同的学派、不同的立场和主张，但都集中在思想的层面、观念的层面或理论的层面。而宗教，除了思想、观念或理论的层面之外，还有情感的层面、行动和仪式的层面。由于内部构成不同，参与者的数量与社会阶层也大为不同。哲学涉及的是思想观念和理论思辨，因而必须具有一定知识储备和思辨能力的人才能参与，这就决定了参与者多属于社会精英阶层。这一阶层在任何社会中都属于少数。如果再考虑到社会精英阶层中的许多人更多地投身于政治和经济方面的活动，那么一个社会中真正投身于哲学思辨的人，应当说在社会总人口中只占有极小的比例。然而宗教与哲学极为不同，在宗教属于国教的社会里，人人都是，或者说绝大多数人都是宗教信徒。在一个存有许多不同宗教的社会里，虽然具体某个宗教的信徒可能在社会总人口中的比例不高，但各种宗教的信徒总量绝对是从事哲学的人数的千倍万倍。世界上有五分之四以上的人信仰各种不同的宗教，但从事哲学研究的人可能不足万分之一。就宗教信仰者的社会阶层属性看，虽然某个宗教或教派可能集中于某个阶层，但从宗教信仰者的整体情况看，可以说，一个社会有多少阶层，宗教信仰者的分布就有多少阶层。如果非要给个形象的说法，那么哲学只是蛋糕上面薄薄的奶油层，甚至只是一朵奶油花，而宗教则除了上面的奶油层外，还有下面加了各种料的厚薄不等的若干层。

宗教是立体的，它的许多层面是哲学所不具有的。不对称的层面难以比较，我们最好聚焦到思想观念或理论思辨的层面来看双方的不同。吕大吉在《宗教学纲要》中以马克思的论断概括宗教与哲学的区别："哲学是理性的，宗教则是非理性的；宗教许诺人们以天堂，哲学只许诺真理；宗教要求人们信仰宗教的信仰，哲学并不要求信仰其结论，而只要求检验疑团。"吕大吉进一步指出，宗教与哲学之所以产生这种表现形式上的区别，是因为哲学本质上必为理性主义，而宗教本质上必为信仰主义。这是对象的性质以及认识其对象的方法所决定的。宗教信仰的对象是某种超自然的力量和存在（神、上帝），具有超自然的神性，它既不是经验的对象，也不是理性的对象，而只能是信仰的对象。[①]

为什么抽象的和专业的哲学思辨和论证在原生性宗教中几乎看不到，而在文明时代以来的创生性宗教中比比皆是？简单地说至少有两个原因：一是纯粹的理性思辨是人类在进入文明时代以后，以哲学问世作为其形成标志的，在此之前，人类尚无此思想工具和哲学家。二是在传统的氏族—部落社会中，人们信仰的原生性宗教代代相传，个体天然是其成员，没有选择，也不需要论证；但是在跨部落、跨地区、跨阶级的国家出现以后，社会不再同质，宗教信仰不再单一（在此之前，人类的宗教虽然是"复数"，但对特定时空下的氏族或部落而言，宗教是"单数"）。人们面对的已不再是单独一种宗教，任何宗教也不再能独霸"天下"（当然，原来的"天下"与后来的"天下"有诸多不同；即使是国教，也不是所有国民都信仰之）。因此无论西方基督教世界的"护教"，还是中国儒释道三教之争中的"判教"，都表明文明时

[①] 参见吕大吉主编：《宗教学纲要》，高等教育出版社2003年版，第330页。

代的宗教有树立和维护自身合法性的需要，而在理论上给予强有力的论证，则是其必不可少的手段之一。

宗教虽然需要理性思辨的论证，但宗教与哲学运用理论思辨的目的明显不同。宗教家或神学家运用理性，只是将其作为工具，目的是表明宗教信仰的神圣性，而"哲学与宗教神学有本质的不同，它对自己认识的对象和所作的结论，决不能本诸信仰，而必须诉诸理性的证明。哲学家中，有信仰宗教的，也有反对和怀疑宗教信仰的。但他们只要是在谈论哲学，就不能把自己的结论作信仰主义式的宣告，而必须通过经验的实证或理性的逻辑推理"[①]。

宗教与哲学虽是两个不同的领域，但它们之间的关系是否可以说是"风马牛不相及"，或如同水火？历史告诉我们，不尽然。宗教与哲学的关系既不是"老死不相往来"，也不总是你死我活的绝对互斥。它们之间有对立，也有互动。

2. 宗教与哲学为什么能互动？

宗教与哲学之所以能够互动，从根本上说，是因为它们都关注人类的最根本问题，都是人类文化的一种形态，都为人类生存和社会发展提供世界观的指导。虽然哲学与宗教对于世界的认知有极大的差异，但它们各自作为一种世界观，既相互碰撞又相互激发。

宗教既是一种历史现象，也是一种社会文化生活形态（常态的或形成某种运动），其核心是对具有不同超越性的神圣存在（或力量、宇宙法则等）的信仰。人们在宗教生活中会产生不同强度和诸多形式的心理体验，会在个人或群体的层面上做出不同程度的崇拜行为（仪式）。宗教生活不仅具有不同的行为规范和组织制度，而且会在社会历史发展的进程中形成包括神话、神学以及一系列象征、审美趣味和道德规范在内的累积的文化传统。人们在宗教生活中把握生活（生命）和世界（宇

---

① 吕大吉主编：《宗教学纲要》，第 331 页。

宙）的意义价值，获得身心的转变，并由此引发（或期求）个人、社会或文化的转变。宗教的发展演变是个从无到有、从简单到复杂的历史过程：既有宗教自身的内部因素，亦有其所生存的社会、经济、文化等外部因素；既有无数个人的以宗教体验为基础的宗教创新，也有群体认同、社会制度和文化再生产的建构与淘汰机制；既有观念（或教义）、行为规范、圣时（节）圣地圣徒、仪式等累积而成的传统，也有因时因地因人而出现的变通与调整。这些因素构成宗教演变的动力，它们之间的互动关联十分复杂，使古往今来的宗教千姿百态。

在某种意义上，任何宗教，无论是以神话的方式还是以神学的方式，都对世界的产生、人类的起源、文化的创造、社会秩序（道）的形成与内容、人生（及苦难）的意义等基本问题，给出了自己的解答。这些解答使个人不再仅仅是肉体的存在，也不再仅仅是活着，而且在精神上有了自己的文化定位和价值追求（意义），诸多个人组成的群体（或氏族或教团）亦由此确立其文化的和社会的秩序。

虽然 philosophy 这个词的本义是"爱智慧"，但按照通常的说法，哲学是关于世界观和方法论的学问。从古希腊哲学家探讨世界的本原，到中国的老子对"道"的阐释，都与宗教在世界观层面上的探讨有相通之处。而且我们上溯文明历史，无论历史上还是当今世界，宗教与哲学的关系都极为密切。近代伊始，笛卡尔（Rene Descartes）提出"我思故我在"的名言，将思想的主体作为知识的基础。虽然思想的内容是可以怀疑的，但"我思"（理性的、感性的或情感的）本身却是"意识活动为对象的自我意识"。康德（Immanuel Kant）进一步追问这个思想的主体，他说："如果没有感性，则对象不会被给予；如果没有知性，则对象不能被思考。没有内容的思想是空洞的；没有概念的直观是盲目的。"[①] 康德提出哲学要解决的乃是人类的三个最根本的问题：

[①] 康德：《纯粹理性批判》，A 34/B 50。

（1）我能知道什么？（2）我应做什么？（3）我希望什么？这些问题综合起来是个最终的问题：人是什么？然而哲学不仅仅研究思想的主体，还探索客观世界，这种探索从哲学诞生之日起就没有中断过，如世界的属性、事物变化的关联、实在（reality）与显现的关联、存在与思想的关联等。这些问题既涉及世界的本原，也涉及规律或秩序，还涉及主客体之间的关联等，后来则越来越强调意义问题。人们虽然是用时空与知性范畴（有限与无限、原因和结果、形式与内容、必然和偶然等）认识世界，但这些范畴本身具有内在的张力。所以若深究起来，康德似乎更关心的是人的能动性和有限性之间的辩证关系，四个"二律背反"①实际上是对这种能动与有限之张力的最典型的概括与感叹。而这些哲学基本问题，都与宗教世界观的某些问题（尤其是人—神关系）有可相通、可相辩、可对话之处。

（二）宗教与哲学互动的主要方式

宗教与哲学是相互有别又相互作用的。不同的哲学家和神学家从各自的立场与文化背景出发，做出各自的抉择。

1. 井水不犯河水

有些哲学家将宗教与哲学看作截然不同的事物，将宗教看作完全是非理性的，与崇尚理性的哲学根本不可同日而语，对宗教嗤之以鼻。同时，某些神学家也将哲学家提出的观点和论证看作有害于宗教的。例如，虽然用亚里士多德的理论和方法论证上帝存在的神学家大有人在，但某些神学家却认为亚里士多德关于世界永恒的观点，使圣经提出的创世学说面临严峻的挑战。所以在早期拉丁语系基督教思想家那

---

① （1）正题：世界在时间和空间上是有限的；反题：世界在时间和空间上是无限的。（2）正题：世界上一切事物都是由单一的东西构成的；反题：没有单一的东西，世界上一切事物都是由复合的东西构成的。（3）正题：世界上有出于自由的原因；反题：没有自由，世界上的一切都是被决定的。（4）正题：世界上的因果系列以一个必然存在为第一因；反题：没有绝对的必然存在者，世界的最初原因是偶然的。

里，想在宗教与哲学间树起一道墙的不是个别。其中堪为代表的是德尔图良（Tertullian），他说："耶路撒冷与雅典没有关系。"无论哲学一方不愿涉足宗教，还是宗教一方担心哲学使自己难堪，这种各自画地为牢的做法，乃是我们所说的宗教与哲学互动的第一种方式：相互隔断，互相提防。

2. 宗教将哲学作为论证工具，哲学将宗教作为研究对象

古今中外，真正主张和坚持宗教与哲学"井水不犯河水"的大思想家并不是很多。原因何在？一方面，文明时代的宗教需要用理性思辨为自身的合法性提供逻辑性很强的支撑；另一方面，哲学在研究世界和人类社会时，不可能对宗教这个人类文化的重要组成部分视而不见。我们在中外历史上可以看到这两方面的许多例证。

在宗教将哲学作为工具论证其信仰的方面，西方基督教传统中前有中世纪安瑟伦（Anselmus）的"本体论证明"和阿奎那（Thomas Aquinas）的"宇宙论证明"，后有施莱尔马赫（Friedrich Schleiermacher）以"依赖感"与奥托（Rudolf Otto）以"畏惧感"论证宗教信仰，到现代的蒂利希（Paul Tillich）的"终极关怀"论；伊斯兰教中有著名的伊本·路西德[①]和伊本·阿拉比[②]；在印度教中前有《奥义书》[③]，后有商羯罗的吠檀多不二论[④]；中国佛教华严宗的法界缘起

[①] 伊本·路西德（Ibn Rushd, 1126—1198），拉丁名为阿威罗伊（Averroes），提出"双重真理"说，主张除天启之外一切事物均应受理性裁决；人的消极理性属于个人，仅提供认识世界的可能，而积极理性源于真主，具有把认识变成现实的能力。

[②] 伊本·阿拉比（Ibn al-Arabi, 1165—1240），将神秘主义发展成系统的泛神论思想，把客观事物和人的自由意志都看作真主的本质和属性的表现。

[③] 梵文 Upanisad 的意译，婆罗门教的古老哲学经典之一，吠陀经典的最后一部分，中心内容是"梵我同一"和"轮回解脱"。约前7—前5世纪成书。

[④] 吠檀多不二论本为7世纪乔荼波陀提出，8世纪商羯罗（Sankara）继承并发展，使之系统化。主张梵（最高我）是宇宙的本原，万物的始基，它是不可见、不可闻、不可说、不可思议的一种绝对实在，是一种没有任何属性的精神实体，但是常人用世俗的经验（下智）去观察它时，就会给它附加上各种属性。一个人要获得解脱，就必须放弃对世俗的迷恋，获得上智，证悟梵我同一的真理。

说①和天台宗的实相止观说②等，都是以哲学思辨论证或阐发信仰。

在西方基督教传统中，将哲学作为工具论证其信仰的，在安瑟伦和阿奎那这两位经院哲学家那里一度达到顶峰。安瑟伦的志向是"用理性维护我们的信仰，以反对不信上帝的人"③。在信仰与理性的关系上，他的立场是"我决不是理解了才信仰，而是信仰了才理解"④。他的论证为：因为上帝是一个被设想为无与伦比的东西；又因为被设想为无与伦比的东西不仅存在于思想之中，而且也在实际上存在；所以上帝实际存在。⑤相比较而言，托马斯·阿奎那以理性论证信仰要成熟得多，他认为哲学对神学的发展有三大作用："第一，我们可以用哲学证明信仰的前兆。在信仰的科学中必然有一些可用自然理性来证明的道理，如'上帝存在'、'上帝是一'等关于上帝和被造物的命题。信仰倡导这些被哲学证明了的命题。第二，我们可以使用哲学来类比信仰，比如奥古斯丁在《论三位一体》中从哲学家的学说中找出相似观点解

---

① 法界缘起说为佛教华严宗的基本教义，主张世间和出世间一切现象均由"清净心""随缘"生起，离开"一心"，更无别物；在此"一心"作用下，各种现象无不处于你中有我，我中有你，你即是我，我即是你的所谓"圆融无碍""重重无尽"的联系中。

② 佛教天台宗基本教义，主张"实相"处于潜在状态（陷），称之为"本"，在其现实性上（显）称之为"迹"。不论"本""迹"，共相和自相总是统一的；"一相"即"无相"（共相），必然体现在所谓"假有"（自相）上边，"性空"与"假有"的不可分性，即名为"中"。任何现象都是即空、即假、即中的存在，又名"圆融三谛"。众生的差别，不在"性具"自身，而在于"三千"有隐显不同。隐显的性质及其具体构成（个体）是因缘（业感）造作的结果，因此，该宗强调伏结断惑，修心发解。

③ 黑格尔：《哲学史讲演录》第3卷，贺麟、王太庆译，商务印书馆2008年版，第290页。

④ 赵敦华：《西方哲学简史》，北京大学出版社2001年版，第121页。

⑤ 参见赵敦华：《西方哲学简史》，第121页。在安瑟伦对上帝存在的论证中，人们能深切地感受到有一种力不从心贯穿其中："上帝的存在是极其真实、无可怀疑的，要设想上帝不存在是不可能的。一个不能设想为不存在的事物既然可能被设想为是存在的，那么，这个存在物就比那种可以设想为不存在的事物更为伟大。因此，那个不可设想的、没有任何存在与之相比的伟大存在如果竟被设想为不存在，那就等于说，它与那种可以设想的、没有任何存在与之相比的伟大存在是相同的，这个说法是荒谬的。所以，那个我们不能设想的、没有存在与之相比的伟大存在乃是真实的存在，我们不能说他不存在。这个伟大存在就是你，圣主啊，我的上帝！"（查理斯·沃斯：《圣安瑟伦的论道篇》，牛津，1965年，第119页，转引自吕大吉：《西方宗教学说史》，中国社会科学出版社1994年版，第94—99页）

释三位一体。第三，我们可以使用哲学批驳违反信仰的言论，显示其错误或不必要。"①托马斯·阿奎那是从上帝所产生的种种结果的经验出发，通过哲思的推理来论证造成这些结果的原因的存在，即上帝的存在。他提出的论证比较系统：（1）从运动的事实推论出第一推动者；（2）从因果关系推论出第一因；（3）从偶然存在物推论出必然存在物；（4）从价值的相对程度推论出绝对价值；（5）从自然界中的目的性证据推论出神圣的设计者。②

在宗教学说史上，安瑟伦的哲学方法源于柏拉图，他的论证被称为先天性的"本体论证明"，而托马斯·阿奎那的哲学方法源于亚里士多德，他的"五种证明"被称为后天性的"宇宙论的证明"或"目的论的证明"。由于托马斯·阿奎那的论证更具有理性的色彩和逻辑的力量，"被誉为空前绝后的独创，对西方的神学、哲学和宗教学说影响甚远。虽不能说这五种概括了一切关于上帝存在的神学证明，但至少可以说，它们代表了各种后天性证明之最为重要的类型"③。从理性的角度论证上帝的存在，尽管在托马斯·阿奎那这里达到某种极致，但实际上，就是他本人也不相信理性能够彻底地解决有神论（相信神的存在）的根本问题。吕大吉曾将托马斯·阿奎那在宗教与哲学关系上的理论矛盾概括为："一方面打着自然理性的旗号，企图以哲学的推理来论证基督教信仰的合理性；另一方面又肯定有哲学和理性所不能达到的神启真理。就前一方面而言，神学是哲学的主人，哲学是神学的婢女；就后一方面而言，神学是哲学的禁区，哲学不得问津。"④

另外，将宗教作为哲学研究对象的思想家和论著不绝于史，特别

---

① 托马斯·阿奎那：《神学大全》，1集1题2条，转引自赵敦华：《西方哲学简史》，第137页。
② 关于托马斯·阿奎那的神学思想和对上帝存在的证明，可参见傅乐安：《托马斯·阿奎那》，载《西方著名哲学家评传》第2卷，山东人民出版社1984年版。
③ 吕大吉：《西方宗教学说史》，第105页。
④ 吕大吉：《西方宗教学说史》，第101页。

是在近现代，更是层出不穷。从洛克和休谟，康德和黑格尔，到罗素和萨特等一系列哲学家，都有关于宗教的论述。在《宗教哲学讲演录》中，黑格尔涉及了世界各大宗教，从人类精神发展的高度，既从历史的角度分析了启示宗教、自然宗教、法术、善或光明的宗教、苦难的宗教、崇高的宗教、美的宗教、幻想的宗教、绝对宗教、精神个体性宗教等宗教形态，又从哲学思辨的层面，分析了宗教、宗教哲学、宗教哲学与哲学和宗教的关系、宗教与国家的关系等范畴。[①]

不仅古典哲学家在不同程度上将宗教纳入自己的分析框架，现代哲学的各个流派——经验主义、理性主义、生命哲学、新康德主义、功利主义、实用主义、分析哲学、现象学、解释学、存在主义、法兰克福学派、结构主义、解构主义和后现代主义等，可以说几乎所有的现代哲学流派，无不涉及宗教。

有人说，宗教与哲学的互动，一直是"你中有我，我中有你"的。有人还会进一步指出，宗教哲学乃是宗教与哲学互动的产物。但若仔细想想，有两个问题需要明确：一是在这个框架中，哲学是作为论证工具，宗教是作为研究对象，互动中的双方在地位上是不对称的。这提示我们要有一种清醒的意识：我们不仅要问宗教与哲学之间是否有互动，更要问双方是如何互动的。二是宗教与哲学在思想前提和目的上截然不同，作为双方互动的产物，我们不仅要关注宗教哲学的主要内容，更要关注宗教哲学的立场与目的，我们在讨论时要问：哲学问题与神学问题是一回事还是两回事，我们探讨的是个哲学问题还是个神学问题，方法上有什么异同，等等。

[①] 魏庆征对黑格尔《宗教哲学讲演录》给予很高的评价："黑格尔的宗教学和宗教哲学著作，实则属无神论范畴。他揭示了宗教信仰的产生和演化之必然规律；由此得出的关于上帝的信仰之产生和消亡的见解，显然是中肯的。他的哲学思辨和论述，导致宗教信仰消亡的结论。黑格尔的学说是欧洲自由思想史的重要环节和无神论的渊源之一。黑格尔的宗教哲学及其神学论说，显然有助于'从内部摧毁宗教'。"（黑格尔：《宗教哲学》，魏庆征译，中国社会出版社 1999 年版，前言）

3. 如何看待宗教哲学？

实际上，有人不仅已经注意到这个问题，而且以"宗教哲学"（philosophy of religion）与"哲学神学"（philosophical theology）两个范畴将不同立场和意旨的研究区分开来。

这种观点将宗教哲学看作哲学的一个分支，研究宗教信条和主张以及宗教实践活动的意义、本性和哲学蕴意。例如，斯马特（Ninian Smart）曾在其 *The Philosophy of Religion*（1970）中指出："宗教观念的不同特征是什么？它们包含有这样那样的矛盾吗？在什么可能的基础上，它们能被认作真的或假的？如果真有必要的话，它们怎样与我们使用的其他概念相吻合？诸如此类的问题，是典型地属于宗教哲学范围的问题。"世界上的各种宗教都建构出自己的主题，但是，由于宗教哲学作为一门专业是在西方社会中发展起来的，它很自然的会聚焦于西方宗教的主张，尤其是基督教的学说（有时也包括犹太教和伊斯兰教的学说）。它的主要论题包括：上帝的概念；对全能、全知、善、永恒等神性以及导源于这些神性的悖论的分析；宗教语言的逻辑特征；对关于上帝存在的论证和反驳的逻辑结构考察，特别是那些最有影响的论证的考察，譬如本体论论证、设计论论证、宇宙论论证和邪恶难题；信仰和理性之间的关系；宗教和道德、艺术、科学的关系；不同宗教的哲学比较；宗教体验及其在见证信仰中的作用（如果有某种作用的话）的现象学；宗教论证的方法；来世或不朽；对"三位一体说""道成肉身说""赎罪说"等特殊的基督教学说的讨论；等等。[①]

而哲学神学则与之不同，它在很大程度上是以自然神学的方法和主题为基础的。它使用标准的推理技巧，应用各种可能的材料，为有

[①] 布宁、余纪元编著：《西方哲学英汉对照辞典》，第761页。吕大吉在《宗教学纲要》中指出：灵魂是否不灭？上帝是否存在？上帝意志是否具有超必然的自由？这三个问题涉及宗教的根本基础。围绕三大神学问题的争论，一直是哲学与神学关系史上的中心问题，它也成了宗教哲学必须解答的重要理论问题。（参见吕大吉主编：《宗教学纲要》，第347—361页）

神论的信条提供证明，并考察各种传统的有神论常说的统一性和复杂含义。它的目的是要弄清楚神学信奉的主要概念、假设和教义的内容。它的主要问题包括上帝的概念、神性的本性、上帝观念的来源、上帝存在的证据、神圣知识的本性、神圣创造的本质、上帝与时间的关系、上帝与人类的关系，等等。它与宗教哲学的区别在于，它不是中立地讨论有神论，而是以上帝存在为前提。它本质上是以哲学的方式来建构神学，而不是一种独立的哲学事业。正如 Ferre 在 *Basic Modern Philosophy of Religion*（1968）中所说的，"哲学神学是包含在神学这个属内的一种。虽然它的种差是运用哲学的方法和技巧来阐释神学学说的意义或发现神学学说的蕴意，但它依旧处在'神学圈'内"①。

然而在很多人的心目中，"宗教哲学"是个交叉学科，它里面有不同的类型。比如《宗教百科全书》的"宗教哲学"条目的作者 Wayne Proudfoot 指出，宗教哲学有两种类型：第一种类型主要关涉的是有神论，但是在非有神论的传统中亦有其相似物。理性论证被运用并加以评价，以便证明宗教信仰是正确的或加以批判。第二种类型乃是对宗教生活之特性的反思，确定宗教实践与信仰和其他的信仰与实践（尤其是科学与道德）的关系。新近的发展趋势是：宗教哲学家们渐渐从关注宗教史的材料转向考察显现为共同的信仰与实践的东西，如神秘主义、仪式、献祭、祈祷、神圣感等。但是他特别提醒说：宗教哲学中流行的宗教概念，大都起源于现代西方。有神论的假设牢牢嵌入在标准之中，人们由此确认某种经验或现象为宗教。这些假设是戴着面具的：宗教哲学应当以描述和分析关注自身，同时在论证宗教信仰与实践方面保持中立。

显然，在研究宗教与哲学的关系，特别是研究宗教哲学时，究竟持客观的立场还是走上信仰之路，是个应该警惕的问题。我们原来以

---

① 布宁、余纪元编著：《西方哲学英汉对照辞典》，第 750 页。

为，这可能只是当下中国特有的和一时的现象，但通过上述援引的论述发现，无论中国还是海外，搞不清楚或故意糊涂的似乎大有人在。学者们在讨论宗教与哲学的关系时是在进行学术研究，有不同的观点和看法乃是应有之事。没有差别，没有争议，反而是不正常的。但是这种争论是为了在相互批评和自我批判中求得接近真理，无论争论如何激烈，都是建设性的。倘若为了护教或见证信仰而来，这虽然是个人的权利，却走错了地方。这也是为什么在讨论宗教与哲学的关系时，首先要明确两者的不同。宗教学必须有自己的坚守，这是它安身立命的根据，也是它的学科合法性之所在。

二、不同的解读，不同的启示

讨论哲学与宗教的关系，人们很容易或不自觉地讨论的是西方哲学与宗教的关系，但是中国哲学在历史上似乎没有做过"神学的婢女"，中国的哲学家既没有像康德那样将经验的领域与超验的领域分开，也没有像黑格尔那样将人类的宗教作为绝对精神发展的一个阶段或一种形态。春秋战国时代的中国思想界十分活跃，出现了很多思想家和哲学流派。我们在此不想重复人们已经反复做过的梳理和评介，也不想沉于个案细节的考据和论辩，而是在前面讨论哲学与宗教一般关系的基础上，以老庄为例，探讨如何转换视角，重新解读既有的思想资源。

老庄思想形成的时代，是中国历史上最重要的社会变革时期。随着新的社会势力崛起，不仅传统的政治、经济、社会在结构上发生变化和重组，传统的价值理念也陷入孔子所说的"礼崩乐坏"的境地，无论在政治上还是思想上，都是惊涛拍岸，风起云涌，群雄逐鹿，百家争鸣。在前6世纪到秦始皇统一中国的几百年间，老子和庄子提出了他们对世界的看法，阐述做人做事的道理。虽然《老子》和《庄子》

的具体篇章是否出自他们本人之手有诸多争议，但作为一派思想学说，他们为后人留下了宝贵的思想遗产。

身处现代生活中的我们，面对老庄有许多问题，其中有两个问题让他们穿越时空，直面我们：一是我们如何看待这份遗产；二是这份遗产与我们当下的生活有何关联，或者说有没有作用，哪怕只是老子说的"无用之大用"。今天的我们也处身一个急剧变化的世界。从大的方面说，我们如何看待战火不断的整个世界，如何看待日益碎片化的社会；从小的方面说，如何看待他人，又如何看待自己。在这一系列的"看待"中，老庄思想能为我们提供什么，或者说老庄思想在我们看待世界的整个框架中，占有什么位置？

冯友兰在他的《中国哲学简史》中对老庄一脉的道家做了如下评论：

> 道家哲学的出发点是全生避害。为了全生避害，杨朱的方法是"避"。这也就是普通隐者的方法，他们逃离人世，遁迹山林，心想这样就可以避开人世的恶。可是人世间事情多么复杂，不论你隐藏得多么好，总是有些恶仍然无法避开。所以有些时候，"避"的方法还是不中用。《老子》的大部分思想表示出另一种企图，就是揭示宇宙事物变化的规律。事物变，但是事物变化的规律不变。一个人如果懂得了这些规律，并且遵循这些规律以调整自己的行动，他就能够使事物转向对他有利。……可是即使如此，也还是没有绝对的保证。不论自然界、社会界、事物的变化中总是有些没有预料到的因素。尽管小心翼翼，仍然有受害的可能。老子这才把话说穿了："吾所以有大患者，为吾有身，及吾无身，吾有何患！"（《老子》第 13 章）这种大彻大悟之言，《庄子》有许多地方加以发挥，产生了齐生死、一物我的理论。它的意思也就是，从一个更高的观点看生死，看物我。从这个更高的观点看事物，就能够超越现实的世界。这也是"避"的一种形式；然而

不是从社会到山林,而很像是从这个世界到另一个世界。……可是一个人如果不能从一个更高的观点看事物,那么这一切方法没有哪一个能够绝对保证他不受伤害。①

冯友兰对老庄的评价很有代表性。长期以来,人们大都以为儒家积极入世,倡导"天行健,君子以自强不息"。而道家是消极避世,主张"至人无己,神人无功,圣人无名"。在当今生活节奏紧张,充满竞争的社会里,人们从小就被绑上战车,"不能输在起跑线上"的压力,让刚刚入幼儿园的小孩子就开始培育竞争的观念与本领,并进入相互竞争的状态。一路拼杀,从小学到中学,从高中到大学,毕业后是找工作的竞争,有工作后是买大房子、好车子的竞争,娶妻生子后又担负起作为家长的竞争,走到生命最后一站还要进行墓地的竞争。一系列的竞争让人喘不过气来。谁都觉得这样太累,可是谁也不敢停下脚步。现代人每天要承受许多压力,努力奋斗尚不能实现目标,若奉行老庄"无为"策略,不要说成功与否,恐怕连自保也不可能。文明和现代化给我们带来很多好处,让我们的生活日新月异。然而当我们身陷竞争、身心俱疲时,总会反问自己这样辛苦究竟图什么呢!我们很容易将建构起来的东西当作既成不变的东西,把"累积的传统"当作康德所说的"先天综合判断",更容易人云亦云,从众而行,在实现自我的奋斗中,不知不觉间失去了自我。

我们用什么来重建自我?重建的前提是清场,要扫清障碍,即佛教说的破执,也就是先要解构既有的、人云亦云的诸多成见,把自己从各种各样的成见束缚中解脱出来。在此,老庄的思想学说可以有所作为,因为他们的说教有助于我们在"解构"中"解放"自己。老庄思想在解构上很"给力",他们让我们看到任何事物和事情都有另一

---

① 冯友兰:《中国哲学简史》,新世界出版社 2004 年版,第 80—81 页。

面或其反面。《老子》说"天下皆知美之为美,斯恶已;皆知善之为善,斯不善已"(第2章),"有无相生,难易相成,长短相形"(第2章),"少则得,多则惑"(第22章),"曲则全,枉则直,洼则盈,敝则新,少则得,多则惑"(第22章),"贵以贱为本,高以下为基"(第39章),"物或损之而益,或益之而损"(第42章),"天下之至柔,驰骋天下之至坚"(第43章),"祸兮福之所倚,福兮祸之所伏"(第58章)。天下万物,没有绝对的东西,任何存在,任何道理,都是相对的。但是人若不在思想上超越自我,超越现状,又怎么能体悟到这种相对性?

"解构"是个现代概念。德里达(Jacques Derrida)深受海德格尔(Martin Heidegger)思想的启发,在20世纪60年代提出一套解构主义的策略。其中十分重要的一项是瓦解二元对立,他在《立场》中指责传统的逻各斯中心主义以及等级化的二元对立:"在传统的二元对立中,两个对立项并非和平共处,而是处于一个鲜明的等级秩序中。其中一项在逻辑、价值方面占据了强制性位置,它统治着另一项。"[①] 德里达认为在言语/文字、自然/文化、男人/女人、灵魂/肉体、意识/无意识、西方/东方、主体/他者等二元对立中,前者往往优于后者,是更高层次上的存在。前者属于"第一原则",是二元的中心,而后者是从属的、第二位的东西。他提出"要解构二元对立,在特定的时刻,首先就是要颠倒这种等级秩序"。老子和庄子本人都没有提出"解构"的概念,但是他们都自觉地运用解构方法,对主流的传统观念提出了挑战,而这种质疑和挑战有助于人们挣脱无形的"紧箍咒",看到和想到以前不曾看到和想到的东西。

但是,仅有"解构"无法应对复杂多变的社会现实,"解构"只是

---

① 德里达:《立场》,转引自赵一凡等主编:《西方文论关键词》,外语教学与研究出版社2006年版,第262页。

手段而不是目的，否则我们自己就被碎片化（外在的和自我的）而无所适从。在"解构"的同时还必须有所"建构"。老庄告诉我们要遵循"道"和"德"，这样才会使生活合乎自然法则，才能获得某种自由。尊"道"贵"德"的核心是把握事物存在与变化的规律，是要自觉遵循事物本身的辩证法，不要违背事物本身的规律，做事不要走极端，即《老子》所说的"知常曰明"，"不知常，妄作，凶"（第16章）。在物欲横流的世俗社会，要做到"知常"，不"妄作"，不仅老庄时代难以做到，今天的我们其实更难抵挡各种各样的诱惑。但是无论个人、群体，还是整个人类世界，都必须克制物质欲望，因为我们的地球不能承受我们的过度开发和攫取。物极必反，过度开发所带来的环境污染和生态破坏，已经使我们的生存与发展变得不可持续。

那么怎么办？要像老庄倡导的那样，自觉地、有意识地超越形而上学，有意识地过一种知足常乐的生活，有意识地调整焦躁的心态。我们不能在二元之中只执一端，非黑即白，而是要"抱雄守雌"，对于个人来说，要"知足不辱，知止不殆"（第44章），要像圣人那样"去甚，去奢，去泰"（第29章）；要知道不能过于追求和沉溺于物质享受，"五色令人目盲。五音令人耳聋。五味令人口爽。驰骋畋猎，令人心发狂。难得之货，令人行妨"（第12章）；要明白"祸莫大于不知足，咎莫大于欲得"（第46章）的道理。现代生活已经离不开电话、电视、电脑等现代生活用品，如果说"尊道贵德"就是退回到三五百年前去，恐怕没有几个人举手赞成，这也不是老庄学说的本意。那实际上又是一种极端，乃是一种圣人所反复告诫的"甚"。

做个老庄推崇的"真人"，并非要避世隐遁，而是要直面滚滚红尘，做到清心寡欲。生活在现时代，无论个人还是族群，都不可能无心无欲，都会有自己的利益诉求。但是人的欲望会膨胀，特别是手中有了钱，有了权，有了地位，欲望会加倍膨胀。清心寡欲不是无心无欲，而是要克制自己的欲望。永远有实现不了的欲望，欲望和现实之间的差距越大，人的幸福感越差。所以庄子的《逍遥游》和《秋水》等篇章，反复告诉我们一个道理：幸福永远是相对的，它取决于我们的自然本性发挥多少，我们对自己的本性体悟多少。虽然"道"是一，但"德"是多，"鱼处水而生，人处水而死。彼必相与异，其好恶故异也。故先圣不一其能，不同其事"（《庄子·至乐》）。也就是说，我们每个人，每个族群所秉赋的"德"是不一样的，超出自己的"德"去追求自己力所不能及的状态，一是得不到，二是造成巨大的心理痛苦，甚至是身心和事业的损害。

"天"在庄子那里是自然，"人"是人为："牛马四足，是谓天。落马首，穿牛鼻，是谓人。"（《庄子·秋水》）天人关系不是相争，而是"人"要顺"天"。人的努力不能违反天道。为什么老庄的思想能够成为道教的思想支柱？重要的原因在于他们引导人们追求并进入一种高远超脱的精神境界，这种宇宙论和世界观超越了大小、是非、物我等等。文明时代的宗教，在世界观上的一个重要功能在于为群体和个人做文化的定位：在宇宙生生不息的运转中，一个人或一个群体处于什么位置，承载着何种使命。当人们把自己融入"道"，过顺从"道"的生活，"小我"就与"大我"合一，"人"和"天"就会一体。如此就会获得某种自由，就能做到孔子所说的"随心所欲"而"不逾矩"。

无论个体还是具体的事物都是有局限的。每个人提出的是非概念都有各自的局限性，而且事物又总是处于变化中，"方生方死。方死方生。方可方不可，方不可方可。因是因非，因非因是"（《庄子·齐物论》）。道是绝对的，而道所蕴含于其中的万物都是相对的。每个人都秉赋各自的"德"，但是人若能超越"德"而悟"道"并与"道"合一，便能超越相对，进入一种绝对的状态。在庄子看来，这是一种绝对的自由与幸福。

在我们面对现代生活的风风雨雨时，老庄思想依然是一种重要的思想资源。我们当然不会将老庄视为唯一，正如老庄告诉我们的，他们也有自己的"德",但是在他们的局限性中,我们能体悟到那绝对的"道";在他们对处世与治世的哲理中,我们能体悟到在个人奋斗与社会现代化进程中还有一些重要的东西不能忽视。上善若水,若我们能以此滋润心田,善莫大焉。

所以有意地转换视角十分重要。视角转换,观察事物的界面随之不同,这意味着能够对事物或现象做出不同的解读。其实各大宗教都十分强调人的相对性和渺小,强调宇宙秩序的神圣与绝对。然而这种相对与绝对的关系,不仅仅是本体论的,而且是认识论的。解读不同,启示自然也就不同。佛教的华严宗在中国隋唐之际有了突飞猛进的发展,一些宗师卓有建树,其中最有代表性的是法顺。他在《五教止观》的第五门"华严三昧门"中,就曾运用"帝网天珠"的意象解释法界缘起的"真实义"。所谓"帝网天珠",又称"因陀罗网",指帝释天宫悬挂的一张结满无数宝珠的网。法顺认为这张网上的任一颗宝珠都"能顿现一切珠影,此珠既尔,余一一亦然。既一一珠一时顿现一切珠既尔,余一一亦然,如是重重,无有边际。有边即此重重无边际珠影皆在一珠中,炳然高现,余皆不妨此"。魏道儒认为法顺的意思是说,因陀罗网上的每一颗珠子都映现其他一切珠子,也映现一切珠子中所反映的一切珠子,每一颗珠子都有这个特点,一一类推下去,就是重重无尽,没有边际。但是没有边际又与有边际相统一,重重无尽的珠影反映在一颗珠子中,这就是有边际。这是因陀罗网之喻所能说明的全部内容,但并不是法界缘起的全部内容:

> 法顺从"喻"与"法"的关系方面来补充说明法界缘起的全部内容:"如斯妙喻,类法思之。法不如然,喻同非喻;一分相似,故以为言。何者?此珠但得影相摄入,其质各殊。法不如然,全体交彻故,以非喻为显现真实义"。

如果因陀罗网的比喻与法界缘起教义(法)毫无共同点,比喻就失去了意义（喻同非喻）。这个比喻与法界缘起教义有一致处（一分相似），表现在"影相摄入"方面。但是，这个比喻也有不能说明法界缘起的方面，即"全体交彻"。具体说来，一颗珠子映现一切珠子，它所映现的只是那一切珠子的影子，并不是把那一切珠子本身全部摄入，那一切珠子还独立存在（其质各殊），这不是"全收"。法界缘起的"真实义"在于讲"全体交彻"、"全收"，即作为"一"的珠子不仅能摄入作为"一切"珠子的"影相"，也能摄入其"体"。也就是说，"一"不仅是指具体的事物，也具有本体、共性的意义。①

如果我们尝试将这种本体论的论证运用到认识论中会有什么结果？我们知道，哲学上经常讨论"一"和"多"，讨论"现象"与"本体"的辩证关系。不知道康德晓得不晓得"帝网天珠"的典故，但是他对人类认识局限性的阐述及其提出的四个"二律背反"，可知他也在思考人类存在与认知的局限性和相对性。在康德哲学中，"物自体"与表象或现象相对，后者是向我们呈现出的事物，或者说是我们感知到的事物。物自体是可思维的，但却不可知；可知的只是现象世界，也就是说，现象是唯一可能的知识对象。由此推论，经验中给予我们的对象只是物自体的现象。但是我们如果把"物自体"与现象的关系和帝网天珠的比喻结合起来，会进一步想到我们不仅在认知事物的本体上有局限，而且在认知事物间的关系上亦有局限。因陀罗网上的每一个珠子（如 A），与网上的其他珠子（如 B，C，D……）有着这样那样的关联，但是任何珠子在其他珠子上"看到"的自己都是有所变形的，看到的其他珠子也是变形的，珠子 A 与珠子 B 的关联在不同的珠子上映象也是不一样的。我们由此可推想，事物间虽然有着普遍的

---

① 魏道儒：《中国华严宗通史》，江苏古籍出版社 1998 年版，第 117—118 页。

联系，但我们对事物间关联的认识却具有程度不同的局限性（甚至是"歪曲"）。

学术上可联想的东西可以说是无限的，可举一反三的事例也有许多。关键是我们能否放开手脚，敞开心扉，不要被既有的成见束缚思想。宗教学研究还有许多空白处，还有许多新的生发点等待我们开拓。宗教与哲学的关系不能简单地归结为对立，它们之间的互动也不是三言两语就可说清楚的，需要我们多下功夫、多研究、多交流、多争论、多互动，以深化我们对此问题的认知，丰富我们在这方面的成果。

三、可凝练范式，却不可凝固思想

近年来，人们越来越多地讨论本土宗教的文化定位、政治定位，以及在社会发展战略中的定位等问题，日益强调民族文化的主体性，倡导民族精神的自觉。但这种探讨在宗教研究领域却有所困惑：一方面是本土宗教的精神制高点找不到或确立不起来，另一方面是深感西方宗教学话语解释中国宗教（历史的和现实的，社会的和文化的，等等）的乏力。要解决这些问题必须有所超越，即进入现象背后的哲学层面：我们不仅要追问自己如何看待宗教，更要追问是何种思想方式影响我们形成这种认知。例如，我们如何将表示宗教属性的范畴客观形态化，如何形成诸如本土宗教与世界宗教、迷信的巫术与理性的宗教等范畴，又如何由此判定现象的本质及其历史地位并将与之不符的现象排斥在外。

（一）学术论断变成了解释工具

在现代化进程中，西方学者自觉或不自觉地在不同领域建构其学科的独特话语，这些话语体系虽然给范畴打上了不同学科的烙印，但其哲学支撑或精神价值实际上是相同的。这种"科学的"话语体系，在某种意义上，确实是中性的、客观的，如宗教学研究就与神学研究不同，它不是以某种假定的、先验的或超验的存在为起点，而是从历史现象、经验和事实出发，进行分析和研究。但是在另一种意义上，它又不是中性的，它产生的社会文化环境使之负载着西方中心论和基督教至上论的价值理念。弗雷泽（James George Frazer）的"巫术—宗教—科学"三段论就是一个例证。

事物是不断发展变化的，无论是自然界还是人类社会，都有一个从无到有、由低级向高级的发展过程。植物、动物、人类社会，都是先有低级形态后有高级形态，而且是在事物发展到一定阶段之后，即内因与外因都具备时，新的物种与社会形态才会出现和延续。

变化显然不等于进化。然而在不同的语境中，两者又可以转化。一方面，从崇拜自然神到崇拜人格神可以说是某种进化，但出现新的不同的人格神只能看作变化；另一方面，从人类文化整体看，从没有宗教到信奉宗教可以看作某种进化，而从出现自然神到出现人格神则只是一种小的变化。因为从后者说，并没有质（依旧是信仰与崇拜神灵）的飞跃。所以我们不能抽象地判定进化，更不能随意讨论事物的进化，尤其是在讨论社会文化事物的演进时，一定要与特定事物、特定时空相关联。

就此来看人类的知识体系，宗教、哲学、政治、经济、科技、教育、文艺、道德等不同的领域，本身都有各自的从无到有、由低级到高级的发展进程。虽然在许多情况下各个领域之间的进程不是同步的，但总的趋势是大致相同的。在同一事物或同一社会文化领域内的进步或进化，并不意味着像我们今天使用的电脑程序一样，当安装新的版本之后，旧的版本就被覆盖了。而自然事物和社会事物，在许多情况下都是尽管新版本的事物层出不穷，但旧版本的事物同时继续存在。所以人类文化不仅是个不断提升的过程，同时也是一个日益丰富的世界。

由此来看"巫术—宗教—科学"的序列,就会发现这个看似"科学的"论断,本身有值得推敲的问题。在宗教学界,最先提出"巫术—宗教—科学"三阶段说的是弗雷泽。① 在人们的常识里,巫术与宗教相近(或巫术为宗教的一部分)而与科学相反,但弗雷泽却认为,巫术与科学相近而与宗教相远,他说巫术是真理之母,之所以如此,在于巫术信仰的背后,有一种对自然法则的坚定信仰:

> 无论在任何地方,只要交感巫术是以其地道、纯粹的形式出现,它就认定:在自然界一个事件总是必然地和不可避免地接着另一事件发生,并不需要任何神灵或人的干预。这样一来,它的基本概念就与现代科学的基本概念相一致了。交感巫术整个体系的基础是一种隐含的、但却真实而坚定的信仰,它确信自然现象严整有序和前后一致。②

弗雷泽认为,巫术与科学在认识世界的概念上是相近的,两者都认定事件的演变更替是完全有规律的和确定的,并且由于这些演变是由不变的规律所决定的,因而它们是可以准确地预见到和推算出来的。一切不定的、偶然的和意外的都被排除在自然进程之外。所以,巫术与科学一样都在人们的头脑中产生了强烈的吸引力,强有力地刺激着人们对知识的追求。但是,巫术本身有着严重的缺陷,这并不在于"它对某种由客观规律决定的事件程序的一般假定,而在于它对控制这种程序的特殊规律的性质的完全错误的认识"。无论是顺势巫术还是接触巫术,都是"相似联想"与"接触联想"的错误运用。"这种联想的

---

① 埃文斯-普里查德认为弗雷泽"巫术—宗教—科学"三阶段的架构,可能是从孔德的神学阶段、形而上学阶段和实证阶段说那里拿来的。(参见埃文斯-普里查德:《原始宗教理论》,孙尚扬译,商务印书馆2001年版,第33页)

② 弗雷泽:《金枝》,徐育新等译,中国民间文艺出版社1987年版,第70—74页。

原则，本身是优越的，而且它在人类的思维活动中也确实是极为基本的。运用合理便可结出科学之果。运用不合理，则只能产生科学的假姐妹——巫术。"巫术与科学的这种既有区别又有联系的关系，使之有可能"变为真实并卓有成效"，但如此一来，巫术"就不再是巫术而是科学了"。弗雷泽说，早在历史初期人们就从事探索那些能扭转自然事件进程为自己利益服务的普遍规律。在长期的探索中他们一点一点地积累了大量的这类准则，其中有些是珍贵的，而另一些则只是废物。"那些属于真理的或珍贵的规则成了我们称之为技术的应用科学的主体，而那些谬误的规则就是巫术。"①

弗雷泽认为巫术是"科学的近亲"，而宗教却与巫术不同："我所说的宗教，指的是对被认为能够指导和控制自然与人生进程的超人力量的迎合或抚慰。"弗雷泽认为宗教包含理论与实践两大部分：对超人力量的信仰，以及讨其欢心、使其息怒的种种企图。而这两部分的关系，则"显然信仰在先，因为必须相信神的存在才会想要取悦于神。但这种信仰如不导致相应的行动，那它仍然不是宗教而只是神学"。②从性质上说，宗教之所以不同于巫术，就在于它认定世界是由那些其意志可以被说服的、有意识的行为者加以引导的。而"巫术或科学都当然地认为，自然的进程不取决于个别人物的激情或任性，而是取决于机械进行着的不变的法则"。从时间上说，巫术体现了人类更早历史时期的更为原始的思想状态，"在一切地方都是宗教时代跟在巫术时代之后来到"，尔后才是科学时代。

　　一方面，无论何时何地人的主要需求基本上都是相似的，而另一方面，不同时代的人采取满足生活需求的方式又差异极大，

---

① 参见弗雷泽：《金枝》，徐育新等译，第76—77页。
② 参见弗雷泽：《金枝》，徐育新等译，第77页。

我们也许能做出这样的结论：人类较高级的思想运动，就我们所能见到的而言，大体上是由巫术的发展到宗教的，更进而到科学的这样几个阶段。①

弗雷泽的思路似乎很有逻辑力量，他先共时性地将巫术、宗教与科学作为三个并立的具有不同内涵的子类，然后再历时性地将它们作为人类文化发展的三个阶段。弗雷泽的这个论断影响很大，对于很多人来说，它的清晰与逻辑力量使之足以成为一种解释工具。可是我们不能因为这个论断出自学术泰斗就对之顶礼膜拜。若我们静下心来，仔细想想，就会发现其中有些地方说不通，或者说似是而非。

弗雷泽注意到巫术与科学的背后有一种共同的信念，那就是相信事件或事物的演变完全是有规律可循的，是可以准确地预见到并事先推算出来的。弗雷泽十分睿智，这种透过现象看本质的见识非一日之功。然而他（不知有意还是无意）忽略了一个重要的事实：巫术与宗教（我们姑且按照弗雷泽的思路认为它们不属于一类）一样都有祭祀，而科学没有这个前提。祭祀是有对象的，这一点很关键，因为巫术与宗教都假定万事万物受超自然或超人间的存在（或力量）支配，所以要祈求于它，不管是以强制的手段，还是温柔的手段，趋利避害，让神灵或神秘力量眷顾自己，施惠于自己是一致的。而巫术与宗教所共有的这种思维前提及其相应的行为，与科学探索并不沾边。

实际上，早在1926年（弗雷泽去世的15年前），马林诺夫斯基（Bronislaw Kaspar Malinowaki）就在《巫术、宗教与科学》中，明确阐述了他对弗雷泽的"巫术—宗教—科学"三阶段论的不同看法。首先，马林诺夫斯基不同意弗雷泽将巫术看作"准科学"的东西，而是认为两者在性质上截然不同：

---

① 弗雷泽：《金枝》，徐育新等译，第1005页。

> 科学生于经验，巫术成于传统。科学受理论底指导与观察底修正；巫术则不要被两者揭穿，而且保有神秘的氛围，才会存在。科学向一切人公开，成为社会地方底公共福利；巫术则是神秘的，用神秘的入会仪式去教训，用遗传最少也很专私的系结去传授。科学概念依据自然力；巫术观念则原于神秘而非个人的势力。①

在马林诺夫斯基看来，巫术、宗教与科学不是前后接续的三个文明发展阶段，而是同时存在的，但却具有不同性质、承担不同的社会文化功能。

其次，马林诺夫斯基提醒人们，在泰勒（Edward Burnett Tylor）的时代，人类学家需要"驳斥原始民族没有宗教的谬见"，而今的任务却是澄清原始社会的生活是否真的充满了神秘。他说：

> 初民对于自然与命运，不管是或者利用，或者规避，都能承认自然势力与超自然势力，两者并用，以期善果。只要由着经验知道某种理性的努力能有效用，他便不会忽略过去。他知道禾稼不能专靠巫术生长，独木舟（若）不制造适当也难航行水面，战争而无武勇更难攫得胜利。他永远没有单靠巫术的时候，然在另一方面，倒有时候完全不用巫术，即如生火与许多旁的技能之类。凡有时候必要承认自己底知识技能不够了，便一定会利用巫术的。②

马林诺夫斯基将巫术看作对纯理性和经验的思想和传统体系的必要补充。人们之所以求助于超自然力量，是为了"衔接人类知识中的断层，填补对定数和命运的理解中的巨大空白"：

---

① 马林诺夫斯基：《巫术、科学、宗教与神话》，李安宅译，中国民间文艺出版社1986年版，第5页。
② 马林诺夫斯基：《巫术、科学、宗教与神话》，李安宅译，第16页。

在有关战争、爱情、贸易、探险、捕鱼、航海以及制造独木舟的巫术活动中,经验与逻辑的规则同样是被当作技术严格遵奉的,在一切良好的结果中,凡是能够归功于知识和技术的,都得到适当的肯定。只有在人们只知其然而不知其所以然时,即表面看来取决于运气,归于做事成功的诀窍,或是出于机遇和命运时,原始人才求助于巫术。①

最后,在马林诺夫斯基那里,巫术与宗教既有共同点又有区别。他认为巫术与宗教都是源自感情紧张的情况,如"重要业务的失望,死亡与传授秘密的戒礼,失恋与莫可如何的恨怒等"。巫术与宗教使人们在"这等碰壁的情况下有所脱避"。即人们在理智的经验没有出路的状况下,借助于仪式和信仰"逃避到超自然的领域去"。巫术与宗教都严格地根据传统,都存在于奇迹的氛围中,都存在于奇迹能力可以随时表现的过程中。巫术与宗教都有禁忌与仪轨,其行动与世俗界不同。然而,马林诺夫斯基认为巫术与宗教又有所不同:巫术是实用的技术,所有的动作只是达到目的的手段;宗教则是包括一套行为本身便是目的的行为,此外别无目的。巫术的信仰,简单明了,实用性强,"永远是说,人是有用某种咒与仪式便可产生某种结果的"。而宗教信仰"则有整个的超自然界作对象:灵与魔、图腾底善力、保卫神、部落万有之父、来生的想望等等,足给原始人创造一个自然界以外的超自然的实体"。②

原始社会有宗教,但除了宗教之外,还有其他文化形态。进一步说,人类精神世界的发展,从一开始就具备了多样性。从我们的思路看,马林诺夫斯基对巫术与科学之本质区别的论述给人启迪,而他关于巫术与宗教之区别的某些论述,我们难以苟同。因为在我们看来,巫术

---

① 参见马林诺夫斯基:《巫术与宗教的作用》,载史宗主编:《20世纪西方宗教人类学文选》,上海三联书店1995年版,第89页。

② 马林诺夫斯基:《巫术、科学、宗教与神话》,李安宅译,第75—76页。

只是一种"术"(这也是马林诺夫斯基的观点),它是宗教的一个组成部分。然而在西方宗教学者中,赞成将巫术与宗教区分开来的为数不少。他们虽然不一定接受弗雷泽关于巫术是科学的"近亲"说法,但却同弗雷泽一样,将巫术看作比宗教更为粗俗和低级的"迷信"。比如古德(William J. Goode)将巫术与宗教的区别概括为 11 个方面(表 2-1)[①]:

表 2-1 巫术和宗教的区别

巫术	宗教
巫术有更具体的目的。比起其他特征来,这一点和宗教最相似,因为人们常常寻求现世的宗教回报。	宗教目的更偏重于"大众福利""健康""好的处境"以及来世的事情。
巫术有更强的控制欲。	宗教则运用请求、抚慰和甜言蜜语等手段。
从理论上讲,巫术中有委托关系。	宗教主要是牧羊人与羊群、先知与门徒的关系。
巫术中更常见的是个人目的。	宗教则更多体现的是群体目的。
巫师和他的"顾客"只是个人或几个人参与活动,很少有群体活动。	宗教活动是由群体或群体的代表来进行的。
至于达到目的的过程,巫术如果失败,很有可能会用其他方法来代替——用更厉害的巫术,或克制仇敌的巫术,甚至换一个巫师。	宗教与神的关系是固定的和持续的,几乎不可能发生这样的替代,因为大部分宗教活动很少有特殊的工具性,它们更注重仪式的内在意义,而不期望直接达到具体的目的。
虽然巫师在操纵那些强大的力量时会小心谨慎,但巫术并不需要很多感情,这可以称作非人格性。	宗教要求充满情感、敬畏和崇拜。
在巫术中,完全由巫师决定是否开始进行。	宗教的礼仪是必须施行的,它是宗教结构的一部分。

[①] 参见 William J. Goode, *Religion Among the Primitives*, Free Press (Glencoe, Ill), 1951, pp. 50-54;英格尔(J. M. Yinger):《宗教社会学经典快读》,李向平、傅敬民译,宗教文化出版社 2006 年版,第 11—16 页。达瓦马尼将巫术的特征归为五点:(1)人的态度:宗教体现了一种恭谦的态度,而巫术体现了一种傲慢的、自信的态度,宗教信仰者把超自然者视为主体,而巫师将其视为客体;(2)与社会的关系:宗教是相对于教会的事件,而巫术是个人的事情;(3)工具:巫术是通过使用魔力来达到其目的的技术;(4)目的:接近神圣者或与神圣者合一是宗教,而巫术是在幻想生活中的目标;(5)附加的因素:个人存在的状态与能预测的力量相对立,承认一个超验的秩序与一个根本没有关联于外在超现实性的力量相对立。(参见达瓦马尼:《宗教现象学》,高秉江译,人民出版社 2006 年版,第 38—41 页)

续表

巫术	宗教
巫术通常是由巫师来决定何时开始。	宗教仪式的时间安排是相当确定的,即使没有历法可循,在时间上也会有一个大致的规定。
社会将巫术定义为一种手段,认为它至少能潜在地运用神灵来反对社会、主流群体和德高望重的个人。	人们不认为宗教仪式会(哪怕是潜在地)反社会和反对那些德高望重的人。
巫术仅仅是一种手段,即使它是为了某些目的。	宗教也可以用于目的,但在理想状态下,宗教实践本身就应该是目的。

实际上,人们在面对人格化的神和非人格的神秘力量时,既可以采用人格化的赎罪,也可以采用机械的技术,还可以采取巫术的行为,在对象(力量)、技术(手段)和效果之间,并非只有一对一的关系,而是交叉的或重叠的相互关联。① 从宗教学的观点来看,虽然巫术用种种手段(包括利诱和威胁)建立人与神秘世界的沟通,甚至调度某种神秘的力量为其特定的目的服务,但它的前提不是对"自然法则"的确信,而是对神秘力量、对独立于身体的灵魂的信仰(如果没有这种信仰,萨满不可能"出神"到另一个世界找回病人失去的灵魂,巫师没有神秘的力量,也不可能支配属于另一个世界的精灵和鬼神)。在这一点上,巫术与宗教是一致的。巫术如同禁忌、祈祷、献祭等一样,是宗教的一个子范畴。

根据弗雷泽的理论,巫术活动假定:人类能够对于环境施予直接的控制。可是弗雷泽的这一假说也容易引起严重的问题。确实,在巫术中,人类看来是要靠预谋的手段来影响事件的进程。然而绝不能因此得出结论说,在这行动与预谋的结果之间有一种直接的因果联系,而没有任何外来干预。正相反,巫术包含着对于来自"彼岸",来自神明、鬼魂和精灵的"平行世界"的力量的利用与操纵。巫术并不假定结果随原因而发生,"没有任何精神力

---

① 参见 Edward Norbeck, *Religion in Primitive Society*, Harper and Brothers, 1961, pp.39-50。

量或人格力量的干预"。正相反，它到处都看见这些力量，并尽力利用这些力量，不管它承认还是不承认。①

巫术是科学的"近亲"，还是宗教的一部分？在我们看来，巫术与宗教是一方，科学是另一方，三者不是三角关系，而是两类不同的认知和行为方式。任何宗教形态中都有巫术的因素，只不过有不同的比重、类型和结构地位，因而不同的宗教形态展现出不同的特色。由此来看，"巫术—宗教—科学"三段论的逻辑缺陷较为明显：首先，巫术只是宗教下面的一个子范畴，它（如同禁忌、祭祀等）不是一种宗教形态，人们可以说先有巫术因素比较重的宗教，后有其他因素占主导地位的宗教，但不能说最初只有巫术而没有宗教，也不能说后来只有宗教而没有巫术。人们借助某些特定的仪式希望死者复活，但这样做的前提是人们相信灵魂不灭，相信特定的行为或语言具有神秘的力量。其次，在所谓的"巫术时代"并非没有科学技术的影子，马林诺夫斯基的田野调查表明，居住在海岛上的未开化人在出海打鱼时要先举行宗教仪式，而在岛上的内河捕鱼时则只凭经验和技巧。所以夏普说，要在"巫术"与"宗教"这样两种抽象出来的东西之间划一条适当的分界线，往往过于困难。如果非要将二者区分开来，它们之间的区别也不过是个人的强调点在于操纵还是尊崇"更高力量"。他认为在宗教史上，"两者总是密切相关"。② 但是从整个文明的发展趋势说，确实是科学越来越发达，宗教的巫术成分相对减少，这也是很多人依

---

① 夏普：《比较宗教学史》，吕大吉、何光沪、徐大建译，上海人民出版社1988年版，第120页。
② 参见夏普：《比较宗教学史》，吕大吉、何光沪、徐大建译，第121页。尽管古德提出了巫术与宗教的11点区别，但他的结论却是："这样一套典型的理想化标准足以区分对立的两端，某种特定的巫术或宗教可能会十分明确地靠近一端或另一端，当然，尽管不会有任何特定体系正好处于其中一端上。"（参见 William J. Goode, *Religion Among the Primitives*, pp.50-54；英格尔：《宗教社会学经典快读》，李向平、傅敬民译，第16页）

旧欣赏弗雷泽"巫术—宗教—科学"三段论的原因之一。

（二）范畴建构变成了认知方式

按照惯常的思路，我们接下来应讨论哪个宗教中巫术成分多，哪个宗教中巫术成分少，但这又回到类型学的探讨或争论上去，我们应当继续探讨上述讨论中所蕴含的更深层的问题。

宗教学中的这种"巫术—宗教—科学"的三段论体系化的努力，使我们想到了黑格尔（G. W. F. Hegel）及其宗教哲学。我们知道，黑格尔将艺术、宗教与哲学看作绝对精神自我展示的三种形态，也就是说，虽然三者背后都有绝对精神的支撑，但却是三种不同的精神现象或文化形态，亦有不同的特点。在艺术中，绝对精神是以直观的形态认识自身；艺术的内容是理念，而其形态则是感性形象。在宗教中，绝对精神是在表象形态中认识自身；宗教与哲学的内容是一样的，即神与真理只是形态不同而已，在宗教中为表象，在哲学中为概念。在哲学中，绝对精神是以概念形态认识自身；哲学的主要任务是思考逻辑范畴。

黑格尔认为宗教的重要因素是实践性的参与，这一点尤其表现在崇拜中，神处于一方，"我"处于另一方；崇拜的作用在于：促使我与神在自身相合，知自身在神中犹如在其真中，并知神在自身中——这就是具体的统一。理论的意识是具体的，为了使其对主体来说也成为具体的，其实际的显现则不可或缺。在崇拜中，人们获得这一最高的、绝对的快慰——情感参与其中，"我"，一个特殊的个体，参与其中。由此可见，"崇拜乃是绝对精神对其社团说来之确证"[①]。

在政教关系方面，黑格尔认为国家和宗教无非是理性的两种体现，并因此而强调宗教对国家的重要性。

[①] 黑格尔：《宗教哲学》（上卷），魏庆征译，第 171—172 页。

> 应当承认，克己守法可导致稳定；而履行职责，只有在以宗教信仰为其基础时，始可臻于应有的坚持不渝。人之最内在者——良心，只有在宗教中，始可获得其绝对的论证和可靠性。由此可见，国家应仰赖于宗教，其原因在于：只有在宗教中，世人思想方式的可靠性及其为国家尽其职责的决心，始成为绝对的。在任何其他思想方式下，人们则易于拒不履行职责，并为此寻得种种保留、例外和借口；他们往往贬低法律、机构、国家和行政活动家们的作用，并从这样的角度看待他们的所作所为，即可不予以尊重。①

在黑格尔看来，宗教崇拜，即各种宗教仪轨，构成国家秩序的基础。在黑格尔看来，宗教是理性或绝对精神的一种表现。但在如何看待巫术的问题上，黑格尔显然与康德不同。在康德看来，宗教是对超自然者的信仰。在原始意识中，这种信仰实则并不存在；巫术并不是祈祷。

> 人在祈祷中力图有所作为，并非通过中介，而是发自心灵深处。然而，其差别在于：人在祈祷中求助于绝对的意志——对其说来，个别的人乃是关注的对象，它可以接受祈祷，也可以不接受——实则决定于慈心善意。总的说来，法术则在于：人据其愿望，在其自然性中实现其制驭。②

与此不同，黑格尔认为巫术的本质在于"精神"对自然的驾驭；然而这时的"精神"尚未作为精神而存在，尚未在于其普遍性中；这无非

---

① 黑格尔：《宗教哲学》（上卷），魏庆征译，第79页。
② 黑格尔：《宗教哲学》（上卷），魏庆征译，第224页。

是人之个别的、偶然的、经验的自我意识。① 因而巫术不是与宗教并立的另一类事物，而是最古老的宗教，是"宗教之最原初、最粗陋的形态"。黑格尔说自然宗教作为巫术的宗教，其出发点为非自由的自由。

> 一旦中介进入法术，则为迷信开拓了极为广阔的天地，一切个别的实存获得意义，因为一切情状可被导致成功，导致既定的目的，一切成为被中介者或中介者，一切可支配或从属于支配，人之所作所为成功与否系于情势；其成为者、其目的，系于种种关系。②

黑格尔没有像康德那样将巫术与宗教分开，而是将其看作宗教的最初形态，这与我们的看法有一致之处。然而与此同时，他将自己所知道的各种宗教形态按照一定的秩序排列，认为它们是绝对精神自我认知不同发展阶段的"定格"。位于宗教发展阶梯最底部的是巫术，位于第二阶梯的是自然宗教，黑格尔说这种"名副其实的泛神教"具有无所不包的性质，人的内在世界为外在的礼仪所取代，其表现形态有三：一是"直接的宗教"，其代表为中国宗教③；二是"幻想的宗教"，其代表为印度教（婆罗门教）④；三是"己内的宗教"，其代表为佛

---

① 黑格尔：《宗教哲学》（上卷），魏庆征译，第222页。
② 黑格尔：《宗教哲学》（上卷），魏庆征译，第232页。
③ 黑格尔认为："中国人时刻处于恐惧之中，唯恐一切外在者对他们有所作用，对他们说来成为一种威力，对他们加以制驭，对他们有所影响。……就此说来，个体并未采取任何抉择，亦无任何主观的自由。"（黑格尔：《宗教哲学》[上卷]，魏庆征译，第266页）
④ 在黑格尔看来，印度教既是多神崇拜的，又有"唯一者"，即大梵天，"一切皆出于此，一切又复归于此"，人生的目的就在于通过修行而与之合一。黑格尔对印度宗教的评价是："人如此不具有自由，而且在自身不具有价值，则在具体的现实中情致不可言状的、无限度的迷信，导致不可思议的障碍和限制。对欧洲人说来并无意义的、与外在自然之物的关系，在此则成为稳定的和牢固的依存性；迷信正是植根于：人并非对外在事物漠不关心，——而这见诸他在自身既无自由，又无精神的真正独立性之时。一切无关紧要者是稳定的，而一切非无关紧要者、法者和伦理者则付诸随意。……印度人民陷于完全无伦理的境地。"（黑格尔《宗教哲学》[上卷]，魏庆征译，第302—303页）

教①。在自然的宗教和自由的宗教这两个发展阶段之间，有一些过渡的宗教形态。如古代波斯的琐罗亚斯德教，腓尼基的苦难宗教，古埃及宗教。自由的宗教内部又分为两个阶段：一是"精神个体性的宗教"，其主要特征是凸显唯一者、必然性、合目的性的概念，具体表现形态有"崇高的宗教"犹太教，"美的宗教"古希腊宗教，"知性的宗教"古罗马宗教。二是"绝对的宗教"，其主要特征是凸显自我展示、启示、真理和自由等概念，其代表为基督教。

从历史的与逻辑的统一来看，黑格尔的宗教发展序列基本上是服从于他的精神演化的阐释需要，而牺牲了历史性。正如人们经常提到的，伊斯兰教按时间序列产生于基督教之后，且崇拜对象更加抽象，但是由于黑格尔已经将基督教列为"绝对的宗教"，所以对之视而不见。显然，黑格尔按照所谓的"一定的秩序"排列各种宗教形态，其实透露出了他的价值判断。

康德将巫术与宗教分开，黑格尔将巫术作为宗教的最初形态，虽然在逻辑分类上明显不同，然而透过现象，他们所执的价值却基本相似。他们所说的巫术和宗教不仅仅是抽象的概念，还是有具体形态的，是有地域宗教文明为例证的。而反过来，这些具体形态或例证，就在此论证过程中被贴上了价值的标签，有了不同的附加值或具有了不同的"含金量"。如果将这些因素纳入我们所看到的分析框架，就会发现：东方的宗教不是在康德的分立框架中属于巫术，就是在黑格尔的发展框架中属于低级形态；而西方的基督教（包括天主教、东正教和

---

① 黑格尔认为佛教的主要特点是追求自我完善："在人与本原，与无的关系中，至关重要的是：他（如果他欲臻于极乐）通过持续不断的思索、冥想、自省，与这一本原等同；人的神圣性在于：在这一静修中与神结合。"但是轮回的信仰又使这种宗教"与所谓威力和法术相结合"，在自身实质上为虚空的理论范畴，在实践上却转变为法术。"神职人员开始起中介者的作用，他们将至高无上者和制取人所从属的诸形相之力同时体现于自身。"而灵魂转世之说，"乃是从单纯的己内存在崇拜向异常繁复的偶像崇拜过渡之转折点。此说为不查胜计的偶像、造像之基础和渊源；凡是佛教盛行之地，它们则为人们所敬奉"。（黑格尔：《宗教哲学》[上卷]，魏庆征译，第317页）

新教），则或属于宗教，或属于宗教发展的高级形态。

所以，将宗教与巫术分开，不仅仅是在分类的逻辑上区分现象，更重要的是这种区分所承载的价值判断，会对人们的认知与实践产生重要的影响。分类与价值判断互为表里：分类强化了价值，而价值判断也强化了这种分类。范畴的建构反过来影响着人们的认知方式。

就我们所讨论的问题而言，黑格尔将中国宗教放在宗教发展序列较低阶段上的论述，和康德等人的"巫术—宗教"二分法，都对人们如何把握中国宗教产生了重大影响，直接影响了人们的认知方式和话语。比如韦伯（Max Weber）在讨论宗教如何由"非理性化"变得越来越"理性化"时，实际上既接受了康德的二分法，也接受了黑格尔的发展阶段论。韦伯所说的"理性化"的重要标准之一就是破除巫术的程度。① 他的宗教社会学主旨即在研究世界几大宗教的理性化进程，尤为注重的是新教怎样在漫长的发展中逐步减除巫术和迷信成分而引发出一种普遍伦理（以及伦理如何影响人的经济行为）②，并以此轴线解析中国的传统宗教。韦伯强调高级宗教是由"卡里斯玛"式的宗教先知所创立，先知以自己超凡的品格与魅力吸引人们，提出预言和戒律，指示一种生活方向作为神圣价值去追求。③ 在高级宗教中出现了系统化的教义和伦理，超越了个人的日常生活，使宗教向理智化、理性化方向发展，借助"卡里斯玛"的理性化作用，"一旦发展为有条理的生活方式，成为禁欲主义或神秘主义的核心，它们就开始超出了巫术的前提"④。

中国学者陈来在肯定韦伯的同时又有所批评，他说中国文化的理性化进程，它的价值理性的建立过程，是与对天神信仰的逐渐淡化和对人间性的文化和价值的关注增长联系在一起的。这也是中国文化

---

① 顾忠华：《韦伯学说新探》，台北唐山出版社1992年版，第35页。
② 参见苏国勋：《理性化及其限制》，上海人民出版社1988年版，第59页。
③ 苏国勋：《理性化及其限制》，第61页。
④ 苏国勋：《理性化及其限制》，第63页。

在18世纪西欧理性启蒙的时代受到启蒙思想家热烈称赞的基本原因。陈来认为,宗教的发展是从非理性的巫术与迷信向理性的宗教演进的过程。"非理性化"宗教是指由大量神秘的巫术力量和不可控制的因素起作用的宗教,这种宗教与伦理往往无涉或影响很小。反之,"理性宗教"则摆脱神秘的、巫术的力量,使宗教伦理与世俗生活相结合,强调人为的可控制的因素。这种宗教的理性化韦伯称之为"世界祛除巫魅",即原则上不必再像野蛮人那样迷信神秘力量,不再诉诸巫术手段去支配或祈求神灵,在行动中采取基于价值理性的伦理行为。①

儒家注重文化教养,以求在道德上超离野蛮状态,强调控制情感、保持仪节风度、注重举止合宜,而排斥巫术,这样一种理性化的思想体系是中国文化史的漫长演进的结果。它是由夏以前的巫觋文化发展为祭祀文化,又由祭祀文化的殷商高峰而发展为周代的礼乐文化,才最终产生形成。由此可知,把三代文化统称之为"巫文化"是轻忽了其中的重要分疏。而把儒家的起源直接归于巫觋文化,不仅不能认识儒家理性主义与巫术神秘主义的区别,和二者之间存在的紧张,而且根本无从说明文化史和宗教史的历史演化。巫觋文化发展为祭祀文化既是宗教学上的进化表现,也是理性化的表现,祭祀文化不再诉诸巫术力量,而更多通过献祭和祈祷。在殷商祭祀文化中,多神信仰中的神的数目已经减少,已经有了一位至上神,祭祀礼仪演生出一套行为的规范,使条理化成为可能。周代的礼乐体系就是在相当程度上已"脱巫"了的文化体系。在礼乐文化中不仅价值理性得到建立,价值理性的建立本身就是理性化的表现。从此,最高存在不再是非理性的冲动,

---

① 苏国勋:《理性化及其限制》,第87页。

而人的行为更为关注的是能否合乎人间性的文化规范——礼，神秘或交感的因素在大传统中被人文规范所压倒。①

韦伯与陈来在讨论中国古代宗教的演变时，都自觉不自觉地受到康德与黑格尔的影响，尽管他们在理性化的程度与分期上观点不同，但显而易见的是：他们所使用的话语和对中国古代宗教的认知方式，是"巫术—宗教"二分法的一种延伸，即"非理性化宗教"等于巫术，"理性化宗教"等于宗教。尽管有长短粗细的程度之别，但都认为中国传统宗教的身后有一条巫术的尾巴。

（三）我们如何把握宗教的内在张力？

对人类文化的分类以及在此过程中形成的范畴，既反映了也取决于人们的世界观和方法论。弗雷泽在宗教学领域中提出的"巫术—宗教—科学"三段论，前有康德与黑格尔提供哲学基础，后有韦伯等人在其他学科中提出的说法不同、但实质相近的学说。这种现象使我们不能孤立地看待和分析弗雷泽的三段论，而是要将其与近代三四百年间全球化和现代性的进程联系起来。实际上，弗雷泽的三段论乃是这一进程的产物并构成其组成部分。

范笔德（Peter van der Veer）在其最近的新著中指出：

> "巫术"与"宗教"的对立，体现了现代西方与传统的和落后的东方的对立。……"宗教"与"巫术"的对立的一个体现是在 19 世纪产生的进化理论，它将巫术看作失败的科学，逐渐被真正的科学和作为一种道德形态的宗教所取代。正如我们已经看

---

① 陈来：《古代宗教与伦理——儒家思想的根源》，生活·读书·新知三联书店 1996 年版，第 10—11 页。

到的，19世纪创造出来的 *Religionswissenschaft*（世界宗教）一词，使得基督教之外的其他宗教可以被看作普世道德的资源。宗教作为道德资源，不得不脱下任何科学知识的伪装。学者们做的就是探索某一宗教（如儒教）的道德核心而摒除其余。这种进化思想的线索，在对现代基督教的理解和对其他宗教的理解中，影响极大。

无论是19世纪对于社会的理解，还是我们现在对世俗主义的理解，巫术与宗教的区别都是至关重要的。它体现在19世纪和20世纪中国的讨论中，并且对中国的宗教与世俗主义的性质有巨大的政治影响。在中国，恰恰是宗教与巫术的对立导致对民间宗教的压制，同时希望民族化的宗教成为集体道德的资源。①

这种价值理念对于人们认识宗教和理解宗教产生了十分重要的影响。首先，人们容易将宗教"理性化"看作单向度的必然趋势，以为宗教的发展就是韦伯所说的不断"祛魅"的过程。但事实是，作为黑格尔所尊崇的"绝对的宗教"和韦伯视为"理性化宗教"之楷模的基督教，在某些教派日益"理性化"的同时，所谓"非理性化"的教派或宗教因素亦层出不穷，例如当代世界各地方兴未艾的灵恩派运动（如五旬节教派），所谓"非理性"的神秘主义或巫术因素在其中起着十分重要的作用。问题在于，虽然可以说从整个文明的发展趋势看，确实是科学越来越发达，宗教的巫术成分相对减少，宗教的伦理道德作用越来越突出，但绝不是宗教已经完全等同于伦理道德，与巫术、神秘主义或"非理性"因素没有半点关联了，如果真是那样，宗教也就失去了存在的根据。宗教之所以是宗教，而不是伦理道德、科学或

---

① 范笔德：《亚洲的精神性——印度与中国的灵性和世俗》，金泽译，社会科学文献出版社2016年版，第125—126页。

艺术，有它不可替代的内在根据，这种根据就是对神圣存在或神秘力量的信仰与崇拜（尽管各宗教或各教派的这种因素有浓有淡）。应当说，虽然在比较宗教时可以说某个宗教或教派相对"理性化"或"非理性化"，但实质上"理性化"与"非理性化"是任何宗教存在与发展的内在张力。这种张力在不同的宗教或教派中有不同的程度、比重和表现，但不会没有这种张力。这是我们在认识宗教、理解宗教和把握宗教时的一个基本原理。

其次，在这种话语体系中，无论人们是否同意，都不得不将本土宗教对号入座，结果是将本土的传统宗教看作巫术、"非理性"或"迷信"十足的宗教，看作进化序列中必须铲除或替代的文化事项。在西方话语体系的影响下，近现代中国的知识分子在很长一段时间里对本土的传统宗教嗤之以鼻，或者将其定性为巫术或"迷信"而非宗教并加以口诛笔伐，期望以科学取而代之，至少以正统的"宗教"取而代之；或者是知识精英极力撇清本土的传统文化与巫术、"非理性"或"迷信"的关联，具体表现就是否定"儒教"是宗教。这种纠结也表现在学科研究内容上，无论在中国还是在外国，宗教学领域里研究的是各大"世界宗教"或民族—国家宗教，而所谓的巫术、民间信仰或民俗宗教则被归入民俗学或人类学（民族学）。这就明显地看出我们所说的"巫术—宗教"二分法背后隐含的价值理念：一方面是西方与东方的区分，东方宗教是"巫术的""非理性"的或低级的，西方宗教是"宗教的""理性的"或高级的；另一方面是精英文化与民俗的区别，民间信仰是低级的或充满"迷信"的，世界宗教是高级的或充满伦理道德的。[①]

[①] 以后殖民理论看，这种巫术与宗教的区分，虽不一定出于学者的自觉，但殖民者却十分敏锐，他们将这种学说变为消灭土著文化，推行基督教文化，甚至成为抢夺土地、奴役土著的思想武器；而在被殖民的一方，完全地、不加批判地接受这种理论，反映了本土知识分子自觉或不自觉地被思想殖民，对本土文化的贬低甚至是有过之而无不及，在意识上的自我殖民化。（参见 David Chidester, *Savage Systems: Colonialism and Comparative Religion in Southern Africa*, Charlottesville, Va., 1996）

尽管我们对弗雷泽"巫术—宗教—科学"三段论的价值理念做了初步的分析与批评，但我们依然困惑。这是为什么？

一是我们已经习惯于西方宗教学家在一二百年间建构的这套话语体系，尽管我们意识到它有西方中心论的基督教至上论的附加的价值理念，也意识到它在理解和解释东方宗教，特别是本土传统宗教时的局限，但是我们却深感缺乏建构新话语的能力，无法在短时间内建构出新的范畴和范畴体系。即使我们建构的新话语对本土的传统宗教有了足够的尊重（而非刻意贬低）和理解，但并没有解决进化观念给我们提出的难题：宗教有没有一个如同自然界一样的从低向高发展的进程，如果有，那又是在什么意义上说 A 比 B 高级或 D 比 C 低级？自然界有植物和动物之别，它们在地球上的出现也有先后之分，但我们是在什么意义上说动物比植物高级？即使有若干理由说动物比植物高级，是不是由此可以得出植物不应在地球上存在的结论？另外，生活在现时代的人们又应当如何理解和定位宗教的"理性化"和"非理性"因素以及它们的互动？

二是在宗教学研究中，分类和比较如同在其他科学研究中一样是十分重要的工具，但是当我们将并立的分类范畴纳入历史化的时序中时，一定要特别谨慎，因为这很容易让人感到并立的范畴有了高下之分。此外，在比较的时候，我们要警惕在选取不同的宗教体系的具体现象时陷入用 A 的头比较 B 的脚。头当然可以和脚比较，但是 A 与 B 各自都有头和脚，如果用 A 的头与 B 的头比较是对称的，但用 A 的头比较 B 的脚，由此得出的结论价值何在可想而知。所以我们要不断地反思宗教学的客观中立问题。从事宗教学研究的学者不应以自己的信仰干扰自己的学术研究，但是这并不意味着宗教学家对宗教现象的理解和解释就是绝对真理。宗教学研究不应受信仰的干扰，这只是科学研究的出发点，它是一条底线。这只是宗教学研究的科学性和客观性的必要条件而非充分条件。思想的背后有利益，范畴的关联有权力。

追求客观性与科学性是个过程，建构有中国特色的宗教学话语也是个过程，只有不断地运用哲学武器自觉地保持自我反思的批判精神，才能使我们对宗教学发展史上的各种理论学说，以及西方学者建构的话语体系背后所隐含的价值理念，保持清醒的认识，也才能使我们有所突破和拓展。

三是当我们研究宗教现象时，要注意把握属性与形态的关系。任何宗教都有理性的维度，也有非理性的维度；既有地方性的维度，也有普世性的维度。区别不在于有无，而在于程度。在学者的论证中，往往会用 A 宗教说明宗教的地方性，用 B 宗教说明宗教的普世性，用 C 宗教说明宗教的理性方面，用 D 宗教说明宗教的非理性方面。但是在此理论分析的建构过程中以及后来的知识普及过程中，人们却不知不觉地将 A 宗教看作地方性宗教，将 B 宗教看作世界宗教，将 C 宗教看作理性宗教，将 D 宗教看作非理性宗教。宗教现象的属性本来是宗教现象具有的某个方面，经过自觉或不自觉的割裂，分别独立化或实体化，甚至对立化了，即在人们的思维过程中变成了一个一个的或不同群组的宗教形态。我们不能忘记，ABCD 这些宗教中都是既有地方性又有普世性，既有理性因素又有非理性因素的。绝不能以为作为例证说明某种属性的宗教形态就只有某种属性。学术论断变成了解释工具、范畴建构变成了认知方式，这是人类思维过程的产物，有助于增进我们对宗教的理解，但是同时，我们也要意识到其中的异化，更不要受之影响，扭曲我们对宗教的理解。所以我们必须保持学术发展所不可或缺的批判精神。

早在几百年前，培根就提出有四种"假相"（idols）会造成人类思维的偏执。第一种是"种族假相"，指人们把自己的本性掺杂到事物本性中，因而歪曲事物的真相。他认为这是人类的天性。第二种是"洞穴假相"，指人们从自己的个性、爱好、所受教育、所处环境出发去观察事物时所受到的局限，这是个人独有的偏见。第三种是"市场假相"，指人们在交际中由于语言概念的不确定、不严格而产生的思维混乱。第四种是"剧场假相"，指盲目顺从传统的或流行的各种学说、主义等而产生的谬误。在此不需多言，大家都会想到在当今世界人们对宗教或不同宗教的看法（尤其是那些极端的或偏执的思想和认识）中，由这四种假相作怪而产生的问题不胜枚举。宗教学研究对于破除这四种"假相"乃是一种利器，同时人们越来越体悟到宗教学自身也要不断地内省以消解可能出现的"假相"束缚。

斯金纳（Quentin Skinner）认为我们很难避免受到传统知识的影响，但是必须保持一定的距离，这样才能有所警觉，有所反思：

> 当我们分析和反思我们的规范性概念时，我们很容易受到迷惑，从而相信，我们的主流知识传统留给我们的思考它们的方式，必定是我们思考它们的方式。……哲学史，尤其是道德、社会和政治哲学史，能够防止我们轻易地被迷惑。睿智的历史学家能够帮助我们了解深嵌于我们当前生活方式中的道德观念，以及我们当前对其思考的方式如何反映了不同的可能世界在不同的时间里做出的一系列选择。意识到这一点，我们就能从对这些道德观念唯一的霸权性的解释以及这些道德观念应如何被解释和理解的固执中解放出来。对可能性的更广泛意识，使我们能够与知识传统保持一定的距离，从而以一种新的方式考虑我们应如何思考它们。①

理论范式是人们对现象进行理论分析时抽象而来的，但是它们一旦形成，就会反过来影响人们看事物的眼光。人类头脑中的世界不是绝对客观的世界，而是附加了认知网格的世界，人们在认知世界和解释事物或事件时，会自觉不自觉地将现象纳入这些框架。所以，在探

---

① Quentin Skinner, *Liberty before Liberalism*, Cambridge University Press, 1998, pp.116-117.

讨宗教与哲学的关系时，最重要的是坚持哲学的批判精神，尤其是自我批判精神。我们要自觉地和不断地将哲学作为一种武器，反思宗教学的基本范式，并由此推动宗教学的拓展与深化。

小结

1. 宗教与哲学的区别，首先表现在它们内部层面的构成不同，只有部分的相合。在哲学内部虽然有不同的学派、不同的立场和主张，但都集中在思想的层面、观念的层面或理论的层面。而宗教，除了思想、观念或理论的层面之外，还有情感的层面、行动和仪式的层面。由于内部构成不同，参与者的数量与社会阶层也大为不同。

2. 宗教与哲学之所以能够互动，从根本上说，是因为它们都关注人类的最根本问题，都是人类文化的一种形态，都为人类生存和社会发展提供世界观的指导。虽然哲学与宗教对于世界的认知有极大的差异，但它们各自作为一种世界观，既相互碰撞又相互激发。

3. 宗教既是一种历史现象，也是一种社会文化生活形态（常态的或形成某种运动），其核心是对具有不同超越性的神圣存在（或力量、宇宙法则等）的信仰。人们在宗教生活中会产生不同强度和诸多形式的心理体验，会在个人或群体的层面上做出不同程式化的崇拜行为（仪式）。宗教生活不仅具有不同的行为规范和组织制度，而且会在社会历史发展的过程中形成包括神话、神学以及一系列象征、审美趣味和道德规范在内的累积的文化传统。人们在宗教生活中把握生活（生命）和世界（宇宙）的意义价值，获得身心的转变，并由此引发（或期求）个人、社会或文化的转变。宗教的发展演变是个从无到有、从简单到复杂的历史过程：既有宗教自身的内部因素，亦有其所生存的社会、经济、文化等外部因素；既有无数个人的以宗教体验为基础的宗教创新，也有群体认同、社会制度和文化再生产的建构与淘汰机制；

既有观念（或教义）、行为规范、圣时（节）圣地圣徒、仪式等累积而成的传统，也有因时因地因人而出现的变通与调整。这些因素构成宗教演变的动力，它们之间的互动关联十分复杂，使古往今来的宗教千姿百态。

4. 任何宗教，无论是以神话的方式还是以神学的方式，都对世界的产生、人类的起源、文化的创造、社会秩序（道）的形成与内容、人生（及苦难）的意义等基本问题，给出了自己的解答。这些解答使个人不再仅仅是肉体的存在，也不再仅仅是活着，而是在精神上有了自己的文化定位和价值追求（意义），诸多个人组成的群体（或氏族、教团）亦由此确立其文化的和社会的秩序。

5. 在讨论宗教与哲学的互动时，有两个问题需要明确：一是在这个框架中，哲学是作为论证工具，宗教是作为研究对象，互动中的双方在地位上是不对称的。这提示我们要有一种清醒的意识：我们不仅要问宗教与哲学之间是否有互动，更要问双方是如何互动的。二是宗教与哲学在思想前提和目的上截然不同，作为双方互动的产物，我们不仅要关注宗教哲学的主要内容，更要关注宗教哲学的立场与目的，我们在讨论时要问：哲学问题与神学问题是一回事还是两回事，我们探讨的是个哲学问题还是个神学问题，方法上有什么异同，等等。在研究宗教与哲学的关系，特别是研究宗教哲学时，究竟持客观的立场还是走上信仰之路，是个应该警惕的问题。宗教学必须有自己的坚守，这是它安身立命的根据，也是它的学科合法性之所在。

6. 有意地转换视角十分重要。视角转换，观察事物的界面随之不同，或意味着对事物或现象做出不同的解读。其实各大宗教都十分强调人的相对性和渺小，强调宇宙秩序的神圣与绝对。然而这种相对与绝对的关系，不仅是本体论的，而且是认识论的。解读不同，启示自然也就不一。

7. 人类的知识体系，宗教、哲学、政治、经济、科技、教育、文艺、道德等不同的领域，都有各自的从无到有、由低级到高级的发展过程。虽然在许多情况下各个领域之间的进程不是同步的，但总的趋势是大致相同的。在同一事物或同一社会文化领域内的进步或进化，并不意味着像我们今天使用的电脑程序一样，当安装新的版本之后，旧的版本就被覆盖了。自然事物和社会事物，在许多情况下都是尽管新事物层出不穷，但旧事物同时继续存在。所以人类文化不仅是个不断提升的过程，同时也是一个日益丰富的世界。

8. 康德将巫术与宗教分开，黑格尔将巫术作为宗教的最初形态，虽然在逻辑分类上明显不同，然而透过现象，他们所执的价值却基本相似。他们所说的巫术和宗教不仅仅是抽象的概念，还是有具体形态的，是有地域宗教文明为例证的。反过来，这些具体形态或例证，就在此论证过程中被贴上了价值的标签，有了不同的附加值或具有了不同的"含金量"。将宗教与巫术分开，不仅仅是在分类的逻辑上区分现象，更重要的是这种区分所承载的价值判断，会对人们的认知与实践产生重要的影响。分类与价值判断互为表里：分类强化了价值，而价值判断也强化了这种分类。范畴的建构反过来影响着人们的认知方式。

9. 在宗教学研究中，分类和比较是十分重要的工具，但是当我们将并立的分类范畴纳入历史化的时序中时，一定要特别谨慎，因为这很容易让人感到并立的范畴有了高下之分。另外，在比较的时候，我们要警惕在选取不同的宗教体系的具体现象时陷入用 A 的头比较 B 的脚。头当然可以和脚比较，但是 A 与 B 各自都有头和脚，如果用 A 的头与 B 的头比较是对称的，但用 A 的头比较 B 的脚，由此得出的结论价值何在可想而知。所以我们要不断地反思宗教学的客观中立问题。

10. 当我们研究宗教现象时，要注意把握属性与形态的关系。任何宗教都有理性的维度，也有非理性的维度；既有地方性的维度，也有普世性的维度。区别不在于有无，而在于程度。

附录:"宗教"在知识体系中的位置

当我们打开现有的宗教学知识库时,会发现有两个范畴谱系,其中一个是包含在人类宏大知识体系中的宗教,宗教在其中是与哲学、政治、经济、科技、教育、文艺、道德等不同范畴并列的,它们是人类社会文化的不同领域。这一点在图书分类中表现得十分清晰。

通行的图书分类法有两大类,一类是在中国大陆普遍使用的《中国图书馆分类法》与《美国国会图书馆分类法》,它们大同小异,其中科学技术与人文社会科学的类别数量相差无几,宗教虽与哲学共居一类,但却显然是与政治、经济、军事等范畴并列的(见表2-2):

表2-2 中国图书馆分类法与美国国会图书馆分类法

中国图书馆分类法	美国国会图书馆分类法
A 马克思主义、列宁主义、毛泽东思想、邓小平理论	A 一般内容
B 哲学、宗教 C 社会科学总论 D 政治、法律 E 军事 F 经济 G 文化、科学、教育、体育 H 语言、文字 I 文学 J 艺术 K 历史、地理	B 哲学、心理学及宗教 C 历史学及相关科学总论 D 古代史及世界各国史 E 美国历史 F 美洲历史 G 地理、人类学、休闲活动 H 社会科学 J 政治学 K 法律 L 教育 M 音乐 N 艺术 P 语言及文学
N 自然科学总论 O 数理科学和化学 P 天文学、地球科学 Q 生物科学 R 医药、卫生 S 农业科学 T 工业技术 U 交通运输 V 航空、航天 X 环境科学、安全科学	Q 科学 R 医学 S 农业 T 技术及工程 U 军事科学 V 航海科学
Z 综合性图书	Z 图书馆学

另一类是《杜威十进分类法》和与其相似的《中国图书十进分类法》。在此类图书分类法中，人文社会科学的类别比重较大。特别值得引起重视的，是宗教被列为十大类别之一（见表2-3）：

表2-3　杜威十进分类法与中国图书十进分类法

杜威十进分类法	中国图书十进分类法
【计算机科学资讯与总类】000 总论/010 目录学/020 图书馆学和信息科学/030 普通百科全书/040 未使用/050 普通连续性出版品及其索引/060 普通会社和博物馆学/070 新闻媒体、期刊、出版品/080 普通收藏品/090 手抄本和珍本书	【综合部】000 特藏/010 目录学/020 图书馆学/030 新闻学；报纸/040 普通类书；辞典/050 普通杂志；年鉴/060 普通会社出版品/070 普通论丛/国学/080 普通丛书/090 经籍
【哲学与心理学】100 哲学与心理学总论/110 形而上学/120 认识论，因果论、人类/130 超自然现象/140 特殊哲学观点/150 心理学/160 逻辑学/170 伦理学（道德哲学）/180 古代、中世纪、东方哲学/190 现代西方哲学	【哲学部】100 哲学总论/110 比较哲学/120 中国哲学/130 东方其余各国哲学/140 西方哲学/150 理哲学/160 形而上学/170 心理学/180 美学/190 伦理学
【宗教】/200 宗教（总论）/210 自然神学/220 圣经/230 基督教理论/240 基督教信念和祈祷/250 地方教会和宗教职务/260 基督教俗世神学/270 基督教会历史/280 基督教派及分支/290 其他宗教及宗教比较	【宗教部】200 宗教总论/210 比较宗教学/220 佛教/230 道教/240 基督教/250 回教/270 其他各教/280 神话/290 术数
【社会科学】300 社会科学总论/310 统计学/320 政治学/330 经济学/340 法律/350 公共行政/360 社会服务；协会/370 教育/380 贸易、通讯、交通/390 风俗、礼仪、民俗学	【社会科学部】300 社会科学总论/310 统计/320 政治/330 经济/340 财政/350 法律/360 社会/370 教育/380 军事/390 礼俗
【语言】400 语言/410 语言学/420 英语与古英语/430 日耳曼语言；德语/440 罗曼语言；法语/450 意大利语、罗马尼亚语、列托-罗曼斯语/460 西班牙语和葡萄牙诸语言/470 意大利诸语言；拉丁语/480 希腊语系；古典希腊语/490 其他语言	【语言文字部】400 语言文字学总论/410 比较语言学/420 中国语言学/430 东方其余各国语言学/440 罗马语系/460 斯拉夫语系/470 其他印欧语言/480 其他各洲语言/490 人为语
【自然科学】500 自然科学与数学（总论）/510 数学/520 天文学及其相关学科/530 物理学/540 化学及关联科学/550 地球科学/560 古生物学；古动物学/570 生命科学各学科/580 植物/590 动物科学	【自然科学部】500 自然科学总论/510 数学/520 天文学/530 物理学/540 化学/550 地学；古生物学/560 生物学；博物学/570 植物学/580 动物学/590 人类学；解剖学；生理学

续表

杜威十进分类法	中国图书十进分类法
【技术】600 技术（应用科学）总论 /610 医学 /620 工程及关连作业 /630 农业 /640 家政学及家庭生活 /650 管理及辅助服务 /660 化学工程 /670 制造业 /680 特殊用途的制造 /690 建筑	【应用科学部】600 应用科学总论 /610 医学 /620 家事 /630 农业 /640 工程 /650 太空学 /660 化学工艺 /670 制造 /690 商业 /694 商业管理 /695 会计 /696 市场学
【艺术与休闲】700 艺术总论 /710 城市及景观艺术 /720 建筑 /730 塑形艺术；雕塑 /740 素描和装饰艺术 /750 绘画及其作品 /760 图案艺术；版画及印刷 /770 摄影艺术与作品 /780 音乐 /790 休闲和表演艺术	【艺术部】700 艺术总论 /710 园林艺术 /720 建筑 /730 雕塑 /740 中国书画 /750 西方书画 /770 摄影 /780 音乐 /790 游艺
【文学】800 文学与修辞学总论 /810 美国文学（使用英语）/820 英国及昂格罗－撒克逊文学 /830 日耳曼语言文学 /840 罗曼语言文学 /850 意大利语、罗马尼亚语、里托－罗曼语文学 /860 西班牙和葡萄牙的诸语言文学 /870 意大利文学；拉丁语 /880 希腊语系 希腊语文学 /890 其他语言文学	【文学部】800 文学总论 /810 比较文学 /820 中国文学 /830 总集 /840 别集 /850 特种文艺 /860 东方其余各国文学 /870 西方文学 /880 西方诸小国文学 /890 美、非、大洋诸洲及其他各地文学
【历史地理与传记】900 史地总论 /910 地理及旅行 /920 传记、系谱学、纹章 /930 古代史 /940 欧洲历史 /950 亚洲历史；远东 /960 非洲历史 /970 北美洲历史 /980 南美洲历史 /990 其他地区历史	【史地部】900 史地总论 /910 世界史地 /920 中国史地 /930 东洋及亚洲史地 /940 西洋及欧洲史地 /950 美洲史地 /960 非洲史地 /970 大洋洲史地 /980 传记 /990 古物；考古学

无论是《中国图书馆分类法》和《中国图书十进分类法》，还是《美国国会图书馆分类法》与《杜威十进分类法》，都体现了我们对人类的知识体系如何分类，体现了我们对人类文化的整体把握水平和认知路径。在这个体系中，我们看到的是"宗教"基本上自成一类，巫术或术数是其中的一个子目。这种位置，表明宗教是人类文化和人类生活的重要组成部分。

然而除此之外，还有另一个谱系，这就是宗教学界熟知的"巫术—宗教—科学"的序列。在此序列中，这三个范畴至少意味着三种不同的事物。显而易见，这两个谱系中的"宗教"在内涵与外延上都不一致。第一个谱系中的范畴是并立的，似乎是比较中性的，它们代表着人类的知识与社会行动的不同领域。第二个谱系，除了知识分类的属性之外，还有某些价值判断附加在上面，特别是进化的递进关联深嵌其中。当我们探讨宗教与哲学的关系时,"巫术—宗教—科学"序列给我们提出的问题是不能忽视的:这个序列附加的价值判断是什么?这种认知背后的认识论和方法论有什么问题?这种认知模式如何影响了人们对宗教的认知和行为方式?这些都是在探讨宗教与哲学的关系时,需要认真解析的重点问题。

第三章　宗教学关键词：宗教现象学

以19世纪70年代缪勒的系列演讲为起点，宗教学至今已历近150年，自20世纪80年代中国宗教学建设开始步入正轨，至今也近40年。应当说，无论国际还是国内，无论是宗教史领域的各大宗教、各国、诸教派的研究，还是在宗教哲学、宗教社会学、宗教人类学、宗教心理学诸学科领域，宗教学都取得了可观的成就。当代中国的宗教学面临着提升或突破，即在已有学科成果铺就的第一阶段上进阶。实现这种愿望必须付诸努力。也许，我们应当做这样一项工作：撰写宗教学关键词。这些关键词是宗教学研究领域中的一些基本范畴，它们的体量要比一般的辞典词条要大得多，少则三四万字，多则七八万字。它们所包含的内容主要有这个范畴的起源、发展的学术历程，这个范畴的基本内容和相关代表人物及其主要观点，这个范畴与相关学科或分支的基本关系和作用，既充分吸收、体现和反思国际宗教学界的相关研究成果，同时也体现出国内对这个范畴的研究状况等。如果我们每年能撰写出十几个关键词，七八年下来就能有100个关键词，若真能达到这样的学术建设积累，不仅中国的宗教学自身有了一个更加坚实的理论基础，而且对于学术新兵，对于在社会上普及宗教学"常识"，也会大有助益。为此，我们先以"宗教现象学"为例，做个靶标。

宗教现象学（phenomenology of religion）作为一个独立的分支学

科，属于宗教学（或宗教研究）的领域，但它的核心概念和研究方法，在学源上与哲学现象学关系密切。追溯和分析从哲学现象学到宗教现象学的演变，对在宗教学领域里持守与创新很有启发。

一、词源与学源

（一）词源

从词源上看，"现象学"来自希腊语 phainomenon（显现）和 logos（理论），字面意思为"显现的理论"。正如人们所熟知的，"现象学"是一个哲学流派，但是使用这个术语的并非只有哲学家。施皮格伯格（Herbert Spiegelberg）在其《现象学运动》[①] 中明确指出，人们在自然科学（尤其是物理学）中可以看到非哲学的现象学。当科学家们使用"现象学"这个术语时，通常强调的是其科学的概念乃是"描述的"，以此与"解释的"形成对比。德国物理学家和哲学家马赫（Ernst Mach）曾在 1894 年提出"一般物理现象学"的概念，明确指出它只是以可观察到的物理现象为研究对象。这种区分在宗教现象学中也可以看到，有些现象学家就特别强调，他们对宗教现象之本质的探讨是"描述"而非"解释"。

若要溯源历史，人们常说德国哲学家朗姆贝特（Johann Heinrich Lambert）最先在其《新工具》（*Neues Organon*，1764）中，哲学地使用"现象学"（phenomenology）一语，他使用这个术语指的是对显露和假象诸形式的研究。这种用法其实与后来的哲学现象学以及宗教现象学并无关联。18 世纪后期，德国哲学家康德认识到头脑不是相机式地"镜像"事物，无论人的思维结构还是知识储备都会影响人们对事

---

① Herbert Spiegelberg, *The Phenomenological Movement: A Historical Introduction*, 1982. 中译本施皮格伯格：《现象学运动》，王炳文、张金言译，商务印书馆 2011 年版。

物的观察。也就是说，任何进入思维领域的东西，都已经不是"纯粹客观"的。康德曾专门分析了"现象"（phenomena），指出现象乃是经验材料，进入思维的事物既是显现于人脑的，又是被人类思维建构的。康德将"现象"与"本体"（noumena）或"物自体"（things-in-themselves）区别开来，认为物自体是不依赖于我们的知性思维的，而现象却可理性地、科学地和客观地被研究。现象学的任务是确定感觉和知性的原则；这些原则只适用于显现的世界，不可用于"物自体"。后来的许多所谓"描述的现象学"研究者都沿此思路，将作为表象的宗教现象与实体本身（reality-in-itself）区别开来。

在20世纪"现象学运动"问世之前，使用"现象学"这一术语的另一个重要哲学家是黑格尔，他的《精神现象学》（1807）提升了"现象学"这个术语的知名度。黑格尔意在克服康德在现象与本体问题上的二元分裂，将现象看作认知的一个阶段，即精神发展的显现阶段，精神由仅仅感觉经验的、未发展的意识逐渐发展，在绝对知识的形式中达到顶峰。在黑格尔那里，现象学是研究意识的进化，即研究从最简单到最复杂形式的演进过程，由此思维变得对精神的发展有所意识，并且通过研究它的表象和显现而认知其本质，即精神就是它自身。精神现象学将个人意识发展史、人类意识发展史和意识形态学三者统一为一门学问，恩格斯曾指出，精神现象学"也可以叫做同精神胚胎学和精神古生物学类似的学问，是对个人意识各个发展阶段的阐述，这些阶段可以看作人的意识在历史上所经过的各个阶段的缩影"[①]。

在19世纪和20世纪初，虽已有许多哲学家使用"现象学"这一术语，但多指某一主题的描述性研究。如汉密尔顿（William Hamilton）在其 Lectures on Metaphysics （1858）中，以"现象学"指

---

① 恩格斯：《路德维希·费尔巴哈和德国古典哲学的终结》，《马克思恩格斯选集》第4卷，人民出版社1972年版，第215页。

称经验心理学的描述阶段；哈特曼（Eduard von Hartmann）提出有一种描述的"道德意识的现象学"；美国实用主义哲学家皮尔士（Charles Sanders Peirce）在其早期论著中提出一种名为 phaneroscopy（显象学）的现象学，认为它研究的是对构成世界的主要现象进行分类的范畴系统。所以施密特（Richard Schmitt）在为 *The Encyclopedia of Philosophy*（1967）撰写的"现象学"条目中指出，有两种截然不同的"现象学"：老旧的和广义的现象学是对一个既定主题的描述性研究，或作为一个描述可观察现象的学科；另一种是较狭窄的、20世纪意义上的现象学，它是运用现象学方法进行的哲学探讨，即哲学现象学。

（二）哲学现象学

现象学是现代哲学的重要学派和思想运动。这是"现象学"从一个概念到一个哲学学派或学说的转变。

哲学现象学的口号是"回到事物本身"（Zu den Sachen!），而"事物本身"在传统哲学中被理解为隐藏在现象背后或深处的本体或本质。哲学现象学所说的"现象"并非人们一般理解的现象，而是"事物本身"，这种事物本身不存在一般哲学所理解的现象与本质的二分。现象学所说的"显现"不仅"是对感官，而且也是对意识的显现，感官只能认识事物的外表或者某一侧面，意识却能认识事物本身或本质。再者，意识的活动与事物的显现不再处于主客观两极。显现总是向意识的显现，是通过意识活动在意识之中的显现，因此是意识的自我显现。现象学所说的现象既是显现场所，又是显现过程，还是显现对象，它们都是在意识中发生的"。而现象学所说的"意识"也"不是精神实体或主观的活动，而是一个揭示真理的过程"。[①]

现象学家努力使自己摆脱未经检验的假设，避免做出因果的和其

[①] 赵敦华：《现代西方哲学新编》，北京大学出版社2001年版，第91页。

他的解释，其所使用的方法是描述经验所表现的东西，从而"直觉"到或"破译"出"现象"的本质结构的意义。

现象学作为一个哲学学派，其内部并不统一，确切地说，它是一个由不同理论、学说组成的思想运动。① 最早出现的哲学现象学论著出自胡塞尔（Edmund Husserl）创立的现象学学派。胡塞尔在1913—1930年主编并出版了 *Jahrbuch für Philosophie und phänomenologische Forschung*。其合作者有盖革（Moritz Geiger）、柏范达（Alexander Pfander）、雷纳赫（Adolf Reinach）、舍勒（Max Scheler）以及稍晚的海德格尔和贝克（Oskar Becker）等人。这个学派在德国的几所大学里开花结果，形成了哥廷根学派、慕尼黑学派和弗莱堡小组。

胡塞尔称自己的学说是"纯粹的""先验的"现象学，其所研究的"现象"主要是意识的显现。早期的胡塞尔将现象学设想为一种揭示和说明不同的体验类型之内在结构和本质特点的哲学方法。通过这种分析，人们能够发现知识的最终源头，特别是基本的逻辑和认识论的范畴。后期的胡塞尔将现象学看作第一哲学，可为科学与知识提供一个统一的理论。

现象学的另一位代表人物是海德格尔，他认为现象是人的存在过程所显现的一切，他把现象学转变为他所称的"基础存在论"。在他看来，"现象学"这个术语是由"现象"和"学"（或"逻各斯"）而来的。"现象"（phenomenon）意为"那在自身中显示自身者"，而"学"或"逻各斯"（logos）则来自 legomenon（那被显示者）。所以"现象学"意为"让那在自身中显示自身者被从其自身看到"。海德格尔强调现象学仅仅是一种方法，它告诉人们应当如何去研究，而不是告诉人们什么东西应当研究。他将自己对"缘在"（Dasien）与存在的探讨称

---

① 这不同于其他学科里的学派，如弗洛伊德学派，是由弗洛伊德创立并形成一批追随者，他们论证和充实这个学说。只是到了后来，荣格等人才从中分裂出去。

作"解释学的现象学",但他说的"解释学"并非那种揭示隐含在某种表达中的意义的方法,而是指"缘在"的构成。他认为解释学的现象学所要解决的问题,是如何进入存在或让存在自身显现。

在第一次世界大战前后,德国的哲学现象学一直处于领先优势,在 1930 年前达到鼎盛。此后运动的中心转向法国。通过萨特(Jean-Paul Sartre)和梅洛-庞蒂(Maurice Merleau-Ponty)、马赛尔(Gabriel Marcel)、利科(Paul Ricoeur)和其他人的论著,法国的现象学不仅形成风格独特的学派,而且在现象学运动中引领发展,从 20 世纪 30 年代一直持续到 60 年代。此外,法国学者还努力将现象学的概念和见解与存在主义整合起来,形成了存在主义现象学。

现象学内部有不同的分脉,而现象学的每一种学说都不为这一领域的全体学者所接受。然而作为一个学派整体,现象学的各种理论和学说都采用了现象学方法。施皮格伯格在《现象学运动》中将现象学的方法归纳为七个要点:考察个别现象;考察一般本质;理解本质联系;关注事物显现的方式;探讨现象在意识中的构造;"悬置"对现实性的信念;揭示被蒙蔽的意义,还事物以真面目。但是艾伦(Douglas Allen)认为,哲学现象学对宗教现象学的影响在五个方面尤为重要:

1. 描述的性质

现象学意在成为一个缜密的、描述的科学、学科或探讨。现象学提出的口号"回到事物本身",表达其决心要从哲学的理论与概念转向描述直觉与出现在直接经验中的现象。现象学力图描述现象的本质,现象显现其自身的机制,以及构成人类经验基础的本质结构。哲学的大多数学派,多假定只有理性才是真实的,主张哲学应全神贯注于理性的技巧和概念的分析,现象学与此不同,它聚焦于精确地描述人类经验中的现象显现之整体。赵敦华曾举考古的例证具体地说明现象学家的描述:当考古学家发掘出一块金属碎片后,他通过直观,把能够想象到的碎片的方方面面综合在一起,想象它原本是什么事物,使用诸如"酒器""铜器""祭祀用品""文字载体""陪臣用品"等概念来指示它的形状、性质、文化功能和象征意义等等，在对这一器皿的全部意义的描述中，考古学家不但达到了这一事物的知识，而且知道了它的使用者和制造者，乃至当时的社会环境。① 描述的现象学，常常强调要努力避免还原论（reductionism），强调现象学的悬置（epoche），强调描述经验的多样性、复杂性和丰富性。

2. 反对还原论

现象学的反还原论，强调的是让人们摆脱不加批判的先入之见，这些先入之见阻碍人们认识到现象的特殊性与多样性，由此拓展和深化人们的直接经验，并提供对这种经验的准确描述。胡塞尔抨击各种形式的还原论，诸如"心理主义"（psychologism）力图将逻辑法则归源于心理学的法则，更有甚者，将所有的现象统归于心理现象。与传统的经验主义和其他形式的还原论的过分简单化相对立，现象学家意在忠实地将"现象"看作现象，并对"现象"所充分展现的"意向性"有所意识。

3. 意向性

一个主体总是"有意向"于一个客体，因而意向性（intentionality）在现象学中具有特殊的地位，它指的是所有的意识作为对某物之意识的属性，意识的所有行为都被引向对某物（关注的对象）的意识。胡塞尔从其师布伦塔诺（Franz Brentano）那里借来"意向"的范畴，用来描述意识建构现象的方式。布伦塔诺认为心理学所研究的对象不同于物理学所研究的对象，心理对象的基本特征是被心灵所"意向"（包括感觉、思考、情愿、意愿等），因此不是完全脱离心灵而存在的。胡塞尔的"意向性"则将物理的和心理的、内在的和外在的对象全都包括在内，他认为问题不在于我们认识的对象是否存在，而是认识的对象

---

① 赵敦华：《现代西方哲学新编》，第93页。

是否为事物本身。而若要判断认识对象是否为事物本身,就要看这些对象是否是事物自身的显示。① 用哲学的语言阐述意向性,十分复杂,但若简言之,意向性其实讨论的是"如何为知识的确实性、必然性和普遍性寻找一个可靠的基础"②。任何认识活动都不是照相机式的简单映像,而是具有不同意向的"我"在那里"取景":黑板上的一个粉笔点,学龄前儿童说是糖果或星星,小学生说是粉笔点,中学生说是几何点。人们常说"眼见为实",但现象学告诉人们,亲眼看到的并不等于纯粹客观的,而是受到"意向"的影响。为了辨别、描述和解释现象的意义,现象学家必须关注现象材料中有意向的结构,关注意识之有意向的结构及其所意向的内容和意义。

4. 悬置

既然人们关于事物的信念受到自身生理和心理结构及其他自然属性的影响,那如何才能达到无前提的意识的本初状态?而没有内容的意识又如何构造出自己的内容?胡塞尔提出解决第一个问题的途径是现象学还原,解决第二个问题的途径是现象学构造。③ 实现现象学还原的基本方法是"悬置"(epoche),这个词来自古希腊怀疑主义者皮罗(Pyrrhon)的口号"悬置一切判断",这个希腊语词的本义是"避免"或"中止判断"。胡塞尔借用这一概念表达不能信任那种未经考察而相信事实存在的"自然的态度",他将日常生活事物(包括自己的身体)、科学(自然的、社会的和历史的)研究的现实事物、宗教信仰中的超验世界,甚至数学与逻辑中的对象,都放在括号中悬置起来。现象学主张真正科学的哲学应当是没有任何预先的假设,即没有任何的先决条件(前提),亦即悬置未加批评就接受的"自然世界",悬置基于"自然态度"的信仰和判断,由此现象学家才能意识到直接经验的

---

① 赵敦华:《现代西方哲学新编》,第 96 页。
② 全增嘏:《西方哲学史》下册,上海人民出版社 1985 年版,第 749 页。
③ 赵敦华:《现代西方哲学新编》,第 100 页。

现象，才能洞察其本质的结构。

5. 清晰的意象

对本质的直观，经常被描述为"清晰的意象"（eidetic vision）或"清晰的还原"（eidetic reduction），这个术语和希腊语词 eidos 相关，胡塞尔取自柏拉图所用的意义，即用它来指称"世界的本质"。这种本质表现了事物"所是"（whatness）的东西，即事物之必需的和不变的特征，它们使人们认识到现象是某一种类的现象。

尽管现象学内部有各种各样的分歧，但大多数现象学家认为，描述的现象学强调反还原论、现象学的悬置，关注意向性、意向本质的结构与意义。艾伦简要阐述了现象学家如何洞察这种本质的结构与意义的一般过程，以及人们如何开始于特定的材料，分析特殊的现象如何表现为有意向的经验，又如何在"本质直观"（Wesensschau）中剥离出体现在特定现象中的本质结构：现象学方法的核心目的，就是要揭示出体现在特定材料中的本质结构，方法是通过"自由变换"（free variation）洞察意义，即在汇集各种特殊现象之后，现象学家寻找构成现象之本质意义的不变的内核。现象学家既要超越形式所带来的局限，又不能破坏其所掌握的材料的基本特征或意向性。现象学家逐渐认识到，现象所呈现的在某种意义上被看作本质的形式，若不破坏材料之基本"所是"或意向性，就不能超越或背离这个结构。例如，自由变换可以揭示"超越"（transcendence）构成了宗教经验之不变内核，它具有某种意向性的结构。一旦把握住普遍的本质，现象学家就会获得清晰的直觉或圆满的"本质直观"。

胡塞尔提出，所有的现象都是由意识建构的，在对本质的直观中，人们要排除特定的、实际上给定的数据，而跃居于"纯粹可能性"的平台。大多数使用"本质直观"方法的现象学家，都主张历史现象具有某种优先权，认为可以用历史材料的实际变相替代胡塞尔的想象中的意象，特定现象并不是由个人建构的，而是人们建构与判断的源泉。

哲学现象学的问世与发展，为人们认知世界和解释世界开拓了一个新视角，新视角带来了新视野，由此世界"展现"出一些新面貌。一些学者受此启发，将现象学作为一种方法引入其他研究领域，如哈特曼（Nicolas Hartmann）的实在论和舍勒的价值哲学，与胡塞尔学派有直接的和间接的联系；列维纳斯（Emmanuel Levinas）将现象学应用于宗教—伦理领域；茵加登（Roman Iagarden）将现象学运用于美学和艺术领域；柏范达将现象学运用于心理学领域；雷纳赫（Adolf Reinach）将现象学运用于法理学领域；贝克（Oskar Becker）将现象学应用于数学研究；舒兹（Alfred Schutz）、伯杰（Peter L. Berger）、卢克曼则对现象学社会学的发展做出了重要的贡献。宗教现象学就是在这样的背景中问世的。虽然在 20 世纪，哲学现象学家中真正对宗教现象感兴趣的实属个别，但是哲学现象学的某些术语和范畴、哲学现象学的某些方法，对宗教现象学产生了重要的影响。

二、宗教现象学

实际上，在哲学现象学推动宗教现象学产生之前，已经有学者尝试宗教"现象学"了。所以人们往往将索萨耶（P. D. Chantepie de la Saussaye）看作宗教现象学作为一个特殊分类学科的创立者。在他看来，宗教现象学介乎历史与哲学之间，是一种描述的、比较的探讨，包括"各种宗教现象的收集和分组"。夏普（E. J. Sharpe）认为他"尽管引进了这个术语，却没有为这个术语的使用提供哲学上的证明，而只是一般地论述说，宗教学的任务是研究宗教的本质和在经验上可见的各种宗教现象"。与此相似，荷兰历史学家蒂勒（C. P. Tiele）也曾提出"宗教现象学"的概念，并认为它是宗教学（science of religion）之哲学部分的第一阶段。然而从总体上看，早期的"宗教现象学"还不是与哲学现象学相关的宗教现象学，只不过意味着宗教史之系统化的一种补充,是一种在文化上交叉比较宗教信仰和宗教实践的各种成分的基本方法,所以夏普说这种现象学可以称作"描述现象学"①。

但是,在后来的发展中,学者们对"宗教现象学"有不同的用法。艾伦将"宗教现象学"归纳为四类:第一类是以模糊的、广义的和不加批评的方式在其论述中使用"宗教现象学"这个术语。在此类情况下,"宗教现象学"只不过是宗教现象之"学术研究"的另一种说法而已。第二类是将"宗教现象学"等同于宗教现象的比较研究和不同类型的分类,而很少关注现象学的具体概念、方法或检验等。其代表人物有荷兰学者索萨耶,北欧宗教史学家魏顿格仁(Geo Widengren)和哈特克兰茨(Ake Hultkrantz)。第三类是将宗教现象学看作宗教学(Religionswissenschaft)的一个特殊分支、学科或方法。艾伦认为此类宗教现象学对宗教研究做出了最重要的贡献,其代表人物有克里斯坦森(W. Brede Kristensen)、范德利乌(Gerardus van der Leeuw)、瓦赫(Joachim Wach)、布雷克(C. Jouco Bleeker)、伊利亚德(Mircea Eliade)、沃登伯格(Jacques Waardenburg)等学者。第四类宗教现象学深受哲学现象学的影响,但其中的研究立场比较混杂:诸如舍勒和利科等学者,明确地将他们的论著纳入哲学现象学的框架;而奥托、范德利乌和伊利亚德等人,是(至少部分的)运用现象学的方法并受哲学现象学的影响;还有些研究属于神学探讨,如施莱尔马赫、蒂利希、法利(Edward Farley)和马里翁(Jean-Luc Marion)等人,他们将宗教现象学作为阐释神学的平台。"一石激起千层浪",哲学现象学对宗教学研究的刺激不是单向度的,不是简单地将哲学现象学作为一种方法或"主义"移植到宗教研究中,虽然在核心概念上不同的宗教现象学是"同心圆",但在各自的取向上学者们却是"八仙过海,各显其能"。

---

① 夏普:《比较宗教学史》,吕大吉、何光沪、徐大建译,第289—290页。

在宗教学领域的各分支学科中都有类似的状况。若想将这样一个复杂的学科发展局面说清楚，最好的方法是先将宗教现象学作为一个整体与相关的学科相比较，从而凸显其核心的概念和方法。

（一）宗教现象学的学科定位

现代的宗教学研究（有人称作宗教史研究或宗教研究），始于18世纪后期，在很大程度上是启蒙运动之理性的和科学的态度的产物，标志这个学科正式产生的第一位重要人物是缪勒，他提出Religionswissenschaft（宗教学）是一门描述性的、客观的科学学科①，"应当对人类所有的宗教，至少对人类最重要的宗教进行不偏不倚的、真正科学的比较；在此基础上建立宗教学"②。它的独立性首先表现为摆脱了神学与哲学之宗教研究的规范。宗教现象学万变不离其宗的是系统性，正如魏顿格仁所说，宗教现象学意在"条理清楚地论述各种宗教现象，因而系统地补充了宗教史学"。如果说历史的探讨提供的是对不同宗教发展的历史分析；那么现象学提供的则是"系统的综合"。

意大利宗教史学家贝塔佐尼（Raffaele Pettazzoni）则将历史研究与现象学研究这两种方法所带来的张力统一起来，认为它们是Religionswissenschaft（宗教学）的两个互补的方面：一方面，宗教史学力图"准确地揭示事实是什么以及如何发生"，但是它不提供对所发生事实之意义的深度理解，也不提供"宗教的意义"——这些是现象学的任务；另一方面，现象学也离不开民族学、语言学和其他历史学科。所以贝塔佐尼认为，现象学与历史学这两个互补的方面共同构成

---

① 英语中没有德语Religionswissenschaft的对应词，但是成立于1950年的国际宗教史协会（International Association for the History of Religions，简称IAHR）用"宗教史"（history of religions）作为"宗教通论"（general science of religions）的同义词。因此"宗教史"意在指明一个研究领域，它包含有不同的学科并运用不同的探讨方法。

② 缪勒：《宗教学导论》，陈观胜、李培茱译，第19页。

了宗教学（science of religion）之整体。可以说，这是在宗教学领域内勾画出纵横（或经纬）两个坐标轴。

当代意大利宗教现象学家达瓦马尼（Mariasusai Dhavamony）更进一步，他通过宗教现象学与宗教学其他分支学科的关系对照，来阐述宗教现象学的特点。概括地说，研究宗教现象有着多种不同的方法，文献学家们致力于对涉及宗教事件的文本进行最为精确地诠释；考古学家致力于对一个古代圣殿计划的重建或者致力于解释一个神话景观的主题；人类学家致力于勾勒出某个原始人类的宗教活动和仪式的细节；社会学家致力于理解某个宗教社团的组织和结构以及它与世俗社会的关系；心理学家则分析不同人的宗教体验。

达瓦马尼认为，宗教社会学可以大致地定义为对"宗教与社会交互关系及它们之间所发生的互动形式"的一种研究。[1] 社会学家们研究宗教冲动、宗教观念、宗教机构如何影响社会势力、社会团体以及社会阶层的划分，以及后者如何反过来影响前者。宗教社会学家研究社会、文化以及人格影响宗教的方式，同时也研究宗教自身影响这些社会因素的方式。[2] 宗教社会学探讨宗教之一般的群体性作用、宗教仪式的社会功能、宗教建制的类型学问题、宗教对世俗秩序的反映问题，以及宗教体系与社会之间直接的或间接的互动关系等等。

宗教人类学涉及的是前文字社会中被认作与神圣的和超自然的存在者相关联的那些仪式、信仰、行为和行为方式。在这个领域内，进化的和比较的方法给予人们一个统观的视野。当代人类学家不仅研究前文字社会的宗教，而且也研究复杂的文明社会中的宗教，分析宗教和神话中的符号象征，并试图发展出新的和更多的精确的方法来研究宗教和神话。宗教人类学研究宗教现象的侧重点在于其文化的维度，

---

[1] J. Wach, *Sociology of Religion*, Chicago, 1943, pp. 11, 205. 参见 E. K. Nottingham, *Religion and Society*, Doubleday & Company, Inc., 1954, p. 1。

[2] J. M. Yinger, *Religion, Society and the Individual*, The Macmillan Company, 1957, pp. 20-21.

在宗教的许多表现形式中揭示其文化的意义。[1]这种分析模式的边界在于考察宗教的作用，特别强调在社会关系中的宗教习俗、仪式以及信仰。

宗教心理学研究宗教在心理层面的功能，它部分地研究个体心理在宗教语境下的功能问题（个体心理学层面），部分地研究社会宗教生活对其参与者的影响问题（社会心理学层面），这个学科的主要论题领域涉及个人或社会群体的宗教经验，当代宗教心理学不太关注任何一种特殊宗教的独特性，也不太关注任何特殊系列的信仰的有效性。心理学研究人类心理的感应，群体的或个人的对于实在的反映，无论用何种方式去描述和感受这种实在，它都是所有宗教体验的源泉，同时也是人的灵魂所渴求的终极福乐的源泉。这种渴求可以被描述为一种对上帝或神的渴望，一种人格和人生目的的转变，一种个体化的强烈要求和一种对某种神秘的融合方式的追求。宗教心理学的基本假设是人类心理的动机和反映对所有已知的宗教形式都是共通的，无论是原始的、高度发展的，还是历史的宗教，宗教心理学所要探讨的是其中的动机和与之相关联的行为。总之，宗教心理学是"心理学中考察宗教态度、宗教经验以及个人从相伴随的相应心态和感悟中产生的种种现象的心理起源和心理本质的分支"[2]。

宗教哲学的任务之一就是运用系统的哲学方法反思宗教。宗教哲学批判地检验涉及宗教史上的神话、符号和仪式的大量资料的真理价值，发现它们的意义，查实它们的相互关系并证实它们的基础。宗教哲学给自发的和现存的宗教运动带来一种理性的辨析。通过分析宗教历史中的主要内容，如神、上帝、拯救、礼拜、献祭、祷告、仪式和象征等，宗教哲学断定宗教、宗教经验和宗教表达的本质。

---

[1] 参见 Robert H. Lowie, *The History of Ethnological Theory*, New York, 1966, p.7。

[2] 参见 James Dreve, *A Dictionary and Psychology*, London, 1984, p.246。

在达瓦马尼看来，宗教现象学也不同于"世界宗教的神学"，后者"是一个新型的研究领域，刚刚开始激发起那些希望实施与非基督教宗教进行有成效的对话，以及致力于世界诸宗教更好的理解的基督教思想家的兴趣"①，其关注点在于其他的世界诸宗教与基督教是如何相关联的？如若其他宗教也设定自身是实施人的终极拯救的方式，基督教还能继续声称自己的独特性吗？基督教与其他宗教和睦共处的神学基础是什么？是否可能同时既合乎福音又与雅斯贝尔斯（Karl Jaspers）所说的能与印度教、佛教、伊斯兰教"无界限的交流"完全相融通？宗教现象学是一种经验的人文科学，它力图阐明宗教现象的本质不是哲学的而是经验的；其判断的标准不是取源于信仰和启示的原则；对其从真理观和超自然效力的观点所研究的现象不作价值判断；因此它不是一种规范性的学科。它在比较不同宗教的宗教现象时既不是排他主义（拒绝承认在其他宗教中存在有价值的与善的东西）的，也不是调和主义（借口诸宗教以不同方式导致相同目的而抹杀宗教间的差异性）的，而是强调不同宗教间的相似性与差异性同等重要，并且重视各种宗教的相适合的与特殊的特征，宗教现象学通过比较深化了其研究的宗教现象的意义。②

（二）宗教现象学的代表人物

有许多学者投身于或感兴趣于宗教现象学。在回顾宗教现象学的发展历程时，艾伦③推举了八个人物。他们是舍勒、克里斯坦森、奥托、范德利乌、海勒尔、布雷克、伊利亚德和斯马特。但在我们看来，

---

① 达瓦马尼：《宗教现象学》，高秉江译，人民出版社2006年版，第4页。
② 参见达瓦马尼：《宗教现象学》，高秉江译，第2—5页。
③ 这一部分内容参考了 Lindsay Jones 主编的 *Encyclopedia of Religion*（second edition, 2005, Thomson Gale）中 Douglas Allen 撰写的《宗教现象学》。

这中间的海勒尔可以不提①。

1. 舍勒

在20世纪20年代，舍勒是仅次于胡塞尔的最有影响力的哲学现象学家，他的主要贡献在于创立并发展了哲学现象学，但是他对宗教投以极大的关注，在许多方面，他被看作最重要的早期宗教现象学家。舍勒虽受布伦塔诺、胡塞尔、康德、尼采（Nietzsche）、狄尔泰（Dilthey）、柏格森（Bergson）及其他人的影响，但却形成了他自己的原创的现象学探讨。舍勒对认识论、伦理学和价值论、形而上学以及哲学人类学的详细阐述②，都极其复杂，他的宗教现象学也经历了一些根本的变化，但是依然可以勾勒出他对宗教之现象学探讨的几个有影响的特点。舍勒关注人类经验的现象学描述和分析，令人想到施莱尔马赫与奥托所说的唯一的宗教之人类经验与情感的模式，只要人类存在，宗教价值的结构与本质就会展现于意识。在宗教现象学中，现象学所要揭示和关注的，是作为绝对（Absolute）、圣人（Divine Person）或上帝（God）所"赋予"（given）意识的东西，它们不是通过理性获得的，只能是通过上帝的爱作为指引一个人将神圣（Holy）的经验的理性化。哲学的宗教现象学家从舍勒那里受惠良多，但在宗教研究领域中的学者，即使他们的探讨与舍勒的现象学分析有所关联，但受其影响的程度若何却不大清楚。在20世纪末期，某些哲学现象学家和大

---

① 海勒尔（Friedrich Heiler，1892—1967）以其研究祈祷、各大宗教人物、泛基督教主义（ecumenism）、诸教合一和一种宗教的全球现象学而知名。在海勒尔看来，现象学的方法是从外部研究宗教的本质。尽管每一种探讨都有其预设，但是宗教现象学要避免各种哲学的演绎预设，运用那些与归纳法相关的预设。海勒尔的宗教现象学是神学取向的，他强调"移情"（empathy）具有不可缺少的价值：现象学家对材料所展现的所有宗教的经验与真理，必须持以尊重、宽容和同情的理解。

② 舍勒在其论著 *Vom Ewigenim Menschen*（1921，英译为 *On the Eternal in Man*, 1960）和 *Der Formalismus in der Ethik und die materiale Wertethik*（2 vols., 1913—1916，英译为 *Formalism in Ethics and Non-Formal Ethics of Values*, 1973）中，对同情、爱与其他价值的描述与分析，形成了独具特色的宗教现象学及方法。

陆哲学其他形态的宗教学者,往往表现出相似于舍勒之现象学取向的特征。

2. 克里斯坦森

克里斯坦森是研究埃及和古代宗教史的专家,艾伦认为他的描述路径有些"极端"。在克里斯坦森看来,现象学作为宗教学(general science of religion)的一个分支,是一种系统的和比较的探讨,它是描述的而非规范的。克里斯坦森不同于广泛传播的实证论者与进化论者的宗教探讨,他力图将"事实"的历史知识与现象学对材料的"移情"与"感觉"整合起来,并由此把握各种文本中的"内在意义"和宗教价值。他主张现象学家必须将"信仰者"的"信仰"看作唯一的"宗教实在"。为了获得现象学的理解,学者们必须避免将他们自己的价值判断强加到信仰者的经验上面,而且必须假定信仰者是完全正确的。

> 我们绝不要忘记,除了信仰者的信念之外,别无宗教的实在。我们若真想理解宗教,必须只诉诸信仰者的证言。我们从自己的观点出发形成的关于其他各种宗教的本性或价值的看法,对于我们自己的信念来说,或对于我们自己对宗教信仰的理解来说,是一种可靠的证据;但假如我们关于另一种宗教的意见不同于它的信仰者的意见和评价,那么我们就不再是在谈论他们的宗教。我们已离开了历史的实在,而只是在关注我们自身。[①]

换句话说,克里斯坦森主张,宗教现象学的主要焦点在于描述信仰者如何理解他们自己的信仰。人们必须尊重信仰者归属于其信仰的

---

① 克里斯坦森:《宗教史研究》,转引自夏普:《比较宗教学史》,吕大吉、何光沪、徐大建译,第296—297页。

绝对价值。研究者对这种宗教实在的理解，总是近似的或相对的，因为人们不可能精确地经验到其他人作为信仰者所体验到的宗教。只有在描述了"信仰者的信仰"之后，学者们才可以按照本质的类型将现象分类，并做出比较的评价。但是所有对本质的探究和对现象的评价，全都是解释者的判断，这已经超出了描述的解释学之界限。

然而在其他许多学者看来，只有"信仰者"的"信仰"才是唯一的"宗教实在"的说法，过于武断和基督教化，因为在许多东方宗教中，甚至像犹太教和伊斯兰教这些被列为"亚伯拉罕系统的宗教"，对于"信仰者"来说更多的是既有信仰亦有行为（后者在某种意义上更重要）。如果宗教现象学只研究信仰者的"信仰"而不研究其行为，不研究个体和群体的其他方面，那么得到的"本质"究竟是信仰的本质还是宗教的本质就值得怀疑了。夏普不无挖苦地说道：

> 假若事情确如克里斯坦森主张的那样，即我们绝无可能像其信仰者那样经验别的宗教传统（这种观点是很难与之争辩的），那么，宗教现象学家就只能乏味地承认"信仰者总是对的"——即便这个信仰者在某个时候看来陷入了可怕的错误——除此之外，他还能够做什么呢？①

3. 奥托

艾伦认为由奥托提出的两个相互依赖的方法论贡献特别值得关注：一个是他的经验论探讨，包括对宗教经验之结构（普遍的和本质的）的现象学描述；另一个是他的反还原论，即强调宗教经验之唯一的、不可还原的和 numinous（神圣的，holy）性质。在《论神圣观念》②中，

---

① 夏普：《比较宗教学史》，吕大吉、何光沪、徐大建译，第297页。
② *Das Heilige*, 1917, 英译本为 *The Idea of the Holy*, 1923, 汉译本为《论神圣观念》。

奥托提出了对宗教经验之最著名的现象学解释。他力图揭示宗教经验的本质结构和意义，将 numinous 因素看作有关意义与价值的唯一的先在范畴。奥托运用 numen（神）和 numinous 的概念而减少其道德的和理性的方面。通过强调宗教之非道德和非理性的方面，他试图分离出"意义的过剩"，认为它超越了理性和概念，并由此建构宗教经验的普遍本质。由于这种非理性的经验不能够定义或概念化，而象征与类比的描述则意在唤起读者的神圣体验。numinous 的宗教经验，作为意识的先在结构，可以借助我们固有的对 numinous 的感觉的重新唤醒或重新认识，即我们有能力获得神圣的优先知识。

在此基础上，奥托构想出宗教经验的普遍的现象学结构：宗教现象学家可以借助其 numinous 方面区别出"自治的"宗教现象，并能够组织和分析特定的宗教显现。他指出在"神圣"的经验存在中，有我们绝对依赖的"生物感情"。这种自成一格的宗教经验被描述为经验到"完全的他者"（ganz Andere），它在本质上是唯一的和超验的。

奥托强调这种宗教经验之唯一的先在性质，表明他的反还原论态度。奥托反对大多数解释的片面的理智主义和理性主义的"偏见"，反对将宗教现象还原到语言分析、人类学、社会学、心理学和各种历史探讨的解释框架中。他强调宗教的自治性，强调独特的、自治的现象学探讨与解释"不可还原"之宗教现象的意义相对应，这一点是被主要的宗教现象学家所普遍接受的。

各种各样的解释者总是批评奥托的现象学探讨过于狭隘。在这些批评者看来，奥托的探讨聚焦于某些神秘的和"极端的"经验之非理性的方面，但这不能充分综合地解释宗教材料的多样性与复杂性，也不能充分包括宗教现象之特定的历史的和文化的形态。有些人还批评了奥托所强调的先在属性，及其现象学的、个人的、基督教的、神学的、护教的等关注。

4. 范德利乌

夏普在《比较宗教学史》中写道,"在 1925 至 1950 年间,宗教现象学几乎专有地与荷兰学者范德利乌的名字,以及他的《宗教现象学》连在一起"[①]。可见范德利乌在现象学领域的影响较大。范德利乌在许多地方,特别是在《宗教现象学》[②]的结尾处,以及"现象与现象学"和"宗教现象学"等章节中,明确了现象学探讨的假设、概念与阶段。他认为现象学家必须尊重宗教现象的"特定意向",描述"出现在视线中的东西"。现象是在主体与客体的相互关联中赋予的,即它的"全部本质"是以显现给某人而被赋予的。

> 现象学家不再需要关心宗教的起源和发展问题。宗教就是给予,而不是任何别的什么东西。因此,现象学家的全部任务便归结为下列五个阶段:①对现象簇族指派名称——诸如献祭、祈祷、救世主、神话等等。②把宗教经验引进一个人自己的生活之中,并且以同情的态度来体验这些经验——乍看起来,这一点似乎很难与现象学的目标是"纯客观性"这种主张调和起来。③行使悬置,亦即,退到一边去进行观察。④进行澄清和理解。⑤面对杂乱无章的现实并证实自己所理解的东西。[③]

范德利乌提出一个很复杂的现象学方法,认为现象学家借此可以超越描述的现象学。他的方法将系统的内省——"现象嵌入我们的生活"——作为理解宗教现象之必需。沃登伯格在其《宗教研究的经典

---

① 夏普:《比较宗教学史》,吕大吉、何光沪、徐大建译,第229—230页。

② Gerardus van der Leeuw, *Phanomenologie der Religion*, 1933, 英译为 *Religion in Essence and Manifestation* (2nd ed., 1963)。

③ 夏普:《比较宗教学史》,吕大吉、何光沪、徐大建译,第303页。夏普还强调说,若不根据神学而去理解范德利乌,这种方法是达不到目的的。

方法》(*Classical Approaches to the Study of Religion*, 1973—1974）第 1 卷中，将这种现象学—心理学的方法描述为"一种引导直觉并达到直接理解的'经验'方法"，它是"借助理想的类型将宗教现象分类，而这些理想的类型，则是通过重新体验宗教意义的心理学技巧所建构的"[①]。范德利乌认为，现象学必须结合以历史的探讨，历史先于现象学的理解，并为现象学家提供了充足的材料。现象学是开放的，必须"以最认真的语言学与考古学的探讨不断加以纠正"，如果它要背离历史的制约，就会"变成纯粹的艺术和空洞的想象"。[②] 范德利乌特别强调，"力量"的宗教方面乃是各种宗教形态的基础，而且是宗教之所以为宗教的东西。"现象学描述的是人如何在他与力量的关联中引导他自己。"[③]

然而，范德利乌本人的基督教信仰，常常影响其对现象学方法论（获得对宗教结构与意义的理解）的分析。例如，他主张"信仰与理智的悬置并不相互排斥"，"所有的理解有赖于心甘情愿的爱"。实际上，范德利乌首先将自己看作神学家，认为现象学既可以导致人类学，也可以导致神学。许多学者认为他的宗教现象学大多是用神学术语解释的。批评者虽然对《宗教现象学》收集的大量宗教材料表示钦佩，但也在许多方面反对范德利乌的宗教现象学：他的现象学探讨是以许多神学的和形而上学的假设与价值判断为基础的；其探讨往往是过于主观的和高度推测性的；其探讨忽略了历史的和文化的背景关联，"以至于对认真工作的经验主义研究者来说用处不大"[④]。

5. 布雷克

布雷克区分了三种类型的宗教现象学：描述的现象学将自己限制

[①] Jacques Waardenburg (ed.), *Classical Approaches to the Study of Religion*, vol. I, Introduction, The Hague: Mouton and Co., 1973.

[②] Jacques Waardenburg (ed.), *Classical Approaches to the Study of Religion*, vol. I, Introduction.

[③] Jacques Waardenburg (ed.), *Classical Approaches to the Study of Religion*, vol. I, Introduction.

[④] 赫尔特兰克茨语，转引自夏普：《比较宗教学史》，吕大吉、何光沪、徐大建译，第 305 页。

在宗教现象的系统化上面；类型学的现象学阐释宗教的不同类型；特定意义的现象学考察宗教现象的硬质结构与意义。在特定的意义上，宗教现象学具有双重的意义：它是一门独立的科学，形成了专著和手册，诸如范德利乌的《宗教现象学》和伊利亚德的《比较宗教的模式》（*Patterns in Comparative Religion*，1958）；但它还是一种学术方法，即运用现象学的"悬置"和"清晰想象"（eidetic vision）等原理。布雷克经常使用这些技术名词考察宗教的结构，尽管人们认为这些术语都是从胡塞尔及其学派的哲学现象学那里借来的，但是他指出它们被宗教现象学借用时只具有比喻的意义。布雷克认为，宗教现象学在关注如何移情于现象而准确地描述的同时，又带有批评的态度。它是一门没有哲学志向的经验科学，它应当把它自己的活动与哲学现象学和人类学的活动区别开来。他告诫历史学家和宗教现象学家不要涉足哲学的方法论思辨，指出"宗教现象学不是个哲学学科，而是对历史事实的系统化并关注理解其宗教的意义"。在布雷克对现象学的反思中，最著名的阐述也许是他认为宗教现象学的任务就是探索宗教现象的三个维度：theoria、logos 和 entelecheia。现象的 theoria 为"所见"，即以经验为基础，理解宗教之各个方面的含义，"揭示事实的本质和意义"。现象的 logos，即理性原则，现象学家以此"进入宗教生活之不同形态的结构"。它通过展示隐藏的结构而提供客观性，"这是依据其严格的内在法则建立起来的"，宗教"总是具有某种结构，而这种结构具有某种内在的逻辑"。布雷克之最原创的建树是现象的 entelecheia（圆满实现），即"在动态中展现自身，发展变化在人类的宗教生活中是可观察的"，或者说"在事件的进程中，本质通过其显现而实现了"。人们常说现象学是从历史的变化中抽象而出的，它展现的是对本质结构与意义的相当静止的看法。夏普说布雷克的这一概念尤其令人感兴趣，因为布雷克借助于 entelecheia，想强调的是各种宗教传统并非固定不变的，宗教不是直线进化的，而是"根据一种挑战和应战的法则而前进"①。布雷克说这是"一种不能征服的、创造的和自我再生的力量"。宗教现象学家必须与宗教史学家密切合作，研究现象的动态变化和宗教的发展演变。②

艾伦说，从索萨耶和蒂勒，经过范德利乌和挪威侨民克里斯坦森，再到布雷克和其他人的论著，形成了宗教现象学领域的荷兰传统。这种说法有时扩展为荷兰—斯堪的纳维亚传统（如夏普），以便将索德布罗姆（Nathan Soderblom）等现象学家也包括在内。但是这一传统的"大部分代表人物都是基督教神学家"③。在夏普看来，他们极易受到这样的批评：他们不可能"理解"他们个人所不归属的任何传统。但是他们的目标却又很简单，"他们想要把学问的充分精确性与完全同情、力求充分理解非基督教的宗教信仰和宗教实践的态度结合起来"④。

6. 伊利亚德

罗马尼亚学者伊利亚德是宗教象征与神话的重要诠释者之一，他认为宗教"涉及对神圣的体验"。他将历史文献的表述看作hierophanies（意即神圣的显现），他力图通过材料破译其存在的状态与宗教的意义。"神圣"（sacred）与"世俗"（profane）表达了"存在

---

① 夏普：《比较宗教学史》，吕大吉、何光沪、徐大建译，第307页。
② 以上参见夏普：《比较宗教学史》，吕大吉、何光沪、徐大建译，第306—308页。
③ 如布雷克在其所著《上帝敬仰之现象学导论》（1934）中提出宗教现象学有三个目标：其一，它要发展有关现象的"理论"，这一理论是有选择性地针对下述三个领域：1. 对神圣或上帝的想象；2. 关于人类的宗教思维和其寻求拯救的想法；3. 在礼拜和其他宗教行为中所表现出的神人关系。其二，它要找寻现象的"理念"，在作为历史现象和观念现象的宗教结构中，这种理念包括下述四个方面：1. 宗教意识中的相同形式；2. 作为宗教"本原"或"开端"的因素；3. 宗教行为中人们构成不同宗教类型的结晶点；4. 确定宗教本质的特征和特性。其三，它要追求现象的"圆极"，即找出宗教得以发展和延续的基础、根源和方式；"圆极"一词是根据亚里士多德的用意来理解的，指在事件的发展过程中通过事物的显现而实现其本质；它探讨下述四个问题：1. 人们对宗教的起源究竟知道些什么；2. 宗教在其历史过程中有哪些典型特征，它揭示出怎样的历史逻辑；3. 宗教为什么有不完善之处；4. 宗教现象学能否对宗教从低级到高级的逐渐发展做出证明。布雷克强调，宗教现象学一方面能对宗教历史学研究起启迪作用，一方面则能为其提供方法论上的帮助。（转引自卓新平：《宗教现象学的历史发展》，《世界宗教资料》1988年第3期）
④ 夏普：《比较宗教学史》，吕大吉、何光沪、徐大建译，第308页。

于世的两种模式",宗教总是令"宗教人"(homo religiosus)通过体验到具有超验价值的神圣世界的"超人"而超越相对的、历史—现世的、世俗的世界。布雷克所说的第一种意义上的宗教现象学,是一门独立的学科,它形成的专著在于描述和分类本质的结构与意义。在这方面,伊利亚德有许多关于不同种类之宗教象征的形态学专论:他诠释了神话的结构与功能,指出宇宙论的神话和其他创世神话乃是极致的模式;他解析仪式,诸如成年礼作为重演的神圣神话之模式;他分析了神圣空间、神圣时间、神圣历史的结构;他研究了不同类型的宗教体验,诸如瑜伽、萨满教、炼金术和其他"古代"现象。布雷克所说的第二种意义上的宗教现象学乃是一种特定的方法,在这方面,伊利亚德在研究中贯彻其三个方法论原则:他主张"神圣的不可还原性";他强调"神圣的辩证法"是"神圣化"的普遍结构;他揭示了宗教象征的结构系统。这三个原则构成了可以诠释宗教意义的解释学框架。伊利亚德认为,宗教之不可还原性的论断,乃是现象学悬置的一种形式。要理解和描述宗教现象的意义,现象学家必须运用一种与材料性质相适合的反对还原论的方法。只有在诠释之内容或"尺度"的宗教框架没有被歪曲,特定的不可还原的宗教意图才能在材料中显现出来。神圣之辩证法的普遍结构是他提出的将宗教现象与非宗教现象区分开来的根本标准。神圣/世俗的二分法将 hierophanic 的对象分离,诸如特定的山、树或人,这些都是神圣借以显现的媒介。神圣表达了超越的结构与意义,但通常是在有限的、暂时的、历史的和世俗的某物中具体化自身的,因而又自相矛盾地限制了自己;神圣是处于揭示和显示,又总是隐藏和伪装自己的辩证运动中;宗教人在化解危机中评价和选择神圣,将其视为有力量的、终极的、规范的和有意义的。象征论聚集于象征结构的内在系统,其关键所在是建立了伊利亚德之结构诠释学的现象学基础。象征的特征有以下几点:(1)它们的"逻辑"使各种象征组成一个整体,并形成内在的象征系统;(2)通过其"多重相关性"，它们同时表达了许多结构上固有的意义，这些意义在直接经验的层面上是不明显的；(3) 通过其"统一的功能"，它们将多种多样的现象整合为一个整体或系统。这些自治的、普遍的、内在的象征系统，往往为伊利亚德对宗教意义的诠释提供了现象学的框架。例如，他通过重新整合太阳或月亮之象征关联的结构系统，将宗教现象的意义解释与太阳或月亮联系起来。

尽管伊利亚德极有影响，但许多学者不以为然，甚至反对他的宗教史和宗教现象学。最常见的批评是说伊利亚德在方法论上不加批评，经常提出一些笼统的、专断的、主观的概括，而不是以具体的、历史的和经验的材料为基础。有些批评家还指责他的探讨受到各种规范之判断的影响，并有一种预设的本体论立场：这种立场偏爱宗教、偏爱反历史的存在模式、偏爱某些东方的和古代的现象。

7. 斯马特

生于英国剑桥的斯马特对宗教研究领域产生了重要的影响。他将现象学视为研究宗教的最好方式。他的宗教现象学避免了主导宗教研究的两种倾向：一是以种族的、规范的，尤其是以基督教的、神学的路径研究宗教；二是规范的哲学路径，专断地聚集于信仰和概念分析而排斥了宗教现象的其他维度。斯马特擅长于分析，这以其《印度哲学中的学说与论争》(*Doctrine and Argument in Indian Philosophy*, 1964) 为代表，但是更为人们所知的是他的普及性著述，如《人类的宗教经验》(*The Religious Experience of Mankind*, 1969)。他相信深邃的洞察能够在简单的可理解的语言和普通的现象范畴中表达出来。斯马特强调的许多观点在 20 世纪最后一二十年的宗教现象学和其他探讨中得到广泛的承认与接受。他强调人们既要将个人的价值判断悬置起来，又要在理解和描述其他人的宗教现象时做现象学的移情。他赞赏那种维护多元主义和多样性的自由的人文主义路径。

艾伦指出，在斯马特的现象学探讨中，人们可以看到宗教表现了人类经验的许多维度。这样的探讨是多方法的、多视角的、比较的和跨文化的。宗教现象学家有必要认真看待不同宗教现象的背景关联；要有所批评地提问和对话，保持开放的宗教研究；要认识到宗教表达了复杂的、多维度的、相互联系的世界观。斯马特通过将世界观的分析聚焦于宗教，引发了对宗教的全球化与全球多元主义的当代兴趣。

（三）宗教现象学的基本要素

宗教现象学在其发展过程中虽然是"百家争鸣"，但还是有些基本要素是大部分宗教现象学家所公认的，由此宗教现象学才被看作一个比较的、系统化的、经验的、历史的、描述的学科或研究方法：它的反对还原论的主张及其主张宗教"自治"的性质；它采纳了哲学现象学的"意图"与"悬置"的观念；它坚持移情、同情地理解宗教所具有的价值；它宣称提供了对本质结构与意义的洞察。艾伦说，这些是宗教现象学最显著的特征；此外还有大多数宗教现象学所具有的一些特征，但也被其他的宗教史学所共享。然而这里所罗列的宗教现象学的基本要素，与哲学现象学的基本要素有些重复，因此有些过于重复的地方，我们尽可能地一笔带过。但有些切中要害的批评，我们也针锋相对地摆在一起，这可能会利于人们把握其鲜明的特征。

1. 比较的和系统的探讨

在许多人眼中，宗教现象学是一种运用比较的方法，对宗教现象加以分类和系统化的总体性探讨。有些现象学家甚至将宗教现象学简单地等同于比较宗教，但是大多数学者都反对如下简单的身份判断：现象学家只要比较了大量的展现宗教现象多样性的文献之后，就可以洞察其本质结构和意义。

2. 经验的探讨

布雷克、伊利亚德和大多数宗教现象学家认为，他们运用的是经验的探讨，即摆脱某种推理的假设和判断。这样一种经验的方法，往往被描述为"科学的"和"客观的"：从收集宗教文献开始，然后通过描述经验材料所显现的破译宗教现象。现象学家通常主张他们所发现的本质类型和普遍结构，是以经验的、归纳的概括为基础的。然而对宗教现象学抨击最多的，是说它不是以经验为基础的，批评者认为普遍的结构与意义不可能见之于经验材料，现象学家的发现并不能经受经验的验证，因而它是独断的、主观的和不科学的。

3. 历史的探讨

有些宗教现象学家主张其探讨必须结合历史的探讨并相互补充，而且认为宗教现象学在根本上就是历史的。所有的宗教材料都是历史的；离开其历史，就无法理解其现象。现象学家必须意识到宗教现象是在特定历史、文化和社会经济的背景关联中显现的。然而批评者指责说，宗教现象学不是历史的，甚至是反历史的，现象学的方法忽略了历史的和文化的背景关联，它在方法论上，甚至在本体论上，强调的是非历史的和非时间的普遍结构。

4. 描述的探讨

缪勒曾提出，现代的宗教学术研究是一种描述的科学，它持有描述的自然科学所具有的自治性与客观性。克里斯坦森与众不同地将宗教现象学看作"纯粹的描述"，但是他也认识到以往的学术研究在诠释材料时大多带有自己的假设和价值判断，因而具有某种主观性。今日的宗教现象学家，虽然都主张运用描述的方法，却不愿将自己严格限制在仅仅描述宗教现象上，并且不愿将分类、类型学和结构都说成是描述的。有些宗教现象学家将宗教材料的收集与描述和解释意义区分开来，认为前者是客观的和科学的，后者至少部分地是主观的和规范的。

5. 反对还原论和强调自治性

现象学家反对各种各样的还原论，他们反对将不加批评的先入之见和未经检验的判断强加于现象,从而将现象只当作现象,并未确切地描述现象所显现的东西。许多还原论者的诠释,依据的是"实证论的"和"理性主义的"规范,将宗教材料纳入预想的、单线的、进化论的解释框架。现象学家认为,一旦将宗教材料还原到非宗教的视角,诸如社会学、心理学或经济学的视角等,就破坏了宗教现象的特殊性、复杂性和不可还原的意图。宗教现象学强调"自治性",即认为宗教乃是人类文化的一个独特维度,认为自己不同于现代宗教研究中的其他路径,认为考察者所接触的宗教材料在根本上乃是宗教的现象,是不可还原的。然而很多学者认识到,即便宗教现象学是自治的,它也不是自给自足的:它非常有赖于历史的探讨,有赖于语言学、民族学、心理学、社会学等的探讨所提供的材料。

6. 意图

宗教现象学主张意义是在结构的意图中赋予的。为了辨识、描述和诠释宗教现象的意义,学者们必须关注其材料的意图结构。在奥托看来,宗教意识之推理的结构,乃是其关注"numinous 对象"的意识。范德利乌的现象学的心理学技巧,伊利亚德的神圣之辩证法,都是想把握宗教显现的意图特征。宗教经验显现了"超验"(transcendence)的结构,人类在这种结构中关注到超越的指涉物——某种"经验之上"(metaempirical)的神圣意义。这种意图的定位总是离不开历史、文化和语言学。宗教的语言超越了自身所关注的神圣的结构与意义——超越了日常的空间、时间、历史、概念的范畴和分析。这就是为何宗教表现是高度象征的、类推的、隐喻的、神话的和寓言。还原的诠释可能会破坏指向超验之神圣的宗教意义的意图结构,但与此同时,没有意图的指涉和意义变成了没有中介的。对于有意义的宗教经验和交流而言,有意图的超验指涉必须被中介、被引入整体性的人类关系:与我们有限的空间、时间、历史、文化的世界相关,与其有意图的对象和意义相关。这就是为什么说象征以其复杂和多样的结构与功能，构成显示、建构和交流宗教之有意图的意义的基本要素。宗教的象征表达乃是不可缺少的中介：一方面，它们总是指向它们之外的超验的意义；另一方面，通过必要的运用来自经验之空间、时间、自然的和历史的世界的象征语言，它们成为超验指涉的中介，限定并体现了神圣，将超验的展现在眼前，将神圣的意义呈现为人们易于接受的，并且是与特定的存在状态相关联的。①

7. 悬置、移情与同情的理解

大多数现象学家认为，现象学的"悬置"乃是一种手段，意在悬置通常强加在现象上的信念和先入之见。胡塞尔和其他将"现象学的还原"阐述为"悬置"的哲学家，并非要缩小眼界，否认现象的复杂性与特殊性，而是意在获取与还原论相对的东西：通过悬置一个人的未经检验的假设和日常的先入之见与判断，可以使之关注和更充分地揭示现象本身所显现的，以及它是如何在经验中显现的；使之在有意图经验的、情感的、意象的、非概念的层面上，更丰满地认识现象，从而对经验的特定意图和具体的丰富性有新的洞察。宗教现象学强调移情与同情地理解，假若现象学家在宗教人物的生平中描述宗教现象的意义，他或她必须终止将所有个人的先入之见当作"真实"的，以移情和想象重演这些宗教的显现。现象学家力图同情地将他们自己置于他者的宗教"生活世界"里，以把握其经验的现象中的宗教意义。然而这种个人参与总是有局限性的，他者也总是保持某种程度的"他者"。现象学家主张移情，同情态度和个人参与，但有可能损坏学术探讨所必需的批评以及缜密的诠释标准。从这一点看，现象学的取向与

---

① 宗教现象学家认为这种特定的宗教意图，确保了宗教经验的结构以及诠释与理解，它是开放的而不是封闭的。宗教经验之必需的结构状态，宗教文本的建构，学术诠释的阐述，确保有意义的人类理解必然展现为有限的意图视角。这种相对的、情境的、有意图的宗教视角，总是超越它们自己，指向超越的结构；为重新评估的象征表现，为打破强加于自己的封闭，为新的、有创意的、自我超越的经验、诠释和理解，提供了无限的可能性。

那种超然的、不受个人影响的科学客观性的理念截然不同,后者构成19世纪宗教之学术研究中几乎所有路径的特征,而且在当今的许多学科中依然固守。宗教现象学家在执着同情的态度时,并非主张宗教现象不是"虚幻的",也不是主张关注的对象是"真实的"(事实上,许多现象学家做出此类神学的和形而上学的假设与判断,但是这些做法通常都违背了他们对现象学角度的限定)。现象学的悬置必须将所有这些价值判断(如是否神圣、神圣是否实际上是对终极实在的经验等)都搁置起来。除了极个别的例外,宗教现象学家虽然一般都坚持某种"悬置"或相似的价值,但并不考虑对此类概念做严密的分析。他们几乎都避免价值判断,在表现个人移情参与的能力立面比较模糊,对如何证实此类同情理解的获得缺乏学术的标准。有些现象学家赞成宗教归属的必要性,个人的宗教信仰,至少是个人的宗教体验,有利于学者的移情、参与和同情地理解。但是其他现象学家认为,这种个人的宗教归属往往会导致有偏见的描述,很难公平地对待他者的宗教体验。任何特定的信仰或神学归属,都有悖于现象学之精确描述的前提。与归属宗教相反,借助理智的好奇、敏感和尊重得到的显现,才是参与和理解所必需的。这样一种归属乃是信仰者与非信仰者可以共有的。

8. 洞察本质结构与意义

构成哲学现象学的核心要素,首推清晰还原与清晰意象的分析、本质的直觉、自由变异的方法,以及其他获得现象之本质结构与意义的方法。相比之下,宗教现象学,即使在特定意义上是一种描述本质结构与意义的探讨,却往往回避此类方法论的阐发。当然,有些值得注意的例外,比如在舍勒、利科等哲学家的论著中,就将宗教现象学作为其哲学现象学的组成部分。宗教现象学家意在直觉、诠释和描述宗教现象的本质,但对于什么建构了本质结构却有意见分歧。在某些现象学家看来,"本质结构"似乎是某种经验归纳之概括的产物,表达的是不同现象所共有的一种特质。另一些现象学家则认为，本质结构涉及的是宗教现象的不同类型，并且在历史类型与现象学类型的关联方面有所争论。在最接近哲学现象学的意义上，本质结构指的是深层的或隐藏的结构，它不直接显现于经验的层面，而必须通过现象学的方法才能揭示、破译或诠释。这些结构表现出必要的和不变的特征，人们由此将宗教现象区别出来，并将其作为某一种类的现象来把握。

艾伦在阐述宗教现象学的上述几点（我们将他总结的九点合并为八点）基本要素后总结说，大多数宗教现象学家既接受布雷克的"清晰的意象"只在比喻的意义上使用的限定，又接受他的避免哲学冥思和不要陷入哲学方法论泥潭的告诫，其结果是人们经常提出宗教现象之现象学的类型学，"普遍结构"和"本质意义"，却极少有人缜密地分析现象学家如何获得或验证这些发现。一方面，宗教现象学对宗教研究卓有贡献：它将浩如烟海的宗教材料系统化，它提出了往往被其他探讨所忽视的"意义"这个基本问题。另一方面，宗教现象学家在主张洞察本质结构与意义的同时，却表现出方法论上的批评乏力。

三、深层的问题

宗教现象学重要代表人物的基本主张与宗教现象学的主要方法，引发了许多争议。除了上述八个宗教现象学的基本主张以及相关批评外，还有更深层的问题。这些问题不仅仅是宗教现象学所面临的，而且是涉及宗教学的整个研究领域的。

（一）描述的与规范的

宗教现象学家在理论上主张宗教现象学是个使用描述方法的描

述学科，然而几乎所有现象学家在实践中都超出仅仅对材料的描述，他们不仅对现象做出比较，加以评估，而且还提出普遍的结构和本质的意义。艾伦认为，这些问题的产生源于传统的"描述的—规范的"区分。许多宗教现象学家采取某种彻底的（有时是绝对的）"描述的—规范的"二分法，这一点与古典的经验论如哲学家休谟（David Hume）、康德的哲学框架，19世纪和20世纪宗教史学的路子相一致。一些宗教现象学家远远超出了克里斯坦森的描述限定，经常采取将宗教材料的收集与描述（被看作客观的和科学的）和意义的诠释（被视为至少部分地是主观的和规范的）明确区分开来。尽管宗教现象学反对早期实证主义的模式，但却可能无意识地坚持了某些实证主义的假设：考察和"纯粹"地描述非建构的、非诠释的、客观的"事实"。

这种绝对的二分法受到当代哲学的挑战：被当作客观的和科学的东西，乃是处于历史、文化和社会情境中的，是依据某些假设，并按照或明或暗的价值判断建构的。例如，一个人如何开始其宗教信仰？什么样的事实应被收集为宗教事实？人们选择材料的原则从来不是完全不受价值影响的。事实上，哲学现象学家从来不接受这种截然的二分法，因为整个现象学的程序建立在描述意义的诸多可能性上。宗教现象学面临的挑战，是如何运用现象学所使用的诠释方法和框架，从而在某种客观性上，描述本质的结构与意义。

（二）理解与诠释

与截然两立的"描述—规范"二分法之争论密切相关的，是有关"理解—诠释"之截然二分的争论。宗教现象学家描述显现的是什么和如何显现，他们诠释这些现象的意义，但是他们不愿提供现象的因果诠释，因为后者涉及揭示历史的、心理的和其他的因果关联。这种"理解"往往具有狄尔泰和其他人所阐述的 Verstehen（理解）之意，既是解释学的方法，亦是其目的。现象学家意在理解宗教的和其他"人类的"现象之意义，理解其性质——这与科学的、还原论的探讨针锋相对，后者给予因果的和其他的诠释。

批评者认为这样的方法和目标是非学术的和非科学的，许多学者质疑现象学的理解与非现象学的解释能否完全分开。解释的探讨总是包括理解，而没有批评的解释反思，理解也是不可能的。例如，即使是现象学的理解，宗教他者的表现也不是终极的话语、绝对的和不可侵犯的。宗教现象学必不可少地要有批判的反思，包括对背景关联的认识、学术的诠释、理解和解释，它们都超越了宗教他者所表现的状态。艾伦说，这绝不是否认宗教现象学探讨的价值：在明确地提出自己的假设时要有自我批评，要悬置自己的价值判断，要移情和倾听宗教他者的声音，要尽可能准确地描述宗教现象和宗教他者的"有意图的"意义。这样的宗教现象学意在发现某些方式：能够使他者的声音被听到，并见之于主流的历史；而许多批评的、规范的探讨和还原的解释，则忽视或曲解了他者的宗教现象。

（三）关于"反还原论"

许多批评指向宗教现象学的反还原论，认为它在方法论上是混乱的和不公正的、有限的，甚至还具有护教的、反对世俗分析的神学意图。宗教之不可还原性的假设，本身就是还原论的，因为它限制了将要被研究的现象，限制了将要被描述的现象诸方面，限制了将要被诠释的意义。艾伦的评价一针见血：宗教现象学家不能认为其他的还原论探讨必然是虚假的，而他们的探讨则是公平对待了宗教现象的所有维度。他指出，宗教现象学必须表明其宗教上的反还原论，不是方法论上的混乱，不是缺乏严肃的学术批评，不是简单地回避认真的学术挑战，而只是承认以某种关键理念为基础的方法论的首要性，诸如意图和洞察本质结构与意义等。只有通过具有验证程序的严格方法，它的特定视角对于发现这种宗教的结构与意义才是根本性的。

（四）经验的和历史的

批评宗教现象学的人们常常指出它的起点是一种推理的、非经验的假设，运用的方法不是以经验检验为基础的，而且将宗教的结构与意义与其特定的历史与文化背景的关联分离开来。然而在艾伦看来，此类批评依据的也是一种截然的二分法：一边是经验的、归纳的、历史的探讨，另一边是非经验的、经常是理性主义的、演绎的、反历史的探讨。其结论是：宗教现象学不可能有些许的用于科学研究之经验的、历史的、归纳的标准，诸如证实和证伪的标准。这恰恰是当代哲学在批评古典经验论时所质疑的绝对二分法。艾伦指出，哲学现象学恰恰与传统的经验论相对立。胡塞尔呼唤某种"现象学的还原"，现象学家要"终止""自然的立场"及其经验的世界，以便更加关注现象，并直观到深层的现象学本质。尽管这种现象学被描述为一种根本的经验论，但却遭受许多采纳传统经验论的宗教史学家的批评。批评引发了争辩：宗教现象学是非常规范的和主观的，因为它是非经验的、非历史的、推理的、神学的和其他的规范之假设，因为它赋予宗教现象和宗教经验以特殊的地位。因此，各种批评指责克里斯坦森、奥托、范德利乌、海勒尔、伊利亚德和其他人，具有非经验的和非历史的、极端现象学的、神学的和其他的规范之假设、意图和目的，以此界定现象学的程序，使之超出了描述现象学和任何严肃的科学探讨的领域。此外，给予宗教的结构与意义以很高的地位，这也是争论的焦点之一，这虽然展现了经验的特殊性（即以考察历史材料的有限例证为基础）和普遍性，但这些结构在经验上是有条件的。最后，争论还涉及许多宗教现象学家所坚持的一点：他们是依据某种经验归纳推理提出结论的，这与穆勒（John Stuart Mill）等人关于归纳的经典论述没有什么不同。批评者指出他们不能重复这种归纳推理，现象学的结构并不出现在经验材料中，现象学家在理解他们的材料时加进了各种各样的本质意义。现象学家所做的回应，一种如达德利（Guilford Dudley）在其

Religion on Trial（1977）中所提出的，放弃他们的经验的和历史的主张，而返回到非经验的、非历史的、理性主义的、演绎的探讨。另一种如艾伦在其 *Structure and Creativity in Religion*（1978）中提出的一种不同于经典的经验论归纳的"现象学归纳"方法：本质的结构与意义的基础在于经验材料，但却不完全见之于材料。这种回应涉及现象学家所做的想象之建构与理想化的过程，因此本质的结构必须接受经验—历史材料的严格检验。

（五）证实的问题

艾伦指出，对于宗教现象学有许多不同的批评，都涉及证实的问题。现象学的"直观"并不能使人确认：给予现象的诠释是否是最充分的，事实是否能证实它为何如此。此外，宗教现象学内部的分歧也给这种争议火上浇油：不同的现象学家在考察同样的现象时，虽然都声称自己运用的是现象学方法，但却各自提出不同的"清晰直观"。人们如何解决现象学洞察中的偶然性问题？人们如何证实特定的诠释并在不同的诠释间做出抉择？这些问题将荆棘摆在了"悬置"与"本质直观"的现象学方法面前。现象学的方法往往悬置了能够使学者们验证不同的诠释，并在不同的解释间做出选择的"客观性"标准。难道悬置的结果就是宗教现象学充满大量有关普遍结构与意义的非常个人的、极端主观的、令人绝望的碎片化的诠释，每一个相对的诠释都是由特定气质、状态和取向的个体现象学家所决定的？宗教现象学家认为过去的验证标准是不充足的，导致客观性上的虚假，然而宗教现象学本身也必须战胜在证实问题上的完全主观性与相对论的指责。它必须形成严格的程序以检验关于本质结构与意义的论断，这些程序必须形成主体间证实的标准。

如此看来，宗教现象学可谓矛盾重重，问题丛生。既然如此，人们又为何投入这么多精力？宗教学其实是横跨社会科学与人文科学的研究领域，从它产生至今的百多年间，一直处于不断的自我否定中。宗教学的创始人缪勒曾说有多少人研究宗教就有多少个宗教定义。至今宗教学领域也没有一个统一的宗教定义。但并不能由此就说宗教学研究不是一门科学。科学研究的首要特征就在于它的开放性，它坚持自我批评、相互质疑，并在这种探索中提升我们对宗教的认知和理解。如果宗教学真的有了一个必须认同、不可置疑的定义或结论，那它就不再是需要不断证伪的科学假设，而是要人们顶礼膜拜的神学教义了。人们认识到宗教现象学所具有的"问题"，在回应这些挑战中又会推动它的发展。

四、历史的宗教现象学

确实有人将挑战化作了机遇。宗教现象学受到的重要批评之一是认为它是非历史的，当代宗教现象学家为此做出的回应是着力加强其论证的历史感。在这方面，意大利学者达瓦马尼贡献卓著，他将自己所建树的宗教现象学称作"历史的宗教现象学"并为之定性：

> 历史的宗教现象学在其比较各种宗教中，它没有试图表明一种宗教比其他宗教更好或更优越，在这种意义上它是经验性的而不是规范性的，尽管在其范围上有别于诸如社会学、人类学、心理学这些研究同样宗教现象的学科，宗教的历史却从这些给宗教研究已经做出过贡献并至今仍然在继续做出重要贡献的学科中获益，并且它们的研究数据和结论肯定会有助于宗教历史学家理解其史料的生活语境，因为不存在"纯粹"的宗教事实这种东西；每一种宗教事实同时也是社会的、心理的和文化的。但是，混淆这些学科的范围与方法将只会导致还原论，也就是那种把宗教还原为社会的、心理的或文化结构的附生现象的理论。……宗教历

史学家把宗教现象视为宗教所独具的,并专注于在这些学科中所呈现出的现象。①

(一)什么是历史的宗教现象学?

达瓦马尼指出,宗教现象学是对宗教形式的系统研究,它从比较形态学—类型学的观点分类地和系统地考察宗教概念、仪式和神话。历史的宗教现象学给宗教研究提供了一个视角,现象学和历史学形成自然的结合,从而予以历史资料一种透彻的意义。它对一系列类似现象进行相互比较,辨别其在文化整体中的更深层含义,并使之变得完全可以理解。也就是说,它延续了传统的宗教现象学,意在给宗教历史提供一种意义。

> 宗教现象学起源于对专家们在不同文化领域里所搜集到的、事实上是宗教现象的所有材料的一种概要性的洞观。在这种现象中,存在着处于一方面是杂多相异形式的多样性而另一方面又是联系于一种明显同一性的相似性之间的双重视角,它内在地包含着寻求一种作为非单一性宗教的原初现象的宗教。宗教现象学希望追寻这种现象在历史上的生成和转变的历程,而在其发展规律上来把握它。②

历史的宗教现象学是历史的,但本质上是现象学的,所以它对系统性有一种内在的追求,它的任务"是用这样的一种方法来对浩如烟海的各种各样的材料进行归类整理,以便能对它们的宗教内容及其所包含的宗教意义有一个总体的统观"③。

---

① 达瓦马尼:《宗教现象学》,高秉江译,第5—6页。
② 达瓦马尼:《宗教现象学》,高秉江译,中文版序言。
③ 达瓦马尼:《宗教现象学》,高秉江译,第6—7页。

每一种宗教中的宗教行为和宗教信仰都会表现出与其他宗教中的行为和信仰有某种相似性。一种特定宗教的历史只会使人们去思考那种特殊性，而宗教现象学所展示的是宗教现象的系统观点。宗教现象学不试图去把诸宗教作为大的单元进行彼此的比较，但它提取出在不同宗教中遇到的相类似的事实和现象，将它们归类并分组进行研究。目的是获得一种更为深刻和更为精确的洞察，对材料分组进行共同考察时使其彼此更加清楚明白地显示出来。①

历史的宗教现象学既是历时性的，也是共时性的。当人们以此方法考察宗教现象时，不仅考察它们的历史语境，而且考察它们的结构关系。其材料取源于特定宗教的历史，但却用一种系统的观点对这些材料进行整理，而不是从现象发生发展的观点去排列它们。例如，当某人问：不同宗教关于神的信仰是什么？各种特定宗教的回答将是从自身种种关于神的观念的产生和发展的历史时期中所呈现出来的对神的信仰，比如印度教和伊斯兰教关于神的观念；宗教现象学的回答将会是用系统的方法展示不同宗教的观点，以便通过比较的方法来获得关于神的观念的意义。所以在某种意义上，历史的宗教现象学有时候也可称作"宗教历史学"或"宗教比较研究"。

谈到比较，自然涉及历史的宗教现象学如何看待分类、结构和形态学等问题。历史的宗教现象学试图在历史背景中提取从各种宗教中所发现的相似的事实和现象并将它们分组归类，通过比较而试图理解作为与材料相符合的分组之基础的宗教意义，对材料进行分组考察使它们彼此清晰地显示出来。达瓦马尼说，理想类型是一种重要的方法论技术，一种启发式的方法，用以描述、比较和检验与经验实在相联系的假说。这样被建构起来的类型是由元素、品质、外观等组成的，

---

① 达瓦马尼：《宗教现象学》，高秉江译，第7页。

这些要素在经验世界中有可以辨识的指称对象或者可从经验证据中推导出来。被建构的类型不仅提供了一种组织材料的方法,同时还有利于促进得出普遍化的结论。

> 结构是在一个统一的有机整体中的元素、部分或模式之间作为基础或相对稳定关系的东西。结构的联系是既不能简单直接地被经验到,也不是通过逻辑或因果关系而抽象出来的,它是被理解的;它是一个不能被分析为其自身组成部分的有机整体,但能从中领悟它。结构是有意义地构成的实在;但这种意义同时既属于实在又属于试图理解它的主体。因此它既是理智的又是理解的。①

在达瓦马尼看来,形态学是对形式、模式、结构和构造的研究;它是一个结合起来的整体,而不仅仅是单元或部分的集合;结构是组成部分的组合与排列,是一个复杂整体的有机组织;结构的功能是一种属于或者依赖于这样一个整体的行为和影响的性能或活动,而不是在整体中的任何部分的活动。所以,一个理想类型建构具有两个基础性的功能:一是提供一个限制的例证,依据这个例证,具体的现象可以与之对比,这样就促进了一个用以分类和比较的明确概念;二是构成一个类型普遍化发展的框架,这个框架又反过来有利于理想类型的终极目的分析,即历史事件的因果论解释。

然而比较是手段,是工具,不是目的。历史的宗教现象学通过比较、分类,提出类型与结构,目的是寻求宗教材料彼此之间的关联,来建构它们之间的关系并按照这些关系来对宗教事实进行分类。如果是形式关系的话,它就将宗教材料按照类型分类;如果是年代关系的话,就将它们组成系列。这就需要研究处于自身环境中的各种宗教如

---

① 达瓦马尼:《宗教现象学》,高秉江译,第11页。

何在那种环境中发展自身，及其与在同样环境中的其他文化价值观念的关系；因此宗教现象学不仅使用其他的宗教材料，而且使用那些非宗教的材料，无论是文学的、艺术的、社会的，还是那些难以归类的材料，来研究在其历史联系中的宗教材料。

　　更重要的是，这还不足以精确地了解发生了什么以及这些事实是如何演变而来的；我们所需要了解的最重要东西是所发生的事件的意义。这种深层的理解只有通过宗教现象学才能达到。宗教现象学给自己设定的最重要的任务是从复杂多样的宗教现象中区分出不同的结构。惟有结构才能帮助我们不依赖于它们所处的时间空间位置以及它们对特定的文化环境的依附，从而发现宗教现象的意义。[①]

在达瓦马尼那里，历史的宗教现象学既是历史学又是现象学。同时，它既要避免把相似的意义归结为其相似性现象（本质上不同），又要避免忽略隐藏在相异现象中的相似意义。"现象学知道这有赖于历史学，知道它的结论总是处在鉴于历史研究进程而被再检验的状态中。"[②]这种对历史检验的重视，无疑会增强宗教现象学的客观性。

（二）历史的宗教现象学的方法

方法是利用特殊的技巧对认识过程的系统组合。分类、概念化、抽象、判断、观察、实验、普遍化、归纳、演绎、类推论辩，最后包括理解自身都是认知过程，其结果都是要形成理论建构。"在每一种科学方法中，理论建构和经验之间应该存在密切的和系统的关系。"宗教

[①] 达瓦马尼：《宗教现象学》，高秉江译，第13页。
[②] 达瓦马尼：《宗教现象学》，高秉江译，第14页。

原本是一种产生于人的主观性之中并用符号和象征所表达的现象,对一种经常发生的宗教现象(如仪式性舞蹈)的不同要素进行分离、强调,将其结合成为一种内在连贯的关系系统,并将其归结为一种涉及所有这些理解行为的步骤的内容丰富的仪式。①

要凸显客观性,有必要排除那种损害某项科学研究的主观性,客观性在于让实事为自己说话,这也就是在历史的宗教现象学中"悬置"原则所意味的东西。它意味着中止在现象呈现之前的先入之见,以便让现象自身说话。宗教现象学家必须把他的学科所赋予他的解释宗教现象意义的使命和将其作为一种特殊信仰来判断的责任相区别。宗教现象学家的工作不是思考宗教信仰赖以建立的基础,也不是去追问宗教判断的客观有效性(这是宗教哲学或神学的领域)。

达瓦马尼指出,理解宗教现象的意义总是(而且唯有)通过理解其表达方式才能达到目的。这些表达方式包括任何种类的语言和符号,以及例如舞蹈之类的表达行为。"正是通过表达方式我们才理解其他的宗教思想并通过再思、再经验、移情、想象地洞察而进入这些宗教思想中。否则我们就会产生一种通过凝视而直接进入他人思想的神秘过程而进入其他人的思想的印象。"② 理解一首诗不同于也不依赖于理解其作者的思想过程,尽管如果理解了作者的思想过程,对诗的某些特征会理解得更好。同样,理解一种宗教行为不同于也不依赖于对这种行为的思维过程的理解。理解一种宗教现象在于移情进他人的经验、思想、情感、观念中去。这种理解行为并不是再生另外一个人的经验、情感和思想。

宗教现象学的理解行为不是一种神秘的行为,我说神秘行为

---

① 参见达瓦马尼:《宗教现象学》,高秉江译,第15页。
② 达瓦马尼:《宗教现象学》,高秉江译,第16页。

是指基于某种超自然的能力而渗入到他人经验中的神秘与洞见。关于他人的宗教信仰的知识是间接的，对他人宗教心态的推理只能基于他们的陈述、姿态、作品以及其他一些可观察的材料。理解他人的宗教信仰是基于对人类宗教行为以及宗教活动的成果的观察。这样一种转变的发生归结于两个因素：第一，我们可以理解我们自己在不同状态下的内在宗教经验、情感、思想和观念；第二，从心理学意义上讲宗教信仰者是心理同构的，这里就涉及到一个相似性推理的问题。①

人与人的理解力是不一样的，但是：

> 我们关于他人的知识与我们对我们自身一般经验的资源的利用这两者之间越是协调，我们对他人的理解就越深，因为我们只能够在我们自身内在经验已包含了的某种形式、某种程度、某种方式来理解他人的这种思想状态。完全与我们的内在经验陌生的东西不能进入我们所能理解的他人思想的范围。在理解他人的宗教举止方面尤其如此。我们还必须记住各种思维状态永远是在某种语境中，在某种他人思维状态、外在环境、行为方式的语境中被体验到的。②

历史的宗教现象学运用的基本方法是历史的方法、比较的方法和现象学的方法。历史方法是对事件序列或者事件连续性的有意义的叙述。每一个序列都是独特的，因为它是一种累积过程的结果，但也与其他序列相似，因此它能被置于一个分类的语境中。达瓦马尼非常看

---

① 达瓦马尼：《宗教现象学》，高秉江译，第18页。
② 达瓦马尼：《宗教现象学》，高秉江译，第19页。

重那些探索规律性、趋向性、类型及类型序列、结构,而且总是在历史和文化语境的范围之中来讨论的历史学家。因为他们的兴趣在于有机组织、模型、复合性、关系网络、可理解的全体、关联性、整体性、统一性的原则、全体性等。① 而比较的方法则是研究不同类型的现象族群以便分析和明确导致行为的特殊模式中的相似性和相异性的因素。通常,它既包括历史的方法,也包括跨文化的方法。这种方法在澄清现象所表现出来的相似性和相异性时,不仅要引出和归类这些现象产生和发展中的原因要素,而且要引出和归类这些现象自身之内和彼此之间的相互关联的模式的步骤。

> 惟有当取自于各种宗教的许多例证获得检验后,宗教象征主义的本质才能得到充分的诠释。同时,惟有当许多的差异性被考虑到时,其意义的不同才充分明确地显现。这里出现一个更深的问题,是何种内在的原因引起了同样的宗教实事拥有不同的意义,也就是为什么某宗教保持着某种特殊的意义而其他的宗教拒绝这种意义或更改这种意义。②

达瓦马尼认为,宗教现象学的研究者把比较方法作为一种理解这些诸如献祭、仪式、神以及其他东西的宗教表达方式之意义的一种基本诠释工具。他们竭力考察在历史文化语境中的宗教的最显著的特征。结构上相似的宗教行为,当它们在被比较时,产生出解释这些行为内在重要性的有价值的意义。这种研究的基本假设是人的表达的外在形式拥有一个内在的组织模式或者结构,这种组织模式或者结构可以通过使用现象学的方法而被勾勒出来。这种方法试图找到那种作为历史

---

① 参见达瓦马尼:《宗教现象学》,高秉江译,第20页。
② 达瓦马尼:《宗教现象学》,高秉江译,第23—24页。

实事基础的结构，并在作为通过这些结构而连同其规律和特殊意义而被展示的内在意义上去领会它们。总之，宗教现象学是一门经验科学，是一门利用其他诸如宗教心理学、宗教社会学和宗教人类学等人文学科研究成果的人文科学。"我们甚至可以说宗教现象学比任何其他研究宗教的人文学科都更接近宗教哲学，因为它从宗教性的特殊角度去研究宗教现象。"①

五、中国的宗教现象学研究

在当代中国，明确冠以"宗教现象学"的研究成果并不多见。第一波成果出现在20世纪80年代后期和90年代。1988年，从德国留学归来不久的卓新平发表了《宗教现象学的历史发展》②，比较系统地介绍了宗教现象学的发展脉络及其重要人物的主要观点。1994年，王六二发表《宗教现象学》③，翻译了范德利乌《宗教的本质及其表现形式》（1933年英文版）第109章。这两篇文章虽然是译介性的，但却标志着当代中国宗教现象学研究的起步。

世纪之交，中国宗教现象学研究开启第二波，成果依然不多，但却主要是研究的成果。1997年，张祥龙、陈岸瑛发表《解释学理性与信仰的相遇——海德格尔早期宗教现象学的方法论》④，主要介绍和分析海德格尔在20世纪20年代初阐述的"形式显示"的解释学方法的来龙去脉，以及它如何体现在海德格尔对保罗书信的解释之中。作者指出，在西方文化里，理性与信仰长期以来处于紧张的不协调关系中。不少基督教神学家们曾努力弥合这两者，用古希腊哲学来论证信

---

① 达瓦马尼：《宗教现象学》，高秉江译，第27页。
② 卓新平：《宗教现象学的历史发展》，《世界宗教资料》1988年第3期。
③ 王六二：《宗教现象学》，《世界宗教研究》1994年第3期。
④ 张祥龙、陈岸瑛：《解释学理性与信仰的相遇——海德格尔早期宗教现象学的方法论》，《哲学研究》1997年第6期。

仰的合理性，但这种做法自近代，特别是自康德以来受到质疑。海德格尔在1917年至1919年间所作的宗教学笔记表明，他那时已极为关注早期基督教信仰与古希腊宇宙论及古罗马法典思路之间的不同。通过狄尔泰的著作的提示，他在奥古斯丁那里看到了这种不同或冲突的深刻程度，看到了早期基督教信仰的一个重要特点，即具有"一种无实底可言的生活〔或生命〕性"。按照这种看法，基督教的内省里有着某种不寻常的对终极实在的体验，与古希腊的内省大师苏格拉底及斯多葛学派所体验的很不同。虽然现在还难以确定海德格尔最初是从哪里得到这种"生活"或"生命"观点的，但显然，这是他早期宗教现象学的出发点。更为关键的是这个思想在他那里经历了表达方式上的或解释学方法上的重大改进，以致发展了一种在时机化的历史情境中理解信仰的现象学，使得信仰经验以"形式显示"的方式进入了这种理性的视野。这是他的前人，包括克尔凯郭尔和狄尔泰都没有达到的。

2003年高秉江发表《与威斯特福教授谈宗教现象学》[①]，威斯特福（Westphal）是美国福德姆大学（Fordham University）的知名教授，文章以问答的形式，阐明了威斯特福的宗教现象学观点。威斯特福认为宗教现象学不是去试图证明那些"客观性"是实在的或者它们具有这种或那种特性，也不是去试图证明那些"信仰的灵魂"的行为是有可靠根据的。正是在这种意义上它把真理问题置于括号中（并非认为真理问题不重要），而集中精力关注宗教生活作为一种可以观察的现象的意义问题。它所探讨的问题是：什么是宗教以及成为宗教性的是何种现象。为了尽可能详细地对其进行描述，宗教现象学抛弃了关于宗教信仰的真理性和宗教实践之价值的正统探讨，可以说它用一种诠释学的和解释的研究取代了试图证明或证伪某种信仰的推理性研究。"但

---

① 高秉江：《与威斯特福教授谈宗教现象学》，《哲学动态》2003年第8期。

它通过努力使经验的具体模式直观呈现而把自身看成是服务于理性的，而宗教的信仰正是植根于这种具体的经验模式中，脱离了它，宗教信仰就变成了完全抽象的命题。"

威斯特福认为，宗教现象学的相近学科讨论宗教现象的目的，在于寻求对这些现象的解释，它们所关注的是事实性问题，而宗教现象学的目的在于对现象进行描述以探讨其本质和可能性。因此，"现象学不可逃避地是诠释的现象学"，它是从现象学家的立场而非毫无立场地对宗教现象进行描述，"那么我们怎么知道我们不是在仅仅描述我们自身的经验？"第一，我们通过满足于对本质（可能性）的描述而不是去试图论证事实（或呈现事实），即使不能完全排除，也是在相当大的程度上减弱了在处理问题时我们自身所携带的任何理论的或非理论的主观承诺；第二，我们让我们的研究结果服从于与他人的对话，来弄清他人是否能从他们的角度看到我们从我们的角度所看到的东西。宗教现象学和宗教历史学的区别是"态度"上的区别。同样的观察既可被看成对历史事实的转述，也可被看成对本质的描述，对被观察到的现实中的可能性的描述。一种诠释的现象学不仅仅涉及现象学家的预设，也就是所谓的诠释学循环，它同时也在最广泛意义上的文本阅读过程中得以进展。因此它将会研究历史的现实，但它对事实的兴趣不是作为历史现实的兴趣，而是作为人类经验的可能性的兴趣。

2004年，陈立胜在《一与多："宗教性"的现象学的进路、预设与时代精神》[①]中，勾勒出从施莱尔马赫、奥托到希克对宗教性探究的发展线索，在此基础上揭示了这一宗教性的现象学进路的时代精神与理论预设，并进而检讨了其中的理路上的缺憾以及可能的出路。作者指出，对宗教性现象学的检讨实际上是站在"多"的角度对"一"的

---

① 陈立胜：《一与多："宗教性"的现象学的进路、预设与时代精神》，《现代哲学》2004年第2期。

检讨，所涉及的深层问题有二：一是在宗教性的现象学之宗教性的界定中，如何确保"多"不被抽象化为空洞的"一"？二是在宗教性的现象学的描述过程之中，如何避免一种陷入一己之偏的本质主义？

同年，高秉江在《初探宗教现象学》①中指出，宗教现象学是当代西方文化中使用现象学方法来诠释宗教的一种学说，它在理论上与传统宗教的理性实体学说和自然神学理论相区别之处为：一是将宗教的论证方式由外在实体出发转向由人的直观意识出发；二是将对神的论证由理性论证的途径改变为由意识直观和生存体验论证的途径。宗教现象学把人的直观意识体验和生存感受作为其理论的出发点，它同时把宗教理解为前导入的生存的意义纲领。宗教现象学跨越了现象学、存在主义、解释学、心理学、人类学及神学等多个学科，尚有许多理论问题有待进一步澄清。高秉江指出，与传统宗教学理论相反，宗教现象学不再将其理论奠基在一个神的实体性上，而把一个外在实体作为神学和哲学的奠基石加以信仰和依赖是古代本体论思维方式的共同特征，认为除非有一个外在实体作为依托和基础，除非能把我们的思维与意识还原为这个基础，否则一切精神和文化现象都将成为无本之木、无源之水。他强调人们要注意到现象学关注意义问题而不是现实问题，关注可能性问题而不是事实性问题，而当代宗教越来越表现为一个意义问题而不是实体性问题，上帝的存在无法被经验实证，但同样不能被经验证伪，因此当代宗教在很大意义上不是一个真与假的问题，而是一个有意义与无意义的问题，即一个能否对我们的生存和文化产生某种影响和前导的问题。

2006年，郝长池发表《宗教现象学的基本问题》②，明确指出，客观的宗教现象学是不可能的，因为它将是一个没有主题的现象学：客

---

① 高秉江：《初探宗教现象学》，《现代哲学》2004年第3期。
② 郝长池：《宗教现象学的基本问题》，《现代哲学》2006年第1期。

观的视野是把宗教主体的存在性关怀排除在外的。宗教现象学必须既是存在性的又是诠释性的。这两个特点是由宗教生活或宗教现象本身的基本要素决定的，即人与神圣者的关系。郝长池认为宗教现象学有两个基本问题：一是"宗教现象学为什么必须是存在性现象学"；二是宗教现象本身所包含的一个轴心上的两个极点的关系问题。第一个问题所涉及的是宗教现象学的视野的问题。郝长池认为，在认识论里，其中心问题是主体和客体的关系问题；而在汉语里，"主—客"问题可以被理解为两种不同的问题：一种是纯粹的认识论问题，即通常所说的主体和客体的关系问题；另一种可以被理解为一种存在性问题，即主人与客人的关系问题。与之相对应的是两种现象学：先验现象学和存在现象学。先验现象学是以主体和客体的关系问题为中心的现象学。这类现象学把客体如何能够被主体认识作为它的研究任务。在主体与客体的对立关系里，主体是不占有任何意义上的空间和时间位置的，是一个看不见的点。换言之，客体是被一个无形的主体所审视；主体是一个只能看到物体而不被物体所看见的视点。客体之所以是物体是因为在这一类现象学里，主—客关系是认识性的关系。它不像在汉语里所说的包含主人与客人的关系，因为主体是一个观客（客观）。把主—客关系理解为主人和客人的关系的可能性只存在于另外一类现象学中。以先验现象学的方式对宗教现象所做的分析的结果必然是要求神圣的东西符合人的标准，并且，是人的直觉赋予了神圣的东西以意义。第二个问题是有关宗教现象里的人的主体性的形成以及神圣性的问题。宗教现象由两个基本因素组成：个体的存在的人和神圣性的东西。这是一个轴心的两个极点，缺少了两者之中的任何一个，宗教生活就不成其为宗教生活，从而，也就没有宗教现象。宗教现象学是一种诠释性现象学：诠释就是理解，不是解释。而这种诠释，对于宗教现象学家来说，不是为了理论上的好奇，而是为了更好地理解自己的生活和生命，同时也帮助他人理解自己的宗教生活。存在性的关怀是宗教现象学研究的动机。理解是以对话为前提的，而对话是依赖于文本的。所以，宗教现象学，由于其现象的存在性特征和从事于现象学的人的有限性，是一种意义之间的交流，而不是收集科学实验的数据和材料的过程。宗教现象学是参与性交流而不是外部观察。对于宗教现象采取纯粹的客观的态度是无法理解宗教现象里的人的有限性特征的。在宗教里，对于人的有限性或在世的理解与非宗教的理解的不同之处就在于，它把神圣性理解为解决人的在世的存在性问题。也就是说，神圣性是解决人的存在性困境的手段。这是神圣与人的一种关系。另外一种关系，是把宗教生活本身作为目的，把神圣性作为目的来追求。无论在什么情况下，神圣性是人的宗教生活的核心。不同的宗教传统是基于人们对于神圣者的不同的理解，或者说，神圣者与不同的人群发生着不同的关系决定了人们的宗教生活的形式。

当代中国学者有关宗教现象学研究的第三波，可以朱东华《"领悟"与"理想型"——论列欧的宗教现象学的方法论基础》[①]为起点。这篇文论超越了第一波的译介和第二波的概括性研究，开始进入就某个人物、某个学说或某个问题的深入且带有原创性的研究，至少是在这个层面做出了努力和探索。朱东华分析了范德利乌的思想基础，指出其最重要的贡献在于他是"宗教现象学的诠释学路线"的真正制定者。朱东华分析了构成范德利乌的宗教现象学的几个重要范畴，指出"同感"（Einfühlung）首先意为"身临其境地、再度地对对象进行体验"，而所谓"再度体验"也就是感性经验的重构。其次是一种"身临其境"的体验，研究者必须由衷地、切己地去理解作为探讨对象的"生活"。范德利乌还明确提出了"同感"与"悬搁"互为基础的观点，认为一个能够让"自得之物油然再生"的"同感"过程，应该是建立

[①] 朱东华：《"领悟"与"理想型"——论列欧的宗教现象学的方法论基础》，《清华大学学报》（哲学社会科学版）2007年第4期。

在一个人对自身的"收束"或"克制"的基础之上的;与此同时,一个人的"悬搁"态度的形成,则"只能发生在热切的、虚己的投身之后"。朱东华指出,在范德利乌那里,"同感"与"悬搁"并不是两个独立的环节,而是同一个过程中的两个相辅相成的侧面。朱东华敏锐地认识到,夏普在论述范德利乌的思想时,虽然曾经开列过一个现象学方法的程序表,但同时又片面地把范德利乌所谓的"同感"看作是先于和不同于"悬搁"的另一个环节。朱东华认为夏普忽视了范德利乌有关"同感同时也要以悬搁为基础"的论述。"同感"是"领悟"的基础,"领悟"是"同感"的升华。即"同感"与"悬搁"一起奠定了"领悟"的基础;而"领悟"则是范德利乌的现象学探究程序中又一个核心的环节:"领悟"作为"同感"的升华乃是一种"结构性的体验",这种体验的直接成果应该是一种"理想型结构"。在范德利乌看来,"理想型"就是"那种将某些过程和关系结成一个整体的观念元素"。正是这些元素将各种关系融合成了一种体验,从而形成了某种与"实在"相对的"范型"。我们通过描述和追踪这些元素的形成脉络,就可以找出那些使得"所考察对象"成为一个有意义的整体的内在关系。至于"理想型"与"领悟"的关系,范德利乌认为二者密不可分:一方面,"领悟"作为在"经验性体验"基础上生发出来的一种"结构性体验",其真正的对象只可能是"意蕴""理想型"或者"有意义的整体",而不可能是"事实",因为事实"也许只是一些碎片",它可以被了解但谈不上被领悟。另一方面,我们的"领悟"也总是受着意义鲜明的"理想型"的支配。这时候的"领悟"总是要想方设法从个别的意象中"重塑起一个活生生的整体"。这是一个让对象"重新获得生命"的"重建工作"。朱东华指出,当列欧将"理想型"与"领悟"结合起来的时候,他所谓的"领悟"已经变成了"完整意义上的领悟",即它不仅意味着一种"静态现象学的"澄清工作,而且还意味着一种"发生的领悟",或者说"一种以现象学直观到的现存因素为基础的建构工作"。朱东华还从方法论的角度探讨了范德利乌究竟在多大程度上受了胡塞尔的影响,如何看待范德利乌与狄尔泰以及海德格尔之间的思想渊源,以及如何看待范德利乌在宗教学学术史上的理论贡献。他的结论是:范德利乌在方法上似乎很少受奥托的影响,除了在"内在研究路线"方面有所继承外,在其他方面(比如在"同感""领悟"和"理想型"方面)差不多都是自己"另辟蹊径"。尤其是,范德利乌从"领悟"到"理想型"那一整套成熟的、自觉的方法论,已经极大超越了奥托那仍处于萌芽状态的诠释学方法;范德利乌对宗教现象的基本结构的整体把握,也最终突破了奥托仅仅从"内在研究路线"出发的对"努秘"(numinous,神圣的)结构的描述分析。就此而言,范德利乌应无愧于他作为"宗教现象学的诠释学路线的制定者"的称号。

最新的研究成果是陈立胜的《宗教现象学正名》[①]。陈立胜指出,"宗教现象学"这个词处在两种学术领域的交汇之处:一是与以胡塞尔为代表的现象学运动联系在一起的"应用现象学"领域,一是隶属于宗教学的分支领域。在与哲学现象学运动相关的论域之中,作为应用现象学的"宗教现象学"是与"艺术现象学""价值现象学""社会现象学""心理现象学"等比肩而立的"区域现象学"领域;而在与"宗教学"联系在一起的论域下,"宗教现象学"则与"宗教社会学""宗教心理学""宗教人类学""宗教历史学"等比肩而立的"区域宗教学"领域。在相当长的一个时期内,宗教现象学与胡塞尔及其现象学是毫不搭界的。凡是对宗教现象加以分类,或者进而"发现"宗教的本质的研究,均可被称为宗教现象学研究。然而自从胡塞尔的现象学成为一种"显学",现象学作为一种方法被人文学科广泛运用之后,宗教现象学便与胡塞尔的现象学结下不解之缘。只是其中的因缘在相当长的

---

① 陈立胜:《宗教现象学正名》,《中山大学学报》(社会科学版)2012年第1期。

一段时间内从未得到清楚地界定。① 胡塞尔与宗教现象学的关系，可以总结为三个方面：一是胡塞尔现象学方法对于作为"区域现象学"的宗教现象学、现象学神学，产生了广泛而深入的影响，而后者复又影响了某些作为"区域宗教学"的宗教现象学家；二是早在胡塞尔之前，作为"区域宗教学"的宗教现象学已经形成了搁置神学的先入之见与本质描述这一方法论要求，这些方法论要求与胡塞尔并无直接关联，实际上他们都共同隶属于强调意义、理解的德国早期生命哲学、诠释学传统；三是在胡塞尔现象学成为"显学"之后，"现象学的研究立场"成了人文、社会科学之中一种重要的方法论，于是一些作为"区域宗教学"的宗教现象学家开始借助现象学方法论的一些基本术语与套路来标识自己的宗教学研究的路数。

陈立胜认为，要在不同的宗教现象学家之中找到大家分享的一些"本质项"，存在着相当大的难度，因此很多人宁愿把宗教现象学视为"一组研究"而不是"一种研究"，是一个"研究家族"（a family of approaches）。雷芭（Thomas Ryba）说，哲学现象学家就像是一位面包师，成天鼓捣他的配方而无暇烘烤面包，而宗教现象学家则是这样一位面包师，他从不关心配方而整天忙着烘烤面包。② 雷芭的话虽属调侃，但多少反映出宗教现象学家往往不注重方法论问题，这也是"宗教现象学"一词被混乱使用的一个原因。但是无论一百年来宗教现象学家所建构的宗教现象学差异如何之大，无论我们对宗教现象学进行何种类型学的划分，有一些基本的理论取向是不可否认的，这些理论取向决定了人们把某一类的宗教学研究称作是宗教现象学研究。陈立胜的核心观点是："宗教现象学"一词在学界的使用相当混乱，这种状

---

① Sharma, *To the Things Themselves: Essays on the Discourse and Practice of the Phenomenology of Religion*, Berlin/New York: Walter de Gruyter, 2001, p. 233.

② Thomas Ryba, *The Essence of Phenomenology and Its Meaning for the Scientific Study of Religion*, New York: Peter Lang, 1991, p. 231.

况跟作为区域现象学的宗教现象学与作为区域宗教学的宗教现象学这两种背景的交织分不开，胡塞尔现象学与范德利乌宗教现象学之关联即反映出这种情形。宗教现象学属于家族相似概念，在其名下，有几条基本的方法论原则被交叠分享着，但反化约主义、捍卫宗教现象的自主性、尊重宗教现象则是不容否认的方法论"底线"，违背之，纵然其研究是所谓的"本质研究""意义理解"，亦不应被归属于宗教现象学研究。

从整体上看，宗教现象学的许多问题有待探讨，而宗教学界于此的研究处于乏力状态。当我们沿着"现象学"概念的出现到哲学现象学学派的形成，从"宗教现象学"的问世再到达瓦马尼的"历史的宗教现象学"，最后概览中国当代的宗教现象学研究，追溯其演变的轨迹，我们会发现任何学问都必须在"持守"与"创新"之间存留某种程度的张力。中国早有"我注六经"还是"六经注我"之说，其实这两种"注"的方法各有价值。价值不同的关键在于这两种路径的主体不同："我注六经"的主体是"经"，"我"的所有能动性和知识存量都为"经"服务；而"六经注我"的主体是"我"，所有的"注"都是为"我"的创作意图发挥能动性和知识能量。两种方法对于宗教学研究都会有知识产出（增量），但是含金量显然不同，因为后者的创新意识更强。实际上，在某种意义上，宗教学的基本理论、观点和方法都可以看作"经"，而新一代研究者整体可以看作"我"，每个学者也是"我"。"经"虽然是出自个人的研究成果，但在得到社会的和学术界的公认后成为经典，成为人类知识宝库中的一份积淀，成为传统的一部分，自然有其内在的价值和外在的影响力。但是任何"经"都有其产生的社会的、时代的和个人的因素，因而需要新一代学者在新的历史环境和新的社会发展需求面前加以重新阐释。不要说我们今天面临的许多挑战是经典成"经"的时代所未曾有过的，我们只能发挥自己的能动性和创造性，就是对某个问题已经有"经"在先也需要我们进行原创的研究，因为这才是科学的态度。在宗教学研究中,"经"和"我"的关系,说到底,是持守与创新的关系。该"积淀"的要持守,该"拿来"的要尝试,该"扬弃"的要反思。没有"六经注我",宗教现象学难以形成;没有"我注六经",宗教现象学也难以完善;如果都没有,肯定不会有宗教现象学。

小结

1. 宗教现象学作为一个独立的分支学科,属于宗教学(或宗教研究)的领域,但它的核心概念和研究方法,在学源上与哲学现象学关系密切。

2. 现象学是现代哲学的重要学派和思想运动。在这其中"现象学"从一个概念转变为一个哲学学派或学说。哲学现象学所说的"现象"并非人们一般理解中的现象,而是"事物本身",这种事物本身不存在一般哲学所理解的现象与本质的二分。现象学所说的"显现"不仅"是对感官,而且也是对意识的显现,感官只能认识事物的外表或者某一侧面,意识却能认识事物本身或本质。再者,意识的活动与事物的显现不再处于主客观两极。显现总是向意识的显现,是通过意识活动在意识之中的显现,因此是意识的自我显现。现象学所说的现象既是显现场所,又是显现过程,还是显现对象,它们都是在意识中发生的"。而现象学所说的"意识"也"不是精神实体或主观的活动,而是一个揭示真理的过程"。[①] 现象学家努力使自己摆脱未经检验的假设,避免做出因果的和其他的解释,其所使用的方法是描述经验所表现的东西,从而"直观"到或"破译"出"现象"的本质结构的意义。

3. 现象学作为一个哲学学派,其内部并不统一,确切地说,它是一个由不同理论、学说组成的思想运动。胡塞尔在 1913—1930 年主编

---

① 赵敦华:《现代西方哲学新编》,第 91 页。

并出版了 *Jahrbuch für Philosophie und phänomenologische Forschung*。其合作者有盖革、柏范达、雷纳赫、舍勒以及稍晚的海德格尔和贝克等人。这个学派在德国的几所大学里开花结果，形成了哥廷根学派、慕尼黑学派和弗莱堡小组。

4. 施皮格伯格在《现象学运动》中将现象学的方法归纳为七个要点：考察个别现象；考察一般本质；理解本质联系；关注事物显现的方式；探讨现象在意识中的构造；"悬置"对现实性的信念；揭示被蒙蔽的意义，还事物以真面目。但是艾伦认为，哲学现象学对宗教现象学的影响在五个方面尤为重要：（1）现象学力图描述现象的本质，现象显现其自身的机制，以及构成人类经验基础的本质结构。（2）现象学的反还原论，强调的是让人们摆脱不加批判的先入之见，这些先入之见阻碍人们认识到现象的特殊性与多样性，由此拓展和深化人们的直接经验，并提供对这种经验的准确描述。（3）现象学强调意向性，主张一个主体总是对一个客体"有所意向"，意向性指的是所有的意识作为对某物之意识的属性，意识的所有行为都被引向对某物（关注的对象）的意识。（4）现象学主张真正科学的哲学应当是没有任何预先的假设，即没有任何的先决条件（前提），亦即悬置未加批评就接受的"自然世界"，悬置基于"自然态度"的信仰和判断，由此现象学家才能意识到直接经验的现象，才能洞察其本质的结构。（5）对本质的直觉，经常被描述为"清晰的意象"或"清晰的还原"，这个术语和希腊语词 eidos 相关，胡塞尔取自柏拉图所用的意义，即用它来指称"世界的本质"。这种本质表现了事物的"所是"，即事物之必需的和不变的特征，它们使人们认识到现象是某一种类的现象。

5. 学者们对"宗教现象学"也有不同的用法。艾伦将"宗教现象学"归纳为四类：第一类是以模糊的、广义的和不加批评的方式在其论述中使用"宗教现象学"这个术语。在此类情况下，"宗教现象学"只不过是宗教现象之"学术研究"的另一种说法而已。第二类是将

"宗教现象学"等同于宗教现象的比较研究和分类，而很少关注现象学的具体概念、方法或检验等。第三类是将宗教现象学看作宗教学的一个特殊分支、学科或方法。第四类的宗教现象学深受哲学现象学的影响，但其中的研究立场比较混杂。

6. 达瓦马尼认为宗教现象学是一种经验的人文科学，它所力图阐明的宗教现象的本质不是哲学的而是经验的；其判断的标准不是取源于信仰和启示的原则；对其从真理观和超自然效力的观点所研究的现象不作价值判断；因此它不是一种规范性的学科。它在比较不同宗教的宗教现象时既不是排他主义（拒绝承认在其他宗教中存在有价值的与善的东西）的，也不是调和主义（借口诸宗教以不同方式导致相同目的而抹杀宗教间的差异性）的，而是强调不同宗教间的相似性与差异性同等重要，并且重视各种宗教的相适合的与特殊的特征，宗教现象学通过比较深化了其所研究的宗教现象的意义。

7. 宗教现象学的代表人物主要有舍勒、克里斯坦森、奥托、范德利乌、海勒尔、布雷克、伊利亚德和斯马特。宗教现象学运用比较的方法、经验的方法、历史的方法和描述的方法，强调"意图"和同情（或移情）的理解，以洞察本质结构与意义。

8. 达瓦马尼倡导历史的宗教现象学，他认为宗教现象学是对宗教形式的系统研究，它从比较形态学—类型学的观点分类地和系统地考察宗教概念、仪式和神话。历史的宗教现象学给宗教研究提供了一个视角，现象学和历史学形成自然的结合，从而予以历史资料一种透彻的意义。它对一系列类似现象相互比较，辨别其在文化整体中的更深层含义，并使之变得完全可以理解。也就是说，它延续了传统的宗教现象学，意在给宗教历史提供一种意义。

第四章　立足国情，与时俱进，坚持和发展马克思主义宗教观

具有中国特色的马克思主义的宗教学的研究起点是宗教信仰，而有神无神的问题是具有中国特色的马克思主义的无神论的研究任务。宗教学研究的是：即使没有神鬼为什么还有那么多宗教信仰，那么多人信仰宗教；宗教信仰对个人、社会、国家、历史、文化等起什么作用。研究宗教会有不同的立场，具有中国特色的马克思主义的宗教学骨子里是无神论的，这在恩格斯对早期基督教发展历程的研究与分析中，可见到极佳的典范。

坚持和发展马克思主义宗教观，是在新世纪坚持解放思想、深化改革开放的重要组成部分。对于马克思、恩格斯、列宁等人在不同时期就不同问题所发表的有关宗教的论述，当代人有着不同的解读和阐发，这很正常，因为时间、场景和人都已有了很大的变化。但无论怎样解读和阐发，都应遵循两点：一是要在理论上讲得通，即要有理有据；二是要在实践上行得通，即合乎国情，合乎实际，合乎民心。

一、以发展的思路建设有中国特色的马克思主义宗教观

回顾当代中国宗教学理论的发展演变，无论是创立世界宗教研究所，以及近二三十年间涌现的各种相关研究与教学机构，还是对宗教

的历史与现状开展系统的研究,都涉及一个根本的方法论问题,即如何理解和应用马克思主义宗教观?或如何结合中国的宗教国情建树有中国特色的马克思主义宗教观?

如今人们越来越认识到宗教是个复杂多面的文化体,既有显功能亦有隐功能,而同一个功能的价值,既可能是正面的,也可能是负面的。在同一个时代和社会,不同的宗教可能承载着不同的功能;而同一种宗教,在不同的时代与不同的社会也可能功能迥异。与此同时,人们也越来越意识到要全面地而不是片面地认识宗教,特别是在日益复杂的国际环境中,绝不能因信仰上的分歧撕裂我们的国家和社会。如何将中国的信教者与不信教者以及不同的宗教信仰者团结在一起建设我们的家园,并在理论上和思想上对此做出比较明智和系统的阐释,是对当代宗教学研究者的考验,也是历史交给我们这一代学者的使命。

在马克思主义诞生之前和之后,人们对宗教一直有不同的理解;马克思主义诞生之后,人们又对马克思主义以及马克思主义宗教观有着不同的解读。但是现当代某些人对宗教的误解误判(包括极左思潮)与马克思主义宗教观本身没有必然的关联。马克思确实说过"宗教是人民的鸦片",列宁更强调说"宗教是麻醉人民的鸦片——马克思的这句名言是马克思主义在宗教问题上的全部世界观的基石"①。但是马克思和列宁还就宗教说过其他的话。例如,列宁还说过,"对国家而言,我们要求宗教是私人的事情","国家不应当同宗教发生关系,宗教团体不应当同国家政权发生联系。任何人都有充分自由信仰任何宗教,

---

① 列宁:《论工人政党对宗教的态度》1909年5月13日,《列宁选集》第2卷,人民出版社1995年版,第375页。列宁对宗教的鸦片作用还有更详细的阐明:"对于工作一生而贫困一生的人,宗教教导他们在人间要顺从和忍耐,劝他们把希望寄托在天国的恩赐上。对于依靠他人劳动而过活的人,宗教教导他们要在人间行善,廉价地为他们的整个剥削生活辩护,廉价地售给他们享受天国幸福的门票。宗教是麻醉人民的鸦片。宗教是一种精神上的劣质酒,资本的奴隶饮了这种酒就毁伤了自己作人的形象,忘记要求稍微过一点人所应当过的生活。"(列宁:《社会主义和宗教》1905年12月3日,《列宁全集》第10卷,人民出版社1987年版,第62—63页)

或者不承认任何宗教","在公民中间,完全不允许因为宗教信仰而产生权利不一样的现象"。"〔宗教〕团体应当是完全自由的、与政权无关的志同道合的公民联合会"。① 这里有两个问题不能混为一谈:一个是我们要理解清楚马克思和列宁说了什么,这不仅需要认真地和全面地了解马克思、恩格斯、列宁等人关于宗教的论述,更要了解马克思和列宁在阐述这些观点时的话语关联和时代背景;另一个是要厘清不同的人群对马克思和列宁所说的哪些话感兴趣,这就需要我们分析为什么特定人群在特定的时空场合会强调马克思和列宁等人的某些话语(同时又对他们说过的其他话语视而不见),剖析这种取舍的意义何在。

马克思、恩格斯和列宁关于宗教的论述对我们而言已经是历史、是事实,属于"世界3"那一类的客观存在。不管人们喜欢还是不喜欢,他们就在那里,无法否认。问题不在于他们而在于我们:我们如何理解马克思主义创始人关于宗教的论述,关键在于今天的我们能否和如何坚持和发展马克思主义宗教观。新的时代新的国情,需要以发展的眼光丰富和发展我们对马克思主义宗教观的理解。虽然在马克思和恩格斯生活的时代宗教问题比较凸显,列宁发动革命的俄国是以东正教为主导的国家,但无论是马克思、恩格斯,还是列宁,都没有把自己的主要精力放在宗教问题上,而是把宗教问题纳入人的解放和社会改造的革命进程。② 这是应当引起我们注意的第一点。当我们将马克

---

① 列宁:《社会主义和宗教》1905 年 12 月 3 日,《列宁全集》第 10 卷,第 63—64 页。
② "在我们看来,被压迫阶级为创立人间天堂而进行的这种真正革命斗争的一致,要比无产者关于天堂的意见的一致更为重要"(列宁:《社会主义和宗教》1905 年 12 月 3 日,《列宁全集》第 10 卷,第 65 页)。列宁在 20 世纪初认为,"宗教是人民的鸦片"这句话是"马克思主义在宗教问题上的全部世界观的基石"(《列宁选集》第 2 卷,人民出版社 1972 年版,第 247 页),并由此引申出另一个论点:"现代所有的宗教和教会、各式各样的宗教团体,都是资产阶级反动派用来捍卫剥削制度、麻醉工人阶级的机构。"(《列宁选集》第 2 卷,第 375 页)在俄国十月革命成功以后,俄共(布)成为执政党,列宁对宗教的认识有所变化,他不但认为宗教与任何革命运动一样是由人民群体创造的,而且肯定任何人都有信教或不信教的自由:任何人都有信教自由,也有传教布道和改信其他宗教的自由,无论"哪一个官吏都管不着谁信的是什么教,这是个人的信仰问题"(《列宁全集》第 10 卷,第 63 页)。他说:"社会民主党……完全尊重一切真诚的宗教信仰,只要

思、恩格斯、列宁等人在不同时间、不同地点就宗教问题发表的不同见解抽取出来，单独放在一起时，会发现其中某些论述是针对宗教整体的，有些论述是针对一时一地一事的，而且前后有所变化，他们对宗教问题的理解是个不断发展和丰富的过程。这是我们不能忽视的第二点。如何看待和理解他们的不同论述（这也是引起争论和误读的焦点），我们心中要有明确的意识：一方面，马克思主义的宗教观不是孤立形成的，它是马克思主义世界观整体的有机组成部分，要准确地把握和理解马克思主义宗教观，首先要把握马克思主义的基本命脉；另一方面，马克思、恩格斯、列宁都是与时俱进、坚持辩证发展的人，他们一直在社会实践中检验和修正着自己的观点（例如无产阶级在巴黎公社运动有了执政经验后，马克思与恩格斯就明确表示《共产党宣言》中关于管理国家的一些提法"已经过时"），我们要坚持马克思主义宗教观，就要像他们那样以实事求是的精神发展马克思主义宗教观，并且在社会实践中检验和修正自己对马克思主义宗教观的理解与认识，这是我们不能忽视的第三点。

既然说"马克思主义宗教观"，那么这个"观"就不是零散无序的一些"点"，而是将这些"点"凝聚成有内在逻辑的、有时间发展阶段、有空间适用性的一个"观"。这个"观"之所以形成，之所以成立，是因为它有着坚实的理论基础，这就是历史唯物论和辩证唯物论。恩格斯在马克思墓前的讲话中，曾将并肩战斗多年的老战友的贡献概括为三个方面：（1）马克思发现了人类历史的基本规律，这就是"历来为繁茂芜杂的意识形态所掩盖着的一个基本事实：人们首先必须吃、

（接上页）这种信仰不是靠暴力或欺骗来进行传播的。"（《列宁全集》第15卷，人民出版社1988年版，第151页）。"在我们的党纲中，没有宣布而且也不应当宣布我们的无神论。"（《列宁全集》第12卷，人民出版社1987年版，第134页）为了更广泛地动员人民群众投身革命和建设，列宁欢迎信教人士向党靠拢："如果有一个司祭愿意到我们这里来共同进行政治工作，真心诚意地完成党的工作，不反对党纲，那我们就吸收他加入社会民主党。"（《列宁选集》第2卷，第253页）

喝、住、穿，然后才能从事政治、科学、艺术、宗教等等；所以，直接的物质的生活资料的生产，因而一个民族或一个时代的一定的经济发展阶段，便构成为基础，人们的国家制度、法的观点、艺术以至宗教观念，就是从这个基础上发展起来的，因而，也必须由这个基础来解释，而不是象过去那样做得相反"。（2）由于剩余价值的发现，"马克思还发现了现代资本主义生产方式和它所产生的资产阶级社会的特殊的运动规律"。（3）恩格斯认为更重要的在于"马克思首先是一个革命家。他以某种方式参加推翻资本主义社会及其所建立的国家制度的事业，参加赖有他才第一次意识到本身地位和要求，意识到本身解放条件的现代无产阶级的解放事业——这实际上就是他毕生的使命。斗争是他得心应手的事情。而他进行斗争的热烈、顽强和卓有成效，是很少见的"。①恩格斯在这里概括的马克思的三大贡献，为我们把握和理解马克思主义的宗教观，提供了基本的路径。

在《德意志意识形态》中，马克思和恩格斯从哲学上论证了意识与存在、宗教与社会、神与人的真实关系：意识在任何时候都只能是被意识到了的存在，而人们的存在就是他们的实际生活过程。一句话，不是"意识决定生活，而是生活决定意识"。如果"全部意识形态中人们和他们的关系，就像在照相机中一样是倒现着的"，那么这种现象也是从人们生活的历史过程产生的。由此来看，宗教等意识形态，以及与它们相适应的意识形式，便失去了独立性的外观，所以说"宗教本身既无本质也无王国"。基督教之所以在不同的时代采取不同的形式，并不是因为"宗教精神的自我规定"和"它的继续发展"，而是受到当时当地社会历史条件的制约，并随着社会发展而演变的。那些发展着自己的物质生产和物质交往的人们，在改变自己的社会现实的同时，也改变着自己的思维和思维的产物。所谓的宗教"本质"，既不在抽象

---

① 参见《马克思恩格斯选集》第3卷，人民出版社1972年版，第574—575页。

的"人的本质"中,也不在"上帝的宾词"中,人们"只有到宗教的每个发展阶段的现成物质世界中去寻找这个本质"。① 这种唯物史观在马克思的《政治经济学批判·序言》中得到进一步明确的表述:

> 人们在自己生活的社会生产中发生一定的、必然的、不以他们意志为转移的关系,即同他们的物质生产力的一定发展阶段相适应的生产关系。这些生产关系的总和构成社会的经济结构,即有法律的和政治的上层建筑竖立其上并有一定的社会意识形式与之相适应的现实基础。物质生活的生产方式制约着整个社会生活、政治生活和精神生活的过程。不是人们的意识决定人们的存在,相反,是人们的社会存在决定人们的意识。社会的物质生产力发展到一定阶段,便同它们一直在其中活动的现在生产关系或财产关系(这只是生产关系的法律用语)发生矛盾。于是这些关系便由生产力的发展形式变成生产力的桎梏。那时社会革命的时代就到来了。随着经济基础的变更,全部庞大的上层建筑也或慢或快地发生变革。在考察这些变革时,必须时刻把下面两者区别开来:一种是生产的经济条件方面所发生的物质的、可以用自然科学的精确性指明的变革,一种是人们借以意识到这个冲突并力求把它克服的那些法律的、政治的、宗教的、艺术的或哲学的,简言之,意识形态的形式。我们判断一个人不能以他对自己的看法为根据,同样,我们判断这样一个变革时代也不能以它的意识为根据;相反,这个意识必须从物质生活的矛盾中,从社会生产力和生产关

---

① 参见《马克思恩格斯选集》第1卷,人民出版社1972年版,第29—31页。这也就是恩格斯在《英国状况》中曾经指出的:不应当到虚幻的彼岸,到时间空间以外,到似乎置身于世界的深处或与世界对立的"神"那里去找真理,而应当到近在咫尺的人的胸膛里去找真理。人所固有的本质比臆想出来的各种各样的"神"的本质,要伟大得多,高尚得多,因为"神"只是人本身的相当模糊和歪曲了的反映。(《马克思恩格斯全集》第1卷,人民出版社1972年版,第651页)

系之间的现存冲突中去解释。无论哪一个社会形态，在它们所能容纳的全部生产力发挥出来以前，是决不会灭亡的；而新的更高的生产关系，在它存在的物质条件在旧社会的胎胞里成熟以前，是决不会出现的。所以人类始终只提出自己能够解决的任务，因为只要仔细考察就可以发现，任务本身，只有在解决它的物质条件已经存在或者至少是在形成过程中的时候，才会产生。①

由唯物史观来看宗教，一个基本的结论就是：不是宗教创造了人，而是人创造了宗教。"宗教是那些还没有获得自己或再度丧失了自己的人的自我意识和自我感觉。"国家、社会产生了宗教即颠倒了的世界观，因为它们本身就是颠倒了的世界。② 宗教上的不平等，并不是社会不平等的原因，而是它的结果。在马克思看来，"宗教的存在是一个缺陷的存在"，但这个缺陷的根源却应该到"国家自身的本质"中去寻找。宗教不是世俗狭隘性的原因，而只是它的表现。在相当长的历史时期内，"人们一直用迷信来说明历史"（马克思的这个观点，可以使我们对当今的"文明冲突论"另有感悟），而马克思、恩格斯在探讨宗教问题时始终坚持的原则，是"用历史来说明迷信"，他们不是把世俗问题化为神学问题，而是把神学问题化为世俗问题。③

既然是人创造了宗教而不是宗教创造了人，那为什么宗教中的神灵处于高高在上的主宰地位，而创造者却匍匐在它们的脚下？马克思用"异化"，特别是"劳动异化"所导致的社会异化，揭示了宗教之所以为"颠倒了的世界观"的世俗根源。马克思在《1844年经济学哲学手稿》中指出，劳动（自由自觉的活动）是人的类本质，但在私有制条件下却发生了异化：劳动者同自己的劳动产品相异化，劳动者同自

---

① 《马克思恩格斯选集》第 2 卷，第 82—83 页。
② 参见《马克思恩格斯选集》第 1 卷，人民出版社 1972 年版，第 1 页。
③ 参见《马克思恩格斯全集》第 1 卷，第 425 页。

己的劳动活动相异化,人同自己的类本质相异化,人同人相异化。① 马克思在《经济学手稿(1857—1858)》和《资本论》等论著中,以分析资本主义生产关系为基础来阐明异化的本质,扬弃了从社会契约论到黑格尔的异化理论,认为转让不过是从法律上表示的简单的商品关系,外化则表示以货币形式对社会关系加以物化,异化才真正揭示了人们在资本主义制度下最一般的深刻的社会关系,其实质在于表明人所创造的整个世界都变成了异己的、与人对立的东西。

马克思和恩格斯坚信社会生活在本质上是实践的。他们认为凡是把理论导致神秘主义方面去的神秘东西,都能在人的实践中以及对这个实践的理解中得到合理的解决。② 从现象上看,宗教"剥夺人和大自然的全部内容,把它转给彼岸之神的幻影,然后彼岸之神大发慈悲,把一部分恩典还给人和大自然"。尽管许多人对宗教信仰提出这样或那样的质疑,但人们还是不了解,他实际上"在崇拜自己的本质,把自己的本质神化,变成一种别的本质"。③ 宗教之所以能够把人的本质变成了幻想的现实性,是因为人的本质没有真实的现实性。④ 而"人的本质"之所以没有"真实的现实性",是因为异化的作用,特别是私有制和阶级产生以来的社会异化。

从根本上说,马克思和恩格斯是将宗教看作"果"而不是"因"。宗教的异化来源于社会的异化,也就是说,宗教异化的必然性存在于

---

① 劳动者同自己的劳动产品相异化,指的是劳动所产生的对象,即劳动产品,作为一种异己的存在物,同劳动相对立。工人生产的对象越多,他能够占有的对象就越少,而且越受他的产品即资本的统治。劳动者同自己的劳动活动相异化,指的是劳动对工人说来是外在的、不属于他的本质的东西。在这种劳动中,工人不是感到幸福,而是感到不幸,不是自由地发挥自己的体力和智力,而是使自己的肉体受折磨、精神受摧残。劳动活动的异化是劳动产品异化的根源。人同自己类本质相异化,指的是人同自由自觉的活动及其创造的对象世界相异化。人同人相异化乃是人同自己的产品、自己的劳动活动、自己的类本质相异化的直接结果。因为当人同自己的劳动产品、自己的劳动活动以及自己的类本质相对立的时候,也必然同他人相对立。
② 参见《马克思恩格斯选集》第1卷,人民出版社1972年版,第18页。
③ 恩格斯:《英国状况》,《马克思恩格斯全集》第1卷,第647—648页。
④ 参见《马克思恩格斯选集》第1卷,人民出版社1972年版,第1页。

社会之中。在孔德那里，只有通过"人性宗教"才能有良好的社会秩序；而在马克思与恩格斯那里，只有建立良好的社会秩序才能消除宗教的异化。因此，他们非常明确地将自己对宗教的批判，作为批判整个剥削制度，特别是资本主义制度的一个组成部分。因为在他们看来，要彻底改变劳动者所处的异化状态，首要的任务不是批判宗教，而是改造社会。恩格斯说，"基督教和工人的社会主义都宣传将来会解脱奴役和贫困；基督教是在死后的彼岸生活中，在天国寻求这种解脱，而社会主义则是在这个世界里，在社会改造中寻求这种解脱"[①]。简言之，"废除作为人民幻想的幸福的宗教，也就是要求实现人民的现实的幸福"。摘去装饰在锁链上的那些虚幻的花朵只是手段，目的在于要人们砸碎锁链，获得自由。因此对尘世的改造重要的不再是批判的武器，更重要的是武器的批判。马克思充满激情地指出，"彼岸世界的真理消逝以后，历史的任务就是确立此岸世界的真理。人的自我异化的神圣形象被揭穿以后，揭露非神圣形象中的自我异化，就成了为历史服务的哲学的迫切任务。于是从认识上说，人们已无必要再将已经认识到的东西投射到异己的对象身上并对之顶礼膜拜；从实践上说，对天国的批判就变成对尘世的批判，对宗教的批判就变成对法的批判，对神学的批判就变成对政治的批判"[②]。

从根本上说，唯物史观和辩证唯物论乃是马克思主义宗教观的基础。从这个立场看宗教，宗教这个复杂的多面体有着不同于其他社会意识形态、其他社会事物、其他文化传统的独特维度。宗教的产生和发展既有内因亦有外因，这些内因与外因的互动又使宗教创新层出不穷。但是最终开花结果，繁衍不绝的宗教或教派，屈指可数。时至今

---

① 恩格斯：《论早期基督教的历史》，《马克思恩格斯全集》第 22 卷，人民出版社 1972 年版，第 525 页。

② 马克思《〈黑格尔法哲学批判〉导言》，《马克思恩格斯选集》第 1 卷，人民出版社 1972 年版，第 2 页。

日，我们对宗教的认知，与60年前相比，与30年前相比，都已大不相同。即使如此，我们的认知还会发展变化，因为社会的发展变化仍旧继续，宗教的存在、发展和变化没有终结，我们的认识发展也就不会有终点，如何以发展的眼光发展马克思主义宗教观，依然是摆在我们面前的重要课题。

二、多角度定位宗教

宗教学的历史发展表明，宗教体的多面性虽然是自在的，但却是被人们渐渐发现并予以辨析、认知的。对于宗教的定位至少可以从意识形态、政治地位、社会功能和文化意义四个方面入手。通常人们在谈论"意识形态"这个概念时，一是指与社会存在相对的社会意识形态，除了宗教之外，还有政治、法律、哲学、艺术等，二是作为一种将人们动员起来改天换地的思想武器的意识形态。一种主义或一种思想体系成为一种意识形态，它就不再仅仅是头脑中或书本上的东西，而是付诸实践、改变社会的社会行动。所以从意识形态层面定位宗教，首先要着眼于它是一种世界观，由此会涉及无神论与有神论、教义教规等范畴，内在地体现了社会意识与社会存在的关系；然而若从第二种意义上的意识形态定位宗教，就要从思想与实践的关系入手，分析宗教作为一种精神力量（和社会力量）在改造社会、陶治心性等方面的作用。由于第二种意义上的意识形态或迟或早、或大或小总会落实为特定群体和特定的社会运动，所以也会涉及阶级、政党、教派等等。政治地位定位不仅聚焦于宗教与政府的关系，还涉及敌我友的关系性质和力量划分，根据宗教在特定历史时期的利益向背、宗教对于政治格局的正反作用、联合宗教力量以实现政治目标的可能性而有不同的关系组合。社会功能定位是将宗教看作一种社会资本，关注它在社会运行中所发挥的组织功能、协调功能、自治功能和服务功能等。文化意义定位主要着眼于宗教作为一种文化软实力，在物质文化和精神文化等多个层面承载着一个群体所珍视的传统和价值体系，通过将其神圣化或通过仪式、象征等将其与神圣存在联系起来，从而在将社会成员社会化的过程中，将社会所必需的行为规范和文化所珍视的价值内在化。

40多年前中国实行改革开放，本身就是一个社会、经济、文化发展战略的大转变。随着这一过程的深入，宗教政策逐步落实，各级宗教团体陆续恢复，各种宗教活动得以有序进行。与此同时，中国社会由以阶级斗争为纲转变为以经济建设为中心，随后又由计划经济转入市场经济。社会转型使中国社会形成诸多新特点、新思想和新的社会力量。在新的社会格局中如何定位宗教，就成为理论上需要探索和明辨的重要问题。所谓宗教学界的"鸦片战争"，即围绕如何理解马克思的"宗教是人民的鸦片"论断展开讨论，坚守者、质疑者、修正者与调和者各有所执，而争论的结果是学者们转而讨论"宗教的功能""宗教是文化"以及"宗教与社会主义社会相适应"等问题。

关于这场争论与探讨的主要焦点及相关论点，当代人都比较熟悉，毋庸赘言。我们想强调的是，从定位宗教是鸦片到凸显宗教是文化，尤其是在这种认识不再是个别学者的主张，而是一种社会共识时，反映了人们定位宗教的主要视角，已经从意识形态层面转变到文化的层面。有些人说宗教既不是意识形态，也不是文化，而是一种信仰。这话没有错，但是我们在此讨论的转变过程，其所涉及的问题不在于宗教本身是不是信仰（这是无可置疑的前提，否则就不是宗教了），而是说在宗教外部的人们主要将宗教置于社会生活的哪个层面，宗教或教派团体在同社会外界（政治、经济、文化等）打交道时，主要在哪些方面发挥作用。从第二种意义上的意识形态定位宗教，无论对于信教者还是非信教者，宗教都是一种改造世界的思想武器和组织力量，甚至是阶级斗争和社会运动的武器；从文化的层面定位宗教，宗教发挥作用的空间在于私人领域和非政治公共领域，无论对于信教者还是非信教者，宗教乃是生命意义、修身养性、行为规范与文化象征的一种累积的传统。作为意识形态的各种宗教间、各宗教与各政党之间可能会针锋相对，甚至你死我活、难以调和；而作为文化的宗教间却可以共存共事共荣，涉及更多的是个人对不同价值系统的继承和选择（成为个人安身立命、修身养性的港湾之一），是推动社会自治、善治和慈善等事业的一种动力。当然，定位于哪个层面是社会做出的选择，不同的选择自然有不同的结果。然而这种选择不一定是同指向的，各方都选择意识形态的定位很容易剑拔弩张；有些人选择意识形态定位，另一些人选择文化定位，也难以实现共识；底线的形成与维护不仅需要社会外界的努力，更需要诸宗教或教派群体的自觉。

宗教本来就是多层面的，但我们的思想却往往局限于将之理解为单向度的。随着改革开放和思想解放，中国人对宗教属性的认识逐渐由单线的变成多角度的，由平面的变成立体的，由既成不变的变成动态发展的。凸显宗教的社会定位与文化定位，绝非否认宗教具有意识形态的属性和成为政治运动的可能性，这既不应该也不可能，而是对宗教认识的拓展，即从更深广和更全面的层面上把握宗教的属性：宗教不仅仅是意识形态，它还是文化系统。

认识与实践是互动的过程。人们认识上的转变、社会话语的转换与建构必然会影响现实社会中宗教的生存状态、价值选择和发展走向。来自社会的期待和压力与源自宗教内部的发展动力也会形成一种互动，特别是在日益复杂的国际关系格局和中国建构和谐社会的进程中，这种互动必然会影响宗教在社会文化发展和人们心中的地位和作用。当宗教被看作一种文化的共识越来越广泛时，人们对宗教的理解也随之发生诸多变化，在我们看来其中最重要的变化有两个：

第一个变化是在过去突出从意识形态角度为宗教定位时，人们提及宗教，首先想到的是真假对错，甚至是敌是我还是友。这种对错、敌我之分，甚至激化为你死我活的关系，不仅存在于信教者与非信教者之间，亦存在于归属不同宗教或不同教派的信教者之间；第二个变化是更多地从文化角度定位宗教，信教者与非信教者、归属不同宗教或教派的信教者之间，主要的不是政治理念和制度上的分歧，而是不同文化价值与行为方式的选择，这就为信教者与非信教者、信仰不同宗教的人们存异求同、相互尊重、相互理解与合作，留下了充分的空间。同时，也为宗教与中国社会主义社会相适应，提供了合理性与可能性以及有所作为的平台。

以意识形态为主定位宗教和以文化角度为主定位宗教，绝不是互相否定的关系。但是，若仅仅以意识形态定位并否认宗教的社会、文化属性，很容易将人们对宗教的理解"狭窄化"，甚至又回到"阶级斗争天天讲"的老路上去；而若仅仅以宗教的社会、文化属性定位并否认宗教的意识形态属性，那也是不顾人类历史和世界现实。当今世界大量的事实告诉人们，宗教依然被某些人或某个群体当作政治斗争的武器（在某种意义上，亨廷顿的"文明冲突论"也有此味道）。但是在当代中国，人们对宗教定位主要视角的转变所带来的第二个变化，更多地表达了一种价值取向，或者说意在形成一种新的社会心理底线，即认可宗教作为一种文化系统而不认可宗教作为第二种意义上的意识形态。一方面，在当代社会里，宗教作为第二种意义上的意识形态，在某种意义上会成为一把双刃剑，当甲方用它伤害乙方时，同时也就给予乙方以同样的武器，乙方也就有可能同样用其伤害甲方。另一方面，在世界历史上，某一宗教对另一宗教的迫害，某一宗派对另一宗派的伤害，无不在伤害对方的同时（或从长远看）也重创了自己，而且真正最受伤害的总是双方的信众。所以在中国这样一个多民族多宗教共存的社会里，人们将宗教视为文化这种价值取向会营造一种宽容的社会心理氛围，这也表达了一种强烈的善良愿望和社会舆论，即在当代世界里，宗教不要成为偏执、欺诈、怨恨、误解和冲突的根源，而要成为善良、宽容、精神升华与社会和谐的动力。认同这一共识的人,既有归属不同宗教或教派的人士,也有不信奉任何宗教的人士。这种社会认知与心理底线,有利于社会和谐氛围的形成和扩展,无形中也减少了社会各方面(包括宗教群体)将宗教作为政治武器的可能性,而且随着新世纪世界格局与国内形势的复杂变化,认同这一点的人日益增多,而将宗教作为第二种意义上的意识形态的吸引力,则越来越不受欢迎或引起人们的反感、质疑和警惕。

三、宗教是人类掌握世界的方式之一

马克思不仅从本质的、社会功能的角度分析宗教,还从认识论的角度提出宗教是人类掌握世界的方式之一。马克思在《〈政治经济学批判〉导言》即《经济学手稿(1857—1858)》里,提出人类掌握世界有四种方式,即理论的、艺术的、宗教的和实践的。马克思是在论述政治经济学的方法时提出这个论断的。他说:

> 整体,当它在头脑中作为思想整体而出现时,是思维着的头脑的产物,这个头脑用它所专有的方式掌握世界,而这种方式是不同于对于世界的艺术精神的、宗教精神的、实践精神的掌握的。实在主体仍然是在头脑之外保持着它的独立性;只要这个头脑还仅仅是思辨地、理论地活动着。因此,就是在理论方法上,主体,即社会,也必须始终作为前提浮现在表象面前。①

宗教与理论、艺术、实践一样,是人类掌握世界的方式之一,这是一个需要我们下功夫研究的非常重要的论断。为什么说非常重要?

---

① 马克思:《〈政治经济学批判〉导言》,《马克思恩格斯选集》第 2 卷,第 104 页。

又为什么说需要我们下功夫研究？首先，马克思的这个论断提醒我们注意，宗教学研究与作为宗教学研究对象的宗教本身，分属于人类掌握世界的不同方式：作为科学研究，我们要运用理论的方式研究宗教现象；但是与此同时，我们还要意识到，宗教不同于哲学、政治学或经济，也不同于艺术，它有着掌握世界的独特方式。其次，马克思对理论如何掌握世界论述得较多，阐述得也比较系统；但对于宗教如何掌握世界，却论述得比较概括，这种着墨不多反而给后来的宗教学研究和进一步发展留下很大的空间。由马克思的掌握世界的四种方式的观点可以引申出许多问题。在此我们的探讨涉及三个方面：一是宗教学作为理论的掌握方式；二是宗教本身是另一种掌握世界的方式；三是宗教学在研究宗教时，实际上是一种跨越掌握世界方式的"掌握"。

（一）理论研究仅从具体到抽象是不够的，还必须从抽象到具体

马克思以人口研究为例，说明理论研究的过程。人口最初是个混沌的关于整体的表象，经过一系列切近的规定之后，人们会在分析中达到越来越简单的概念，即从表象的具体达到越来越稀薄的抽象，直到达到一些最简单的概念。至此理论进程"回过头来"，从抽象返回具体，即又回到人口，"但是这回人口已不是一个混沌的关于整体的表象，而是一个具有许多规定和关系的丰富的总体了"①。马克思说，第一条道路是经济学在它产生时期在历史上走过的道路。17世纪的经济学家"总是从生动的整体，从人口、民族、国家、若干国家等等开始；但是他们最后总是从分析中找出一些有决定意义的抽象的一般关系，如分工、倾向、价值等等"②。而这些个别要素一旦抽象出来和确定下来，从劳动、分工、需要、交换价值等这些简单的东西上升到国家、

---

① 马克思：《〈政治经济学批判〉导言》，《马克思恩格斯选集》第2卷，第103页。
② 马克思：《〈政治经济学批判〉导言》，《马克思恩格斯选集》第2卷，第103页。

国际交换和世界市场的各种经济学体系就开始出现了。

马克思更加看重的是后一种路径，认为它"显然是科学上正确的方法"。在他看来，理论体系是从抽象到具体的理论建构，但是理论体系中的具体已经不是表象的具体。用马克思的话来说就是"具体之所以具体，因为它是许多规定的综合，因而是多样性的统一"。实际上，宗教学在其初始阶段，也是走了从现象到抽象、提出某些关键概念的第一条道路。但是无论从历史材料出发，还是从现实材料出发，宗教学研究都不能停留在现象归纳，即从具体到抽象的层面上，还必须再折回头来，由抽象到具体，即建构理论体系。这就是马克思说的，"具体"在理论思维中"表现为综合的过程，表现为结果，而不是表现为起点，虽然它是现实中的起点，因而也是直观和表象的起点"①。从宗教学研究的角度看，宗教学中的"具体"也不应当是直观的和表象的，而是经过揭示本质和各种规定的，也就是说，它是理论建构的产物。

在推动历史唯物主义观及其研究方法的形成与发展中，恩格斯几乎是与马克思同步的。他在1859年发表的《卡尔·马克思〈政治经济学批判〉》中，认为历史的方法与逻辑的方法是统一的，逻辑的研究方式"无非是历史的研究方式"，所谓"发展也是从最简单的关系进到比较复杂的关系"。②在他看来，"历史从哪里开始，思想进程也应当从哪里开始，而思想进程的进一步发展不过是历史过程在抽象的、理论上前后一贯的形式上的反映；这种反映是经过修正的，然而是按照现实的历史过程本身的规律修正的，这时，第一个要素可以在它完全成熟而具有典范形式的发展点上加以考察"③。马克思主义的政治经济学，研究的不是物，而是人和人之间的关系，其出发点是从历史上和实际

---

① 马克思：《〈政治经济学批判〉导言》，《马克思恩格斯选集》第2卷，第103页。
② 恩格斯：《卡尔·马克思〈政治经济学批判〉》，《马克思恩格斯选集》第2卷，第122页。
③ 恩格斯：《卡尔·马克思〈政治经济学批判〉》，《马克思恩格斯选集》第2卷，第122页。

上都摆在人们面前的、最初的和最简单的经济关系：

> 既然这是一种关系，这就表示其中包含着两个相互关联的方面。我们分别考察每一个方面；由此得出它们相互关联的性质，它们的相互作用。于是出现了需要解决的矛盾。但是因为我们这里考察的不是只在我们头脑中发生的抽象的思维过程，而是在某个时候确实发生过或者还在发生的现实过程，因此这些矛盾也是在实际中发展着的，并且可能已经得到解决。我们研究这种解决的方式，发现这是由建立新关系来解决的，而这个新关系的两个对立面我们现在又需要加以说明，等等。①

我们在恩格斯的论述中，可以看到他特别强调研究"关系"，研究"关系"在发展过程中的矛盾及矛盾的转化。马克思与恩格斯的这些论述，对于我们今天和今后所从事的宗教学研究启发极大，如何将历史的方法与逻辑的方法统一起来并渗透于我们的研究之中，如何打通历史、现实和理论，如何建构有中国特色的宗教学理论体系，不仅需要认真、反复的体悟，而且需要在实践中不断地探索。人们常说知难行易，有时候却是知易行难。

（二）宗教这种掌握世界的方式的独特性是什么？

陈荣富对马克思将宗教的方式同理论的、艺术的和实践的方式并列为人类掌握世界的方式，给予很高的评价。他认为，"这是马克思对宗教认识的一次巨大的进步"，虽然马克思的相关论述话语不多，"但在马克思主义宗教观的形成和发展上却具有重大意义，它表明，马克

---

① 恩格斯：《卡尔·马克思〈政治经济学批判〉》，《马克思恩格斯选集》第 2 卷，第 122—123 页。

思已经把宗教视为一种复杂的社会文化现象了"。①

陈荣富认为马克思所说的人类把握世界的四种方式是各有特色的。理论的方式是通过概念、范畴及其逻辑体系去掌握世界。艺术的方式是通过塑造具体生动的形象来反映社会生活，它的最大特点是依靠形象（色、声、形、情等静态的和动态的形象）来表现人们对自然、社会与生活的理解、情感、愿望和意志。宗教的方式是人们以幻想的形式，运用符号和象征系统对超人间、超自然力量的一种认识、信仰和崇拜。而实践的方式则是人类认识和改造世界的物质活动，是"精神的客观现实化和客观现实的精神化"。人类掌握世界的这四种方式互相有别，又"相互关联、相互渗透、相互影响"。②

马克思关于宗教是有别于理论思维的把握世界的一种方式，以及将宗教视为一种复杂的社会文化现象的观点，对人们认识宗教和理解宗教，产生了深远的影响。在马克思提出这一观点的百年之后，宗教学研究无论在深度上还是在广度上，都有了很大的发展。文化人类学家格尔茨（Clifford Geertz）直截了当地提出"宗教是一种文化系统"。他认为，宗教中的神圣象征的作用在于合成一个民族的精神，即人们的生活情调、特征和品质，伦理道德，审美类型和情绪，以及他们的世界观，这构成了人们认为事物"真正存在方式"的图景和"最富有包容力"的秩序观念。在宗教信仰和实践中，一个群体的精神，之所以在理智上被赋予了合理性，乃是因为它代表着一种生活方式，这种生活方式理想地适合于世界观所描述的"真实事态"，同时，由于世界观被看作精心安排的特别适应这种生活方式的真实事态的一种镜像，因而它还被赋予了情感上的说服力。这种相互对应和相互确证形成两个基本的结果：

---

① 陈荣富：《马克思主义宗教观研究》，四川人民出版社 2008 年版，第 492 页。
② 参见陈荣富：《马克思主义宗教观研究》，第 494—497 页。

一方面，通过将道德的和审美的倾向描绘成隐含在世界中的，且具有特殊结构的、生活的设定条件，描绘成一个既定的实在（reality）之不可改变之形式的常识，而将它们客观化。另一方面，它通过唤起深刻的道德情感与审美感受，并将其视为真理的经验证明，而支持了关于整个世界的公认信仰。宗教的象征在特定的生活方式与特定的（如果存在，经常不隐晦的）形而上学之间，形成基本的和谐一致，在此过程中，每一方都借助对方的权威而相互支持。①

格尔茨说，宗教能够调整人的行动，以使之合乎宇宙的秩序，并将这些宇宙秩序的形象投射到人类经验的层面上。他提出的宗教定义是：

（1）一个象征的体系；其作用在于（2）建立人类强有力的、普遍的、恒久的情绪与动机；（3）其建立的方式是系统阐述有关存在的一般秩序的诸观念；（4）给这些观念装饰上实在的光环；（5）使这些情绪和动机仿佛具有独特的真实性。②

人类生活世界中的无知、苦难与不义的不可避免，都在根本的层面上提出"意义的问题"，而"恰恰是借助于宗教的象征，人的存在领域和一个更广大的领域联系起来并被安顿于其中，这既得到了肯定，也遭到了否认"③。格尔茨认为这里有一个更深刻的问题：这种否认的东西如何成为被信仰的东西？宗教信徒是如何从在体验无序时感到的

---

① 参见格尔茨：《文化的解释》，纳日碧力戈等译，上海人民出版社1999年版，第103—104页。译文有改动。
② 参见格尔茨：《文化的解释》，纳日碧力戈等译，第105页。译文有改动。
③ 参见格尔茨：《文化的解释》，纳日碧力戈等译，第107页。

烦恼转变为信仰关于基本秩序的或多或少稳定的信念？在宗教的背景中，"信仰"意味着什么？他指出，宗教观不同于常识观，它超出了日常生活的现实而进入了一个更广阔的现实，它的特定关注点并不是要作用于那更广阔的现实，而是承认它，信仰它。宗教观也不同于科学观，它对日常生活现实的怀疑，不是出于某种制度化了的怀疑（将世界的既定性分解为一大堆或然性的假设），而是根据它所采取的一种更为广阔的、非假设的真理。它所要求的不是离弃而是献身，不是分析而是与之结合。而宗教观与艺术观的差别则在于：它不是要摆脱对真实性的整个质疑，而是有意地制造出相似的和幻觉的气氛，它深化了对事实的关注并努力去创造一种完全真实的光环。正是这种"真正真实"的感觉，成为宗教观的基础。

>宗教一方面使我们的象征符号资源有稳定的力量，来系统阐述分析性观念，使之成为概观现实的权威观念；与此相同，它在另一方面，也使我们同样的象征符号资源具有稳定的力量，借助认为宗教主旨无处不在的类似观念，借助宗教内部的格调，来表达情感——心情、情绪、激情、感情、情感。对于那些能够接受宗教的人，只要他们能够接受它们，宗教象征符号不仅强有力地保证了他们理解世界的能力，而且，在他们理解世界的时候，也强有力地保证他们的感觉能够获得精确性，即确定他们的感情，使他们能够阴郁或快乐地、阴沉或随意地来忍受人间苦难。[①]

格尔茨关于宗教观与常识观、科学观和艺术观的区别，凸显出宗教观的独特性。他提出的把握世界的四种方式虽然不同于马克思所说的，但是将宗教作为人类把握世界的独特方式之一，则与马克思有一

---

① 参见格尔茨：《文化的解释》，纳日碧力戈等译，第120页。

致之处。格尔茨强调说，宗教不仅"给这些观念装饰上实在的光环"，而且通过仪式（即圣化了的行动），神圣象征在人们心中引起的动机与情绪，以及这些神圣象征为人们详细阐述的关于存在秩序的一般观念，才得以结合并相互强化。在仪式中，生存的世界和想象的世界，借助于一组象征形式的作用而融合起来，变成了同一个世界，从而产生了人的现实感的实质性转变。仪式展演本身，引导人们承认仪式所体现的宗教观的权威。通过产生一套情绪和动机（一种精神），明确一种宇宙秩序的形象（一种世界观），即借助于一套象征，宗教信仰的"目的"模式和"从属"模式可以彼此转换。

格尔茨的观点并没有终结人们对宗教这种掌握世界的方式之独特性的认识和体悟，我们还要继续努力理解这一方式。

（三）作为理性思维的宗教学与作为掌握世界之特殊方式的宗教

当格尔茨将宗教观与常识观、科学观和艺术观相比较时，意味着宗教也是一种"世界观"。但是宗教世界观不是从现象中抽象出概念范畴再到具体的理论研究，也不是可以经受实践检验和实验证实的科学研究，它与其他掌握世界之方式的最大不同，一是带有强烈情感的信仰，二是充满象征的仪式。

宗教学作为一种理论思维的科学研究，它遵循的是历史的方法和逻辑的方法相统一的原则，路径是从现象到抽象，从抽象再到具体，而且要经受批评和实践（实验）的检验；而宗教是带有强烈情感的信仰和充满象征的仪式的生活。说到底，宗教学研究是用一种掌握世界的方式，即理论方式"把握"和"理解"另一种掌握世界的方式，即宗教方式。如同艺术研究是用掌握世界的理论方式"掌握"另一种掌握世界的艺术方式。这种跨越掌握世界方式的"掌握"，使宗教学研究在许多方面更像艺术研究，而不同于物理学、生物学、社会学、经济学。这种性质无疑使宗教学研究有着相当的难度，因为它与它的研究对象乃是掌握世界的不同方式，它们之间天然的具有一种张力。

古往今来的诸宗教形态是人类生活的一部分，是世界历史存在的一部分，它们或迟或早会成为掌握世界之理论方式的研究对象，这是宗教学的使命，也是它存在与发展的合法性。然而宗教学研究者要对两种不同的掌握世界的方式保持清醒的认识：宗教是一种独特的掌握世界的方式，诸宗教形态乃是这种方式运作的产物；而宗教学研究是一种理论思维的科学研究。为了认识宗教，我们必须深入各种宗教现象之中，了解这种掌握世界方式的独特之处，了解不同宗教形态的来龙去脉，了解其内在要素的互动及其运行的规律，并且在了解中进行跨宗教形态的比较，在比较中加深对诸宗教形态的理解。但是我们深入了解诸宗教形态，不是为了信仰，而是为了认知，为了丰富人类对宗教的理解和认识。在目的和路径等方面，宗教学研究与物理学、生物学、社会学和经济学并没有什么本质的区别，差异只在于研究对象有所不同。

马克思主义宗教观是丰富的，不断向前发展的。建设具有中国特色的马克思主义的宗教学，任重道远。在运用理论思维进行理论建构方面，在认知宗教这种掌握世界的独特方式方面，在协调理论与宗教这两种掌握世界的不同方式间的张力方面，以及在此过程中坚持、实践、发展马克思主义的宗教观，都需要我们下功夫深入研究，这些都是非常重要的工作。

四、马克思主义宗教观对宗教人类学的丰富与发展

进入 19 世纪 60 年代后，随着达尔文（Charles Robert Darwin）的《物种起源》（1859）、巴霍芬（Johann Jakob Bachofen）的《母权论》（1861）和摩尔根（Lewis Henry Morgan）的《古代社会》（1877）等著述的问世，人们对文明时代以前的原始社会和原始宗教的认识更深入一步。19 世纪 70 年代初，泰勒的《原始文化》和缪勒的《宗教的起源

与发展》等著述问世,在实证科学的演进中,这标志着宗教人类学应运而生。宗教人类学属于文化人类学的一个子目,它与文化人类学的其他分支学科有着共同的关注点,这就是从发生学的角度研究人类文化(整体或其中某个方面)的起源、成长、变迁和演化的进程,比较各部族、各民族、各国家、各地区、各社区(群体)的文化异同,借以发现和归纳人类文化事象的起源和意义,及其在社会结构中的地位和功能。所不同的在于它聚焦于宗教这种特殊的精神现象、社会实体和文化形态。从现象上看,宗教人类学着眼于宗教起源和发展的脉络,即宗教的纵向方面。它既研究非制度化的宗教,也研究制度化的宗教;不仅研究宗教的神话和教义,而且研究宗教的仪式和象征等。历史和现实构成宗教人类学的基础,比较和田野调查乃是它的基本方法。宗教人类学的研究主旨、理论框架,更接近比较宗教学,即以一些基本的范畴为主干,对宗教这种历史悠久、特殊而又复杂的社会文化现象的发生和起源、文化意义与社会功能,展开深入的探索与分析。

从这一角度看,马克思主义宗教观是与时俱进的。因为我们知道,马克思晚年做了大量的人类学笔记。而且我们还看到,在19世纪60年代以后马克思和恩格斯对宗教的论述中,增添了许多分析和阐述宗教起源方面的内容。这些内容大致可以分为两个部分:一部分属于对宗教作为一个整体之起源与发展的认识,另一部分则涉及对具体宗教的分析,特别是对于他们所处社会文化背景中的主流宗教——基督教的分析。

(一)论宗教的起源与发展

早在1842年,马克思就已阐明自己的历史唯物主义宗教观的基本立场:"不是古代宗教的毁灭引起古代国家的毁灭,相反地,正是古代国家的毁灭才引起了古代宗教的毁灭。"[①] 1846年,恩格斯在致马克思

---

① 马克思:《第179号"科伦日报"社论》,《马克思恩格斯全集》第1卷,第114页。

的信中指出，如果要想就自然宗教、多神教、一神教的陈旧论调说些什么，那就必须用这些宗教形式的现实发展来对比，为此首先必须研究这些形式。① 二三十年后，恩格斯在《论住宅问题》中明确重申马克思主义解析宗教起源的这一基本立场和观点："唯物史观是以一定历史时期的物质经济生活条件来说明一切历史事变和观念、一切政治、哲学和宗教的。"② 但是我们也可以发现，恩格斯在坚持这种观点的同时，还强调要以实证的分析来丰富他们对宗教的认识和理解。比如他在分析早期基督教时指出："对于一种征服罗马帝国、统治文明人类的绝大多数达1800年之久的宗教，简单地说它是骗子手凑集而成的无稽之谈，是不能解决问题的。"③ 只有"根据宗教借以产生和取得统治地位的历史条件，去说明它的起源和发展，才能解决问题"④。

尽管马克思和恩格斯的基本观点前后是一致的，但若将具体的表述做前后的对照，便可以显而易见地看到后来的论述吸取了宗教人类学的研究成果：

> 自然界起初是作为一种完全异己的、有无限威力的和不可制服的力量与人们对立的，人们同它的关系完全象动物同它的关系

---

① 《恩格斯致马克思》(1846年10月18日)，《马克思恩格斯全集》第27卷，人民出版社1972年版，第66—67页。

② 恩格斯：《论住宅问题》(1872)，《马克思恩格斯选集》第2卷，第537页。

③ 而且他发现，自发的宗教，如黑人对偶像的膜拜或雅利安人共有的原始宗教，在其产生的时候，"并没有欺骗的成分"，这和人为的宗教是不一样的，后者"虽然充满着虔诚的狂热，但在其创立的时候便少不了欺骗和伪造历史，而基督教，正如鲍威尔在批判新约时所指出的，也一开始就在这方面表现可观的成绩"。(参见恩格斯：《布鲁诺·鲍威尔和早期基督教》(1882)，《马克思恩格斯全集》第19卷，人民出版社1972年版，第327—328页)

④ 恩格斯：《布鲁诺·鲍威尔和早期基督教》(1882)，《马克思恩格斯全集》第19卷，第328页。恩格斯在《关于德国的札记》(1873—1874)中曾明确指出："仅仅用嘲笑和攻击是不可能消灭象基督教这样的宗教的，还应该从科学方面来克服它，也就是说从历史上来说明它，而这一任务甚至连自然科学也是无能完成的。"(《马克思恩格斯全集》第18卷，人民出版社1972年版，第654页)

一样，人们就象牲畜一样服从它的权力，因而，这是对自然界的一种纯粹动物式的意识（自然宗教）。①

看一看神圣的观念是怎样产生的——在原始部落那里可以看到，这很有意思。神圣的东西最初是我们从动物界取来的，就是动物……②

恩格斯在 19 世纪 80 年代的几篇论著中，把自己的研究目光从阶级社会延伸到史前的原始社会，他在《家庭、私有制和国家的起源》中，在谈到印第安人时说：

> 他们的神话迄今还远远没有批判地加以研究；他们已经给自己的宗教观念——各种精灵——赋予人的形象，但是他们还处在野蛮时代低级阶段，所以还不知道具体的造像，即所谓偶像。这是一种正向多神教发展的对大自然与自然力的崇拜。各部落各有其正规的节日和一定的崇拜形式，即舞蹈和竞技；舞蹈尤其是一切宗教祭典的主要组成部分；每一部落各自庆祝自己的节日。③

而在《路德维希·费尔巴哈和德国古典哲学的终结》中，我们可以看到恩格斯在吸收宗教人类学关于灵魂观念起源说的基础上，对原始社会宗教观念的社会功能，做了有别于阶级社会的阐发：

> 在远古时代，人们还完全不知道自己身体的构造，并且受梦

---

① 马克思、恩格斯：《费尔巴哈唯物主义观点和唯心主义观点的对立》（1845—1846 年），《马克思恩格斯选集》第 1 卷，人民出版社 1972 年版，第 35 页。
② 《恩格斯致马克思》（1882 年 12 月 8 日），《马克思恩格斯全集》第 35 卷，人民出版社 1972 年版，第 121 页。
③ 恩格斯：《家庭、私有制和国家的起源》（1884），《马克思恩格斯选集》第 4 卷，第 88 页。

中景象的影响①，于是就产生一种观念：他们的思想和感觉不是他们的活动，而是一种独特的、寓于这个身体之中而在人死亡时就离开身体的灵魂的活动。从这个时候起，人们不得不思考这种灵魂对外部世界的关系。既然灵魂在人死时离开肉体而继续活着，那末就没有任何理由去设想它本身还会死亡；这样就产生了灵魂不死的观念，这种观念，在那个发展阶段上决不是一种安慰，而是一种不可抗拒的命运，并且往往是一种真正的不幸，例如在希腊人那里就是这样。到处引起这种个人不死的无聊臆想的，并不是宗教上的安慰的需要，而是由普遍的局限性所产生的困境：不知道已经被认为存在的灵魂在肉体死后究竟怎么样了。同样，由于自然力被人格化，最初的神产生了。②

在恩格斯看来，灵魂观念和神灵观念产生之后，其演变的脉络是从多神教到一神教。在1876年发表的《反杜林论》里，恩格斯既吸收了比较神话学的研究成果，同时对其不足也有着敏锐的把握。他说："一切宗教都不过是支配着人们日常生活的外部力量在人们头脑中的幻想的反映，在这种反映中，人间的力量采取了超人间的力量的形式。"在历史的发展序列中，首先是自然力获得了这种反映，随之在不同的族群那里经历了"极为不同和极为复杂的人格化"。恩格斯指出，虽然比较神话学的研究证明这一最初的过程在印欧民族中可以一直追溯到印度的吠陀经，尔后见之于印度人、波斯人、希腊人、罗马人、日耳曼人等，但是恩格斯始终将历史唯物主义的基本观点贯穿于对宗教起

---

① "在蒙昧人和低级野蛮人中间，现在还流行着这样一种观念：梦中出现的人的形象是暂时离开肉体的灵魂；因而现实的人应当对自己出现于他人梦中时所做梦者而采取的行为负责。例如伊姆·特恩于1884年在圭亚那的印第安人中就发现了这种情形。"

② 恩格斯：《路德维希·费尔巴哈和德国古典哲学的终结》(1886)，《马克思恩格斯选集》，第4卷，第219—220页。

源与发展的分析之中：一方面，恩格斯认为一神教的产生是人的智力"蒸馏过程"的产物。他说："由于自然力被人格化，最初的神产生了。随着宗教的向前发展，这些神愈来愈具有了超世界的形象，直到最后，由于智力发展中自然发生的抽象化过程——几乎可以说是蒸馏过程，在人们头脑中，从或多或少有限的和互相限制的许多神中产生了一神教的唯一的神的观念。"① 另一方面，恩格斯强调宗教产生的过程，不仅仅是自然力成为崇拜的对象，更重要的在于"不久社会力量也起了作用，这种力量和自然力量本身一样，对人来说是异己的，最初也是不能解释的，它以同样的表面上的自然必然性支配着人"②。于是，最初仅仅反映自然界的神秘力量的神灵，现在又获得了社会的属性，成为历史力量的代表者。而比较神话学的失误，恰恰在于它片面地认为神灵只是自然力量的反映，没有认识到神灵具有两重性，更没有强调社会力量在宗教产生和发展过程中的重要作用。而恩格斯则在坚持他于1846年就已提出的"没有统一的君主就决不会出现统一的神"③的观点的基础上，把认识论分析和社会根源的分析结合在一起，提出"在更进一步的发展阶段上，许多神的全部自然属性和社会属性都转移到一个万能的神身上，而这个神本身又只是抽象的人的反映。这样就产生了一神教"④。

其次，恩格斯强调"古代一切宗教都是自发的部落宗教和后来的民族宗教，它们从各民族的社会和政治条件中产生，并和它们一起生长。宗教的这些基础一旦遭到破坏，沿袭的社会形式、继承的政治结

---

① 恩格斯《路德维希·费尔巴哈和德国古典哲学的终结》(1886)，《马克思恩格斯选集》第4卷，第220页。
② 恩格斯：《反杜林论》(1876)，《马克思恩格斯选集》第3卷，人民出版社1972年版，第354—355页。
③ 《恩格斯致马克思》(1846年10月18日)，《马克思恩格斯全集》第27卷，第65—66页。
④ 恩格斯：《反杜林论》(1876)，《马克思恩格斯选集》第3卷，人民出版社1972年版，第354—355页。

构和民族独立一旦遭到毁灭,那末与之相适应的宗教自然也就崩溃"①。这种"毛"与"皮"的关系,在下面这段话中得到系统的表述:

> 宗教是在最原始的时代从人们关于自己本身的自然和周围的外部自然的错误的、最原始的观念中产生的。但是,任何意识形态一经产生,就同现有的观念材料相结合而发展起来,并对这些材料作进一步的加工;不然,它就不是意识形态了,就是说,它就不是把思想当做独立地发展的、仅仅服从自身规律的独立本质来处理了。头脑中发生这一思想过程的人们的物质生活条件,归根到底决定着这一思想过程的进行,这一事实,对这些人来说必然是没有意识到的,否则,全部意识形态就完结了。因此,大部分是每个有血统关系的民族集团所共有的这些最初的宗教观念,在这些集团分裂以后,便在每个民族那里依各自遇到的生活条件而独特地发展起来,而这一过程对一系列民族集团来说,特别是对雅利安(所谓印欧人)来说,已由比较神话学详细地证实了。这样在每一个民族中形成的神,都是民族的神,这些神的王国不越出它们所守护的民族领域,在这个界线以外,就由别的神无可争辩地统治了。只要这个民族存在,这些神也就继续活在人们的观念中;这些民族没落了,这些神也就随着灭亡。罗马世界帝国使得旧有的民族没落了……旧有的民族的神就灭亡了,甚至罗马的那些仅仅适合于罗马城的狭小圈子的神也灭亡了。②

族群是信仰的载体。当然,"皮之不存,毛将焉附",族群的衰落

---

① 恩格斯:《布鲁诺·鲍威尔和早期基督教》(1882),《马克思恩格斯全集》第19卷,第333页。
② 恩格斯:《路德维希·费尔巴哈和德国古典哲学的终结》(1886),《马克思恩格斯选集》第4卷,第250页。

必然对其宗教的存亡产生极大的影响，历史上的许多宗教和许多族群都是如此。但宗教与族群的关系绝非单向度的，宗教观念的存在对族群的存在也有强大的维系作用，我们仅从犹太教对（特别是"离散"后的）犹太族群的维系作用，就可以看到两者的关系是互动的和辩证的。

（二）论基督教的形成与发展

马克思与恩格斯对佛教、伊斯兰教等宗教的产生与发展也有些论述，如马克思曾将伊斯兰教的核心归于宿命论①，在谈到印度教时，马克思曾将其概括为意大利与爱尔兰（一个淫乐世界和一个悲苦世界）的奇怪的结合物，"这个宗教既是纵欲享乐的宗教，又是自我折磨的禁欲主义的宗教；既是林加崇拜的宗教，又是札格纳特的宗教；既是和尚的宗教，又是舞女的宗教"②。然而从总体上看，这些论述比较零散且不系统。相对说来，马克思和恩格斯对基督教的论述多于对佛教和伊斯兰教的论述，其中，恩格斯的论述又多于马克思的论述。恩格斯对基督教的产生与发展，特别是早期基督教的演变过程，有比较系统的论述和分析。这些论述和分析，集中见于19世纪80年代以后的几篇论文里，即《布鲁诺·鲍威尔和早期基督教》（1882）、《启示录》（1883）、《家庭、私有制和国家的起源》（1884）、《路德维希·费尔巴哈和德国古典哲学的终结》（1886）、《论早期基督教的历史》（1894）等。如果我们将其中的重复内容过滤掉，那么可以看到恩格斯对基督教的产生和早期基督教的演变的分析是围绕以下几个线索展开的：

首先，早期基督教的成员来自哪些人呢？恩格斯认为主要来自属于人民最下层的"受苦受难的人"，其中既有城市里形形色色的破产的

---

① 马克思：《战争问题，金融状况，罢工》（1853），《马克思恩格斯全集》第9卷，人民出版社1972年版，第463页。
② 马克思：《不列颠在印度的统治》（1853），《马克思恩格斯选集》第2卷，第62—63页。

自由人，还有"被释放的奴隶和特别是未被释放的奴隶"，在农业地区是"日益陷入债务奴役的小农"。他们为什么会加入基督教呢？因为罗马帝国打碎了部落联盟，瓦解了氏族关系，"军事暴力、罗马的诉讼程序、税收机构彻底瓦解了传统的内部组织。除失去独立和特有的组织而外，更加之以军事和民政当局的强暴掠夺：它们先夺走被征服者的资财，然后又以重利贷给他们，为的是让他们能够交纳新的苛捐杂税"①。一方面是富者更富、贫者赤贫的社会现实，另一方面是小规模的零散反抗形同以卵击石。"被奴役、受压迫、沦为赤贫的人们的出路在哪里？他们怎样才能得救？所有这些彼此利益各不相同甚至互相冲突的不同的人群的共同出路在哪里？"②

　　这样的出路找到了。但不是在这个世界上。在当时的情况下，出路只能是在宗教领域内。于是另一个世界打开了。肉体死后灵魂继续存在，就渐渐成为罗马世界各地公认的信条。同样，死后的灵魂将为其生前的行为受到某种报偿或惩罚这一信念，也越来越为大家所接受。但报偿是相当靠不住的；古代世界具有强烈的自发唯物主义，它把人世生活看得比冥土生活宝贵得多；希腊人则宁可把死后的永生看做一种不幸。可是，基督教出现了。它认真地对待彼岸世界里的报偿和惩罚，造出天国和地狱。一条把受苦受难的人从我们苦难的尘世引入永恒的天堂的出路找到了。③

其次，基督教教义的形成是个复杂的思想融合过程。恩格斯指出，

---

① 恩格斯：《论早期基督教的历史》，《马克思恩格斯全集》第22卷，人民出版社1965年版，第541页。
② 恩格斯：《论早期基督教的历史》，《马克思恩格斯全集》第22卷，人民出版社1965年版，第541页。
③ 恩格斯：《论早期基督教的历史》，《马克思恩格斯全集》第22卷，人民出版社1965年版，第542页。

基督教刚刚问世时的状态，只要看看约翰的《启示录》，就可以有一个概念。"粗野的混乱的狂热，教义还处在萌芽时期，所谓基督教道德只有禁欲这一条，相反地，幻觉和预言却很多。"① 较系统的教义和伦理学是稍后形成的，那时《福音书》和《使徒行传》都已经成书。在恩格斯看来，基督教同任何大的革命运动一样，是群众创造的。它是在出现数以百计的新宗派、新宗教、新先知的时代，在巴勒斯坦自发产生的。它是那些"最发达的宗派相互影响而产生的中间物，后来由于加进了亚历山大里亚犹太人斐洛的论点，稍后又由于受到斯多葛派思想的广泛渗透，而形成一种教义。"② 在世界发生整体变化的时候，哲学与宗教教义都以粗俗的形式被庸俗化，并且得到广泛流传。希腊哲学在庸俗化的过程中，发展为一神论和灵魂不死说，犹太教则在庸俗化中忽视了法定的仪式并且也接受了灵魂不死说。"这样，一神论的庸俗哲学和庸俗宗教相遇了，后者为前者提供了现成的唯一的神"③。恩格斯吸收了鲍威尔的研究成果，将此过程概括为：

> 公元 40 年还以高龄活着的亚历山大里亚的犹太人斐洛，是基督教的真正父亲，而罗马的斯多葛派塞涅卡可以说是基督教的叔父。在斐洛名下流传到现在的许多著作，实际上是讽喻体的唯理论的犹太传说和希腊哲学即斯多葛派哲学的混合物。这种西方观点和东方观点的调和，已经包含着基督教全部的本质观念——原罪、逻各斯（这个词是神所有的并且本身就是神，它是神与人之间的中介）、不是用牺牲而是把自己的心奉献给神的忏悔，最后还

---

① 恩格斯：《布鲁诺·鲍威尔和早期基督教》（1882），《马克思恩格斯全集》第 19 卷，第 330 页。
② 恩格斯：《启示录》（1883），《马克思恩格斯全集》第 21 卷，人民出版社 1972 年版，第 11—12 页。
③ 参见恩格斯：《布鲁诺·鲍威尔和早期基督教》（1882），《马克思恩格斯全集》第 19 卷，第 329 页。

有以下的本质特点，即新的宗教哲学倒转了从前的世界秩序，它在穷人、苦难人、奴隶和被排斥的人中寻找信徒，蔑视有钱人、有势力的人和有特权的人，因而也就有蔑视一切尘世享乐和禁止肉欲的规定。①

再次，基督教毕竟是一种宗教而不仅仅是一种哲学，恩格斯认为最关键的"一块石头"是人格化的逻各斯体现为一定的人物，"他为了拯救有罪的众生而在十字架上作出赎罪的牺牲"。恩格斯说，创立宗教的人，必须本身感到宗教的需要，并且懂得群众对宗教的需要。他特别指出，基督教拨动的琴弦，在无数人的心中唤起共鸣：

承认每个人在总的不幸中都有一分罪孽，这是无可非议的，这种承认也成了基督教同时宣布的灵魂得救的前提。并且，这种灵魂得救的安排，使每个旧宗教团体的成员都易于理解。一切旧宗教都熟悉献祭赎罪这一概念，它能使被亵渎的神怒气冰释。那末，一位中间调停人牺牲自己永远赎出人类罪孽的概念，怎么会不容易得到地盘呢？这样，基督教就把人们在普遍堕落中罪在自己这一普遍流行的感觉，明白地表现为每人的罪孽意识。同时，基督教又通过它的创始人的牺牲，为大家渴求的、摆脱堕落世界获取内心得救、获取思想安慰，提供人人易解的形式。②

最后，除了这种思想融合之外，仪式上的突破构成基督教成为世界宗教的内在根据。恩格斯指出，在以前的一切宗教中，仪式是一件

---

① 恩格斯：《布鲁诺·鲍威尔和早期基督教》(1882)，《马克思恩格斯全集》第19卷，第328页。
② 恩格斯：《布鲁诺·鲍威尔和早期基督教》(1882)，《马克思恩格斯全集》第19卷，第335页。

主要的事情。在东方还须遵守十分烦琐的饮食和洁净方面的清规,才能证明自己的教籍。"罗马和希腊在这方面是放任的,在东方则盛行着一套宗教戒律,这在不小程度上促使它终于崩溃。"① 因为属于不同宗教的人(如埃及人、波斯人、犹太人、迦勒底人)不能共同饮食,甚至不能交谈。而"基督教没有造成隔绝的仪式,甚至没有古代世界的祭祀和巡礼。它这样否定一切民族宗教及其共有仪式,毫无差别地对待一切民族,它本身就成了第一个可行的世界宗教"②。

在某种意义上,马克思和恩格斯对宗教人类学研究成果的吸收与借鉴,极大地丰富了马克思主义宗教观本身,使他们对宗教的哲学分析与政治批判,在大量的历史资料和民族志资料的支撑下,更具科学性与说服力。与此同时,马克思主义宗教观在宗教人类学方面的丰富与发展,也反过来促使一些宗教人类学家运用历史唯物主义的观点和方法来解析宗教。

五、马克思主义对当代宗教人类学的影响

尽管许多人反对所谓的还原论,即反对从社会、经济、文化、心理等因素解析宗教的起源和本质,但是我们依然可以在当代宗教人类学的诸多成果中,看到马克思主义宗教观的基本观点和方法的影子,即将宗教事象放到特定的社会历史文化的背景关联中来解析。在某种意义上,可以说马克思主义宗教观的这种影响是间接的,因为在许多宗教人类学家的表述中,虽然不否认,但也没有直接承认马克思或恩格斯对他们的影响。然而在当代宗教人类学家中,也有一脉是直接继

---

① 恩格斯:《布鲁诺·鲍威尔和早期基督教》(1882),《马克思恩格斯全集》第19卷,第333页。
② 恩格斯:《布鲁诺·鲍威尔和早期基督教》(1882),《马克思恩格斯全集》第19卷,第334页。

承马克思主义宗教观的。正如拉姆贝克（Michael Lambek）所说：从 20 世纪 60 年代起，人类学家有了更多的政治的自我意识。在对美国进行"越战"的反思中，在思考由经济学家和其他社会学家提出的现代化理论的缺陷中，人类学家越来越关注经济不平等与政治压迫。学者们不仅考察不平等之特定结构的历史根源，而且要认识包括宗教在内的所有社会构成的基础的史实性。由此开始了一场生机勃勃的讨论：宗教在殖民主义和资本主义的扩展浪潮中的作用，这其中既有传教士的部分作用，也有殖民化的或根本改变的社会中的宗教系统的转变，有时还有当地人高度原创的回应。"当然，这个学术传统或多或少直接受惠于马克思，但在经济决定论的理论作用方面都有不同的变化。马克思关于商品拜物教的论述，对于厘清资本主义文化的意义，一直是特别有用的。"[①]

（一）魔鬼的劳动和钱的洗礼

陶西格（Michael Taussig）在《南美农民中的资本主义"创世记"》[②]中，分析了哥伦比亚种植园工人在从传统的生产方式过渡到资本主义生产方式的过程中，所产生的商品拜物教的宗教意识。他给自己提出的问题是：工资劳动与资本对一个正在遭受急剧的乡村无产阶级化的农民意味着什么？其意义的基础是什么？陶西格依据哥伦比亚农民在糖料种植的扩展中，他们的土地被兼并，自己转变成没有土地的工资劳动者，他们所表现出的某种意识形态的反作用，来讨论这个问题。

陶西格指出，在考卡流域南部，当地人（城镇居民和乡村民众，无产者和农民）普遍相信，男性种植园工人有时会单独地和秘密地与

---

① 参见 Michael Lambek (ed.), *A Reader in the Anthropology of Religion*, Blackwell Publishers Inc, 2002, p. 471。

② Michael Taussig, "The Genesis of Capitalism Amongst a South American Peasantry: Devil's Labor and the Baptism of Money", *Comparative Studies in Society and History* 19 (2), 1977, pp. 130-155.

魔鬼勾结，以便增加他们个人的产量从而提高他们的工资。人们认为如果单个工人的产量有了极大的增长，肯定是有了这种勾结。人们普遍地认为，没有不动产的挣工资的工人，把他们的灵魂卖给了魔鬼，以便保持（更普遍的是增长）他们的生产力。但是这两个群体，在作为农民为自己的土地劳作时，都没有这种行为。只是当他们被无产阶级化时，魔鬼才以这种方式进入场景。"在农民的生产方式中，是上帝和善的形象，自然精灵和祖先精灵支配着劳动的精神，而在资本主义的生产方式中，则是魔鬼与邪恶弥漫在当地的形而上学中。"[1]人们普遍认为，这种勾结可使一个种植园工人的产量增加二三倍。然而作为这种勾结的结果，当事人会过早地死亡或陷入病苦，即使活着，也是没有灵魂的，仅仅是魔鬼手中的一个傀儡。此外，这种条件还会使人得到挣钱的机会。这种钱不能用作生产的"资本"，而只能立即花费，用来消费一些被看作奢华品的东西，诸如好布料、酒、黄油等等。如果用这些钱来生更多的钱，即将其用作资本，就会招灾惹祸。当地人还认为，当一个孩子接受天主教神父洗礼时，有的教父教母会在他或她的手里藏一个比索的钞票，人们相信这个钞票会替代孩子接受洗礼。当一个受过洗礼的钞票进入一般的钱的流通过程时，人们相信它会给它的主人不断地带回利息，使它的主人富起来，并使与钞票主人关联的另一方的金钱越来越少。而孩子却是没有受过洗礼的，这事关重大，因为那个被替代的孩子被剥夺了进入天堂的正当机会。

陶西格指出，通过"在其社会的和历史的背景关联中分析这些信仰，显示出下层阶级对新生产方式的模糊理解，有一种固有的批评与敌对的态度"。这种对抗性的基础，在于他们对"使用价值"与"交

---

[1] Michael Taussig, "The Genesis of Capitalism Amongst a South American Peasantry: Devil's Labor and the Baptism of Money", *Comparative Studies in Society and History*, 19 (2), 1977, pp. 130-155.

换价值"对立的意识——满足自然需求为一方面，无限地追求利润与资本的积聚为对立的另一方面。在这种理解中，他们的民间神秘主义与资本主义的神秘化的形式（马克思称之为"商品拜物教"）形成对比。这种推理似乎来自一个作为相互联系的有机体的宇宙概念，它被理解为通过有意识地应用万物有灵论的类比，而不是用原子论的因果范式。

> 商品拜物教的概念，意味着对下述事实引起关注：资本主义社会使之本身表现出不同于其基础的意识，尽管这种意识反映了或多或少表面的和实体化的社会结构。拜物教指明了一种生活、自治、权力的态度，甚至驾驭着其他没有活性的对象，预示着从人类行为者（他赋予这些属性）那里排除了这些性质。因此在商品拜物教中，社会关系被肢解了，被溶解到事物的关系中——劳动者的产品在市场上交换——由此剥削的社会学就被化妆成系统的人工制品间的自然关联。明确的社会关系被还原为事物间的巫术矩阵。一种自然性的以太（ether）——命运和物质——隐瞒和掩盖了人类社会的组织化，市场的历史意义，以及挣工资的无产阶级的发展。不是人成为生产的目的，而是生产变成人的目的，财富变成生产的目的；不是工具和生产机械将人从辛苦的奴役中解放出来，而是人变成了工具和生产之体制化过程的奴隶。[①]

陶西格认为，在前资本主义的社会中，缺乏商品交换与市场，盛行的是万物有灵论、巫术和各种形式的拜物教。但是这种拜物教，只是相似于见之于资本主义生产方式的（马克思所说的）商品拜物教。

---

① Michael Taussig, "The Genesis of Capitalism Amongst a South American Peasantry: Devil's Labor and the Baptism of Money", *Comparative Studies in Society and History*, 19 (2), 1977, pp. 130-155.

马克思给他自己提出的问题，即资本主义经济增长和资本积累的秘密（资本表现为自我增殖），在考卡流域南部有关钞票洗礼的信仰中，被看作超自然力的结果，而这种超自然力是通过给钞票做基督教的洗礼获得的。一旦以这种方式获得了活力，钱就成了能够产生利息的资本。一个无活力的交换媒介变得具有自我繁殖的属性，在此意义上，它变成了一个神物，一个具有了生命力的东西。

陶西格进一步指出，在考卡流域见到的"迷信"，显示出一种信念信仰，它系统地认可了使用价值与交换价值之间矛盾的逻辑。对使用价值与交换价值的区别的感受，由这些信仰而凸显出来，这不仅仅是曾经繁荣的小农生产方式遗留下来的已经木乃伊化的理想的产物，似乎也不能仅仅归因于某些小农的生产方式与发展中的资本主义生产方式的并存。它还与近来都市化农民的"贫民窟经济"有关，那里在很大程度上依然以使用价值的活动为基础。①

（二）意识的殖民化

约翰和简（John and Jean Comaroff）是一对杰出的学术伴侣。1989年，他们发表了《意识的殖民化》②一文，拉姆贝克对此文的评价是：在对小规模社会的分析中，假若宗教被理解为与社会关系、生产、再生产和政治密切相关，那么他们则论证了基督教传教士的活动对南非的冲击，尽管这表面上是纯粹"宗教的"问题，但实际上却重塑了社会、人格和日常生活，使非洲人在正在出现的资本主义经济中，成为处于底层的温顺劳工，成为新成立国家的驯良公民。他们说明了现代性彻头彻尾是文化的，强调了基督教在输出和引导这种文化

---

① 参见 Michael Taussig, "The Genesis of Capitalism Amongst a South American Peasantry: Devil's Labor and the Baptism of Money", *Comparative Studies in Society and History*, 19 (2), 1977, pp. 130-155.

② L. John and Jean Comaroff, "The Colonization of Consciousness", in *Ethnography and the Historical Imagination*, Boulder, CO: Westview Press, 1992 (1989), pp. 235-263.

中的作用，尽管传教士本人并非总是意识到这种联系。他们指出，无论非洲人皈依与否，也无论这种皈依意味着什么，传教士的作用之一，是他们要用欧洲人的话语（概念与论证）来交流。与此同时，他们还讨论了既不是不可避免的，也不是完全彻底的后果：新的因素与旧有的因素相混合，并构成了一个反抗的空间。这种反抗寓于已经变成日常生活的有意味的活动之中，对于沉默的大多数来说，这或许更有力量。①

约翰与简指出，伦敦传教协会（LMS）的英国新教福音派信徒和卫理公会传教协会（WMMS）的信徒，在20世纪20年代进入了今天称作茨瓦纳语区的世界。以此为起点，南部茨瓦纳人开始其意识的殖民化与殖民化的意识过程。这些"传教士不仅是英国进入南非这块土地的先锋；他们还是帝国之雄心勃勃的意识形态和文化的代表，肩负着以上帝和大英帝国的名义重建这块土地的直接目的"。从自身的动机说，这些传教士"受到正在迅速改变的、日益世俗化的欧洲内在张力的驱使，他们努力建立大英帝国之后的一个精神上的新帝国：他们想重建一个浪漫（和神话般的）构想的社会，在这个社会里，精神的权威具有无可置疑的地位；在这个社会中，倍受赞美的技术进步，不会引发英国北部工人阶级所面临的大规模的社会巨变；在这个社会中，乡村不会变得穷困荒芜，也不会让自耕农变得无依无靠——不会像他们的许多父辈农民或祖辈农民那样。换句话说，他们寻找的是没有其根本矛盾的现代工业资本主义世界"。从传教的对象说，传教士们的直接工作是"开化"土著："重塑人格与背景关联；重塑他们的习惯和习俗；在土著的脑海里驱逐魔鬼，它已经将其灵性与推理全毁了。然而关键在于，他们想建立的那种自给自足的小农社会——受挫的英国自耕农在非洲重建他们自己想象的家园——是与土地和一种普世商业的

---

① 参见 *A Reader in the Anthropology of Religion*, p. 492。

精神联系在一起的。"

殖民主义者的入侵，使茨瓦纳人的社会发生了巨变，这种场景"十分有利于传教，极有利于传教士进入茨瓦纳人的世界"。[①] 约翰与简就水、生产和语言这三个方面，具体分析了意识殖民化的过程。

1. 水的政治

在传统的茨瓦纳社会，对水的控制是首领权力的一个极其重要的方面：每年一度的雨季，被认作出自一位男性统治者或由他选定的一位唤雨巫师（moroka）之手，这是一种赠予大地和民众的"授精"之力；没有这些王者的仪式，生产的循环就不能开始。实际上，雨（pula）的政治象征，是公共生活的核心。不仅首领们在集会的开始和结束时以"风调雨顺"（ka pula）祝福他的臣民，而且这个词本身与集体的安康密切相连。而水的正常供应，在新教徒的计划中也是至关重要的。为了实现他们在非洲"荒凉的葡萄园"里重新创造出在英国消失的小农的理想，他们开始挖井挖渠，以灌溉他们的田园。于是就有了从价值观念到行为上的冲突：

> 对于南部茨瓦纳地区来说，水与土地不是自然赋予的，而是由首领给予家庭的，而在家庭中，则是由作为原初的生产者的女性来直接掌控它们的。在这种干旱的生态中，水对于经济来说太缺乏了，以至于不能用来浇灌传教士的"田园"；毫不奇怪，女人们将整个观念看作不讲道理的。……
> 求雨仪式以其最切实的形式，让欧洲人看到了茨瓦纳人的"迷信"。这些令人敬畏的仪式，在首领的引领下进行，而传教士在其中读出了野蛮人无理性的本质。……福音传教士着力消除求

---

① 上述几处引文均出自 L. John and Jean Comaroff, "The Colonization of Consciousness", in *Ethnography and the Historical Imagination*, pp. 235-263。

雨的影响，并将此举和资产阶级的理性胜利联系起来，看作他们成功的主要指标。①

在此过程中，能够打井和灌溉的基督教徒还与能够举行求雨仪式的巫师处于竞争之中。一方面，基督教徒将技术创新与"科学的"关系引入水的生产，因而使原来的不可思议非神秘化。另一方面，他们又力图证明基督教的上帝是水之供应的最高源头，因而他们使自己表现为一个具有竞争力的降雨者。而土著巫师也不甘示弱。在一位传教士记载的对话中，表现了这种较量：

医生［Medical Doctor］：你真的相信是你在呼风唤雨？我认为只有上帝才能这样做。

祈雨法师［Rain Doctor］：我们都相信同样的事情。就是说是上帝在降雨，但是我借助这些医药手段向他祈祷，结果降雨了，当然这就是我做的事了。我为人这样做了许多年……；而且通过我的智慧，他们的女人变得肥胖与光亮。你可以去问他们，他们会说的和我一样。

医生：但是我们被我们的救星分别告知不同的话语，我们只以上帝的名义祈祷，而且不借助医药手段。

祈雨法师：如此！上帝告诉我们的不一样……上帝给我们一点点东西，这个你们不知道。他给我们一些医药知识，我们可以借此降雨。"我们不"轻视你们拥有的东西，尽管我们不了解它们。我们不理解你们的书，然而我们不轻视它。"你们"不应轻视我们拥有的知识，尽管你不了解它。（原文斜体）

医生：我不轻视我不了解的东西；我只是认为你说你有医药

---

① L. John and Jean Comaroff, "The Colonization of Consciousness", in *Ethnography and the Historical Imagination*, pp. 235-263.

可以影响降雨是错误的。

祈雨法师：这恰恰是人们在说他们不知道的对象时的说话方式。首先我们要睁开眼睛，我们就能够看到祖先在降雨，我们追随他们的脚步。你送给 Kuruman 人玉米，浇灌你的田园，可以不用降雨做到这些；但"我们"不会以此方式行事……

医生：我完全同意你对雨的评价；但是你用医药对云施魔咒。你等到你看到云来了，然后使用你的医药，而这种荣誉只属于上帝。

祈雨法师：我使用我的医药，你使用你的；我们两个人都是医生，医生是不骗人的。你给你的病人医药。有时上帝愿意借助你的药治疗病人；有时病人不愿意——结果病人死了。当病人治愈后，你把荣誉归于上帝。我做了同样的事情。有时上帝同意给我们降雨，有时不愿意。当他降雨时，我们相信魔咒。当你的病人死了，你并没有放弃对你的医药的信任，我在降雨失败时也没有放弃我的信任。假如你希望我放弃我的医药，你为什么还执着你的医药？①

用约翰与简的话说，有关祈雨等问题的争论，或两种不同世界观的接触与较量，"逐渐变成了两种文化和两种社会秩序的对峙"。对于茨瓦纳人来说，他们想得到适宜的白人文化与技术的力量，而又不想失去自治。然而在努力运用这种力量以实现自己目的的过程中，深深地改变了他们对自己和对他们的世界的感知。"关键在于：他们在这样做时，他们被引入欧洲人讨论的'形式'之中；引入理性论证和经验推理的意识形态因素之中。"②

---

① L. John and Jean Comaroff, "The Colonization of Consciousness", in *Ethnography and the Historical Imagination*, pp. 235-263.

② L. John and Jean Comaroff, "The Colonization of Consciousness", in *Ethnography and the Historical Imagination*, pp. 235-263.

2. 生产的政治

约翰与简指出，当劳动者在耕作土地时，农业也教化他：在福音的意象中，新的谷物生产与新的自我人格是一起成长的。而且更重要的是，这种新的生产模式，鼓励皈依者生产更多的谷物，通过与基督教的欧洲的贸易，使他与上帝的王国（看似是个帝国市场）联系起来。黑暗的大陆（非洲）不再是毁灭，而是变成"富饶的田野"，一个已经确立的文明中心的田园"郊区"。传教士将田园变成一种手段，教育土著把"劳动"与"懒惰"对立起来，而且以传教士与他的妻子为样板，将男人劳动与女人劳动进行价值的比较。在英国新教传教士提供新技术的同时，茨瓦纳人开始将这些生产力与白人的个人力量区别开来，最初是井和灌溉渠，然后是犁，每一步对于建构新教世界观都是决定性的，它们都是实现转变的工具，使"不规则的和无序的"茨瓦纳人变成基于私有财产的定居共同体。

茨瓦纳人的生活大大改变了：日益增多的用卖掉剩余产品换来的钱，购买耕作器具和生活消费品；私人财产日益增长；劳动分工的变革，妇女失去了对谷物生产的控制。但是同时：干旱与沙漠威胁着畜牧经济；处于耕作的牧场越多，能够控制这些土地（包括自然水源周围的最好的牧场）的强力家庭就越少。"所有的"茨瓦纳人都要面对市场，使自己在某种程度上适应商品生产的文化与实践。当然，大多数人都成为劳工。尽管基督教徒想的是重建已经失落的英国小农，但他们奠定的基础却不是独立的小农，而是工资劳动者大军；或者更确切地说，面对的是庞大的陷入经济附属网络中的农村无产者群体。"总之，强迫的殖民政策迫使茨瓦纳人变成永久的工资劳动者。"[1]

---

[1] L. John and Jean Comaroff, "The Colonization of Consciousness", in *Ethnography and the Historical Imagination*, pp. 235-263.

约翰与简认为，虽然福音传教士不应对此负全责，在对南部茨瓦纳人的剥夺与统治中，还有其他因素在起作用，但是他们确实在文化上和物质上起了作用，推动当地人进入了农业生产与工资劳动的循环。

3.语言的政治

约翰与简还从语言的层面分析了意识的殖民化进程。他们指出，茨瓦纳人的语言结构与其思维结构密切相关，传教士将土著的语言和思维看作混乱的和非理性（巫术）的。"对于基督教徒来说，再造非洲人的意识，必须将土著从这个万物有灵论的迷信网络、非理性的认识论中解救出来。"① 但这种"改造"必然会产生回应，茨瓦纳人也"发出他们那一边的交谈声音"。当他们在这样做时，他们抑制了许多由基督教徒引入的区别——特别是切断人与物、抽象与具体、话语和世界的关系。

在过去的研究中，人们往往较多的关注殖民化群体在政治上的抗争，约翰和简提醒人们还要关注语言层面上的抗争：

> 对于殖民主义的人类学家来说，还有另一更清楚的信息……殖民者与臣民间的论战，往往在推理的口头论战记录中没有记载。历史是建造出来的，如同民族志一样，并非总是可以还原为一种记述或一个文本。事实上，对理性论战类型的殖民化回应——至少作为欧洲术语所定义的——殖民化文化的霸权可以对其新臣民进行潜移默化的灌输；这也就是真正反霸权的回应，为何经常选择二择其一的表达方式。因此，假如我们要恢复被统治者的反抗回应，就必须跟随他们努力（往往是意想不到的手段）的路径：

---

① L. John and Jean Comaroff, "The Colonization of Consciousness", in *Ethnography and the Historical Imagination*, pp. 235-263.

将他们与欧洲人的不平等遭遇转移到完全不同的层面上；换句话说，要承认这种遭遇包括表达术语的斗争在内，既有它可能唤起的具象的诗学，也有它所依赖的话语的谈论。在这种斗争中，意义的政治，也超出了一个文化的符号对另一文化符号的占有。在塑造含义的新形式的过程中，它们的本质带有历史所强调的经过美化的意象。①

4. 约翰与简的结论

从茨瓦纳人的意识的殖民化中，约翰与简认识到：南非（以及世界上的许多其他地方）的殖民化从一开始就带有意识形态的冲击，它构成自称欧洲文明之传播者的基督教传教士活动的组成部分。这些人的出发点是用他们的神学信息的内容，甚至更深层的通过他们重建自己的日常生活，劝说异教徒"皈依"。当然，现代基督教的皈依，本身是个意识形态的框架，这个框架包括理性信仰与自我反思的资产阶级意象，包括在精神层面上回应自由市场的物质经济的个人选择的道德经济。传教的日常谈话，即世俗剧场，是最基本有效的，水、生产和语言的政治（还可以并列地选择建筑、衣饰或其他许多事物来讨论），全都讲述同一个故事。文明化传教的内容，它的实质信息，是有争论的和往往遭到拒绝的。但是它的形式，从茨瓦纳人参与其中的那一时刻起，就由交谈的结构来承载了。"甚至关于两种降雨医药的相对成功的争论，都不经意地涉及许多理性经验主义的意识形态；采用犁，就会沿着资产阶级家庭及其标记的线索重新确定劳动分工；要阅读本国的圣经，就要在浅薄的 sekgoa 叙述方式中重新表达茨瓦纳语的诗歌；等等。在每个方面，讨论都预示着某种从属，一种认知与存在的特殊

---

① L. John and Jean Comaroff, "The Colonization of Consciousness", in *Ethnography and the Historical Imagination*, pp. 235-263.

模式。"①

换句话说，意识的殖民化在两个层面上展开。在最切实的层面上，它包含使茨瓦纳人"皈依"的明显努力，意象与信息的论战有意使他们相信基督教的意识形态内容。在此层面，福音传教士力图在黑暗的心灵中，散布"好消息"，一种圣经道德与"真理"的说服性叙述。在更深的层面上（与第一个层面相区别），是他们将自己的眼界置于异教世界的整个"改革"之上，即以理所当然的符号与实践、霸权的形式谆谆教诲殖民化的文化。"正如我们所了解的，英国新教徒有时非常清楚他们同时在这两个层面所做的事情，因为真正得到教化的都是皈依了的或改变了的。"②

约翰与简强调，要关注诸如茨瓦纳人等族群对（他们发现自己正在追求的）现代历史进程，亦即对他们的殖民意识的反作用。

在历史学家与人类学家中间，对于这种反作用的性质，特别是对抗议的性质和所谓"弱者的武器"，有太多的争论。一个行动只有具备了明确的意识和清晰度，才能被适当地称作反抗吗？这个术语只能用于社会的和政治的行为背后的意图，还是同样地涉及它们的结果？当一个族群被揭示出他们表达了对自己作为统治牺牲品的困境的程度的意识——更好的，能够陈述他们的回应——问题是清楚的。然而在不这么清楚的地方，明确他们的反作用并加以特征化，就变成一件昏暗不明的事了。然而我们提出，要从明显的事实中吸取分析的教训：大多数历史境遇，在这方面

---

① L. John and Jean Comaroff, "The Colonization of Consciousness", in *Ethnography and the Historical Imagination*, pp. 235-263.

② L. John and Jean Comaroff, "The Colonization of Consciousness", in *Ethnography and the Historical Imagination*, pp. 235-263.

都是昏暗不明的。①

除了有组织的反抗之外（以西方的眼光容易识别的"政治行为"），许多可以看作对殖民化的回应，看作这种或那种（默许的，间接的）反抗形式，是"产生"历史意识的实践手段。约翰与简认为他们的研究澄清了茨瓦纳人对殖民遭遇的许多回应，是努力塑造一种正在变化的世界的意识并获得概念上的把握：这似乎是非常普遍的现象。在殖民化过程的早期，无论它发生在什么地方，对当地与文化的攻击，对于牺牲者来说，既不是"有意识的"，也不是"无意识的"，而是处于两者之间的某种东西：未定形与清晰之间各种程度的认识。这些反作用，经常被看作具有足以威胁统治者的权威的力量，因而导致统治者的强制措施，以加强殖民化进程的垂直深度。对于新近被殖民的人来说，通常相信有某种不可见的东西（某种更深层的东西）发生在他们身上；而他们的未来，则取决于他们对它的掌控。世界上许多被"基督教化"的族群相信或曾经相信，白人还有一个秘密的圣经或一套仪式并以此获得他们的力量。诸如船货崇拜等运动的稀奇古怪的"非理性"，恰恰是在这种深信中滋生的。随着时间和历史经验的积累，被殖民者在解释欧洲人所拥有的及其含义方面，越来越有辨别力，越来越微妙。力图与之发展的妥协越变化多样，其与阶级形成过程的联系就越紧密。在最充分地采取"现代性"形式的那些人当中，即分散在世界体系边缘的小资产阶级和"新精英"，逐渐地将"后启蒙"西方的意象、意识形态和美学据为己有。这些包括了政治话语和反抗的正统类型。但是对于其他人来说，现代性以及反抗它的模式，乃至意识的殖民化的结果或随之而来的殖民化的意识，绝不是不可避免的。文化帝

---

① L. John and Jean Comaroff, "The Colonization of Consciousness", in *Ethnography and the Historical Imagination*, pp. 235-263.

国主义的动力在于：尽管殖民主义的权力结构在后来已经明显地垮台了，殖民化过程本身很少只是统治与反抗的简单辩证法。①

马克思主义宗教观对当代宗教人类学的影响绝非仅此两例，但这些例证足以说明马克思主义宗教观在宗教人类学领域中的影响之深远。而当代宗教人类学家运用历史唯物主义解析殖民地民众的宗教意识，在某些方面不仅印证，而且深化了马克思主义宗教观对宗教的基本认识和论断。

六、立足中国宗教实际，坚持和发展马克思主义宗教观

马克思主义宗教观对人类认识宗教具有普遍的意义，但是人们对于这种普遍性的理解，总是从自己所处的情境和所遇到的特定问题出发的。今日全球化进程所促进的文化交流与人口流动在程度上是空前的，而人们的切身感受又总是与地方性和世界性的互动紧密相连。今天我们面对的世界情势、国情、社情和民情，与马克思、恩格斯生活的时代已大不相同。在马克思和恩格斯之前，启蒙运动思想家和18世纪法国战斗的无神论，已经充分揭露了宗教的虚伪与荒谬，说明神灵、神迹等观念的虚幻性质，费尔巴哈以唯物主义将宗教的本质还原为人的本质。马克思与恩格斯则用历史唯物主义和辩证唯物主义解剖了现代资本主义制度下宗教的性质与功能。但是从十月革命胜利到今天，百年过去了，世界上依然有五分之四以上的人信仰这样那样的宗教。马克思主义宗教学不是简单地把宗教归结为"傻子+骗子"，而是进一步追问：既然世界上没有鬼神，为什么人们还信仰宗教？宗教本身作为一种已经长期存在并且还将长期存在的社会事实和文化现象，它到

---

① 参见 L. John and Jean Comaroff, "The Colonization of Consciousness", in *Ethnography and the Historical Imagination*, pp. 235-263。

底对个人和社会有什么作用？

能否和怎样在新的社会历史条件下坚持和发展马克思主义宗教观，是对中国宗教学研究者的挑战和考验。这不是振臂高呼就可以解决的，而是必须扎扎实实地将马克思主义的基本原理与当今中国宗教的实际，特别是中国宗教工作的实际相结合。这本来就是马克思主义宗教观的应有之义。党中央号召我们在日益复杂的国际国内形势下，在面临的一系列巨大挑战面前，一定要分清哪些是必须长期坚持的马克思主义基本原理，哪些是需要结合新的实际加以丰富发展的理论判断，哪些是必须破除的对马克思主义的教条式的理解，哪些是必须澄清的附加在马克思主义名下的错误观点。在坚持和发展马克思主义宗教观这个特定领域中，做好这"四个分清"还是要从马克思主义的基本原理出发，这一基本原理强调，思想和社会意识对实践和社会存在虽然具有反作用，但是归根结底，是实践、社会存在和人民群众起决定作用。中国共产党及其领导下的中国政府，在团结包括信教群众在内的人民群体进行新民主主义革命和社会主义建设方面，特别是在进行改革开放，建设和谐社会方面，有着丰富的实践经验，这是在坚持马克思主义宗教观的过程中需要加以丰富和发展的，凡是被中国最广大人民群众接受与认同的观点和政策，我们必须坚持并提升到理论高度，纳入马克思主义宗教学的体系。而对马克思主义宗教观的各种各样的教条式理解，特别是那些附加在马克思主义名下的错误观点，那些在实践中造成社会创伤、文化创伤与社会心理创伤的，为最广大人民群众所不接受的观点和做法，则是我们必须反思、必须破除和必须澄清的。

就中国现阶段的具体情况而言，应坚持以人民为中心，将最广大人民群众的根本利益看作最根本的东西，将实践作为检验真理的标准。强调群众路线与实践性并不是中国共产党人的独创，而是从马克思那里继承下来的。马克思和恩格斯从创立马克思主义思想体系伊始，就强调其学说的实践性。他们的许多思想都是从社会实践中来，在社会实践中检验并在社会实践中修正和发展的。他们认为"思想本身根本不能实现什么东西。思想要得到实现，就要有使用实践力量的人"①。而他们倡导"共产主义不是教义，而是运动。它不是从原则出发，而是从事实出发"②；重要的不是说什么而是怎样做，"一步实际行动比一打纲领更重要"③。正如马克思和恩格斯将社会存在放在第一位，社会意识放在第二位一样，他们将实践、实践的人、实践者的行动看得比思想更重要。社会意识的能动性或对社会存在的反作用，是通过群众和群众的实践得以实现的。

列宁也将群众路线与实践性放在十分重要的地位，他说"群众性的工人运动的实践的重要性决不次于理论，而且只有这种实践才能对我们的原则作出真正的检验"④。列宁提醒人们："群众不是从理论上，而是根据实际来看问题的，我们的错误就在于总是从理论上来看问题。"⑤ "如果党的劝告同人民自身的生活经验所教给他们的东西不一致的话，千百万人是决不会听从这种劝告的。"⑥ 在十月革命取得胜利，共

---

① 马克思、恩格斯：《神圣家族（节选）》（1844年），《马克思恩格斯文集》第1卷，人民出版社2009年版，第320页。

② 恩格斯：《共产主义者和卡尔·海因岑》（1847年），《马克思恩格斯选集》第1卷，人民出版社2012年版，第291页。

③ 马克思：《哥达纲领批判》（1875年），《马克思恩格斯选集》第3卷，人民出版社2012年版，第355页。

④ 列宁：《俄国社会民主工党中央委员会在布鲁塞尔会议上的报告和给出席该会议的中央代表团的指示》（1914），《列宁全集》第25卷，人民出版社1988年版，第409页。列宁还说，"马克思主义是以事实，而不是以可能性为依据的"，在制定政策和做出政治决断的时候，"马克思主义者只能以经过严格证明和确凿证明的事实作为自己的政策的前提"。（列宁：《致尼·达·基克纳泽》[1916]，《列宁全集》第47卷，人民出版社1990年版，第477页）

⑤ 列宁：《在出席全俄工兵代表苏维埃会议的布尔什维克代表的会议上的报告》（1917），《列宁全集》第29卷，人民出版社1985年版，第103页。

⑥ 列宁：《全俄农民第一次代表大会文献》（1917），《列宁全集》第30卷，人民出版社1985年版，第147页。列宁说："社会主义不是按上面的命令创立的。它和官场中的官僚机械主义根本不能相容；生气勃勃的创造性的社会主义是由人民群众自己创立的。"（列宁：《全俄中央执行委员会会议文献》[1917]，《列宁全集》第33卷，人民出版社1985年版，第53页）他还说："只有相信人民的人，只有投入生气勃勃的人民创造力泉源中去的人，才能获得胜利并保持政权。"（列宁：《全俄中央执行委员会会议文献》[1917]，《列宁全集》第33卷，第57页）

产党成为执政党之后，列宁告诫各级党的干部要"少讲空话，多做实事"①。对于人民群众与共产党执政的关系，列宁阐述得非常清晰和深刻："在人民群众中，我们毕竟是沧海一粟，只有我们正确地表达人民的想法，我们才能管理。否则共产党就不能率领无产阶级，而无产阶级就不能率领群众，整个机器就要散架。"②虽然列宁在不同的场合对宗教做出不同的政策调整，但是将绝大多数群众团结在党的周围，跟随党进行革命斗争、保卫红色政权，则是万变不离其宗的圭臬。

毛泽东强调"实事求是"和理论联系实际，强调群众路线和为人民服务，他说"实事"就是客观存在着的一切事物，"是"就是客观事物的内部联系，即规律性，"求"就是我们去研究。我们要从国内外、省内外、县内外、区内外的实际情况出发，从其中引出其固有的而不是臆造的规律性，即找出周围事物变化的内部联系，作为我们行动的向导。而要这样做，就必须不凭主观想象，不凭一时的热情，不凭死的书本，而凭客观存在的事实，详细地占有材料，在马克思列宁主义一般原理的指导下，从这些材料中引出正确的结论。这种结论，不是甲乙丙丁的现象罗列，也不是夸夸其谈的滥调文章，而是科学的结论。③他还说一定要每日每时关心群众利益，时刻想到自己的政策措施一定要适合当前群众的觉悟水平和当前群众的迫切要求。凡是违背这两条的，一定行不通，一定要失败。④

---

①　列宁：《俄共（布）第七次（紧急）代表大会文献》（1918），《列宁选集》第3卷，人民出版社2012年版，第464页。列宁还说："少来一些政治空谈。少发一些书生的议论。多深入生活。多注意工农群众怎样在日常生活中实际地创造新事物。"（列宁：《论我们报纸的性质》[1918]，《列宁全集》第33卷，第573页）随着国家机器的日益巩固，共产党的执政力量日益凸显，列宁反复强调要警惕官僚主义对党的事业的侵蚀，他说："我们确定不移的口号应当是：少当点'领导'，多做些实际工作，也就是少发一些空泛议论，多提供些事实，特别是经过检验的事实。"（列宁：《论教育人民委员部的工作》[1921]，《列宁全集》第40卷，人民出版社1986年版，第330页）

②　列宁：《俄共（布）第十一次代表大会文献》（1922），《列宁选集》第4卷，人民出版社2012年版，第695页。

③　毛泽东：《改造我们的学习》（1941），《毛泽东选集》第3卷，人民出版社1991年版，第801页。

④　毛泽东：《党内通信》（1959），《毛泽东文集》第8卷，人民出版社1999年版，第33页。

我们在以上一系列的引证中所看到的，就是从马克思到毛泽东都一贯强调思想观念和政策要从实际出发并以实践为依据。我们要在新世纪坚持和发展马克思主义宗教观，也必须坚持这个基本点。在中国，我们今天面临的宗教实际状况与百多年前马克思、恩格斯创立马克思主义，列宁领导俄国革命时已经有了很大的不同，与中国辛亥革命以前的宗教国情相比也有着极大的变化。在许多传统社会里，宗教持有政治特权、人身依附的封建关系和众多资产，随着共产党执政和社会主义制度建立，这样的局面基本上已经不复存在。在中国现有的14亿多的人口中，严格意义上皈依各大宗教的信徒已经远远不止"一亿多人"，广义的宗教信仰者或对某种宗教感兴趣、参与某些宗教活动的人已经很多。大多数信徒的宗教生活只是他们精神生活的一部分，他们与其他不信教的群众在宗教信仰上的分歧，只是个人在宗教信仰上的自由选择，并不影响他们和其他人一样是社会主义国家的公民，和其他人一样学习、接受现代化的科学技术等知识，和其他人一样都是各行各业的劳动者，从事生产劳动、科技创新等活动。由信教群众组织而成的宗教团体，绝大多数都和其他群众团体一样，是在宪法框架下和法律法规范围内活动的合法组织，各级宗教团体在政府的引导下，积极与社会主义社会相适应。我们对中国宗教现状以及中国社会宗教治理的认识与评判，是以这样一种基本国情为基础和出发点的。

我们身处这样的宗教现状的国情中，既要坚持马克思主义宗教观认识宗教的基本观点和方法，更要立足当下，将马克思主义宗教观与中国的宗教国情和中国社会发展实际相结合；我们既要看到宗教的本质没有变（即具有不同于其他社会意识形态的独特性），又要看到复杂多样的中国诸宗教传统，在近百年中已经在不同的方面有了很大的改观（虽然程度不一）；既要看到中国自改革开放以来，信教群众无论在信仰种类还是在数量上都有了相当数量的增长，又要看到信教群众的生存状态、文化素养以及他们生活的社会大环境都已经发生巨大的转变；既要看到国际国内敌对势力利用宗教危害我国的文化安全与政治安全，又要看到绝大多数信教群众是爱国守法的公民，信仰上的分歧并没有干扰他们和共产党人及其他民众同心同德建设和谐社会，共同为建设美好家园贡献力量。

认识中国宗教，解读中国宗教，可能有多种角度。但不论怎样的认识和解读，都不能背离基本事实，不能离开群众路线与实践检验这两个尺度。我们要坚持马克思主义宗教观，建树有中国特色的宗教学，就是要遵循马克思主义的基本原理，讲清楚每个国家和民族的宗教历史传统、宗教文化积淀、宗教基本国情不同，其发展道路必然有自己的特色；讲清楚中华民族具有五千多年连绵不断的包括宗教在内的文化史，诸宗教参与了博大精深的中华文化的创造与传承，其中也程度不同地积淀着中华民族最深沉的精神追求，包含中华民族最根本的精神基因和中华民族独特的精神标识；讲清楚中华宗教传统文化"多元共存"、和谐互动的突出优势，是我们深厚的文化软实力；讲清楚中国特色社会主义植根于中华沃土，反映中国人民意愿，适应中国和时代发展进步要求，有着深厚历史渊源和广泛现实基础，源远流长的中华宗教文化以及当下的信教群众与绝大多数宗教团体，有适应中国特色社会主义社会的文化因子和现实主动性。①

---

① 在此借用了人民日报评论员《客观认识当代中国与外部世界》（《人民日报》2013 年 8 月 30 日）中的一段话。其原文是："认识中国，解读中国，可能有多种角度。但不论怎样的认识和解读，都不能背离基本事实。宣传解释中国特色，就是要讲清楚每个国家和民族的历史传统、文化积淀、基本国情不同，其发展道路必然有自己的特色；讲清楚中华民族具有 5000 多年连绵不断的文明历史，创造了博大精深的中华文化，其中积淀着中华民族最深沉的精神追求，包含着中华民族最根本的精神基因，代表着中华民族独特的精神标识，是我们生生不息、发展壮大的丰厚滋养；讲清楚中华优秀传统文化是中华民族的突出优势，是中华民族自强不息、团结奋进的精神支撑，是我们深厚的文化软实力；讲清楚中国特色社会主义植根于中华沃土，反映中国人民意愿，适应中国和时代发展进步要求，有着深厚历史渊源和广泛现实基础，中华民族创造了源远流长的中华文化，也一定能够创造出中华文化的新辉煌。"

小结

1. 坚持和发展马克思主义宗教观，是在新世纪坚持解放思想、深化改革开放的重要组成部分。对于马克思、恩格斯、列宁等人在不同时期就不同问题所发表的有关宗教的论述，当代人有着不同的解读和阐发。这很正常，因为时间、场景和人都已有了很大的变化。但无论怎样解读和阐发，都应遵循两点：一是要在理论上讲得通，即要有理有据；二是要在实践上行得通，即合乎国情，合乎实际，合乎民心。

2. 在同一个时代和社会，不同的宗教可能承载着不同的功能；而同一个宗教，在不同的时代与不同的社会也可能功能迥异。与此同时，人们也越来越意识到要全面地而不是片面地认识宗教，特别是在日益复杂的国际环境中，绝不能因信仰上的分歧而撕裂我们的国家和社会。如何将中国的信教者与不信教者以及不同的宗教信仰者团结在一起建设我们的家园，并在理论上和思想上对此做出比较明智和系统的阐释，是对当代宗教学研究者的考验，也是历史交给我们这一代学者的使命。

3. 马克思、恩格斯和列宁关于宗教的论述对我们而言已经是历史、是事实，属于"世界3"那一类的客观存在。不管人们喜欢还是不喜欢，他们就在那里，无法否认。问题不在于他们而在于我们：我们如何理解马克思主义创始人关于宗教的论述，关键在于今天的我们能否和如何坚持和发展马克思主义宗教观。

4. 既然说"马克思主义宗教观"，那么这个"观"就不是一些零散无序的"点"，而是将这些"点"凝聚成有着内在逻辑的、有时间发展阶段的、有空间适用性的一个"观"。这个"观"之所以形成，之所以成立，是因为它有着坚实的理论基础，这就是历史唯物论和辩证唯物论。

5. 由唯物史观来看宗教，一个基本的结论就是：不是宗教创造了人，而是人创造了宗教。宗教这个复杂的多面体有着不同于其他社会意识形态、其他社会事物、其他文化传统的独特维度。宗教的产生和发展既有内因亦有外因，这些内因与外因的互动又使宗教创新层出不穷。

6.对于宗教的定位至少可以从意识形态、政治地位、社会功能和文化意义四个层面入手。从意识形态层面定位宗教，首先要着眼于它是一种世界观，由此会涉及无神论与有神论、教义教规等范畴，内在地体现了社会意识与社会存在的关系；然而若从第二种意义上的意识形态定位宗教，就要从思想与实践的关系入手，分析宗教作为一种精神力量（和社会力量）在改造社会、陶冶心性等方面的作用。由于第二种意义上的意识形态或迟或早、或大或小总会落实为特定群体和特定的社会运动，所以也会涉及阶级、政党、教派等等。政治地位定位不仅聚焦于宗教与政府的关系，还涉及敌我友的关系性质和力量划分，根据宗教在特定历史时期的利益向背、宗教对于政治格局的正反作用、联合宗教力量以实现政治目标的可能性而有不同的关系组合。社会功能定位是将宗教看作一种社会资本，关注它在社会运行中所发挥的组织功能、协调功能、自治功能和服务功能等。文化意义定位主要着眼于宗教作为一种文化软实力，在物质文化和精神文化等多个层面承载着一个群体所珍视的传统和价值体系，通过将其神圣化或通过仪式、象征等将其与神圣存在联系起来，从而在将社会成员社会化的过程中，将社会所必需的行为规范和文化所珍视的价值内在化。

7.以意识形态为主定位宗教和以文化角度为主定位宗教，绝不是互相否定的关系。但是，若仅仅以意识形态定位并否认宗教的社会、文化属性，很容易将人们对宗教的理解"狭窄化"，甚至又回到"阶级斗争天天讲"的老路上去；而若仅仅以宗教的社会、文化属性定位并否认宗教的意识形态属性，那也是不顾人类历史和世界现实。当今世界有大量事实告诉人们，宗教依然被某些人或某些群体当作政治斗争的武器（在某种意义上，亨廷顿的"文明冲突论"也有此味道）。但是在当代中国，人们对宗教定位主要视角的转变所带来的第二个变化，更多地表达了一种价值取向，或者说意在形成一种新的社会心理底线，即认可宗教作为一种文化系统而不认可宗教作为第二种意义上的意识形态。

8. 马克思所说的人类把握世界的四种方式是各有特色的。理论的方式是通过概念、范畴和概念、范畴的逻辑体系去掌握世界。艺术的方式是通过塑造具体生动的形象来反映社会生活，它的最大特点是依靠形象（色、声、形、情等静态的和动态的形象）来表现人们对自然、社会与生活的理解、情感、愿望和意志。宗教的方式是人们以幻想的形式，运用符号和象征系统对超人间、超自然力量的一种认识、信仰和崇拜。而实践的方式则是人类认识和改造世界的物质活动，是"精神的客观现实化和客观现实的精神化"。人类掌握世界的这四种方式互相有别，又相互关联、相互渗透、相互影响。

9. 在某种意义上，马克思和恩格斯对宗教人类学研究成果的吸收与借鉴，极大地丰富了马克思主义宗教观本身，使他们对宗教的哲学分析与政治批判，在大量的历史资料和民族志资料的支撑下，更具科学性与说服力。与此同时，马克思主义宗教观在宗教人类学方面的丰富与发展，也反过来促使一些宗教人类学家运用历史唯物主义的观点和方法来解析宗教。

10. 马克思主义宗教观对人类认识宗教具有普遍的意义，但是人们对于这种普遍性的理解，总是从自己所处的情境和所遇到的特定问题出发的。今日全球化进程所促进的文化交流与人口流动在程度上是空前的，而人们的切身感受又总是与地方性和世界性的互动紧密相连。

11. 认识中国宗教，解读中国宗教，可能有多种角度。但不论怎样的认识和解读，都不能背离基本事实，不能离开群众路线与实践检验这两个尺度。我们身处这样的宗教现状的国情中，既要坚持马克思主义宗教观认识宗教的基本观点和方法，更要立足当下，将马克思主义宗教观与中国的宗教国情和中国社会发展的实际相结合；我们既要看到宗教的本质没有变（即具有不同于其他社会意识形态的独特性），又要看到复杂多样的中国诸宗教传统，在近百年中已经在不同的方面有了很大的改观（虽然程度不一）；既要看到中国自改革开放以来，信教群众无论在信仰种类还是在数量上都有了相当数量的增长，又要看到信教群众的生存状态、文化素养以及他们生活的社会大环境都已经发生巨大的转变；既要看到国际国内敌对势力利用宗教危害我国的文化安全与政治安全，又要看到绝大多数信教群众是爱国守法的公民，信仰上的分歧并没有干扰他们和共产党人及其他民众同心同德建设和谐社会，共同为建设美好家园贡献力量。

第五章　社会文化发展战略与宗教文化格局

能够改变视域的不仅有角度，还有高度。虽然是同一个器物，但俯视图与侧视图呈现出来的图像会极为不同。"景观"，"景"的形成（客观的）与"观"的视角（主观的）密切相关。早在亿万年前，庐山就在那里，但有了文人"横看成岭侧成峰，远近高低各不同"，就有了不同侧视图的、不同视平线的景象描绘；而杜甫的"会当凌绝顶，一览众山小"呈现的则是俯视景观，他所体悟的是高度改变视域的境界。如今人们大谈特谈文化发展战略和文化主体性，强调要从文化战略或社会发展战略的高度思考中国的宗教问题。人们现在越来越意识到高度改变视域的重要性，而且越来越急迫地想在这个问题上有所突破。

一、从社会发展战略的角度思考宗教问题

（一）战略定位的重要性

《礼记·中庸》说"凡事豫则立，不豫则废"，豫，亦作"预"。早在春秋战国时代，中国对战略问题的重视就已达相当高度了。什么是"战略"？战略是与策略相比较而言的。所谓战略，是指重大的、带有全局性或决定全局的谋划；而策略则是为实现战略任务而采取的手段。形象地说，围棋中的"布局"是战略，而"打劫"则是一种策略；"只见树木，不见森林"中的"树木"是策略，栽这棵树还是砍那

棵树是策略,"森林"则是战略,森林的树种与生态是整体布局,如何养护以利长远开发是战略规划。从空间上看,战略的着眼点要大于策略,战略是全局性的,策略是局部的;从时间上看,战略的着眼点是一个中长期时段,而策略着眼于一时一事;从过程来看,策略处理或解决的是特定的事件或问题,而战略则贯穿整个过程并决定过程的基本走向;就目标来说,战略与目标是一致的,是实现目标的总思路和总方案,策略虽然也是服务于目标的实现,但为了解决具体问题,策略有时会与目标并不一致(如迂回),甚至会在某种意义上背离目标(如目标是西却先向东走)。战略与策略虽然不同,但是二者缺一不可。只有策略没有战略,就没有方向,就没有通盘布局和阶段性部署;而若只有战略没有具体行动的策略,战略就如天马行空落不了地。由此来看,我们在研究中国宗教时,如果不是研究一时一地,或某一事件某一教派(这当然都是非常需要且十分重要的案例研究),而是要对宗教有一长期的与整体的认识和把握,做到既见"树木"又见"森林",那就必须从战略的角度,尤其是文化战略的高度,全面研究宗教在中国社会发展中的地位和作用。①

世纪之交,随着东欧剧变、苏联解体和"9·11"事件所带来的世界格局大变化,宗教作为社会群体的一种信仰和组织形态,已经在国际上成为地区发展与安全的焦点和国际关系战略的重要组成部分。世界格局的变化推动国际秩序进入新的转型期。过去的联盟、集团化和

---

① 对此问题的思考,源于我和卢国龙在 2004 年的几次聊天(当时我们都住在西坝河社科院宿舍),后来我们在此基础上各自写了文章。卢国龙的文章《关于当代中国宗教问题的文化战略思考》,发表在陈明、朱汉民主编《原道》第 12 辑(北京大学出版社 2005 年版)上。我的文章《全面研究宗教在文化发展战略中的地位与作用》,先是发表在《宗教比较与对话》第 6 辑(宗教文化出版社 2005 年版)上,后来中央政策研究室主办的《学习与研究》(2006 年第 8 期)、中国社会科学院哲学研究所主办的《哲学研究》(2006 年第 12 期)和国家宗教局主办的《中国宗教》(2012 年第 3 期)做了不同篇幅的刊载。2005 年,卢国龙主持的《宗教在文化战略中的地位和作用》在中国社会科学院立项为重大课题(课题成果已由中国社会科学出版社于 2014 年出版)。

意识形态等观念都在发生深刻的变化,各种力量都在利用这个转机谋划自己的利益。与此相应,传统的国家安全理念扩展为经济安全、军事安全、信息安全与文化安全四个主要方面,安全威胁的多元化改变了以往国家之间不是盟友就是敌人的局面,而安全关系的多重化则使国家之间虽然在传统安全领域相互敌对,但却可以在非传统安全领域成为合作伙伴。这固然造成国际关系进一步复杂化,但也把大国之间发生大规模冲突和战争的可能性降到最低限度。并且,日益加快的经济全球化进程,推动各国协调、综合、循环地利用自然资源,相互借鉴社会管理经验,遵循并共享商业规则,交流科技成果,这些都极大地提高了经济效率,也提高了生活质量。与此同时,各国由于经济发展水平不平衡,对于全球化秩序的预期以及制定全球化秩序的立场不同,形成了不同的利益诉求及文化表述。宗教作为利益诉求和文化表述的重要形式之一,既引发了形形色色的冲突,也在国家和地区的文化整合中起着非常重要的作用。

战略思考是从大的格局和大的时段着眼。人们都很熟悉亨廷顿的"文明冲突论",那就是一种战略思考,而且是从文化(尤其是宗教文化)着眼谋划西方(尤其是美国)的全球战略。其实早在1966年,时年39岁的亨廷顿就写过一篇题为《政治发展与世界秩序中美国体系的衰落》[①]的文章。亨廷顿提出,在第二次世界大战后的20年里,国际政治的显著特征既不是美国同共产党国家的对峙,也不是发达国家与落后国家之间的紧张状态,而是美国所采取的扩张主义步骤,即"进入欧洲势力衰落以后在亚洲、非洲甚至拉丁美洲留下的真空"。在那段时间里,英国人、法国人与荷兰人几乎全部撤出了东南亚;英国人撤出了中东和阿根廷;法国人也撤出了北非的大部分地区。"欧洲

---

① "Political Development and the Decline of the American System of the World Order", *Toward the Year 2000: Work in Progress* (Summer, 1967), vol. 96, no. 3, pp. 927-929.

的衰微和美国的扩张（政治的、经济的和军事的）是携手并进的"。但是在美国的强势扩张中，亨廷顿认为在2000年后，美国的霸权将开始崩溃：

> 2000年，前20年曾得到发展的以美国为首的世界秩序将处于解体和衰败的境地。正像美国的势力在现阶段取代了欧洲的势力一样，在本世纪的最后25年里，美国的势力同样会没落。而其他国家将挤进来占据空位。在这个方面，中国将在亚洲大陆上扮演重要的角色，印度尼西亚将在东南亚，巴西将在拉丁美洲，可是我不知道谁将在中东和非洲。与欧洲帝国的末日（它还是比较平静的）不同，美国势力的衰落将包含有无数的斗争，因为新兴力量和美国的关系决没有美国和欧洲强国之间的关系（在价值观念和文化方面）那样密切，因为新兴力量和美国之间决不会存在着像美国和欧洲反对苏联时所存在的那样多的反对一个第三者的共同利益。伴随着以美国为首的世界秩序的解体，所发生的斗争将对参与国的政治发展起到深刻的刺激作用。的确，那些斗争有可能在造成国家团结和组织发展的方面扮演一个重要的角色。同时，美国势力的衰落将导致美国政治的分崩离析。美国的政治体系也不可能比第四共和国的政治体系更具有成功地适应帝国失败的能力，或许还要更差。①

现在已进入21世纪了，美国的地位与国际关系的变化在多大程度上应验了亨廷顿的分析和预测，每个读者自有结论。1996年（前一预测发表30年后）亨廷顿又发表了《文明的冲突与世界秩序的重建》，

---

① 亨廷顿：《政治发展与世界秩序中美国体系的衰落》，转引自贝尔：《资本主义文化矛盾》，赵一凡等译，生活·读书·新知三联书店1989年版，第272页。

提出"文明冲突论"并在此基础上对未来国际关系格局做出了新的战略判断。其核心观点是文化和文化认同（它在最广泛的层面上是文明认同）形成了冷战后世界上的结合、分裂和冲突模式。亨廷顿提出，在人类历史上全球政治第一次成为多极的和多文明的；现代化有别于西方化，它既未产生任何有意义的普世文明，也未产生非西方社会的西方化。亨廷顿认为文明之间的均势正在发生变化：西方的影响在相对下降；亚洲文明正在扩张其经济、军事和政治权力；伊斯兰世界正在出现人口爆炸，这造成了伊斯兰国家及其邻国的不稳定；非西方文明正在总体上重新肯定自己的文化价值。亨廷顿指出，以文明为基础的世界秩序正在出现：文化类同的社会彼此合作；从一个文明转变为另一个文明的努力没有获得成功；各国围绕着它们文明的领导国家或核心国家来划分自己的归属。西方国家的普世主义日益把它引向同其他文明的冲突，最严重的是同伊斯兰世界和中国的冲突；在区域层面的断层线上的战争，很大程度上是穆斯林同非穆斯林的战争，产生了"亲缘国家的集结"和更广泛的逐步升级的威胁，并因此引起核心国家努力制止这些战争。亨廷顿在此基础上提出他的全球政治战略：西方的生存依赖于美国人重新肯定他们对西方的认同，以及西方人把自己的文明看作独特的而不是普遍的，并且团结起来更新和保护自己的文化，使它免受来自非西方社会的挑战。

　　亨廷顿以其对未来世界格局变化走势的把握，提出了西方尤其是美国的战略应对。这种战略的整体思路是将未来国际冲突的主要根源定位于文化的而不是意识形态的和经济的，全球政治的主要冲突将在不同文明的国家和集团之间进行，"文明的冲突"将主宰全球政治，冲突点多发生在各大文明之间在地缘的断裂带上，而未来国际政治的核心部分将是西方文明和非西方文明，以及非西方文明之间的相互作用。亨廷顿认为，冷战后的国际政治秩序将与文明内部的力量配置和文明冲突的性质密不可分：在各大文明内部是否有核心国家或主导国家非常重要，而在不同文明之间，核心国家间的关系将影响冷战后国际政治秩序的形成和未来走向。亨廷顿的结论是，文化之间或文明之间的冲突，主要是目前世界上七种文明（中国文明、日本文明、印度文明、伊斯兰文明、西方基督教文明、东正教文明、拉丁美洲文明）的冲突，文化（尤其是西方文化）是独特的而非普遍适用的，伊斯兰文明和儒家文明可能共同对西方文明进行威胁或提出挑战。由此观察，亨廷顿认为全球政治格局正在以文化和文明为界限重新形成并呈现出多种复杂趋势：在历史上第一次出现了多极的和多文明的全球政治，不同文明间的相对力量及其领导或核心国家正在发生重大转变，文明间力量的对比会受到重大影响。具有不同文化的国家间最可能的是相互疏远和冷淡，也可能是高度敌对的关系，文明之间形成"竞争性共处"。然而在文明之内，文化的相似之处将人们带到了一起，并促进相互间的信任和合作，这有助于削弱或消除隔阂。那么在国际社会，减缓冲突的手段或途径是什么？亨廷顿认为，建立在文明基础上的世界秩序，在不同文明之间的"跨越界限"与尊重和承认相互的界限，世界领导人愿意维持全球政治的多文明特征并为此进行合作，这三者是避免世界战争的最可靠的保证。[①]

虽然很多人对亨廷顿的"文明冲突论"有不同的看法[②]，但是就我们的论题而言，他是立足于战略对未来世界政治格局的演变提出自己

[①] 参见塞缪尔·亨廷顿：《文明的冲突与世界秩序的重建》（修订版），周琪等译，新华出版社2010年版，第4—5页。

[②] 参见王缉思主编：《文明与国际政治：中国学者评亨廷顿的文明冲突论》，上海人民出版社1995年版。哈拉尔德·米勒（Harald Muller）：《文明的共存——对塞缪尔·亨廷顿"文明冲突论"的批判》，郦红、那滨译，新华出版社2002年版。米勒认为在《文明的冲突与世界秩序的重建》中提及的52起潜在冲突中，只有18起（1/3强）发生在"文明的断层线"上；相反，这52起冲突中的36起（2/3以上）发生在不同人种的集团之间。迪特·森格哈斯（Dieter Senghaas）：《文明内部的冲突与世界秩序》，张文武等译，新华出版社2004年版。王小强：《"文明冲突"的背后——解读伊斯兰教原教旨主义复兴》，香港大风出版社2004年版。苏国勋：《从社会学视角看"文明冲突论"》，《社会学研究》2004年第3期。

的看法，我们更为关注的是这种战略思考与国际形势演进的关系。对未来一个时段世界格局变化趋势的前瞻和预测，是一种战略思考的能力。我们对我国宗教问题的把握与思考，也不能在这方面缺位。亨廷顿将未来世界的冲突根源定位于文化层面，而非传统的经济实力分析、军事实力分析与意识形态对立分析，由此看到的是以文化为主体的不同文化圈之间的力量对比景观，这种今天人们常说的"文化软实力"与传统的"硬实力"相结合，从根本上影响了今后世界政治格局的走向。这种思路（而非其结论）对我们如何看待和推动中国社会的文化自觉，如何从战略的高度认识和把握宗教在中国社会未来发展中的地位和作用，是大有启发意义的。

（二）宗教承载价值，是文化传统的重要组成部分

我国自文明社会以来形成了多民族多宗教共居的格局。在漫长的历史演变中，宗教在社会各阶层间、国内各民族间、我国与周边国家和地区之间、我国与国际社会之间，形成了非常复杂的关联。我国的宗教既有丰厚辉煌的历史文化遗产，又有深广多面的精神资源，同时还是民族交往与融合的纽带。在我国历史上，虽没有发生过大规模的宗教战争，也没有血雨腥风的宗教迫害（如"宗教裁判所""血腥的玛丽"和"圣巴托罗缪之夜"），但宗教从来就不仅仅是一种思想体系，作为社会组织，宗教在我国历史舞台上扮演过诸多角色，既发挥过建构作用，也发挥过解构作用，既提供过正面的社会资本，也提供过反面的社会资本。

很多人对我国当代宗教的判断可以概括为两个基本点：一是认为在当代我国信仰宗教的是少数人，无关大局；二是认为宗教是愚昧和贫困的产物，会随着社会经济的发展而自然地消解。但实际上，无论在国内还是在国际上，现代化的进程提升了世界上绝大多数国家的生活水平、科技水平和受教育水平，这是 200 年前无法比拟的，可是宗教信仰者的总人口和百分比都没有相应地减少。宗教问题，特别是由于宗教问题引发的突发事件和群体事件，不但没有减少，反而由于经济全球化与科技进步，不仅社会动员手段与能力有了今非昔比的改变，而且局部地区的个案会借助媒体和互联网迅速传遍全世界（过去局部地区发生的个案要很久才能传播，现在当场就可以通过互联网传遍世界），因此宗教问题给社会发展造成的影响，往往超出所涉及的人群，它对社会经济发展造成的巨大推动或破坏，以及由此造成的精神鼓舞或情感伤害，不仅远远超出了信仰它的个人和群体，而且在能量上超出以往任何时代。宗教信仰问题，无论在国内还是在国际上，都不是经济发展了就自然而然能解决的。正是因为宗教对整个社会有着超越王朝更替和社会转型的影响与互动，所以任何社会在构想文化发展蓝图时，都不能不对宗教这个领域另眼看待。

宗教作为诸多社会力量之一，它在社会这个公共领域中的作用、它的社会动员能力以及它所提供的社会资本，不可低估。研究宗教在我国当代社会文化发展中的地位和作用，需要研究的问题很多，诸如宗教能为我国社会提供什么样的精神资源和公共产品，以及这些产品具有何种性质与功能；如何使宗教成为社会各要素间与不同利益群体间的黏合剂，成为社会资本增值的催化剂；在什么条件下宗教会变成社会和谐的异数，它的"自变量"是什么，它的"因变量"是什么，其性质转变的"临界点"又是什么；如何使社会各界都有清醒的共识并形成共同确认的"游戏规则"。至少，各方通过努力使之负面影响保持在最低限度内。然而，这些问题虽然已经不是就事论事，而是有所抽象，有所普遍，但还不是战略研究。而若进行战略研究，则需拓展视野。

首先，战略地研究宗教在社会文化发展中的地位和作用，意味着我们思考宗教问题的位势不同于具体的历史考证和现状调查。

战略研究是一种前瞻式的宏观研究，它不是就宗教论宗教，就宗教问题来解决问题。这种战略研究当然是以宗教史研究为依托的，因为宗教是从过去走到现在，又从现在走向未来的；但是从战略层面研究宗教不是为了梳理宗教史的脉络，而是为了把握宗教的大趋势。这种战略研究自然也会触及过去和当下的局部状况与政策，但它主要地不是就当下的某一事件或某一政策得失做出解读；战略不是局部的和当下的，不是着眼于一时一地一事的"救火"，而是要统观全局，在深层次上和中长期上研究宗教的走势与作用。

就我国社会发展来说，战略研究着眼于中华民族如何自立、自强于世界民族之林，着眼于在经济全球化的浪潮中如何凝聚民族的主体意识，着眼于理顺社会关系并推动社会整体结构的合理化，着眼于国家长远目标的逐步实现，着眼于社会的长治久安和人民生活的祥和安康。立足于战略的高度研究宗教在我国社会文化发展中的地位和作用，就是要将宗教问题放在当代中国社会发展的总体战略和国际关系新格局中来定位和研究。

其次，战略地研究宗教在社会文化发展中的地位和作用，还意味着我们不能仅仅思考宗教自身的社会功能与文化功能，还要从中华文化大发展大繁荣的整体谋划中定位宗教。

随着综合国力的增强和社会氛围的开放，人们越来越关心我国当代文化主体性的建设。但我们不是在一张白纸上画图，我们有悠久的文化传统。传统不仅有如何继承的问题，而且有在继承发扬中如何重新建构的问题。我们希望在经济发展的同时促进中华文化的大发展大繁荣，如何将我们自己的文化传统与当下及今后所从事的社会文化建设接续起来，是个不可回避的历史任务。我国不仅在政治上和经济上要自立于世界民族之林，在民族文化上也要自立于世界民族之林。因此在建构和凸显中华民族的文化主体性的过程中，要善于将中华民族传统文化中的精华融于社会建设与文化大发展中。要完成这一任务，需要动员一切可以利用的社会资本与文化资源。其中特别重要的，就是宗教。

按照希尔斯的观点，"人类所成就的所有精神范型，所有的信仰或思维范型，所有已形成的关系范型，所有的技术惯例，以及所有的物质制品或自然物质，在延传过程中，都可以成为延传对象，成为传统"①。无论古今中外，宗教都是一种文化传统或者是文化传统的一部分，它承载着一个社会或一个群体所珍视的价值，并通过仪式活动反复重申和强化这些价值。②

许多人总是幻想宗教会随着现代化的进程而"淡出"社会舞台，但许多国家（既有发达国家，亦有发展中国家）的发展进程表明，宗教这种精神资源可以为多方所用，既可以为倡导和平、促进社会和谐提供动力，也可能被极端主义和恐怖主义利用。面对当下的宗教世情与国情，讨论宗教是不是一种精神资源已没有多大意义（有些人认为这是个伪问题），因为宗教作为一种精神资源，过去和现在总是被怀有不同目标的人们所利用，这是不以人们的承认而转移的。更有建设性的研究应当探讨在我们建构和谐社会的进程中，如何看待宗教这种精神资源，以及如何利用这种资源，研究和分析哪些方面会"淡出"，哪些因素会"渐入"。但是我们目前的认识还过于笼统，实际上在这一方面有许多问题需要深究，特别是那些带有很强操作性的问题更需加以关注：宗教如何发挥这种作用？这种作用在向内凝聚力量的同时，往往向外产生某种排他性，这势必会在不同的群体间造成某种紧张，这两种互反的作用力的平衡点在什么地方？它们由积极作用转变为消极作用的临界点又在哪里？古今中外这方面的经验教训是什么？人们应当采取何种措施来避免各种不愿意看到的局面出现？

最后，战略地研究宗教在社会文化发展中的地位和作用，从根本上说，是立足于宗教作为一种历史现象将长期存在。

---

① 希尔斯：《论传统》，傅铿、吕乐译，上海人民出版社1991年版，第21页。
② 希尔斯说："传统的持续时间长短不一。行为的传统——指导行为的范型、追求的目标、人们对达到这些目的应采用何种合宜有效之手段的认识、行动所导致和维持的结构——比行动本身要来得持久。"（希尔斯：《论传统》，傅铿、吕乐译，第33页）

宗教是历史现象，是说它只能是在人类社会发展到一定阶段才能产生，是说它总是处于特定社会历史背景中，并因之而形成各种各样的（时间的、空间的、形态的、结构的等等）分别，有它产生、变化和消亡的过程。但这并不是说，宗教退出历史舞台指日可待。如果是那样，我们就根本不需要战略思考了。道理很简单：因为宗教是一种客观的（不以某个人的意志为转移的）、长期的，而且有相当数量民众参与的社会存在和文化传统，需要我们从战略上定位它的功能与作用，确立我们的应对态度。

我们所处的社会是"中国特色社会主义"社会，这个社会是一个相当长的历史进程，在这个漫长的历史进程中，特定的宗教肯定会在内因与外因的作用下不断嬗变，有所创新也会有所消亡。所以毋庸赘言，宗教至少在社会主义社会将会长期存在，它既是社会中诸多力量之一，也是文化领域的一片天地。我们既不能用强制手段使之消亡，也不能沙埋头似的假装看不见，应该以实事求是的态度承认和面对。况且，宗教的存在意味着有相当数量的民众还执着宗教信仰，无论出于什么原因（主观的或客观的），只要是民众自己选择了某种宗教信仰，无论我们出于什么理由，绝不能越俎代庖。若如是观，我们在考虑宗教问题时就必须着眼于长久，着眼于民众；反过来说，若考虑长治久安的治国方略，就必须将宗教纳入视野。

（三）文化主体性的内核与形式

从战略高度思考宗教在中国社会文化发展进程中的地位与作用，自然关联到文化主体性的自觉及其内涵。何谓"文化主体性"？楼宇烈认为"文化的主体意识就是对本国文化的认同，包括对它的尊重、保护、继承、鉴别和发展等"[①]。而"文化自觉"，则如云杉所说："主

---

① 楼宇烈：《中国的品格》，《新华文摘》2007年第7期。

要指一个民族、一个政党在文化上的觉悟和觉醒,包括对文化在历史进步中地位作用的深刻认识,对文化发展规律的正确把握,对发展文化历史责任的主动担当。"①朱高正认为"文化主体意识是指一个民族自觉到其拥有的历史传统为其所独有,并对此历史传统不断做有意识的省察,优越之处发扬光大,不足之处奋力加强,缺失之处则力求改进"。但这种确认不是一次性的,而是不断认知和接受的过程,在"接受传统,承认传统为我们所自有、独有、固有"的同时,也要对传统有所批判,有所超越,从而创新传统。"惟有确立文化主体意识,立大根本于传统,才有真正的文化自由可言。"②

中国社会的发展需要以自己的文化主体性为支撑,其内涵所在与传统文化息息相关。而在中国传统文化中,儒、道、佛互补合一,构成中国文化传统的重要组成部分。对此,林安梧有一段精彩的解说:在整个中华民族的文化发展中,当然最重要的是儒、道两家文化。儒家强调人伦孝悌,强调的是主体的自觉。道家强调自然天地,讲自然、任化。在他看来,儒家和道家基本上是一个同源和互补的结构。佛教传入中国后,基本上是适应着儒道两家的文化脉络来发展,发展出"大乘菩萨道"的精神。这个精神强调要在人间实践"净土"的概念,佛教本来是要救度众生,到最后却从出世间法转成"佛法在世间,不离世间觉",也就是"净土在人间"的意思。林安梧概括说,儒家强调主体的自觉,追求敬而无妄;道家强调回归自然,追求致虚守静;佛家强调自在、放下,追求净而无染。他认为现在要谈振兴中华文化,儒、道、佛三家缺一不可,它们已经交融成了一个不可分的整体。"所谓中华文化主体性,是指各种文化共生、共长、共存、共融,中华文

---

① 云杉:《文化自觉 文化自信 文化自强:对繁荣发展中国特色社会主义文化的思考(上)》,《红旗文稿》2010年第15期。
② 朱高正:《康德批判哲学的启蒙意义——谈文化主题意识的重建》,《哲学研究》1999年第7期。

化这个多元的主体才构成一个不可分的总体。我们不是说儒家文化是绝对的主流,其他的文化是支流,而是指儒、道、佛交织成一个整体,此外还有伊斯兰文化、基督教文化,乃至其他少数民族文化都包容在中华文化这个大的熔炉里面"。这也是中华文明的独特性,用另外一个说法来讲就是"教出多元,道通为一"。① 当有人问林安梧怎样做才能重建中华文化的主体性时,他认为中华文化不能离开它的精神家园,而精神家园在于人伦的建构。

> 这几年我一直在呼吁要恢复祭祀之礼,祭天地、祭祖先、祭圣贤。这三祭之礼如果没恢复,那么我认为我们这个民族的安身立命就会比较辛苦。恢复三祭之礼是安身立命的一个起点:祭天地让我们跟天地有一个互动融通;祭祖先让我们的生命同祖先贯通,通过血脉的连续性建立一种身份上的认同;祭圣贤也是一种对传统文化的认同。天地、祖先、圣贤,是传统文化落实在日常生活中的三个重要维度。②

当然,恢复了"三祭"是不是自然而然地就能筑就我们的精神家园,还有诸多争议。但可以肯定的是,从战略高度定位宗教在中国社会文化建设中的地位和作用,与重建中华文化的主体性,推进文化自觉并非相悖、矛盾和冲突的关系,而是互动和互补的关系。文化主体性的内核是精神与价值,宗教作为传统文化的一部分,乃是这种精神与价值的载体。当然,除了宗教之外还有其他的载体,而在宗教内部,又有教派之别;既不能把宗教文化承载精神与价值的作用无限夸大,也绝不应忽略。可以说,宗教在中国文化的历史长河中百舸争流,它

---

① 林安梧:《重建中华文化主体性 守护民族精神家园》,《中国社会科学网》2012 年 5 月 7 日。
② 林安梧:《重建中华文化主体性 守护民族精神家园》,《中国社会科学网》2012 年 5 月 7 日。

们有不同的形态,有不同的所属,居不同的层面,但有一点是共同的,这就是承载精神与价值。

然而强调宗教传承精神与价值的社会文化作用并非意味着不需要宗教的多元性,恰恰相反,越是注重传承和发展精神与价值,越是需要宗教的多元化。

宗教多元化从当下着眼和从战略考虑所得出的结论相距甚远。从当下考虑,宗教可能是教派越少越好,这样便于管理;但若从长远看,这既不符合宗教演变的历史规律,也不利于一个社会的长治久安。宗教多元化是个世界性的现象,现在世界上的宗教组织数以千计。在西方国家中,美国号称是最"宗教",也是最"多元化"的国家,1995年,《美国宗教组织辞典》上列举的宗教组织至少有2500个(如果美国的2.5亿人口全都信教,那么平均每个宗教组织的成员为10万人)。宗教多元化也不是现代才有的现象。佛教传入中国并在中国生根开花的过程,也是其教派分化发展的过程,即便在禅宗这个中国化的佛教教派产生以后,还又进一步分化为五家七宗。多元化格局的形成不仅在于一个国家或一个地区内有不同的宗教,而且在于外来宗教在本土化的过程中会再分化成多个教派,而本土宗教也会在其发展中形成多元格局,如道教在其发展过程中先后出现了许多教派(如正一派、全真派、静明道等)。

宗教多元化是正常的社会历史进程。一方面,宗教要生存发展,就要适应社会的变化与发展。人们在宗教信仰上不断探索,就会推陈出新,形成新的教义和教派;社会在进步中形成阶级、阶层的分化,形成行业和专业的分化,也会推动信仰需要的分化,为了满足不同层面信众的不同宗教需要,会形成新的教义和教派。另一方面,5万人的宗教团体与500万人的宗教团体在管理成本上,显然是不一样的(当然,两者的社会能量也大不一样)。一个社会有4000个5万人的宗教团体,另一个社会有4个5000万人的团体,虽然宗教信仰者的总量一样，但所形成的社会结构和社会压力绝非等量齐观。① 当一个宗教组织在人数上和地域上形成一定规模以后，自然要在内部管理上出现多重管理层，当管理层的金字塔结构形成一定规模之后，不仅带来管理成本的提高，还会出现异化，表现为神学上的教条主义，脱离群众的官僚体制，甚至还会出现腐败和僵化并由此连带出内部分化（最典型的例证是马丁·路德发起宗教改革前的罗马天主教廷）。

在此有两个理论问题需要澄清：一个是社会文化自身的性质，即它是静态的、一成不变的，还是动态的、不断发展的；另一个是社会文化与个体的关系。如果我们将文化看作是由绝大多数人口所共享的态度、价值观和信仰所构成的，那么有关文化的整合和文化的协调一致无疑是个重要的问题。但是在现代社会中，文化正日趋多样化，文化连贯性的缺乏或者说"文化联结的松弛"引人注目。经典的社会学和人类学理论中的文化观念强调文化的一致性和连贯性，"但是这种一致性和连贯性与其说是一种现实，还不如说是一种虚构或意识形态"②。事实上，这种观念反映的是 20 世纪上半叶的现代主义时代精神。历史社会学和政治文化研究的一个共同主题，是统治阶级如何以意识形态或霸权的形式将一种连贯统一的世界观，强加于所有的人。一种世界观可以深深地渗透到日常生活的所有方面，以至于人们把它像常识一样不假思索地接受。对此问题，以往的研究取向倾向于强调被统治阶级面对这种文化控制时的无权状态，而新的研究取向则注重考察被统治阶级在面对那些力图对其施加意识形态的和霸权的控制的人们时所

---

① 伏尔泰在《哲学通信》里曾对英国的宗教格局说过这样一段话："假如在英国只有一种宗教，它就会令其专制者感到可怕。假如只有两种宗教，它们两者就会相互残杀。而假如有三十种宗教，它们就会和平相处。"（转引自董江阳：《迁就与限制——美国政教关系研究》，生活·读书·新知三联书店 2017 年版，第 28 页）虽然我们看到的历史是一个社会中有了 30 种宗教不一定"就会和平相处"，但这个社会的格局肯定不同于只有少数几种宗教的社会。

② 戴安娜·克兰（Diana Crane）主编：《文化社会学——浮现中的理论视野》，王小章、郑震译，南京大学出版社 2006 年版，第 3 页。

采取的应对策略。特别是在伯格和卢曼的《现实的社会建构》(1966)发表以来,人们对社会文化的看法有所改变,社会生活中许多被我们理所当然地认为是客观的或必然的东西,实际上是通过社会关系和社会行为"建构"起来的。社会建构理论改变了关于传媒、流行文化和科学的研究,拓展了一个新的研究领域即接受理论,导致了对于组织行为的基本原则的一种新的解释。①

以往的社会文化理论还将个体看作文化影响的被动接受者,文化影响决定着个体的目标。当代学者斯威德勒(Stwdler)却认为,文化给个体提供了一个广阔的选择范围。它并不决定目标,而只是以"符号、传说、仪式以及世界观"等形式,提供了人们用以解决问题和组织其行动的"工具箱"。人们并不是被动的"文化吸食者",他们是主动的,是文化的熟练运用者。虽然人们可能会共享同样的价值观,但是他们的行为却可能各不相同,因为他们把特定的价值观转化成行动的能力各不相同。不仅在形成斯威德勒所谓的"行动策略"时人们会以不同的方式使用相同的文化成分,而且,文化本身也不是一个按照始终如一的方向推动行动的统一体系。② 无论是社会文化本身,还是生活在社会文化中的个人,都不是静止的、被动的。传统与无数个人的创造是个生生不息的互动进程。社会整合或社会秩序的维系是在政治、经济、社会、文化的不同层面上进行的。③ 作用力也不是"单向度"的,

---

① 参见戴安娜·克兰主编:《文化社会学——浮现中的理论视野》,王小章、郑震译,第3—8页。

② 戴安娜·克兰主编:《文化社会学——浮现中的理论视野》,王小章、郑震译,第9—10页。

③ Michael Schudson 指出:社会可以是统一的制度(order),这意味着政治控制的有效实施。社会也可以被统一地协调(coordinated),这意味着不同角色、利益和价值观的人们通过各种正式的和非正式的机制而得以和平地互动。社会还可以是统一的共同体(community),意味着人们共同忠诚于一系列共同的信念和价值。所有这些整合的形式都依赖于某种程度的共同的文化理解和某些共同的沟通手段,但是,政治制度更明显地依靠组织和暴力,社会协调更多地凭借市场、交换和面对面的互动,至于社会文化共同体,则相对更大程度地依仗于与共同的文化习俗、角色、符号相应的社会关系。(戴安娜·克兰主编:《文化社会学——浮现中的理论视野》,王小章、郑震译,第19页)

而是一种"双向结构"。①

实际上,宗教多元化不是今天才有的现象,它不是宗教发展演变进程中的反常现象,而是正常的,甚至可以说这是宗教存在与演变的常态。很多人担心宗教多元化会造成某种社会混乱,教派之争会引发某些地区的不稳定。从古至今这方面的事例的确不少。即使在现代民主社会,宗教多元化依然会带来各宗教组织间的竞争,就像市场经济中的竞争一样。②无论中外,经济生活中总是有个别的企业出于私利,在竞争中不择手段,使市场陷入垄断或恶性竞争。同样,宗教团体也有可能出于私利谋求信仰垄断,甚至故意恶性竞争。面对这种情况,任何社会面临的问题都不是要不要回应(这是不能回避的),而是如何回应,如何既不伤害社会整体,又维护多元宗教间的正常发展和竞争。其重点不是限定上市的品种和生产厂家,而是制定产品的质量标准、市场准入门槛和竞争规则,并担负起督察的责任。况且,宗教提供的不同于一般的商品,它以神圣的名义倡导一套道德、价值和精神

---

① Ewa Morawska 与 Willfried Spohn 指出:这种视文化和社会为"双向结构",即每一方既结构化对方又为对方所结构化的研究趋向具有下列共同特征,按重要性为序排列依次为:1. 这种取向承认宏观的、长期的社会结构环境是较小规模、较短期的社会生活之起源脉络或背景的一个因素,但按照"双向结构"之模式从理论上加以概念建构,并以此进行历史考察的是后者。2. 社会生活被定义为中观/微观的场域(mezzo/micro fields),或者(如在埃利亚斯那里)被定义为制度的和人际的社会关系,如此定义的社会生活而又被理解为一种连续的、开放的过程。3. 文化,即象征规则、意义和认同等,被认为渗透于所有社会生活之中;全部的现象均被看作是在日常社会实践中从不间断地进行着的塑造和再塑造的活动,因而,传统的那种"自主性"和"因果性"的观念在社会—文化分析中是不适用的。4. 由上述可知,这种研究取向不会,也不能形成传统上那种联系着社会生活的特定居次或方面的、由因果陈述的连贯系统构成的理论,相反,用 E. P. 汤普森的话来说,它只是以例说明"一种经验性的话语习惯"。5. 在这一框架中,凭借其定义、评价经验的能力,以及在社会制度关系和人际关系中引导社会行动的能力,文化对于社会无处不在的渗透间接地"赋予了"文化自身以"权力"(或者说,权力被理解为是以文化为媒介的)。对于文化之间接权力的实行过程和社会含义的考察被看作是结构化分析的一个内在的部分,是任何一种社会学研究的重要的、甚至是核心的任务。(戴安娜·克兰主编:《文化社会学——浮现中的理论视野》,王小章、郑震译,第 57—58 页)

② 关于这方面的研究,可参见罗德尼·斯塔克、罗杰尔·芬克:《信仰的法则——解释宗教之人的方面》,杨凤岗译,中国人民大学出版社 2004 年版。

追求。我们应看到,在宗教多元化的格局下,不同的宗教团体联合起来共谋坏事的成本和难度很大,而共谋善举却能"共赢"。我们还应当看到,包括我国在内的世界上大多数国家解决教派冲突的过程,基本上是一方面逐步走上法治的轨道,另一方面努力营造社会宽容的文化氛围。当然,这两个方面都还有许多工作要做,还有许多问题需要研究,特别是要研究宗教多元化如何在个人(信众)层面上满足随着社会发展和人的发展而不断分化和创新的不同信仰需求,同时在社会层面上构成一种既减少冲突(与反社会行为),又能共谋善举的格局及其"游戏规则"。

在我国社会文化的未来发展中,我们不仅要关注"五大宗教"(道教、佛教、伊斯兰教、天主教和基督教)等制度化宗教间的"生态"平衡,还要关注诸如民间信仰(如关公崇拜、妈祖崇拜、祖先崇拜等)等非制度化宗教之间,以及它们与制度化宗教间的"生态"平衡。很多人以为制度化宗教是"高级的"宗教,而非制度化宗教是"低级的"宗教,是文化落后的表现。但是实际上,非制度化宗教既是前现代(甚至是前国家)的宗教形态,也可能是后现代的宗教形态。[①] 现代化进程表明,宗教的"高级"形态并非是以制度化为表征的,在被许多人视为典型的西方社会,近些年来一直在"世俗化"问题上争论不休:如果以人们是否归属某个教会为指标,一个社区可能是非常"世俗"的,而若以是否信仰上帝为指标,这个社区却可能是非常"虔诚"的。社会现代化了,人们满足自己信仰需求的途径和形式,自然也现代化了。这种现象启发我们在思考中国文化发展战略时,不能简单地把制度化宗教与非制度化宗教对立起来,看作高低阶梯上的两个环节并扬此抑彼,而是要把它们看作一个从零到一的谱系,将其中的每一

[①] 参见卢克曼:《无形宗教——现代社会中的宗教问题》,覃方明译。卢克曼认为在现代社会里,宗教已从"有形宗教"(以教会为制度基础的信仰体制)转变为"无形宗教"(即以个人虔信为基础)。

个点看作组织形式多样性（其实，非制度化宗教也不是没有"制度"，只是相比较而言没有那么"强"的制度化）的表现，各有各的功能与优劣。从后现代的观点看，非制度化的宗教可能更合乎信仰者的个人需要，社会成本更低，非宗教异化的可能性也相对较低。当然，这并不是说，传统的非制度化宗教可以原封不动地移植于当代社会。相反，可以肯定的是，必须要有所扬弃。但是在社会文化发展战略中若没有它的地位，也就无所谓扬弃，更无所谓作用了。

（四）战略定位与功能把握

人们在讨论宗教的社会文化作用时，常常聚焦于宗教的"功能"。而提及宗教功能，人们首先会想到马林诺夫斯基。他提出了文化功能的两个"定理"：一是每种文化必须满足其生物的需求体系；二是使用具有意义的人工制品和象征符号所获得的文化成就。[①]马林诺夫斯基认为文化过程的任何表现，都涉及相互处于确定关系中的人类，而人类则是组织化的，使用人工制品，并通过语言或某些符号类型进行交流。他说文化的功能有五条"公理"：

  A、文化在本质上是一种功用性装备。借助于此，人类在满足其需求的过程中，才处在能更好地应付自身在环境中所面临的各种具体特殊问题的位置上。

  B、它是物体、活动和态度的体系，其中的每一部分都作为达到某个目的的手段而存在。

  C、它是个整合体，其中的各要素相互依赖。

  D、围绕着重要和关键的任务，这些活动、态度和物体组成

[①] 参见马林诺夫斯基：《科学的文化理论》，黄建波等译，中央民族大学出版社1999年版，第146页。

制度，诸如家庭、民族、地方社区、部落，以及经济合作、政治、法律和教育活动的组织化团组。

E、从动态观点，即从活动的类型来看，文化可以分解成诸多方面，如教育、社会控制、经济学、知识体系、信仰与道德，也包括创作和艺术表达的方式。①

马林诺夫斯基在分析宗教的社会功能与心理功能的过程中，揭示了宗教所具有的文化价值。首先，马林诺夫斯基通过对原始社会成年礼的分析指出，在原始社会里，传统对于社会具有"无上的价值"，所以再没有比"社会分子遵守传统更为重要的"。群体必须恪守前代遗留的民俗与知识，才能维持秩序与文明。"倘于此点稍有松懈，便使团体团结不固，以致文化根本动摇。"其次，宗教有助于人类战胜对死亡的恐惧和由死亡带来的群体瓦解的威胁。马林诺夫斯基认为，在宗教的一切源泉之中，要以死亡这项生命的最后关节，"无上的转机"，最为重要。马林诺夫斯基注意到，全世界的丧礼都有相似之处，这就是在死亡出现时，"最近的亲属永远要聚在一起，有时全地方要聚在一起，聚在将死的人底眼前；而死这专私的行为，任何人惟一最专私的行为，乃变成一项公共的事故，一项部落的事故"②。宗教的功能，就在于通过仪式，不仅"使个人精神得到完整"，而且使整个社会得以保全。再次，宗教强化了道德的约束力。马林诺夫斯基指出，道德不同于律法与风俗，它不是外在于个人的，而是由个人良心所决定的。但是良心的形成，却得益于宗教的强化。马林诺夫斯基认为，宗教中无论任何方面，也无论任何信条，都不能没有其伦理的相配部分。人生的各种圣礼将人们集合起来，不仅是为着举行非个人的仪式，而且是为着促

---

① 马林诺夫斯基：《科学的文化理论》，黄建波等译，第132页。
② 参见马林诺夫斯基：《巫术、科学、宗教与神话》，李安宅译，第29—30页。

进彼此的利益和保证彼此的责任，从而唤起公共行动。最后，马林诺夫斯基认为宗教具有重要的心理调适功能。人类在面对各种危机时会产生各种焦虑、恐怖和希望，这些张力需要以替代的行动来宣泄，以求达到新的身心平衡。① 他将宗教的这一功能概括为：人类生活的每一个重要危机都包含着强烈的感情波动、精神冲突和可能的崩溃。人们要想得到好的结果，就必须与忧虑和凶兆做斗争。宗教信仰能够将精神冲突中的积极方面加以传统的规范化，由此满足了产生于生物个体（他们生活于社会组织之中）明确的个人需要。同时，通过采取关键的行为，通过人类公众生活中的传统的规范化了的、服从于超自然法则的社会契约，增强了人类社会的凝聚力。②

马林诺夫斯基的功能论，启迪人们关注宗教的文化功能。然而如果我们停留于此，有可能在注重文化层面的同时却忽略了其他的方面（如社会的层面）。相比之下，帕森斯（Talcott Parsons）的理论就更进一步。帕森斯认为社会体系的一致是通过制度化实现的，制度化明确各种角色所期待的不同内容，并把不同的角色期待区分清楚。制度化实质上是一种社会控制机制，由此各种角色按照一定的方式组织起来，不仅形成社会体系，而且减少了社会内部的紧张与越轨。在帕森斯看来，功能是维持社会均衡的有用的适当活动，是控制体系内结构与过程之运行的条件。与马林诺夫斯基不同，帕森斯认为功能是多重的，相互关联的功能构成"功能体系"，在其内部，一般包括四种功能子系统（AGIL）：

（1）适应（Adaptation），指从环境中获得足够的设备和工具，以及在整个系统中进行分配的活动；系统必须对环境所强加的行动的条

---

① 参见马林诺夫斯基：《文化论》，费孝通等译，中国民间文艺出版社1987年版，第66—68页。
② 参见马林诺夫斯基：《巫术与宗教的作用》，载史宗主编：《20世纪西方宗教人类学文选》，第99页。

件有一种顺应，或者有积极的情境改造过程。

（2）目标获取（Goal attainment），指确立目标的优先顺序，并调动系统的资源来实现这些目标，以政治及其功能为中心。

（3）整合（Integration），即协调系统各部分之间的关系，以制度规范为中心。

（4）模式维护（Latent pattern maintenance），指确保系统内行动者表现适当的特征，处理行动者内外部的紧张。这个子系统以价值为中心。

帕森斯认为，这四种功能是整个社会系统生存的形式，也是其中每一个亚体系不可缺少的要素。AGIL 代表着社会的四个基本的功能要求，也即四个基本的生存条件。一个社会能否生存与稳定，就在于是否实现了 AGIL 功能。具体说来，AGIL 包含四个方面的内容：（1）功能分化。社会每一个部分都对应一种功能，任何子系统的每一个部分也可被分成四个部分，如此类推，这种分化过程可持续不断地进行。（2）功能对应。社会系统与功能系统是对应的，即行为有机体实行适应 A 功能；个性体系实行目标获取 G 功能；社会体系实行整合 I 功能；文化体系实行模式维护 L 功能。同时，社会制度系统与功能系统也是对应的，即经济制度实行适应 A 功能；政治制度实行目标获取 G 功能；法律制度实行整合 L 功能；家庭制度实行模式维护 L 功能。（3）功能动态。当功能履行由 A—G—I—L 时，社会呈现为动态的，即向前发展。其中，阶段之间的动态关系，是从某种类型的"紧张"的出现而开始的。而"紧张"，则是一个系统的现行状态和期望状态之间的不一致。在这种紧张的刺激下，采用某种目标并达成此目标的动机能量就活动起来。由于动机能量单向流动，功能系统有一个经过 A 阶段或 I 阶段，达到 G 阶段的总的趋势。（4）功能交换。所有同"适应"有关的行动与制度性结构，组成"目标获取"的子系统，同样组成整合与模式维护的子系统。四种功能于系统之间存在跨越边界的输入和输出，各系统之间交换着信息与能量。①

显然，帕森斯的功能理论是将社会作为一个大系统，而文化和政治则是其内部的不同体系。从这样的定位去看宗教的功能，显然比马林诺夫斯基更为全面和立体。帕森斯的功能学说被后来的某些宗教人类学家引申到意义研究，而他的学生默顿（Robert King Merton）则将其理论在结构—功能主义的方向上推进，进一步提出了"中层理论"，特别是提出显功能/潜功能的概念。在默顿看来，功能是那些有助于一个特定体系的适应或调整的结果，而"反功能"是不利于体系的适应或调整的可观察到的结果。"显功能"是那些有助于体系的调节或适应的客观结果，为系统中的成员所预料、所认可；"潜功能"虽具有相应的作用，但它们既不是行动者所预料的，也不为他们所认识。②默顿认为，潜功能的概念，有助于人们分析某些看似不合理的社会行动模式。透过潜功能的概念，人们不再只是注意某一社会行动是否只达到其所宣称的目的，而注意到另外一个系列的后果。例如原始部落的祈雨仪式，长久以来观察者往往对之下个"迷信"的判断就罢了。其实这只是给这个现象一个名称而没有做出解释。实际上，祈雨仪式对于参与者的人格发展、原始部落的维系等，具有隐性功能。③

美国社会学家奥戴（Thomas F. O'Dea）从价值的角度对宗教的功能做了进一步的分析，他强调宗教的功能既有正面的价值，也有负面的效果。

---

① 参见宋林飞：《西方社会学理论》，南京大学出版社1997年版，第92—94页。
② 参见默顿：《社会理论和社会结构》，Glencoe，1957年，第57页。此书已有中译本，默顿：《社会理论和社会结构》，唐少杰等译，译林出版社2006年版。
③ 此外，默顿还批评了帕森斯和杜尔凯姆关于宗教不可或缺的观点。他认为这种观点可能适用于前文明社会，那里只有一种宗教，因而可以将宗教视为功能统一的典型。但是在现代社会，宗教出现多元化的趋势，价值观念与信仰也日益世俗化，出现了功能替代或置换的现象，即虽然原来履行某种功能的项目被另一项目所取代，但社会仍然得到满足并良性运转。关于默顿对功能理论的贡献，可参见默顿：《论理论社会学》，何凡兴等译，华夏出版社1990年版；默顿：《社会理论和社会结构》，唐少杰等译；宋林飞：《西方社会学理论》，第110—141页。

第一,宗教能够借助对关于人类命运与幸福的来世的祈祷,发挥支撑、慰藉和调解功能,在提供感情慰藉和促成人际关系与社会生活的和谐等方面,具有正面的功能,它可以把人们的不满情绪缩小到最低限度。但它也可以是负功能的:在对那些处于社会正在或已经发生了变化的人们进行调解的时候,宗教会抑制人们的改革精神,并充当一种阻碍社会变迁的力量,而不管这种变迁是否有利于社会及其成员们的幸福。在这种情况下,宗教就会像马克思所指出的,成为一种鸦片,阻碍着人们为建立一个更稳定,与环境更相适应的社会而对现行社会所进行的反抗。

第二,宗教以超自然、超人间的形式,解答了世界的起源、宇宙秩序、生命和人的产生、自然与社会的历史、人与世界的关系,以及人性、道德、生与死、灵与肉、今生与来世等涉及世界观和人生观的根本问题。这就是人们常说的宗教借助于某种超验的参照系发挥着牧师的功能,即通过它所提供的某种宏观的、不可验证的解释,为处于生活变化无常、社会动荡不安的人们提供安全感和终极意义的解释。但另一方面,它也会在一定程度上把一些有局限的思想和狭隘的观念神圣化,从而阻碍社会对环境认识的深化和人们控制自然的能力的提高。宗教的牧师功能可以具体地表现为一种僵化的、制度化了的和神圣化了的独裁主义;它禁止包括宗教思想在内的各种思想倾向的进一步发展。在此情况下,宗教的牧师功能只会促进某种萎缩性的社会稳定的形成,而绝不会对充满活力的社会稳定的发展起促进作用。

第三,借助对社会规范和价值观念的神化,宗教使之可以维持群体目标对个人欲望和不利于群体利益的冲动的控制,由于它使社会分配格局合法化,也有助于维护社会的秩序和稳定,从而维护了既有的社会制度。但在宗教以赋予那些在特定环境中逐渐形成,并在已经变化了的条件下失去适应能力的行为规范以永恒意义的同时,也会阻碍社会在功能上更加适应于形势的变化。在许多历史关头,披着圣光且日益僵化的规范和制度，乃是众多社会冲突的原因之一。

第四，由于宗教强调神圣权威的超越性和超验性，它可以用神圣的名义（先知）对已经制度化的规范提出批评。就宗教可以为批评和反对现行秩序提供基础和合理性依据而言，它的先知功能在创生性宗教中是十分重要的。但是，这种功能同样有它的负面效应。先知们预言性的批评可能是十分不现实的，以致把真正的原因反倒掩盖住了。先知们所表现的改革要求也许是纯属乌托邦性质的，以致这些要求反倒成了采取更为切实的行动的障碍。同时，利用其超验的正义原则，先知宗教还可以建立起一些不合时宜的标准。而在把自己的要求当作上帝意志的倾向中，先知宗教则又可以将一种极端主义的催化剂投入冲突的反应堆中，从而使妥协成为不可能。

第五，宗教有重要的认同功能。个人通过接受包含在宗教观念中的价值观念和关于人类本质命运的观念，而在一些重要的方面形成了对自己的理解和认定。而且，在社会发生迅速的变迁和大规模变动的时候，宗教对于认同的促进作用会大大提高。从另一角度看，局限于对旧的认同的忠诚，就会阻碍新的认同的发展。因此，宗教在认同功能方面的负功能，就是它也会把自身变成效忠的对象，阻碍新的认同的发展。有时候，宗教上的认同成为制造社会分裂的因素。不仅如此，通过将这种认同神圣化，宗教还可以恶化并在事实上加剧冲突，把拒绝与对手妥协的心理深深建构于人们的性格结构之中。[1]

宗教功能的二重性，来自它与特定社会的互动。一方面，尽管宗教为了适应社会的发展总是在不断地调整自己，但是社会总是不以宗教的意志为转移地发生这样那样的变迁。另一方面，不同的宗教在社会结构中所处的位置不同，它们在同样的社会变迁中会做出不同的回应。这就使具体宗教的功能出现复杂的格局：宗教的功能总是相对的、

---

[1] 奥戴：《宗教社会学》，刘润忠等译，中国社会科学出版社1990年版，第26—33页。

可变的，在一定条件下的正功能，到另一种条件下就可能转变为负功能；同一宗教的不同功能不一定都在同一价值取向上，在某几个方面是正功能，在另外几个方面可能是负功能，此外还有强度的差别；同样的时代，不同的宗教在功能取向上并不一致，甲乙宗教在这方面是正功能，丙丁宗教在这方面却是负功能。这就要求我们在分析宗教的功能时，既要从宏观上加以整体的把握，又要具体宗教具体分析。

从马林诺夫斯基的文化人类学功能论到帕森斯的社会学功能论，既是方法论上的提升，也是认知视野的拓展。马林诺夫斯基进行田野调查的美拉尼西亚群岛，既是个"天堂"，也是个"文化孤岛"。他在那里观察到的以及他自身的感受，显然不同于帕森斯和默顿等人所处的十分复杂的美国社会。如果说马林诺夫斯基强调的是任何社会想要存在和延续，就得有其必不可少的功能，那么帕森斯则提醒人们，功能与社会的结构密不可分，而默顿的潜功能/显功能之说、奥戴的正功能/负功能之说，不仅使我们意识到宗教有内在的功能（或宗教团体内部的功能），亦有外在的功能（即宗教与其生存的外在社会的功能），而且使我们认识到任何功能都是有条件的，诸功能之间不是等量齐观的，功能不仅在量和质上有分别，而且会在一定条件下变化或转化。

然而人们对宗教功能的认知并未到此结束。卢曼（Niklas Luhman）试图从哲学的高度解析宗教的功能。在他看来，宗教的社会功能是为整体社会系统"将不确定的复杂性转化为确定的或可确定的复杂性"。宗教是化约复杂性的一种策略，宗教的其他各种功能诸如提供安全感、巩固道德等，都在这个一般性的宗教功能架构内。卢曼认为宗教的社会功能，就是为社会解决这个适应性问题，"将不可确定的适然性转化为可确定的适然性"。在晚期的著作里，卢曼又将宗教的社会功能界定为"去除世界的吊诡"，或是将生活中不可信赖的转为可信赖的（Luhman, 1989, 1991）。他认为每一个复杂性的化约都会产生更多的复杂性，每一个适应性的控制本身也是适应性。因而将不确定的复杂性与适应性转化为确定的,这个宗教问题永远无法解决。这就导致宗教会永无止境的新陈代谢、演化及改革。历史上不同的宗教形式和变化,乃是在不同的文化社会背景下,以不同的方式,转化各种不确定的复杂性与适应性的具体结果。

在卢曼看来,宗教履行功能的方式不是一成不变的。在原始社会,宗教为整个社会解释不可解释的,确定不可确定的事物,宗教的世界观就是社会的世界观,宗教规范就是社会的是非标准。一切的社会经验和行动——经验的、政治的、家庭的,即使不直接出自纯宗教的动机,但最终都是基于或至少在不违背宗教的概念原则下进行的。在这些社会里,生活简单,选择性少,因而鲜有适应性的问题。生活中虽难免有焦虑、意外、不幸、失意,但人无选择的接收宗教对万事所作的解释,透过仪式、神话和种种禁忌,宗教控制和解释生活中的盲点和异常。"事情就是如此,对于寻求意义者、追问者、痛苦者和怀疑者完成宗教的功能。"(Luhman,1977)然而进入文明时代,阶级对立,政治经济的分化,宗教逐渐有了新的环境,开始发展自己的特殊语言和角色分配,慢慢呈现独立系统的形式。虽然如此,所有的社会经验和行动,包括政治的和经济的,仍在宗教理念和规范的架构内进行。人们基本上仍然是以宗教的立场来体验世界和生活。(Luhman,1977)宗教最重要的社会功能是为不平等的社会结构作辩解,对"为何正是我处于这个有利或不利的阶层"的事实赋予宗教的意义,使人能安分守己,顺从世俗社会。(Luhman,1980)在功能分化的社会里,宗教已不再与整体社会重叠,而仅是整体社会中的一个次系统。宗教对其他次系统的活动,仅限于在其他系统中产生而又不能在其他系统中获得解决的一些私人问题(Luhman,1977),如辅导、心理治疗等。

卢曼认为,宗教是通过密码化的过程发挥其特殊功能的,即"将确定的复杂性置于不确定的上面,借以把它盖住;或以宗教的主题将吊诡遮住,使人不再去理会不确定的复杂性、适应性和吊诡的问题,得以在千变万化的世界里获得信心和安全。宗教这种密码化的功能是一种潜在的功能"（Luhman，1977）。但是宗教家或信徒都不会意识到宗教这种"掩盖"事实的真相，否则宗教就难以发挥功能了。卢曼认为，宗教之所以能成功地为社会将不确定的复杂性和适应性转化为确定的，是因为宗教天真地没有觉察到自己发挥社会功能的真正方式，将"遮盖"误认为"转化"，将"遮住吊诡"误认为"去除吊诡"，将"适然的"误认为"必然的"，将"相对的"误认为"绝对的"。但正是这种错觉，在现代功能分化的社会里给宗教本身带来难以解决的困难。宗教是为整体社会履行功能的，然而在现代社会里其功能却固定在一个自我指涉的封闭次系统里，坚持自己的语言，坚持自己的教条，因而无法发挥其应有的社会功能。（Luhman，1991）虽然对信徒来说，宗教密码本身构成宗教知识，就是宗教真理；但在社会学家来看，宗教密码（宗教教义和实践）不过是人类化约世界复杂性的方法之一，因而也是适应的，去除吊诡也只是用一个吊诡掩盖另一个吊诡而已。（Luhman，1977，1985，1989）在许多传统的宗教理解里，超自然是客观存在的、创造世界的万能的、由外部干预世界的力量，可是在社会学者的眼里，它只是解决问题的一种方法。超自然也只是人想象的创造物，用来解决生活在世界上的意义而已。（Luhman，1985）卢曼认为，宗教密码在人心中所创造的，仅是一种马克思所说的"假意识"的"自欺"或弗洛伊德所谓的"妄想"。而整个宗教教义史，无疑是处理和控制由宗教密码化所衍生的复杂性、适然性和吊诡的历史。[1]

我们生活在其中的世界是复杂的多层面的，人们的认识也应当是

---

[1] 参见宋林飞：《西方社会学理论》，第159—163页。宋林飞还指出，神学家沃克（Walker）把卢曼的宗教社会学视为一个新型的——相对于黑格尔而言——看似保护宗教，实则消除宗教的理论（Walker，1985）。这一见解是深刻的。卢曼对宗教功能与履行功能的方式的论述，有助于人们认识宗教的非现实性与不合理性，同时也揭示了宗教实践的真实机制。表面封闭、保守的理论体系，包含了消除宗教的理论基础。另可参见高宣扬：《鲁曼社会系统理论与现代性》，中国人民大学出版社2005年版。

复杂的和多层面的。在文化的、社会的和哲学的层面分别考察某一宗教事项的功能，显然要比仅从一个层面入手更加客观和全面。然而这样一来，我们在克服简单化的同时，却又可能落入相对化和诡辩的陷阱。"人是万物的尺度"是针对以神为尺度说的。但若人人手里一把尺，且长短粗细标准各一，那还有什么尺度可言？当我们强调要将不同的现象归入不同的层面，并从不同的层面剖析宗教与政治、经济、社会、文化的互动关联时，当然不想自掘陷阱。相反，我们提出这个问题，恰恰是意识到宗教的功能不是孤立地存在和发挥作用的。如果我们不是从战略的高度为宗教在社会文化中定位，那么在功能的讨论上必然是混淆不清的。总之，我们要在战略上对宗教在中国未来发展的社会文化地位保持明确的认识：

宗教是长期存在还是即将消亡？——长期存在；

宗教与社会主义社会（尤其是中国特色社会主义社会）是冲突关系，还是共存关系？——都有可能，事在人为；

宗教与主流意识形态仅仅是你长我消的反比关系，还是作用于不同层面的互动关系？——不同层面的互动；

宗教能否承载精神与价值？能否在建构文化主体性中发挥作用？——若能功在教化，善莫大焉；

宗教格局多元化是有利于社会和谐的，还是相反？——我们的战略目标是和谐；

宗教的功能是正值的还是负值的？——既事关信教团体和信众，亦事关社会环境和制度安排。

定位宗教在社会文化发展战略中的地位与作用，不同于设定社会经济发展战略，对于社会经济发展来说，未来50年或100年怎么走，分几个阶段，每个阶段重点发展什么行业，实现哪些指标（如建多少房子，建多少医院，人均收入达到什么水平，等等），都可以既定性又定量。但是宗教在社会文化发展战略中的地位与作用，更多地是定性分析，涉及对一些基本问题的回答是肯定还是否定，当然也会涉及定性之外的定量（尤其是量变到质变，即性质转变的临界点等）问题，但更多的是如何趋利避害的问题，是如何实现良性互动的问题。只有将那些决定宗教功能之性质（或取向）的根本问题搞清楚，并使之成为社会各界的共识，全社会（包括政府机构、宗教团体和信教群众在内）才会有明确的归旨，怎样做才会促进有利局面，规避不良因素，才能心中有数。

二、宗教文化格局——明清两代的比较

我们强调从战略高度研究宗教的社会文化定位与功能的重要性与必要性，又分析了关注民间信仰对推动宗教学发展的重要作用，然而这还不够，结构的分析开拓了我们的眼界，但还需要历史维度的支撑，特别是要关注明清以来我国宗教文化格局的形成与演变。因为明清既是社会变化越来越剧烈、越来越急促的时代，也是西方资本主义走向世界、帝国主义称霸世界的时代。从这样一个大背景和大时段来考察，我们对文化格局的理解会更为全面，体悟会更深切。

（一）明清两代的社会文化大势

文化是人类在长期的历史发展中，共同创造并赖以生存的物质与精神存在的总和。宗教文化既有外在的现象层面（如仪式活动、节庆庙会等），也有内在的精神的和情感的层面（如信仰、世界观、价值观等）。历史上的宗教文化总是社会整体文化的一个组成部分，具体的宗教文化（如佛教文化、伊斯兰教文化）的创造主体虽然是信奉这一宗教的群体，但作为特定社会特定时代的宗教文化，乃是社会各种力量

互动的结果。其中，统治阶级所持的价值观与意识形态，统治阶级在谋划社会文化发展时将宗教置于什么地位，以及如何利用和限制不同宗教的不同功能，对该社会或该地区的宗教文化的整体格局与各宗教的发展走势，影响极大。

1. "转折"之机

把握宗教演变的脉络，理解宗教格局的意义，不能离开社会与文化。我国宗教的各教各派，就像生长在地上的花草，它们之所以在明代和清代长成这个样子或那个样子，之所以生成或消亡，除了它们的"种子"外，还取决于滋养它们的土壤和它们所经受的阳光风雨。这里所说的社会与文化，不仅指特定时段的中国背景，还必须参照世界历史的发展大系。明代，从1368年朱元璋即帝位到1644年清军入关，共276年，无论从中国历史还是从世界历史来看，都处于历史的转折关头：一是经过唐宋鼎盛发展时期之后，中国封建社会进入了停滞阶段；二是经蒙古贵族统治的元朝之后，国家政权又再次回到汉族官僚地主集团手中。而在世界的坐标系上，15—17世纪正是西方文艺复兴运动和宗教改革运动崛起之时。吴于廑曾概括这些重大转变之意义：

> 亚欧大陆农耕世界东西两端封建国家的农本经济，在这两个世纪中都发生着明显的变化。耕织结合之趋于分解，生产之转向商品化，经营、生产组织和所有制之探求新的形式或某种改变，以及农村和城市之间的关系等等，都按各自的历史条件，不同程度地显示出旧制度统治力的松弛，显示出更新的转折或转折的动向，与这些变化相伴随，在变化较剧烈、较深刻的亚欧大陆两端，航海活动开始越出了沿海和内海的局限，飞跃为跨越大洋的、连接世界新大陆的远航。由此，基于农本经济的各地区、各民族之间的互相闭塞的状态，开始出现了有决定意义的突破。分散隔绝的世界，逐渐变成了联系为一体的世界，人类历史也就在愈来愈

大的程度上成为全世界的历史。①

明代社会在中国历史上非常重要，因为在明代中期以后，中国的农业同以前的两千年相比可以说上了一个台阶：福建、浙江等地开始有了双季稻（广东还出现了三季稻），北方一个劳动力每年的粮食产量为三四千斤，南方一个劳动力每年的粮食产量为四千斤左右（但南方一个劳动力约有十亩地，而北方一个劳动力平均有七八十亩地）。原产于美洲的玉米、甘薯、花生在哥伦布发现新大陆后传入我国，这些农作物的产量较高。这一切都使原来有限的耕地能够供养更多的人口，永乐年间（15世纪初）人口大约为6500万，到万历年间（16世纪中后期）人口增至1.2亿，在160年间增加了近1倍（和平时期虽然非正常死亡人口减少，但出生率是一回事，能否养活是另一回事）。

传统社会的男耕女织也开始转变。明代的纺织业已经从家庭中走出来，形成了工厂化的生产方式，有专门从事织机制造的，也有专门从事纺织的。在纺织业中，织不同的布已采用不同的专用织机。人们形容当时的织机是"机杼之巧，殆天工"，在苏州市场上有缕机、绢机、罗机、纱机、绸机、布机等多种织机出售。纺织业专业化程度的提高，必然使劳动生产率提高，仅苏、杭地区，丝织官营手工业年产绸帛就达15万匹，而苏州织染局一家就有织机173张，年产缎1500多匹。

然而这些新因素只在量的方面有所突破，生产力的增长和专业分工的细化并没有自然地带来生产关系的变化。"繁荣"的表象下隐藏着"停滞"：如多锭纺车从宋代发明后到明末的600年间，虽有专业织机的分工，但在技术上创新寥寥。其他方面，如生铁冶炼的技术和产量，宋元明三代基本上保持在同一水平。据1975年《世界自然科学大事

---

① 吴于廑：《十五十六世纪东西方历史初学集》，武汉大学出版社2005年版，第1—2页。

年表》记载，公元前6世纪到公元11世纪，世界上重要的科学成就、发明和创造共计231项，其中属于中国的有135项，占58.4%，但明代以后这个比例显著下降。明代中期以后两极分化，一方面土地兼并"挤出"数以百万计的"流民"，另一方面积聚起来的财富不是用来拓展疆土和市场，而是用于统治集团的挥霍。一旦天灾与人祸相叠加，就会引发社会动乱。总之，转折之机虽有，却没有抓住。

2. 圆圈的循环实质上是没有出路

明代社会的诸宗教，如同它们所生存的那个大社会，处于新旧交替的重要"转折"关头。佛教与道教经过唐宋的高度繁荣后，无论在教义理论还是在组织实践上，都已经走过了发展曲线的顶峰，创新发展的内生动力和外在环境皆非昔日风景。然而宗教之所以为宗教，总是有两个相悖的方面：一是在信仰上如何引导信徒们向更高、更新的层面发展。诸宗教虽有各自尊奉的经典代代相传，但随着时代的发展人们有不同的需求和不同的心理的或情感的或思想上的问题，这就需要对原有的经典做出新的解释或调整原有的理解，从而能够在回应时代、社会与信徒的各种需求中引领信众，提升信众。二是任何宗教要将对神圣境界的精神追求深入到信徒心中，就必须使自己与信徒保持最密切的联系，必须使信众感到宗教信仰虽然和现实生活不一样，但并不矛盾，甚至要感到自己的衣食住行都是宗教生活的一部分。无论佛教还是道教，在这两方面都付出了极大的努力，也结出了五颜六色的果实。

元代统治集团与佛教关系比较紧密，而整个社会上层的"糜烂"所导致的崩盘，使取而代之的新王朝对宗教严加整饬。关于朱元璋原来出家当过和尚，他为何与如何整肃佛道二教的讨论已有很多，说得已经很清楚很有道理，而且朱元璋的举措也是大见成效的。但是，我们这里必须要补充一个观点或提出一个问题。这个问题恰恰是明代社会虽处于转折的重要关头而没有转折成功那个更大问题的一部分，即在宗教领域，明代只是重启新一轮的循环而未能转折。为什么这样说，我们可以看看大约同时的世界，尤其在中国的东西两方发生了什么。在西方，面对罗马教廷的腐败，路德发起了宗教改革，他不是要整饬教会，使之由"糜烂"变得"干净"或"纯正"，而是干脆脱下教廷这件外衣，让信徒通过圣经直接面对上帝。而在日本，娶妻生子的净土真宗成为与出家的佛教诸宗并立的单独一派，形成类似中国道教出家的"全真"与火居的"正一"并立的格局。

这可能是一个十分重要且影响深远的转折。因为无论西方的路德宗（以及其他新教各派）还是日本的净土真宗，都实现了思想上和体制上的变革性转折：以前，穿上主教的法衣、僧人的袈裟或道士的道袍，就具备了某种精神上或灵性上的神圣性或优先性，信徒就要对之唯命是从，但路德的"因信称义"使这之间的联系不再必然。宗教领袖们在精神上或灵性上靠某种外在形式维系的垄断被打破了，或被撕开一个口子。信仰和灵性的修为乃是最重要的。这其实也是中国佛教与道教的本有之意，如佛教讲四大皆空，禅宗有"身非菩提树""磨砖不能成佛"的灼见，按此逻辑，独身、出家、斋戒说到底也是"色"，可以当作方便法门，但若执着为绝对也是一种"迷"。由此再来看如今所说的宗教"市场"中的宗教修养的"竞争"、对信徒服务的"竞争"，在某种意义上亦发端于此。

由此大局去看明代宗教，可以说有了宗教改革的机会却没有实现转折，真实发生的却是类似于罗马天主教的"反宗教改革"，虽然面对危机采取了一些措施，但根本的问题至今依然纠结。圆圈的循环实质上是没有出路。明代的佛教与道教亦是如此，明王朝一边清理门户想让佛教、道教变得"纯正"一些，另一边制定编制让正式在册的僧人道士"吃官粮"便于管理。这种政策虽使得僧人、道士有了"正统"地位，但却在信仰理论上和生活实践上丧失了对信众的魅力和自身发展的活力。信教群众觉得他们满足不了自己的精神需要，也不能帮助他们度过生活上和心理上的难关,且付出的代价过于繁重。信众与僧人及道士之间的"供养—服务"关系一旦断裂,信众离开他们另寻出路便是自然。而在佛道之外,方兴未艾的民间宗教正在向这些信众招手,这些教派将儒释道杂糅在一起,教义讲解(宝卷)贴近民众的思想感情和生活方式,教规以劝人行善戒恶为主,不主张独身出家,有的甚至将娶妻生子作为成佛成仙的前提之一(这一点要从正负两方面看)。在以前的朝代,佛教和道教虽有上层和下层之分,但没有在"正统"教团之外另有一类教派教团。这倒是明代宗教格局的一个新层面。[①] 从这个意义上讲,中国宗教到明代确有转折,即在政府的管控之外,有了许多"另类"的宗教。

3. 反客为主的操盘手

清代宗教脉络是多线索的:宗教在文化层面既有正统的,也有非正统的;既有上层的,也有民间的;既有本土的,也有外来的。在价值取向上既有相融的,也有不相容的甚至是相斥的。清代宗教文化的总体格局,与前朝最大的不同是统治集团变成了满族贵族。中国历史上由边地族群入主中原而改朝换代的,清代不是第一个。远的不说,与清代间隔明代的元代政权,也是起于边地的族群,而且也是原先居于北方的族群。对清代统治者而言,他们自然会重视历史的经验与教训,避免重蹈覆辙;对现今的我们而言,自然也会将其与以往边地族群入主中原的政权对比,并以此作为理解和评价的一个参照。

任何新王朝的建立,都面对如何在天下大乱中重建社会秩序、恢复经济、让百姓安居乐业、进行文化整合、富民强国的政治考验。对于有着不同于中原文化,在人数上居于少数的边地族群来说,这一考验更为严峻。北魏虽有以中原文化整合北方诸族群的举措,但改革步履艰难,孝文帝时文昌武盛,今日龙门石窟可见一斑,可惜只是昙花一现。元

---

① 以上内容参见何其敏:《中国明代宗教史》,人民出版社 1994 年版。

代统治者虽有许多建立社会秩序和统一帝国的政治举措与创新，但其强化而非弱化族群边界等政策，不仅未推进文化整合的进程，反而加剧社会矛盾与冲突。元代百年而亡，清代却在平定疆域后进入持续百余年的鼎盛（所谓"康乾盛世"），在一定程度上可以说两者的文化策略决定了其成败，以及各自文化发展的格局特点也在比较中显露出来。

清代统治集团在文化上是"反客为主"的，即由文化共同体的边缘走向中心，由"被教化"的对象变成"教化"的操盘手，这是理解其文化政策及其各种举措的关键。清王朝虽有可能用强力改变这个古老文化的某些要素（如"留发不留头"），但却不可能在根本上改变其所统治的这个庞大且悠久的传统文化。因此一方面它要迅速掌控这个文化，融入这个文化，变成这个文化的代表和主导；另一方面作为原来居于四边的"客"、现坐金銮殿的少数族群，心里却时时提防这个历史悠久的文化汪洋随时掀起巨浪把自己颠覆或吞没。① 正因如此，它才显得过于敏感，易于走极端：一方面是制造了骇人的血腥文字狱，实行文化上的高压政策；另一方面是空前绝后的尊天祭祖祀孔，以及开展编纂《四库全书》和《古今图书集成》等大型文化工程。通过这两方面，传统的文化虽然依旧延续，甚至比以前的朝代更为张扬，但整体文化氛围却逐渐变得有利于清朝统治集团的统治了。

---

① 人们常说改朝换代是"城头变幻大王旗"。政治上的换旗是统治集团的更替，但是政治上的换旗不等于文化上的换旗，这是中国历史和文化传承千年一脉的一大特征：统治集团可能会从李家变为赵家，可是文化的旗帜依旧，只不过举旗的换了另一班人马（中国传统文化中的"华夷"之分，更多地不是按照族群，而是按照文化来划分的）。因此文化并没有在改朝换代中破碎，而是在有所损益中累积为传统。而后来的执政集团，只要把自己变成举旗人，既可以继续用这一文化传统作为整合与统治社会的意识形态，也可以用这一传统为自己的执政提供合法性。清代统治集团在宗教文化的营造中，有意识地延续和主导以往朝代敬天祭祖、尊孔崇德的文化传统和价值导向，但是它又有不同以往之处：作为崛起于北方的边地族群，在与中原文化相融合方面虽胜于元代，却始终没有彻底的融合（如八旗制度始终存在，但在民国期间却加速了融合进程）；在西方资本主义经济和政治迅速扩张的同时，清王朝却从鼎盛走向衰落，它没有担当起引领中华民族在政治、经济和文化上主动迎接挑战和转型的重任，而是在帝国主义列强的政治、经济、文化的入侵压力面前节节败退，陷入了内外交困。

这种转换过程及其结果，是通过一系列制度安排与文化策略实现的，宗教文化乃是其中不可缺少的重要一环。清代统治集团在宗教领域内的政策与行动方略，属于文化的外层，而其内在的根据，则是其所特有的文化观念，尤其是对宗教的基本认识及其社会文化定位。在清代之前，传统的中国宗教文化已形成以儒为主，儒释道三教互补的基本格局。清代统治集团对三教及其特点的认识与前朝一脉相承，如雍正在《赐帑银重修龙虎山殿宇并增置香田》谕旨中说：

> 域中有三教，曰儒、曰释、曰道。儒教本乎圣人为生民立命，乃治世之大经大法。而释氏之明心见性，道家之炼气凝神亦于吾儒存心养气之旨不悖，且其教皆主与劝人为善，戒人为恶亦有补于治化。道家所用经箓符章能祈晴祷雨，治病驱邪，其济人利物之功验人所共知，其来久矣。①

在行动上，清王朝早在建都盛京（今沈阳）时，就已经开始尊天

---

① 《清朝续文献通考》，浙江古籍出版社 1988 年影印本，第 8493 页。《清朝续文献通考》的编撰者刘锦藻在《宗教》篇中指出："古无所谓宗教也，自释氏入中国其道自别为宗，于是六朝后有此说且有儒释道三教之称。儒与二氏比肩拟不于伦，此六朝人之陋也。凡宗教之立必异乎当世之政俗学术而自为一派，入其教乃为其徒，众人不在此列，故有教内教外之界限。佛、道、耶、回皆然，我国尊崇孔圣二千年来已如日月经天，江河行地。释老继兴，耶回后入，其道判然以异。"（《清朝续文献通考》，第 8486 页）但在刘锦藻看来，释道虽有异于儒，但"异"不同于"邪"："邪教与异端不同，若古之杨墨，今之佛老，异端也。汉之张角，明之徐鸿儒，邪教也。杨墨言仁义而差者，佛老言心性道德而差者，其学虽误，其心无他，其徒党从无犯上作乱之事。君子有辞而辟之，无取而戮之。若邪教之徒，小则惑人，大则肇乱，古所谓造言乱民之刑，不待教而诛者也。"（《清朝续文献通考》，第 8494—8495 页）于本源认为，刘锦藻的这些话反映了清王朝对宗教的整体认知。（参见于本源：《清王朝的宗教政策》，中国社会科学出版社 1999 年版，第 2 页）关于清代"邪教"与清王朝的相关政策，可参见赫治清《清代"邪教"与清朝政府对策》（载《清史论丛》〔2003—2004 号〕）。他的基本结论是："清代'邪教'始终是一个政治概念，而非宗教概念。它的内涵虽然包含某些宗教因素，其中的一些组织还吸收了许多民间宗教的内容，它的某些主张也在一定程度上体现和迎合了民间信仰和精神需求，但不能据此将清代邪教说成是宗教"。

祭祖祀孔的礼仪,将自己确立为中国传统宗教文化的承载者。① 但与此同时,清代统治集团并没有放弃本族群的传统宗教信仰(皇族继续保持满族传统的"堂子祭")。② 这种宗教文化上的移花接木,表明清王朝对儒释道三教的基本定位,与以前的朝代一样,基本的着眼点在于使之有助于建立和维护政治秩序、社会秩序和文化秩序。在清代诸帝中,曾对宗教(尤其是佛教)潜心研究过的雍正对此说得较为透彻:

> 三教之道,原不过劝人为善,夫释道之设,其论虽无益于吏治,其理也无害于民生。至于勉善警恶亦有补于世教,何以互相排压,为无容量之举。但此辈率多下愚,但不可焉。朕则已敬重仙佛之礼不可轻忽。朕向来三教并重,视为一体,每见读书士子多有作贱释道者,务理学者尤甚。朕意何必中国欲将此三途去二归一欤?不能之事既与能,不过互相徒增愁怒耳。③

在雍正看来,之所以三教并重,乃是因为它们的功能在于"劝人为善"。他对宗教的价值判断,基本上沿袭了传统儒家的"神道设教"④ 观点:"凡天下中外设教之意,未有不以忠君孝亲,奖善惩恶,戒

---

① 《清朝文献通考》记载,天聪十年,"盛京建圜丘于德盛门外,其制九成,周围一百十丈,南门三东西北门各一……太宗〔皇太极〕率王贝勒以下文武群臣斋戒三日以亲祀南郊,建国号曰大清,改元崇德,是为本朝祀天于郊之始"(第5651页)。从皇太极到光绪的10位皇帝,在位期间祭天亲郊共304次(皇太极2次,顺治15次,康熙83次,雍正23次,乾隆108次,嘉庆24次,道光27次,咸丰6次,同治2,光绪14次)。参见于本源:《清王朝的宗教政策》,第38页。

② 于本源指出:清廷祭堂子原只是皇族之祭,后扩展为国家官员及藩王(这里指异族之王),再后扩展至汉族大臣,但很快又改了回去,只皇帝、亲王、贝勒及一品满臣参加。这种变化说明在清帝头脑中,堂子之祭,也即萨满教之祭,是满族的信仰,清廷堂子之祭基本上是皇族之祭,而非国家之祭。(参见于本源:《清王朝的宗教政策》,第32页)

③ 《雍正朝汉文朱批奏折汇编》第1册,第525—526页。

④ 神道设教,语出《周易·观第十二》:"观天之道,而四时不忒,圣人以神道设教,而天下服矣"。荀子对神道设教的理解是:"圣人明知之,士君子安行之,官人以为守,百姓以成俗,其在君子,以为人道也,其在百姓,以为鬼事也。"(《荀子·礼论》)嘉峪关长城上有一座乾隆十七年(1752)的碑刻曰:"圣人以神道设教治天下也,非治天下必本于神道,亦神道为治天下之一端也"。

淫戒杀，明己性，端人品为务者。"这种宗教观，不是聚焦于一神还是多神，也不是纠缠于是本土的宗教还是外来的宗教，而是关注宗教的社会文化功能。由此引申出判断一个宗教是"正"是"邪"的标准："凡中国外国所设之教，用之不以其正，而为世道人心之害者，皆异端也。"雍正还以佛教为例进一步阐明这个标准："释氏原以洁净无为为本，以明心见性为功，所以自修自全之道莫善于此。若云必昧君臣之义，父子之亲，弃置伦常，同归寂灭，更有妄谈祸福，扇惑凡庸，借口空门，潜藏奸宄，此则佛教之异端也。"①并告诫地方官员："僧中贤愚不等，其不肖者断不可纵之，陷于法绳方真护法也。"②

清王朝对关羽崇拜的隆盛，也体现其"反客为主"的策略及"神道设教"的社会文化功效。关羽死后，虽有人在玉泉山立祠，"然自魏迄唐，在民间影响不大。唐时或有记载言及，称为关三郎，尚视为人鬼之流"。自北宋末年，战事频仍，始封为公，"宣和间始封武安王，配祀于武成王姜太公"。明初复为侯，至万历中，"封三界伏魔大帝神威远镇天尊关圣帝君，妻、子皆得厚封，并辅以丞相二人"。③但清入关不久，就借力发力，以隆盛关公崇拜树立自身的文化正统性，而且出手十分张扬。一方面，朝廷不断赐封，从顺治皇帝封关羽为忠义神武关圣大帝，到光绪年间，关羽的封号一跃上升为26字：忠义神武灵佑仁勇威显护国保民精诚绥靖翊赞宣德关圣大帝。另一方面是从广度上普及对关公的崇拜。《陔余丛考》形容说"今且南极岭表，北极寒垣，凡儿童妇女，无有不震其威灵者。香火之盛，将与天地同不朽"。另据《京师乾隆地图》所载，当时城内专祀关帝和以祭祀关帝为中心的庙宇加起来，有116座，"几占北京城内全部庙宇总和的十分

---

① 《雍正起居注》五年四月，胶片16。关于清代统治集团的宗教观，可参见高翔：《康雍乾三帝统治思想研究》，中国人民大学出版社1995年版；于本源：《清王朝的宗教政策》。
② 《宫中档朝奏折》第25辑，台北故宫博物院1982年出版，第98页。
③ 参见宗力、刘群：《中国民间诸神》，河北人民出版社1987年版，第573—574页。

一"①。梅铮铮在《满清王朝崇拜关公论》的提要中概括说：

> 满清的崛起过程大量吸取汉文化精华，其中关公崇拜贯穿于整个大清王朝始终。虽然明朝关公于民间已有关帝的称谓，但是正式的封赐却是在清初。清统治者将关公作为护国神，借关公之忠义精神来教化民众，并使之成为团结外族的手段，取得了国家稳定的实效。纵观整个大清王朝，关庙林立，高规格的祭祀，并借助戏曲传播关公文化于社会各个阶层，将关公崇拜推向顶峰。②

然而以上论述都只是一些总体的价值判断和制定政策的基本出发点，综观清代的宗教文化政策，并非整齐划一，而是针对不同的宗教实行不同的宗教政策。之所以如此，是因为在复杂的社会运转中，无论统治集团掌握多么大的权力和社会控制力量，它也不可能完全按照自己的意愿行事。统治集团有自己的意志和着眼于社会控制的全盘考虑，各个宗教也有自己的社会实力和经济实力，甚至还有国际势力，它们的取向并不与统治集团完全一致；朝廷及各级官府与宗教群体各有自己的观念和文化诉求，也各有自己的利益所在。结果是在互动、碰撞和博弈中，展现出斑斓的宗教文化景观。

（二）明清两代的佛教

人们常说明清佛教式微，但实际上是佛教发展的路数和崇尚的宗派有所改变。六朝之际，儒释道三家在玄学上互相激励，促使研究义

---

① 参见马书田：《华夏诸神》，北京燕山出版社1990年版，第117页。清王嵩儒《掌故拾零》："本朝未入关之先，以翻译《三国演义》为兵略，故其崇拜关羽。其后有托为关神显灵卫驾之说，屡加封号，庙祀遂遍天下。"邓子琴《中国风俗史》："国初出师，恒载关羽像以从，所向克捷。及入关，乃崇襆，尊于孔子并，满语称为关玛法。玛法者，祖之称，盖尊之至也"。

② 梅铮铮：《满清王朝崇拜关公论》，《成都大学学报》（社会科学版）2008年第6期，第40—46页。

理的佛教宗派趋势强盛。佛教的兴旺及其与王朝的勾连，带来寺院经济的庄园化，经过几次外部"灭佛"和内部派争的洗练，汉地佛教客观上少了一些"累赘"，也在精神上多了一些"洒脱"，于是禅净之风日盛。净土信仰在宋元之后广泛流行于民间（并成为诸多民间教派的信仰资源）。"念一声阿弥陀佛，即往西方净土"，固然为老百姓大开方便法门（信仰成本较低），但弥勒信仰的内涵与基督教的弥赛亚（救世主）信仰之间的异曲同工之妙，可能是其深受百姓欢迎且广为民间宗教吸纳的更深层原因，这无疑也是引起统治者神经高度紧张的病灶所在。

1. 明代佛教

把握明代佛教格局大势，首先不得不说的就是开国皇帝朱元璋青年时期曾出家为僧，这一背景决定了明王朝的宗教管理有别于其他朝代。当上皇帝后的朱元璋对佛教的政策与其国策是一致的：在利用中有所整治，整治的目的是为了更好地为皇权服务，形成出家者"善被两间，灵通上下，使鬼神护卫而听德"，世俗人"皆在家为善"的"清泰"局面。洪武十年（1377），朱元璋"诏天下沙门讲《心经》、《金刚》、《楞伽》三经。命宗泐、如玘等注释颁行"。皇帝不仅规定了和尚应当念什么经，而且还将佛教的仪式仪规"标准化"并推行全国：

> 即今瑜伽、显密法事仪式及诸真言密咒，尽行考校稳当，可为一定成规，行于天下诸山寺院，永远遵守，为孝子、顺孙慎终追远之道，人民州里之间祈禳伸请之用。凭僧录司行文书与诸山住持知会，俱各差僧赴京，于府内关领法事仪式，回还后学习三年。凡持瑜伽教僧赴京试验之时，若于今定成规仪式通者，方许为僧；若不省解，读念且生，须容周岁再试。若善记诵，无度牒

者，试后，就当官给予；如不能者，发为民。①

其次，明代汉传佛教可圈可点者多见于明初和明末。元末遗老有楚石梵琦、梦堂昙噩、愚庵智及等名僧，明初有宗泐、如玘、普庄、来复和溥洽，多参与王朝初建时的佛教建设。明中后期有德宝、圆悟、法藏、慧经、元来、元贤等。被誉为"四大高僧"的云栖祩宏②、紫柏真可③、憨山德清④和藕益智旭⑤，一般视为明代汉传佛教的代表。他们中有三人早年开蒙于儒学，在佛教内部力图使禅、教、律健全发展，他们的主要贡献一是继续北宋年间业已开始的三教融合⑥、禅教结合、禅净结合的进程，二是鹤立鸡群，树立了比较清正的人格形象。

最后，在藏区，明王朝基本上承袭了元朝实行的政策和制度，但不采用元朝单一扶植某个教派的做法，而是"多封众建以分其势"，对较有影响的佛教各派首领均加封号。1373年，乌思藏摄帝师喃加巴藏卜入朝时被朱元璋封为炽盛佛宝国师。此后多有封号并在永乐年间形成体系：最高封号为"法王"，次等封号是"王"，再次为"大国

---

① 《释氏稽古略续集》，卷2。
② 祩宏被尊为"莲宗八祖"，他以净土为主，兼重禅教，且寺规森严，他主张参悟离不开疑，"小疑小悟，大疑大悟，不疑不悟"。
③ 真可注重文字作用，"凡佛弟子，不通文字般若，即不得观照般若；若不通观照般若，必不能契会实相般若"。若"弃花觅春，非愚即狂也"。真可说所谓"遁入空门"是不明"佛心"的误会，佛教讲空是为了治疗"有"病，"有"病既除，"空"药便无所施，若不明其妙而一昧于"空"，就会患上更甚于"有"病的"空"病。
④ 德清认为"禅道既久"，后学多半"不能顿悟"了，于是才有了参悟、提话头之说。所谓"话头"，就是随便拿古人的一件公案，"蕴在胸中"作为疑、参的题目，这就是"话头"；"参究"的过程即是"工夫"。参来参去，"久久忽然心地迸开"，犹如大梦方觉，即所谓开悟。德清主张在百千法门中，"其最要者，为参禅念佛而已"。
⑤ 智旭在"以佛释儒、以儒附佛"方面下了不少功夫，如以心性解释"人心惟危"，以禅解易，以佛解四书，以五常等于五戒，等等。
⑥ 如真可《五常偈》：南无"仁"慈佛。爱人如己，此心常不昧，如来即出世。南无"义"气佛。爱人必得所，临事不苟且，立地成正觉。南无"礼"节佛。事事要明白，长幼序不乱，世尊即是你。南无"智"慧佛。通达无滞碍，扶正不扶邪，化苦而为福。南无"信"心佛。真实夫所改，一念与万年，始终常若一。如是五如来，人人本自有，善用佛放光，不善佛灭度。

师""国师""禅师"等称号。西藏地区的宗教形势是：后藏的萨迦承元代帝师的余势，仍具有一定的势力；前藏的噶玛噶举对前藏地区与西康的大部分地区颇有影响；而帕竹地方政权扶植起来的格鲁派异军突起，势力日盛；其他如宁玛派、觉囊派等势力不大。明王朝根据这种形势，将藏区三大宗教势力的首领分封为"法王"——噶玛噶举黑帽系的"大宝法王"、萨迦派的"大乘法王"、格鲁派的"大慈法王"，后来又将具有代表性的地方势力分封为善赞王（负责甘青地区）、护教王、阐化王、阐教王和辅教王。① 藏区佛教各派系虽然明争暗斗，但总体上维系"俾转相化导，以共尊中国"的格局。②

2. 清代佛教

首先，清廷对于汉地佛教是利用与控制两手并用③，在政策上主要是加强思想控制（雍正撰有《御选语录》和《拣魔辨异录》）、限制僧尼和寺庙的数量④和整肃教风。清代人口呈增长趋势，而汉地佛教僧尼人数亦然。据康熙六年（1667）礼部统计，各省官建大寺6073处，小寺6409处，私建大寺8458处，小寺58682处，合计79622处。僧众110792人，尼众8615人，合计118907人，道21286人（从数字上看，寺庙约8万，而僧尼道士只有14万人，平均每座寺庙不足2人）。⑤ 乾隆初的四年间（1736—1739），礼部先后发度牒34万张，可见僧尼数量迅速膨胀。而太虚在《整理僧伽制度论》中估计，清末僧尼人数约为80万。虽然从寺院数量与僧尼人数可窥视清代佛教发展状况，然而

---

① 参见何其敏：《中国明代宗教史》。
② 《元史·西域传三》。
③ 这种利用与控制，可以康熙对道教的态度为例。他一方面明确规定巫师、道士跳神驱鬼逐邪以惑民心者处死，其延请跳神逐邪者亦治罪；另一方面，康熙又令正一派54代天师张继宗为其进香五岳，设醮祈雨治河。（参见卿希泰、唐大潮：《道教史》，中国社会科学出版社1994年版，第323页）
④ 参见《清朝续文献通考》，第8487页。
⑤ 参见《大清会典》卷15，《礼部·方伎》。

人数多并不一定意味佛教兴盛，即使其与人口总数的比例真的有所增加（因为清代总人口的数量也呈剧增之势），数量也不等于质量。虽然藏传佛教和南传佛教在清代都有大的发展，但汉传佛教的高僧在清代却屈指可数，如汉月法藏、费隐通容、木陈道忞、破山海明四系，在清初虽很发达，但皆属于前朝遗留。由于朝代更替，有些不满新朝者隐于丛林，使得清朝各级官吏对之多有防范与束缚。特别是法藏一系，由于雍正的直接干预①，竟由教义之争演变成政治迫害而陨没。

然而，汉地佛教各个支派在清代依然传承，也略有亮点闪烁。有些寺院的住持讲经弘法，曾名扬一时。如为霖道霈讲学刻经，为曹洞宗增色不少；见月读体著有大量律学论著；实贤对三观十乘之旨、性相之学"无不贯通"。续法与通理各有专研，著书立说，曾令华严宗一度现"中兴"气象。总体来说，汉地佛教在清代呈现遍地开花之态，僧尼多守某寺某庙，做些忏经超度的法会，社会服务的层面虽日趋下沉，精神层面的建树却未与僧尼人数成比例增长。乾隆三年（1738）虽有规模宏大的《龙藏》（共724函，1672部，7247卷）问世，却是官修官刻。②

佛教寺院有自己的日常科仪和为信众所做的超度等仪式。而民间的节庆活动则使习以为常的宗教活动在一年之中间有高潮。"世俗浮屠遂以四月八日为释迦生辰，各寺院建龙华会，香花供养，以小盆从铜佛，浸以香水，复以花亭饶鼓遍行闾里，迎往富家。以小杓浇佛，提唱诵偈，男妇布舍钱财，居人持斋礼忏，名曰'浴佛'。"③ 受佛教信仰

---

① 汉月法藏（1573—1635），著有《五宗原》，主张一个圆相（○）是千佛万佛之祖。清雍正帝认为他标新立异，背叛师说，下令毁书封派。
② 除此之外，朝廷还将一些藏文佛经译成蒙文和汉文，如雍正年间将《甘珠尔》译成蒙文，乾隆十四年（1749）又将《丹珠尔》译成蒙文。"官修官刻"一方面表明清王朝的意识形态控制和倾向，另一方面也说明佛教内部学养的欠缺与学术建树之冲动的萎靡。直到清末，才有居士杨文会大力重倡教界刻书刊佛经。相比之下，道教界却有彭绍求在清前期编刻《道藏辑要》。
③ 袁景澜：《吴郡岁华纪丽》卷四《浴佛》。

的影响，民间还在佛诞日举行放生活动。"释迦生日，居人持斋礼忏，结众于寺院，为放生会。笼禽鸟，盆鱼虾，筐螺蚌，罗佛前，僧作梵语数千相向，纵羽飞空。孽者落屋上，移时始去。水之属投大云庵放生池、南园流水居并城河禁网罟笱饵处。至于牛羊鸡豕之属，亦有买放畜养于城西园，并施舍饲养刍料之费给僧领之，竟日乃罢。"①民间又传观音菩萨是二月十九日出生、六月十九日得道、九月十九日出家。因此在这三个日子都会举行活动："〔二月〕十九日为观音大士诞辰，正阳门月城内观音香火极盛，城外白有庵、观音院、大悲坛、紫竹林，庙宇不下千百，皆诵经聚会。六月十九登莲台，九月十九传妙道，如前行之。有善信唪大悲咒戒荤酒者，二六九食素三月。"②

民间还盛行在七月十五举行盂兰盆会，此俗源于佛祖弟子目连救母的传说，兴于梁武帝时，此后经久不衰。在京城，届时"街巷搭苫高台、鬼王棚座，看演经文，施放焰火，以济孤魂。锦纸札糊法船，长于七八十尺者，临池焚化。点燃河灯，谓以慈航普渡。如清明仪，舁请都城隍像出巡，祭厉鬼。闻圣祖朝，曾召戒衲木陈玉林居士居万善殿。每岁中元建盂兰道场，自十三日至十五日放河灯，使小内监持荷叶燃烛其中，罗列两岸，以数千计……至今传为盛事。都中小儿亦于是夕执长柄荷叶，燃烛于内，青光荧荧，如磷火然。又以青蒿缚香烬数百，燃为星灯，镂瓜皮，掏莲蓬，俱可为灯，各具一质。结伴呼群，遨游于天街经坛灯月之下，名门灯会，更尽乃归"③。而在南方，届时"闾里醵钱结会，集僧众设坛礼忏诵经，拯济孤魂，施瑜珈食，名放焰口。纸糊作鬼王像以临坛，精冥镪钜万，香亭旛盖击鼓鸣锣，有七叶功德，杂以盂兰盆冥器之属，于街头城隅焚化，名曰'盂兰盆会'。或剪纸作莲花灯，浮于水次，为放河灯，名'水旱灯'，谓照幽

---

① 袁景澜：《吴郡岁华纪丽》卷四《放生会》。
② 潘荣陛：《帝京岁时纪胜·二月·观音会》。
③ 潘荣陛：《帝京岁时纪胜·七月·中元》。

明之苦"①。

其次,清王朝对藏传佛教的政策,与对待汉地佛教的政策既有一致之处,又有区别。所谓一致,乃是无论汉地佛教还是藏传佛教,统治者都不是作为信仰者,而是将它们纳入其政治统治和文化策略之中,简言之,是作为教化的工具;所谓区别,是藏传佛教流行的地区位于西南和北部边疆地区,而且那里的政治制度有别于大部分地区实行的郡县制。也就是说,清王朝对藏传佛教的政策不是孤立的,而是其政治统治和边疆政策的一部分。从这个角度解读清王朝对藏传佛教的政策,许多貌似离谱的行动,就有了内在的逻辑。

清王朝在统一疆域、建立比较巩固的统治之后,便开始有步骤地在西北改革伯克制度,打击门宦、和卓(这些改革也激发了一些事变),在西南实行"改土归流",这都是在政治制度上废止世袭,推进其变为(亦统一于)先秦以来不断完善的郡县制走势。但在西藏地区,清王朝却有意扶持一派坐大并逐渐实行政教合一。②雍正六年(1728),清政府从青海、川西、滇西北三路调拨满、蒙、汉共计10万以上的军队"驱准保藏",此后在西藏设立驻藏大臣,实现了对西藏的直接统治。③而乾隆在内蒙古及喀尔喀蒙古设盟旗,改革西藏地方行政制

---

① 袁景澜:《吴郡岁华纪丽》卷七《盂兰盆会》。
② 据王钟翰考证,清初对当时的内外喀尔喀蒙古地区的喇嘛是有限额的。但到"康熙晚期,蒙古人之信奉藏传佛教殆成为一时风尚,对活佛顶礼膜拜,家家户户几近倾家荡产"。康熙本人曾说:"汉、唐以来,士人信从佛教者,往往有之,皆其见识愚昧,中无所主,故为所惑耳"(康熙《御制文二集》卷39,第1页,"唐太宗贬肖瑀为商州刺史"条)。康熙本人不信佛却尊崇藏传佛教,他曾直言不讳地道出其中奥秘:"朕意以众蒙古俱倾心皈向达赖喇嘛,此虽系假达赖(指七世达赖),而有达赖喇嘛之名,众蒙古皆服之。倘不以朝命往揽,若为策旺喇卜滩(即准噶尔部首领策旺阿拉布坦)迎去,则西域(指新疆天山北路)蒙古皆向策旺喇卜滩矣!"(康熙《御制文三集》卷11,光绪五年[1879]活字本,第3页)
③ 雍正的说法是:"我圣祖仁皇帝(康熙)视尔等(青海王、贝勒、贝子、公、台吉等)如子孙,抚育六十余年。……且念尔等尊崇黄教。是以我朝于达赖喇嘛、班禅额尔德尼备极恩眷,若准噶尔者暗遣贼兵侵犯西地,杀害喇嘛,毁灭供器,实为黄教之罪人。"(《世宗圣训》卷35,第25—26页)。

度①之后，曾踌躇满志地说："五十余年以来，蒙古臣仆亲如家人父子，致数万里之卫藏及外扎萨克，边远喀尔喀部落，悉就约束，遵我轨度。"②嘉庆则更明确地概括了清代提倡藏传佛教的政治目的："本朝崇礼喇嘛，非如元代之谄敬番僧，盖蒙古最尊奉黄教，兴黄教即所以安众蒙古。列圣相承，用循是道，则皇父（清高宗弘历）六十年来乘时会以安藏辑藩，定永久清平之基，功德无量云。"③接着又明确点出了"以蒙制藏"的用心所在："我朝开国以来，蒙古隶我臣仆，重以婚姻，联为一体。青海地方蒙古虽非内扎萨克可比，亦不应稍有歧视。雍正年间，于该处设立办事大臣，本为保护蒙古起见，诚以番族（指藏族）杂居蒙古之外，而蒙古实为中国屏藩，是以蒙制番则可，以番制蒙则倒置矣。"④

---

① 成崇德在《论清朝的边疆民族政策》中指出：西藏地区，在明代由帕木竹巴第司政权名义上统治了200多年，在帕木第司政权存在的同时，还有仁蚌家族、辛霞巴及其他土酋和藏巴汗噶玛政权进行统治，实际上处于分裂状态。清代，从蒙古和硕特部固始汗开始，清政府曾尝试以第巴制度、噶伦制度来解决对西藏的施政，但都未取得成功。1751年，清政府废除西藏封建郡王制度，建立地方办事机构噶厦，并且逐步完善，形成了噶厦内四噶伦中三俗一僧的制度。

② 乾隆《御制诗十集·御园暮春清暇即事自注》卷51。成崇德在《论清朝的边疆民族政策》中指出，清前期统治者一向对藏传佛教采取恩威兼施的政策：对诚心归向者，清政府不惜花费重资施以褒奖；对妨害国政者，清政府则绳之以法，严惩不贷。乾隆曾说："朕于黄教素虽爱护，但必于奉教守法之喇嘛等方加以恩遇，若为教中败类，罪在不赦者，即当明正典刑，断不稍为袒护"。

③ 《清仁宗睿皇帝实录》（伪满景印本，下简称《睿录》）卷88，第9页。

④ 嘉庆《御制诗初选集·须弥福寿之庙注》卷4，第13—14页。王钟翰指出：藏传佛教已长期盛行于内外喀尔喀。当时，在库伦（今乌兰巴托）设有哲布尊丹巴呼图克图，在内蒙古地区又设有章嘉呼图克图，他们与西藏布达拉宫的达赖喇嘛和日喀则的班禅额尔德尼，合称四大活佛。可见，清统治者对蒙、藏在宗教上亦是采取分而治之的办法。结果，蒙古人一家如果有五个或三个男子，就必须有三至一个男子出家当喇嘛。清统治者以这种"宠佛以制其生""以佛制蒙"的宗教政策与分隔、限制、利用的民族政策相结合，使蒙古族一蹶不振，人口下降，各部各旗各自为政，不相统属，一切唯清王朝之命是听。（参见王钟翰：《清代民族宗教政策》，载《清史续考》，华世出版社1993年版）但庄吉发不同意此说，他在《清朝宗教政策的探讨》（《清史论集》五，台湾文史哲出版社2000年版）中指出：蒙古轻信喇嘛，浪费财物，扯布条受戒，都受到皇太极的禁止。康熙皇帝自幼就不迷信喇嘛，当他十岁时，曾有一喇嘛入朝，提起西方佛法，"朕即面关其谬，彼竟语塞，盖朕生来便厌闻此种也"（《康熙起居注册》，中华书局1984年版，第12729页）。近人每以信奉黄教，是近代蒙古族衰弱的主要原因，认为蒙古族的信奉黄教，又是明清两代有意所导致，以图借黄教的力量，变化蒙古族勇武的气质，实现其愚弱蒙古族的政策。其实，这种说法，实际是汉族本位文化的一种偏见，对黄教的评价有失于公平，与明清史实并不相合。近代蒙古的衰弱贫困，其原因是多方面的，并非单纯由于信奉黄教所致。（参见李毓澍：《蒙事论丛》，非卖品，台北永裕印刷厂承印，第230页）

清代统治者出于对蒙藏上层的拉拢，不是像明代那样着意维护藏区原有的多样宗教文化生态，而是推动其形成"一边倒"的格局，并通过设立驻藏大臣和金瓶掣签制度（1792年）①，实现中央对西藏的直接控制。但藏传佛教的格鲁派也利用中央政权的支持壮大自己的实力，逐渐居于强势。五世达赖用从内地带来的金银在藏区建立了"黄教十三林"，布达拉宫成为西藏的政教中心。清代藏传佛教在藏区形成以达赖和班禅为首，在外蒙古以哲布尊丹巴呼图克图为首，在内蒙古以章嘉呼图克图为首的"四大活佛"。但这四大活佛皆属于格鲁派。格鲁派的强盛造成社会、经济和文化的重心偏倾。② 在近代西方世界倡行政教分离的同时，中国的西藏，却在中央政府与地方宗教上层的合作中形成集权化的政教合一。这种政教合一虽然为时不长，但它所造成的宗教政治化和政治宗教化，不仅使藏区原有的宗教文化多样性在此过程中消损，而且扭曲了宗教的本来面目，为这一地区的社会发展留下许多文化悖论和政治后患。

然而，藏区的格鲁派形成政教合一的强势，并不意味着藏区宗教

---

① 金瓶掣签是清王朝为确立藏传佛教大活佛转世规定的抽签法。乾隆五十七年（1792）特颁发两金瓶，一置北京雍和宫，一置拉萨大昭寺，凡在理藩院注册的藏传佛教的蒙、藏大活佛，如章嘉、哲布尊丹巴、达赖、班禅等转世时，均须将所寻若干"灵童"的名字写于象牙签上，置金瓶中，由理藩院尚书在雍和宫或由驻藏大臣在大昭寺监督抽签掣定。此后遂成定制。成崇德指出：金瓶掣签转世制度的确立，是清政府在管理藏传佛教方面的重大改革。在这项制度确立以前，蒙藏地区四大活佛的转世出现封建农奴主贵族操纵政教大权，其兄弟叔侄姻娅相传袭，几乎与世系封爵无异的景况，既不利于清朝中央政府对蒙藏政教的管理，也易于使地方封建贵族割据势力膨胀发展。清朝政府创立了金奔巴（即金瓶）制度，规定：各地呈报的达赖喇嘛、班禅的呼毕勒罕（意为转世）的姓名及出生日期用满、汉、藏三种文字写在牙签之上，放入清政府所颁发的金奔巴之中，在驻藏大臣的监督之下，当众在大昭寺宗喀巴佛像前抽掣掐定真呼毕勒罕。（参见成崇德：《论清朝的边疆民族政策》）

② 乾隆二年（1737）时，全藏黄教寺院合计3477所，僧尼31万人，寺属农奴近13万户。至清末光绪八年（1882），黄教大寺庙有千余所，僧尼近50万人。其他派别的（部分甘、青、康藏族地区）寺庙2.5万所，僧尼76万人。有人推算当时喇嘛人数接近藏族人口总数的一半。参见牟钟鉴、张践：《中国宗教通史》，中国社会科学出版社2000年版，第898—899页；杜继文主编：《佛教史》，中国社会科学出版社1991年版，第525页。

文化就是铁板一块。按照班班多杰的研究，明清至近代，藏区民间的宗教文化呈现出复杂的样态。例如在青海河湟地区，既有藏化了的汉族（皈依藏传佛教，但保留土葬和祭祖等习俗）、蒙古族（皈依藏传佛教，住白蒙古包，举行那达慕）和土族（皈依藏传佛教，以"五屯艺术"闻名，保留土族语言和服饰），也有汉化有浅有深的卓仓藏族和"家西番"（主要在塔尔寺周边），还有既来源藏族亦来源于回族的"藏回"。除了不同民族间有跨文化的宗教皈依，还有宗教间的相互吸收，如道教崇拜中溶入藏传佛教成分（如二郎神身披哈达，设煨桑炉，由喇嘛管庙），又如雍正年间在循化黄河边敕建的"河源神庙"，原住青衣僧4人，乾隆元年因汉僧"不通番语，土番不能信服"之故，改选格鲁派高僧坚参八些率19名藏族僧人主持庙内事务，由朝廷发给口粮衣单。① 再如甘肃夏河拉卜楞镇的关帝庙内，关帝与甘南地区的大山神阿米念钦共列一殿，并供奉有藏传佛教的唐卡佛像。② 如果沿着这样的路径搜索资料和实证，实例肯定还有更多，不止这些地区。但这些实例已经说明，在宗教文化的民间层面，各民族在宗教信仰上的互融与各宗各派间的互渗，也可看作对格鲁派政教合一强势的一种解构。

（三）明清两代的道教

1. 明代道教

朱元璋对道教的定位是"辅国济民"，对之与佛教一样是利用加

---

① 《循化志》卷6《祠庙》："御书匾额候颁发。钦此。乾隆元年二月，河州详：土墙现在并未损坏，缓俟数年再为估换砖墙，其庙内外应杆树木，今值春融可种之时，将榆柳松柏广为移植至庙内。原住青衣僧四人不通番语，土番不能信服。今另选黄衣僧坚参八些堪应首僧，并徒众一十九名，每岁给首僧口粮八石，徒众每名六石，共一百二十二石……又给首僧每年衣单银四两，徒众每名二两，共六十六两……"（青海人民出版社1981年版，第241—242页）

② 参见班班多杰：《和而不同：青海多民族文化和睦相处经验考察》，《中国社会科学》2007年第6期，第108—123页。

管控：一是将道教领袖置于皇帝的权威之下，减少宗教职业者的特权；二是在意识形态上将道教纳入养生治国之道；三是清整道规，限制出家；四是成立道录司检束天下道士。朱元璋制定的这些政策，并没有贯彻到底，而破坏政策者，恰恰是那些制定政策和执行政策之人。①

有明一代，道教的建设有这样几件大事：一是 1374 年朱元璋命道士宋宗真等编定《大明玄教立成斋醮仪》（1 卷），简化了道教传统科仪，制定了统一的斋醮仪轨。朱元璋在御制序文中评价释道二大派时说："禅与全真，务以修身养性独为自己而已，教与正一专以超脱，特为孝子慈亲之设，益人伦，厚风俗，其功大矣哉！"这种社会功能的定位使得正一派在明代的政治地位始终高于全真派。二是在全真派中形成了武当道。其有两个突出的特点：第一是武当山自古奉祀作为北方之神和水火之神的真武大帝，武当道以真武大帝为祖师并将其列为雷部至尊天神；第二是武当道重修内丹、"以静制动"的内家拳法。明代道教在宗教建设方面的第三件大事，也是最重要的成就是编纂《正统道藏》和《续道藏》。道藏编纂从成祖朱棣即位后便开始，至 1445 年（英宗时）完成，《正统道藏》共 5305 卷，480 函，按三洞四辅十二类分类。到万历朝又编纂《续道藏》，续补 32 函，180 卷。

2. 清代道教

道教对清代宗教文化的贡献，突出表现在三个方面：一是王常月在隐居多年后，于顺治十二年（1655）出山，在京师白云观、南京、

---

① 朱元璋本人就很笃信方术和道士（如刘基），由于皇帝本人崇信道教，道教在宪宗与世宗年间得到较大的发展，宪宗在位期间有两次高潮，一次是在 1476 年，"度僧道十万"，10 年之后又"度僧道二十万人"。有人计算过，宪宗时有府 147，州 277，县 1145，按照定额，僧道各不足 4 万人。但宪宗继位后，较大规模的度僧度道就有 30 万人，而以前所度僧道又不下 20 万人，共约 50 万人。"以一僧一道食米六石论之，该米二百六十余万石，足当京师一岁之用。"（《今言》卷 2）

杭州、湖州、武当山等地传教授戒 20 余年，制定"三坛大戒"（初真戒、中极戒、天仙戒），"入教者甚众"。王常月的传教说戒讲义由其弟子整理成《龙门心法》（分 20 讲），特色在于戒行精严，强调持戒须一丝不苟，才能功德圆满并振兴教风。诸弟子在各地纷纷创建道院，开启龙门律宗分支。如黄虚堂开苏州太微律院支派、金筑老人开余杭天柱观支派、陶靖庵开湖州云巢支派、吕云隐开苏州冠山支派、黄赤阳二传弟子许青阳开杭州机神殿支派，一时间门徒弟子遍及南北。全真龙门派自王常月重振气象，被后来各地龙门弟子奉为全真教中兴之祖。① 二是在康熙年间，彭定求选取明《正统道藏》中的 200 多种道书，编成《道藏辑要》，按 28 宿字号，分成 28 集，共 200 余册，收录道教的重要经典，历代祖师、真人的著作，重要科仪戒律及碑传谱记，成为《道藏》的节本，更利于流行和使用。三是道教信仰与民间信仰的相互渗透更加紧密②，最典型的是关帝成为官方、道教和民间都特别尊崇的神灵。

　　道教有祭祀主管冥事的东岳大帝的活动，传说三月二十八为东岳诞辰，届时祭祀、演戏、庙会等十分热闹。《清嘉录》展示了清代苏州东岳崇拜的平日活动、寺庙布局和节日景象："城中玄妙观有东岳帝殿，俗谓神权天下人民死生，帮酬答尤虔。或子为父母病厄而焚疏假年，谓之'借寿'；或病中语言颠倒，令人殿前闹魂，谓之'请喜'。祈恩还愿，终岁络绎，至诞日为尤盛。虽村隅僻壤，多有其庙宇。在娄门外者，龙墩各村人，赛会于庙，张灯演剧，百戏竞陈，游观若

---

① 参见牟钟鉴、张践：《中国宗教通史》，第 901 页。
② 牟钟鉴、张践指出，道教"一方面它不断的造神，把其中许多神传布到社会上，逐渐成为民间信仰中的神，如太上老君、玉皇大帝、吕祖、真武大帝等；另一方面它又不断的从民间信仰中吸收新神，编入其神仙谱系之中，并为之塑像建庙，顶礼膜拜，如龙王、土地、泰山神（碧霞元君）、送子娘娘等"（牟钟鉴、张践：《中国宗教通史》，第 906 页）。另参见金泽：《民间信仰的聚散现象初探》，《西北民族研究》2002 年夏季卷。

狂。"① 这些香会不同于正式的宗教寺庙举办的法会，其成员也不是"专业"的宗教人士，而是以信仰为纽带的民间团体，它的动力不是来自国家意识形态的"教化"，也不是来自宗教人士的"点化"，它们来自民众自发组织起来参与、维护和延续他们文化的热爱。民间这种宗教文化的自觉与自组织形态，既是塑造"活态"宗教文化的不可忽视的构成因素，也是日益丰富的中国社会结构的各层面与文化结构的各层面之间互动的一支重要的推动力量。

（四）明清两代的伊斯兰教

伊斯兰教自唐代传入中国，随着侨居的商人使节等逐渐在中国扎根繁衍，形成一个有着特殊宗教认同的文化群体。对穆斯林群体来说，这个新生地的社会经济文化的方方面面，有着许许多多不同于原生地的东西，他们要生存和发展，必然面临着如何适应这个社会，如何与非穆斯林打交道的挑战。随着时间的推移，他们形成了在全国范围内"大分散"，但在特定区域内又是"小聚居"的格局。由于小聚居，信奉伊斯兰教的群体可以保持其传统的信仰、礼仪和生活方式；但是"大分散"的格局又使他们始终生活在一个更大的文化共同体内。在此过程中，作为外来宗教的伊斯兰教，与汉代传入中国的佛教一样，也开始经历其本土化的进程。至明代，随着"回回"民族的逐渐形成，

---

① 顾禄：《清嘉录》卷三《东岳生日》。另龚炜《巢林笔谈》卷四八《岱诞赛会》："三月二十八日，俗称'岱诞'，各乡之神朝于岱庙。庙有数处。石牌、介昆山、常熟间，赛会尤盛。届期水陆毕集，加以鼓枻游拳，飞艎竞渡，玉箫金管，蚩逸响于清波；翠袖红妆，流彩葩于涟漪。"在民间的祭祀活动中，往往有若干"香会"成为活动的骨干。如京城的东岳庙会，就有周边地区的许多香会参与其中，我们可以在《北京图书馆藏中国历代石刻拓本汇编》中看到它们的某些踪迹："……若届圣诞朔望之辰，士庶竭诚致祝者纷纷如云，神京远近，谁不瞻仰？由是众等鸠集诸善，在于西直门里小街口，诚起金牛圣会……而京师四民，老幼瞻仰，遐迩欢心。每逢朔望，大而牲帛，小而香烛，……尤虑人心久懈，年深则泯，遂集同里之忠厚信心者，共成一会〔东华门外散司圣会〕，攒印积金……盘香之会，则弟子三人率众自雍正十三年始接续，以至于今。……吾会中男女长幼九十余人，住居各地，同心共意。"关于东岳庙会的文献与研究，可参见赵世瑜：《狂欢与日常——明清以来的庙会与民间社会》，生活·读书·新知三联书店 2002 年版。

中国伊斯兰教的本土化进入新的阶段。

1. 明代伊斯兰教

元明两代的中国伊斯兰教有较大的不同。在元代，大批中亚人、波斯人和阿拉伯人作为"探马赤军"迁入中国各地，随之亦将伊斯兰教传播到全国各地。忽必烈的孙子阿难答自幼信奉伊斯兰教，其所率士卒多为穆斯林，从而使伊斯兰教在其辖区（今陕、甘、宁、青等地）内得到广泛的传播与扶持。在此西边的喀什嗣王托和乐铁木尔汗改信伊斯兰教，再加上政治力量的推助，伊斯兰教在新疆地区广泛传播开来。此外，阿拉伯、中亚地区的穆斯林商人源源不断地东来经商，也将伊斯兰教带到所到之处。于是有"元朝回回遍天下"之说。可以说，在唐、宋、元三代，外来的穆斯林一代代地在中国各地定居下来并形成一定规模的教团和聚居区。然而定居穆斯林的规模还处于量变的积累阶段，伊斯兰教的存在与发展主要与大量移民的涌入密切相关，因而基本上还处于"移植"的阶段。

但是在明代，从各方来的穆斯林依然络绎不绝[①]，量变开始转向质变，即人口的增长主要靠定居下来的外来穆斯林及皈依伊斯兰教或因通婚进入伊斯兰教的各族儿女的自然繁衍，即使还有某些移民活动，也多为中国内部的人口流动；外来的穆斯林不再构成中国伊斯兰教发展的主流（与航海业发展亦有关联）。此外，在组织制度和生活方式上，穆斯林逐步形成一套与中国传统社会的政治、经济、文化结构相适应的基本模式。可以说，明代伊斯兰教的时代特征是其加速完成的本土化运动。

---

① 据《明实录》统计，从洪武到成化（1368—1487）的百多年间，来自西方的穆斯林有70批，来自北方的穆斯林近50批。仅1457年一年中就有5批来归者。其中人数最多的一批有70多人。来自南方的穆斯林以1417年来访的苏禄国（该国信仰伊斯兰教）东王为代表，他在回国途中客死德州。其长子回国继位，其偏妃、次子安都禄及众多陪臣和国民则留居德州守墓。这一群组发展很快，至万历年间已传5代，仅安氏一支就已是有数百口人的大家族了。

明王朝对待伊斯兰教的态度,基本上是在抵制中有所宽容。就其抵制的方面说,诸如外来移民"不许本类自相嫁娶",禁止用胡服和胡语,废止教长的司法权("不得包揽民事诉讼"),教长只剩布道之职;就其宽容的方面说,朱元璋曾"敕修清真寺于西、南两京及滇南、闽、粤",并御书《百字赞》褒颂伊斯兰教和穆罕默德。① 明武宗朱厚照对伊斯兰教也有较高的评价。

明代伊斯兰教本土化的最重要表现是信仰伊斯兰教的族群逐渐形成,并形成"大分散、小聚居"的特点。这个特点的形成是明代伊斯兰教本土化的产物,使中国宗教的生态格局有所改变:中国自古以来基本没有因凭宗教信仰来划定居住区域的传统,无论道教、佛教,还是伊斯兰教,都是"大分散"的格局。在大多数情况下,佛教徒和道教徒只有"出家人"才聚集而居(寺庵宫观),一般信众则是各择俗雅,各随其便。但是穆斯林在很多地方是聚族而居的,这主要是因为他们的生活习惯与众不同。所以在全国的版图上,佛教和道教是星罗棋布的一个个古刹名观,以及时聚时散(定时或不定时)的香客;而伊斯兰教则是点点块块(或者以清真寺为中心,或者没有清真寺)的穆斯林生活区。

明代伊斯兰教本土化的另一个特点是经堂教育初具规模和汉文译著活动的开辟。中国伊斯兰教经堂教育的开创者是胡登洲(1522—1597),他开办的经堂教育将过去那种父子、师徒传授的宗教教育改变成面向所有人开放的社会教育。他的经堂教育理念和办学方式不仅在各地开花结果,而且在晚明之际形成各具特色的陕西学派、江南学派、山东学派和云南学派等。王岱舆的《正教真诠》被誉为"清真教

---

① 《百赞颂》(洪武元年):"乾坤初始,天籍注名。传教大圣,降生西域,授受天经,三十部册,普化众生,亿兆君师,万圣领袖。协助天运,保庇国民,五时祈佑,默祝太平,存心真主,嘉志穷民,拯救患难,洞彻幽冥,超拔灵魂,脱离罪孽。仁覆天下,道冠古今,降邪归一,教名清真。穆罕默德,至贵圣人。"(刘智:《天方至圣实录》)

中第一汉译本"。他自幼继承家学，熟悉伊斯兰教教义和阿拉伯、波斯典籍。长大后又攻读儒家性理之学与诸子百家之说，被誉为"博通四教"。晚年因"慨道不大著，教恐中湮"，于是"精研教义，勤奋译述"，立志用汉文介绍伊斯兰教，开"以儒解回"之先河。①

2. 清代伊斯兰教

中国伊斯兰教的本土化进程，从外在的形式说，最突出的代表是明清的清真寺大多采取了中国寺庙式的建筑格局，而且巧妙地用中国式的楼亭实现"呼拜"的功能。而其内在的演变大致是在教义与制度两个层面。教义层面的"以儒诠经"，不仅使更多的穆斯林可以直接阅读经典，领会教义，而且使回儒之间的交流对话有了"接口"。明末"回儒"王岱舆所开辟的汉文译著事业，在清代张中、伍遵契、马注、刘智、马德新②等人的大力推进下取得显著成就。他们在其论著和译著作中"以儒诠经"，大量引用中国文化中的道、真、一等概念，将伊斯兰教的"真一"与程朱理学的"太极"结合起来，将儒家"格物致知"的修养学说用于伊斯兰教"认主独一"的修道过程，认为回儒"道本同源"，主张穆斯林既要坚守"人道五典"，又要坚守"天道五功"，等等。"汉文译著的大批出现，打破了伊斯兰教与儒佛道长期隔阂的状态，使它进入中国学术交流渠道之中，一方面推动了伊斯兰教中国化的过程，另一方面，也促使伊斯兰教理论超出教内局限，在社会生活的更大范围内起作用。中华民族多样性的文化由此而更加丰富。"③

---

① 以上内容参考何其敏：《中国明代宗教史》，第104—132页。
② 王岱舆（约1570—1660），论著和译著有《正教真诠》《清真大学》和《希真正答》等，流传颇广。他与后来的马注、刘智和马德新，被称为中国伊斯兰教教义学上的"四大哈目发"。张中（1584—1670），论著和译著有《归真总义》《四篇要道》等。伍遵契（1598—1698），论著和译著有《修真蒙引》和《归真要道》等。马注（1640—1711），论著和译著有《清真指南》《樗樵》《经权》等。刘智（约1662—1730），论著和译著有《天方性理》《天方典礼》和《天方至圣实录》等。马德新（1794—1874），论著和译著有《宝命真经（古兰经）直解》《四典会要》和《大化总归》等30余种。
③ 牟钟鉴、张践：《中国宗教通史》，第936页。

伊斯兰教在清代的另一变化是门宦的兴起。伊斯兰教从唐代传入中国到明末，基本上是既无教派之争，又无门宦。在信仰与组织活动上属于逊尼派，即遵循传统的伊斯兰教教义教规，在教团组织中实行互不隶属的单一教坊制（以清真寺为中心，由周围的穆斯林居民组成地域性的宗教团体）。在教务管理上采取教长或阿訇聘请制和"三掌教"制。[①] 随着"苏非"（Sufi，伊斯兰教的神秘主义派别，产生于7世纪末期）的传入，逊尼派的一统格局被打破。明清之际，一方面是教长的个人财富日益增长，另一方面是苏非在西北地区扎下根来，它所倡导的神秘主义、顺从和克己学说，使教主具有了无上权威。

> 这两种情况的结合，便产生了中国的门宦制度……其特点是各门宦教主兼宗教领袖与大地主，形成高门世家、教权世袭，具有种种封建特权，在宗教等级制下实行封建剥削压迫；上有教主、道堂，下有清真寺，组织严密，各清真寺教长由教主委托〔派〕和领导，上下是绝对隶属关系；教徒要绝对服从和崇拜教主，认为教主是引导他们进入天堂的人，教主死后在教主坟地建立亭屋，教徒上坟念经，顶礼膜拜。[②]

西北地区逐渐形成"四大门宦"：（1）虎非耶，又称"低声派"，有20多个支系（主要有花寺、穆夫提、北庄和胡门）；（2）嘎的林耶，又称格底林耶，其下分大拱北门宦、香源堂、阿门、七门、韭菜坪等支系；（3）哲赫林耶，又称"高声派"；（4）库不林耶，亦称"张门"。门宦虽不同于藏传佛教格鲁派形成的政教合一制度，但其不同于单一

---

① "三掌教"指伊玛目、海推布和穆安津。伊玛目为教长，可以是本坊人，也可以是外坊人，任期3年，全面主持坊内宗教事务；海推布协助教长管理宗教事务；穆安津专司宣礼，按时召唤教徒做礼拜。

② 牟钟鉴、张践：《中国宗教通史》，第929页。

教坊制的教主崇拜与世袭制度，却使教主具有独霸一方的某些特权，使之在强化内部凝聚的同时，也产生较强的排他性，造成与其他教派（包括其他门宦）和整个社会的较大张力。世袭的门宦制度不仅造成中国伊斯兰教内部形成不同的宗教文化风格，引发教派间争夺信众和社会资源的冲突，而且由于其与郡县的流官制度和宗教管理制度相悖，造成政府与某些教派的高度紧张，变成引发地区社会冲突（而非化解社会矛盾）的"火药桶"。在四大门宦中，由马明心创立的哲赫林耶是"各门宦中人数最多，传播地区较广，教权较集中巩固，流传时间最长的门宦之一"①。后因其他门宦（如花寺支派）的教徒改宗哲赫林耶而引发教派冲突，清廷官员插手其中，袒护花寺派，使教派仇杀愈演愈烈，最终引发苏四十三起义。②

明清之际伊斯兰教的这些发展变化，亦使清王朝对待伊斯兰教的政策表现出不同于元明的特点。在政治制度上，清王朝是"齐其政不易其宜"，贯彻"遵我轨度"的原则。清初在北疆实行旗治，在南疆则分建八城（喀什噶尔、英吉沙尔、叶尔羌、和阗、阿克苏、乌什、库车、喀喇沙尔），除置办事、领队各大臣之外，基本上实行民治，即采用本地区固有的传统伯克制③而略加改革。清统一南疆后，改革伯克制，废除世袭，削弱其权力，给予一定数量的田地、农奴等。据史载，

---

① 马明心于乾隆四十六年（1781）被杀害，其学生穆宪章任第二代教主，马达天任第三代教主，其子马以德任第四代教主。从此哲赫林耶派"开创了子孙相传，世袭罔替的教权制；马明心所创之宣教的'道堂'，逐渐凌驾于清真寺之上，成为传教的中心；宗教财产也相继集中于掌教家族，亦父传子受，神权与财权相结合；而后又修建拱北，作为教主的墓地，让教徒朝拜。这样，哲赫林耶派就由一个具有苏非派精神和革新特色的伊斯兰教派，演变为一大门宦"。（参见牟钟鉴、张践：《中国宗教通史》，第932页）

② 清代政治文化另有专论。在此我们只是提请大家注意，要将民族地区的起义与汉地农民的起义联系起来看。起义从来都不是孤立的，镇压也不是孤立的。我们既不能无视清廷在镇压少数民族（特别是穆斯林）起义时的残酷与血腥，也不能把阶级矛盾夸大为民族矛盾、宗教矛盾，甚至用后者掩盖前者。应当看到，清代汉族民众起义时遭受的镇压同样惨烈。

③ 伯克原为南疆维吾尔语的职官名，最高职官叫阿奇木伯克，他的助手叫伊什罕伯克，都是世袭。阿奇木伯克统辖各城村大小事务，伊什罕伯克协同阿奇木伯克办理事务。

南疆 31 城设三四五品级不同的阿奇木伯克共 40 人。整个南疆六七品的伯克，多至百数以上。① 在对待伊斯兰教的政策方面，有学者概括为坚持各行其道，不强使伊斯兰教信仰者改宗的政策②；强调对回民和回教"一视同仁"的政策；坚持以儒学思想训导回民，企图使之归于"德化""兴孝勤忠""型仁讲让"；不干预伊斯兰教的传习、抄录、携带经卷等。然而统治集团的政策未能贯彻始终，而且有忽冷忽热的现象。在准噶尔部探子入京的问题上，处理得当未成大乱③；而以拉一派打一派（尤其是打击哲赫林耶派）的政策处理教派时，却造成难以治愈的社会创伤。④

---

① 《清史稿》卷 117，第 3402—3406 页。参见《回疆则例》卷 1，第 1—22 页。新疆建行省后，俱改直隶厅、州，废伯克制，以阿奇木、伊什罕职位较高，仍保留原衔，直至清亡。

② 如康熙曾发指示说："如尔等虽招抚回子，遏止其教，亦能令其皈依佛法，跪拜喇嘛乎？今天下太平之时，惟令各行其道，若强之使合，断不可行。"（《圣祖圣训》卷 60，第 7 页）

③ 清康熙年间，西蒙古准噶尔部首领噶尔丹率军向东扩张，挑战清廷。康熙三十三年（1694），噶尔丹派探子冒充回民进京，曾到今牛街一带活动。清朝在抓捕探子时牵连到许多当地回民，后来康熙下令"只严缉奸细，勿株连好人"，受牵连的回民均被释放，"抓到的 6 个奸细于当年五月被杀头，六月，康熙皇帝下旨保护回民，此圣旨被刻成石碑，至今仍在牛街礼拜寺内"。（参见况晗、陆元：《消失的胡同》，学苑出版社 2008 年版，第 216 页）

④ 参见于本源：《清王朝的宗教政策》，第 157—178 页。17 世纪南疆伊斯兰教分为白山派与黑山派，俗称"白帽回"和"黑帽回"。两派互争统治权。康熙十七年（1678），在四卫拉特之一的准噶尔部援助下，以大小和卓木祖先为首的白山派取得喀什噶尔（今喀什县）、叶尔羌的统治权，成为全新疆伊斯兰教派之冠。伊斯兰教的白山派得到清官方的保护，而黑山派则在禁止之列。清代官方明确规定："如有习念黑经者，查出即行报明审实，分别久暂酌拟发遣枷责，咨部核覆遵办"（《回疆则例》卷 6，第 21 页）。清统治者利用白山派实现了它对维吾尔聚居区长达 100 多年的统治。（参见庄吉发：《清史论集》五）钱鹏认为清王朝的伊斯兰教政策前后有所变化：入关后，皇太极与顺治对少数民族地区实行"恩威并施""偏之以恩"的方针。从康熙到乾隆中期，"在其政而不移其俗"思想的指导下，清廷对回族信奉的伊斯兰教既不尊崇也不反对，允许其合法存在，但进行严格的管束。雍正认为，回族"乃其先代留遗，家风上俗""非作奸犯科，或世巫民者比"，应"从俗从宜，各安其息"，不得"强其划一"，而要"一视同仁"。同时，康雍两朝还褒奖效力朝廷的回族上层，保留边疆地区宗教上层的某些特权，在西北地区推行乡约制度，以防发生违法行为。乾隆中期以后，朝廷与以回族为首的穆斯林发生激烈对抗，乾隆便改而采取无情镇压和分化瓦解的政策。在乾隆四十六年到四十九年（1781—1784）镇压两次回民起义中，清王朝采取"残酷镇压，剿抚兼施，禁绝新教，欲灭'教门'，挑拨离间，制造纠纷，'以回制回'，进行分化"，以及革除阿訇、掌教、师父等名目，拆毁新教清真寺等政策，在全国清真寺内供奉上书"皇帝万岁万岁万万岁"的牌位，等等。参见钱鹏：《清朝回族立法政策初探》，李兴华：《清政府对伊斯兰教（回教）的政策》，载《清代中国伊斯兰教论集》，宁夏人民出版社 1981 年版。

在文化的层面,则是"因其教不易其俗"。各地的伊斯兰教信众,按照自己的生活习惯与信仰过新年等节日。据清椿园《回疆风土记》载:"回民过年之前一月,即把斋。凡男女十岁以上,皆黎明后不得饮食,甚至津液不敢下咽,方为善把。日落星全,方恣意饮啖,但不得饮酒近妇人。至次月初一或初二,总望见新月如钩,则开斋过年矣。"在丧葬仪式方面亦有其独特之处:"人死之日或次日,即舁至郊外瘗之。无棺椁,衣衾唯白布缠尸而已。所属亲戚往吊念经,各以所有,尽力资助,请阿浑人等念经。凡亲戚之所资助及死者所遗衣物,尽散于众,以邀冥福。以冥福之厚薄,在物散之多寡也。"另据杨经纂辑《嘉靖万历固原州志》①所记,清代回族民众的婚俗是:"回民议婚,先请媒妁通姓氏,惟不避同姓。议妥纳茶果耳环,祇告寺神,不立庚帖。更择日送衣料衾物,告以婚期。至期,媒妁至女家接婚,送羊麦清油等物,多不亲迎。其用车轿马驴,视富贫有差。婚之夕,先告上天,必请阿訇念回经,然后合卺。次日,子妇均先盥沐,用水壶自顶至足,以水直盥毕,见翁姑尊长邻右以揖,吃喜筵油香,并分送戚党。"②

---

① 杨经纂辑:《嘉靖万历固原州志》,宁夏人民出版社 1985 年版。
② 傅统先在《中国回教史》中,将清代新疆与内地的穆斯林生活概括为:"其有不同于一般汉人之特点。例如回教徒素重洁净,故不与非教徒同居一处。不食豕肉,不饮酒,故不与非教徒共烹调。婚姻须经过宗教仪式,请教长为之证婚而不与异教徒通婚姻。举行丧礼时,凡教徒均须预先沐浴使其心身清洁而为亡者祈祷真主,故多不愿非教徒参与其间。回回历法已为清代所废止而回教徒仍沿用之。每逢回历九月举行斋戒一月,昼间绝食,晚间教中反行热闹。回历元旦富家多多宰牲口,分赠亲友,以表庆祝之意。回教徒因便于习诵经典起见,多学习阿拉伯原文,故虽日常用语均为中国语言,而文字则颇多能诵阿拉伯文,其间有少数教师能用阿文写作(但一般内地教徒仍多用中国文字)。宗教教义只对同教讲解而不向非教徒宣传。其有因厌恶非教徒之不洁净而拒绝其真诚入清真寺者。回教徒逐渐与一般非教徒之汉人发生隔膜,各不容洽。著者以为回教徒在中国之发展,唐、宋、元以来为回教徒之逐渐'华化'(指内部回教而言),一切生活习惯均已由外族回教徒一变而与一般之汉人无异;但自明、清以来,则为已为中国所同化的回教徒之趋于'回化',抵达方之,已纯粹为一中国人之回教徒,在各种宗教之仪式上,均显然与一般之中国人不同"。(参见傅统先:《中国回教史》,宁夏人民出版社 2000 年版,第 75 页)

（五）明清两代的基督教

1. 明代基督教

这里所说的基督教包括天主教、东正教和新教等。基督教继唐代景教和元代也里可温教两次传入中国后，到明代，西班牙传教士沙勿略（1506—1552）再次到中国传教，但几经波折未能成功。最先取得成功的是罗明坚（1543—1607），徐宗泽认为罗明坚有两件事值得大书特书：一是他在外国传教士中是最先到内地居住并在肇庆与绍兴奠定了传教事业的基础，二是他最先以汉字撰写有关天主教教义的书（《天主圣教实录》，成书于1584年）。[①] 然而真正将第三波传教事业推向高潮的是利玛窦（1552—1610）。利玛窦之所以在华传教能取得成功并产生影响，一是在于他将自身形象、传教方式、教义教理"儒化"；二是在士绅中广交朋友、扩大影响；三是寻求中国皇帝的支持；四是在传播西学中传教。与他同时的来华传教士还有麦安东、孟三德、罗如望、阳玛诺、谢务禄、苏如汉、费奇观、石方西、郭居静、熊三拔、龙华民、王丰肃、庞迪我等。

明末，天主教在中国发展迅速。从1583年利玛窦为第一个中国人授洗到他逝世的1610年，中国的天主教徒已达2500人。5年后（1615），全国天主教徒达到5000人。1617年南京教案后增至1.3万人，1638年为3.8万人，1650年中国天主教徒达到15万人。这中间除了来华传教士的不懈努力外，更多的要归功于中国各界天主教人士，尤其是身为士大夫的天主教徒在护教与弘教方面所做的各种工作。

徐光启、李之藻和杨廷筠被称为明代中国天主教的"三大柱石"。徐光启官至礼部尚书兼东阁大学士，他一生著述颇丰，特别是在农业方面有《农政全书》等。李之藻"所学很广"，"于诸家之学，无所不窥"。1602年他重刻《利玛窦万国全图》，1603年他任福建学政时曾

---

① 参见徐宗泽：《中国天主教传教史概论》，上海书店1990年版。

与利玛窦论道，后与之合作出书，他在去世前编刻了中国第一部天主教丛书《天学初函》。杨廷筠由笃信佛门而受洗入教（1611）并出资建圣堂一所，其父母妻子儿女先后入教，在杭州引起轰动。方豪概括他为教会和地方办的公益事业有四个方面：兴仁会、设义馆、立公墓、刊圣书。①

1610年利玛窦去世后，意大利传教士龙华民总掌中国教务。他的思路与利玛窦不同，如祀天、祭祖、尊孔等仪式，他都斥为迷信，禁止教徒参加。这些举措很快引起社会各界的反感，反教风潮随之而起。1616年南京礼部侍郎沈㴶三次向明神宗上疏，同时有许多士大夫著书立说，指责天主教"暗伤王化""诬妄先师""左道惑人"等，从而掀起反教风潮。1617年春朝廷正式颁布禁教之令，一些传教士被押解广东，南京的西式教堂及传教士住所"悉行拆毁，其圣像经书等件则举火焚烧，其他什物入官"。这场教案至1623年才告平息。

2. 清代基督教

天主教在明代经利玛窦等人的努力在传教和文化上初见成效，清代虽有波折，但无论处于合法地位还是处于"地下"状态，始终在延续和发展中；东正教是随俄国军队占领黑龙江北岸的雅克萨城而进入中国的②；新教的传入则是以英国牧师马礼逊于1807年来华传教为标志。

基督教的不同宗派传入中国的时间虽有先后，但都随着时间的推移而有所发展，在天主教和新教中，不仅有了中国本土的信徒，而且还先后有了本土的神职人员。但是作为文化移入的外来宗教，基督教

---

① 参见方豪：《中国天主教史人物传》，中华书局1988年版。
② 康熙二十四年（1685），中国军队在雅克萨战役中俘获的沙俄士兵被带回北京，这些沙俄士兵被安排在东直门外定居并将那里的关帝庙给他们做祈祷所（俗称"罗刹庙"，又称"北馆"）。康熙五十四年（1715），第一个东正教传教团来到北京。从1715年至1850年，俄国共派12届、百余传教士来京传教。

在中国的传教方式不同于伊斯兰教。清代的穆斯林虽多有起义，但其本土化是在推进之中，而且是以中国穆斯林学者或经师为主体的，他们或外出学习取经，或向来华经师求学，然后译经撰著，在保持宗教信仰的同时与中国本土文化相适应。相比之下，中国的天主教徒在1700年时已达30万众，但由于教权始终把持在外国人手中，中国教徒行什么礼仪是由外国传教士说了算，而且属于不同利益集团的传教士又有不同的主张，特别是在西方教会的主要支持者随着葡萄牙的式微而变为西班牙和法国之后，多明我会、方济各会和外方传教会的传教士们，变利玛窦（耶稣会士）宽容中国礼仪的传教策略为强硬的抵制姿态，最终引发"礼仪之争"，并导致康熙由宽容基督教变成禁教。

清王朝对天主教和基督教的政策在不同的时期有不同的着眼点。清初（从顺治到康熙末）是"容教时期"，皇帝对科技知识的兴趣带动了天主教的发展①，但天主教随即遭到鳌拜的打压，除个别人外，大部分外国传教士被遣送到广州。至康熙新政，请南怀仁等神父进宫讲授数学、几何、物理、天文、地理等知识，南怀仁还受命在讨伐"三藩"的战争中铸造大小战炮323门。② 当时虽没有正式解除教禁，但传教活动又一时形成高潮。所谓礼仪之争，是指耶稣会士对中国传统礼俗（祀天、祭祖、尊孔等）采取宽容态度而引起的纷争。教皇于1704

---

① 清初对汤若望和南怀仁等传教士的任用，主要是因其掌握的科技知识（尤其是精确的历法推算），顺治多次到馆舍与汤若望长谈，并称其为"玛法"（满语"师傅"之意）。一时间，环境的宽松使得天主教有较大的发展。明末的1636年天主教徒有38200人，1650年增至15万人，1664年达到24.8万人。（参见牟钟鉴、张践：《中国宗教通史》，第940页）

② 庄吉发在《清史论集》五中指出：明清之际，中西海道大通，日益频繁，西方传教士络绎东来，其中多属天主教耶稣会士。他们大都是聪明特达的饱学之士，不求利禄，专意行教。为博取中国官方及士大夫的同情与合作，耶稣会士多以学术为传播福音的媒介。他们通晓天文、地理、历法、算学、物理、化学、医学、工艺等，西学遂源源不绝地输入中国。清朝入主中原后，耶稣会士大都为新政权效力。凡有一技之长者，多召入京中，供职于内廷，或住理历政，或纂修历法，或测绘地图，或扈驾巡幸，或进讲西学，或制作工艺，或帮办外交，内廷之中，一时济济多士。

年发表教书，斥责耶稣会士的不当，并派多罗为特使，携带教皇禁约，到中国交涉。康熙四十五年（1706）五月十二日，康熙皇帝晓谕多罗云：

> 近日西洋所来者甚杂。亦有行道者，亦有白人借名为行道者，难以分辨是非。如今尔来之际，若不定一规矩，惟恐后来惹出是非，也觉得教化王处有关系，只得将定例先明白晓谕，命后来之人谨守法度，不能少达方好。以后凡自西洋来者，再不回去的人，许他内地居住。若今年来明年去的人，不可叫他许住。此等人譬如立于大门之前，论人屋内之事，众人何以服之？况且多事。更有做生意、站买卖等人，益不可留住。凡各国各会，皆以敬天主者，何得论彼此，一概同居同住，则永无争竞矣。①

根据庄吉发的研究，同年五月十八、十九两日，康熙又接见多罗，坚决表示西洋人若反对敬孔祀祖，就很难留居中国。同时，又规定所有在中国的西洋人必须领取永居票，始能长期居住中国，"凡不回去的西洋人等，写票用内务府印给发。票写西洋某国人，年若干，在某会，来中国若干年，永不复回西洋，已经来京朝觐陛见，为此给票，兼满汉字，将千字文编成号数，挨次存记"②。愿意领取永居票的传教士，由本人主动申请，亲自进京陛见，陈述自己永久留居中国的决心，然后呈递履历，经内务府批准给发永居票，凡不愿领取永居票的西洋人，一律押解广州天主堂居住。

康熙五十八年（1719），教皇再度发布教令，凡不服从1704年教书的传教士，一概处以破门律。同时，任命嘉乐（Carlo Mezzabarba）

---

① 《文献丛编》上册，台北台联国风出版社1964年版，第168页，康熙与罗马使节关系文书。
② 庄吉发：《清宫廷画家郎世宁年谱——兼在华耶稣会士史事稽年》，《故宫博物院院刊》1988年第2期，第35页。

为特使,出使中国。次年(1720)九月,两广总督杨琳命员外郎李秉忠伴送入京。十一月二十六日,嘉乐抵达琉璃河,员外郎伊都立等接见。嘉乐提出两件事:一件是请求康熙皇帝准许嘉乐管理在中国传教的众西洋人;一件是请求康熙皇帝允准入教中国人俱遵守教皇发来条约内禁止之事。次日,康熙皇帝令伊都立传旨给嘉乐:

> 尔教王所求二事,朕俱俯赐允许,但尔教王条约,与中国道理大相悖戾,尔天主教在中国行不得,务必禁止。教既不行,在中国传教之西洋人,亦属无用,除会技艺之人留用,再年老有病不能回去之人,仍准存留,其余在中国传教之人,尔俱带回西洋去。且尔教王条约,只可禁止尔西洋人,中国人非尔教王所可禁止,其准留之西洋人,着依尔教王条约,自行修道,不许传教,此即准尔教王所求之二事。①

"礼仪之争"已经不是简单的信仰之争,从康熙的一系列相关谕旨中可以看出,在更深的层面上,这是一场事关文化价值观的冲突,事关文化主权的冲突,事关社会结构与社会秩序的冲突。②所以双方都为捍卫自己的权益而不肯让步。争执的结果是康熙于1720年彻底禁教,表示"以后不必西洋人在中国行教,禁止可也,免得多事"③。由此至道光年间的"闭关"期间,地下传教与各地"教案"此伏彼起,至1840年鸦片战争爆发后,清王朝面对列强的枪炮节节败退,政

---

① 《文献丛编》上册,第170页。
② 对于康熙及其朝臣是否知道一百年前日本德川幕府禁止天主教的事情,我们目前还没有见到直接的证据,但在日本发生的从天主教传入,到50年间信徒发展到75万人,再到最终禁教的过程,其文化、社会和政治等层面的冲突,确实与中国有相似之处,只不过中国没有日本那么激烈罢了。(参见赵德宇:《日本"南蛮时代"探析》,《世界宗教研究》2008年第2期,第93—102页)
③ 《文献丛编》上册,第175页。参见庄吉发:《清史论集》五。

治主权和文化主权逐步丧失，天主教、基督教和东正教则借势大举涌入内地。从清初宽容到禁教，再到1840年鸦片战争后基督教各派传教士大举进军中国，在宗教文化上形成了一些不同于以前朝代的特点：

第一，景教虽在唐代传入中国，但随着武宗灭佛而寂灭，然而在清代，虽有禁教之令，却有"中国教徒组成地下网络，暗中保护外国传教士"。这种宗教文化上的潜流屡禁不止，不仅使宗教信仰的问题具有了太多的政治色彩，而且由于为遭禁的外国传教士提供保护和方便，由此带来的宗教身份（效忠与虔诚）与公民身份（遵守国法）的张力，使得基督教并没有像当年传入中国的佛教那样，实现由"沙门不敬王者"到"不依国主佛法难立"的转变，反而由于列强的干预变得有恃无恐，这就在文化上和政治上造成了深深的隔膜。

第二，清代前期鲜有因基督教发生起义（不同于伊斯兰教），但在中后期却屡有教案发生。鸦片战争后进入中国的传教士（包括某些本土的基督教徒）在一系列不平等条约的保护下，在政治和文化上具有了很多特权。中国文化讲究知行合一，对宗教人士的评判亦是如此。如果一个传教士信了上帝，就自以为上帝，只对信徒讲博爱，却诅咒不信仰者或信异教者下地狱，那么这种偏狭，不仅与中国的"己所不欲，勿施于人"相左，而且会让别人觉得这种宗教狂妄和虚伪。如果一个传教士不辞辛苦地为一方百姓从事生活上和精神上的服务（特别是送医送药等），中国的百姓会发自内心地爱戴之；但若嘴上把上帝说得天花乱坠，行动上却是依权仗势、欺人霸产，那么中国的百姓就会自然地排斥之（实际上各国百姓都会有这样的反应）。朝廷的官员可能会看上边的脸色和风向而对洋人唯唯诺诺，但底层的百姓却不管这一套，逼急了就会揭竿而起。明末发生的南京教案是由上而下的路径，而清代后期发生的诸多教案，则多爆发于民间，这已经不仅仅是宗教信仰上的差异，而更多地是政治和文化的因素在其中发酵。①

第三，并非有传教士的地方都有教案，也并非所有的传教士都是帝国主义列强侵夺中国的帮凶。有些传教士则一身两任，如马礼逊在为东印度公司经营对华鸦片贸易的同时，又把圣经译成中文（这是基督教再次传入中国 200 年来的第一部完整的圣经译本），并编纂了《英华辞典》。实际上，传教士在华传教的过程，也开启了中西文化交流的大门。他们中的某些人将中国的四书五经介绍到西方，或将中国的历史文化介绍到西方，如《中华帝国全志》《中国丛书》等，对西方汉学的兴起起了很大的推助作用。

清代是各种社会矛盾交织的时代，也是各种文化矛盾交织的时代。以前的王朝虽然有阶级矛盾，但主流文化却上下贯通；在对外文化交流中（如佛教的传入），虽有向心力和吸引力的作用而造成的文化输入与输出的多寡之别，但主流文化与主流政治却是一以贯之的。然而在清代，社会文化虽以儒释道为主流，但不同宗教文化的价值取向差异极大（如汉地佛教与藏传佛教在体制上的相异，伊斯兰教内单一教坊制与门宦制度的差异），而且中外文化交流的性质亦不同于唐宋时期。这不是中国文化的价值由包容转向排他，而是文化交流的平等选择权

---

① 有学者统计，从鸦片战争到义和团运动，由传教士引发的大小教案达 400 余起。其中较重大的有青浦教案（1848）、西林教案（1856）、青岩开州教案（贵阳教案，1861）、南昌教案（1862）、衡阳教案（1862）、酉阳教案（1865）、台湾教案（1867）、扬州教案（1868、1891）、遵义教案（1869）、天津教案（1870）、黔江教案（1873）、延平教案（1874）、营山教案（1875）、邻水、江北厅教案（1876）、建平教案（1876）、济南教案（1881）、呼兰教案（1882）、重庆教案（1882）、大足教案（1886）、武穴教案（1891）、宜昌教案（1891）、麻城教案（1893）、成都教案（1895）、古田教案（1895）、巨野教案（又称"曹州教案"，1897）等。（参见顾长声：《传教士与近代中国》，上海人民出版社 1981 年版，第 126—155 页）至于发生教案的原因，曾国藩在同治九年（1870）的奏折中说："惟天主教屡滋事端，……良由法人之天主教，但求从教之众多，不问教民之善否，其收入也太滥，故从教者良民甚少，词讼之无理者，教民则抗不遵断，赋役之应出者，教民每抗不奉公。……凡教中犯案，教士不问是非，曲庇教民；领事亦不问是非，曲庇教士。遇有民教争斗，平民恒屈，教民恒胜。教民势焰愈横，平民愤郁愈甚。郁极必发，则聚众而群思一逞。以臣所闻，酉阳、贵州教案皆百姓积不能平所致。惟和约记载中国人犯罪由中国官治以中国之法，而一为教民，遂若非中国之民者也。"（《筹办夷务始末》同治朝，第 76 卷，第 30—42 页）

丧失（权利不对称），基督教的文化移入变成政治强权的一部分。

（六）明清两代的宗教格局异同

明清之际的宗教家、族群领袖或王朝统治集团虽没有用"宗教"与"民族"这两个现代概念思考问题和阐述政策，但我们今天用这两个概念反观他们的所作所为时，可以更深刻地理解某些深层或宏观的东西。比如常听到人们说清代治理民族问题和宗教问题是比较成功的，但我们更想将明清两代的宗教政策和民族政策做全面的比较，也更想对清代为何"成功"、明代（相比较而言）为何不"成功"做系统的剖析。因为在我们看来，明代和清代大不一样，不仅仅在于它们是取而代之的前后两朝，也不仅仅在于它们所处的世界格局的巨变，还在于族群地位和族群关系的不同。我们认为，这是考察明清宗教情势时不可忽视的一个重要方面。

我们说中国的"宗教—民族"有如阴阳图。这有几层意思：一是这并非说中国的民族和宗教的关系有如阴阳图，民族与宗教各占或黑或白的一半。当然，民族与宗教的关系在某种意义上说确如阴阳图所象征的相互边界曲折盘绕，但两者在更多的情形中是重叠关系而非并列关系。二是我们所说的民族—宗教关系有如阴阳图，是指从整个大中国的版图看，它的陆地部分可分为西北和东南两大区域。这两个区域，一个从蒙古高原到青藏高原再到云贵高原，这个区域虽然从南到北跨越北半球的几个地带，但基本上同属于高海拔地带，以畜牧业为主农业为辅；另一个从东北到南方，也是跨越北半球的几个地带，但基本上是以农耕为主畜牧业为辅。三是不同的自然地理环境造就了不同的生产生活方式，形成了不同的文化（包括宗教文化）。但是在历史的长河中，就整个大势而言，这个分野是不断被融合所冲淡的，许多族群或是通过争战、迁徙，或是通过通婚、经贸，实现了重组，后来形成的各个族群无论大小和历史长短，都是你中有我、我中有你的。

四是虽然从阶级关系的视角看明清两个王朝的社会基本矛盾都是统治集团与被统治民众之间的矛盾，但两个王朝的民族关系和宗教关系确有很大区别：明王朝尊重西部地区的各种宗教教派，对其领袖采取广建众封之策；清王朝却是一方面与西北地区政教合一教派的关系日益紧张、冲突频仍，另一方面又在藏区扶植一教一派坐大。这中间当然有客观形势使人不得已，但主观上的努力方向也对发展的结果有导向作用。五是在明代是汉族统治集团执掌中央王朝，与周边的不同族群分别打交道；而在清代却是满蒙贵族集团的联盟执掌中央王朝和军屯中原各地。我们不能绝对地说明代的广建众封更符合宗教的发展和生存，而清代的政教合一更有利于专制统治，但是明王朝在宗教政策的出发点和着眼点上明显地与清王朝不同，因而它们的宗教政策既有延续又有分别。这些都是我们在把握明清宗教格局与王朝之宗教政策时不可忽视的基本观点。

在此我们没有讨论明清两代的儒家（指"祀天祭祖尊孔"的正统信仰与仪式）、民间宗教和民间信仰，但必须强调的是它们与佛教、道教、伊斯兰教和基督教一样，同属于明清宗教文化的组成部分，也都展现出丰富多彩的文化内容。同时我们还要强调，宗教文化并非仅限于寺院庙堂之中，也并非仅限于宗教人士、宗教团体与政府的互动，而是还有老百姓参与其中的文化生活，以及伴随宗教活动和宗教信仰而产生的文化艺术作品。这一领域的内容极其丰富，不同门类、不同层面的作品浩如烟海、千姿百态，其中最有代表性的是皇家建造的大型宗教文化建筑群避暑山庄等。这也是我们只能在此提及而未能展开讨论的。

宗教发展演变的历史告诉我们，尽管创生性宗教的创始人受到各种各样的神圣启示或感召，各种各样的神学家和宗教家为教义的完善与创新做出了贡献，但宗教作为一种社会存在，作为一种生活方式，作为一类社会群体，作为一类民俗事项，甚至作为一种意识形态和一种社会制度,都是出于文化的建构。这种文化的建构,不只是统治者和宗教精英参与的结果,而且是一代一代的、成千上万的信徒在其实实在在的宗教生活中建构起来的。清代宗教文化是传统文化的延续,也是一种文化的再生产。这种文化的再生产,不是在代际之间做简单的复制,而是有所增益和减损的再生产。之所以有所损益,是因为参与文化再生产的人来自不同的社会阶级,具有不同的文化诉求。我们在明清宗教文化中,可以看到国家、宗教界和民间三种力量的互动,它们之间有一致的取向,也有不同的价值选择,既有文化再生产的"共建",也有利益与力量的博弈。

位于国家权力层面的统治者和文化精英,要教化民众,维护整个社会的政治秩序和文化秩序;又要时刻警惕民间的自发运动对主流意识形态的冲击和消解,因而在宗教与政治之间形成复杂而微妙的互动。特别是在鸦片战争爆发之后,统治集团在列强的步步紧逼面前节节败退,随坚船利炮而来的基督教变成一种强势文化,这不仅改变了中国政权强、宗教弱的基本关系格局,也使宗教在人们心中有了另一种形象。

佛教、道教、伊斯兰教和基督教及其内部各派的宗教人士,虽以弘教为首要,但却不可能真正的"出世":一方面,他们要顺从或影响国家权力和意识形态,可是在这种周旋中宗教很可能"异化"并在组织制度上过分政治化,宗教领袖和宗教信徒也可能在政治化的过程中,变得过分追求个人权力(甚至腐化)并企图超越法律和伦理道德的约束(如由此引发的诸多教案);另一方面,宗教界又要顺应民众的宗教需求,或主动或被动地复兴神秘主义运动,或将民间神灵纳入自己的殿堂,如关公为儒释道三教共尊共奉,说明正统宗教与民间信仰不是简单的互斥关系,而是有所妥协并相互从对方中汲取养分的。清代宗教与政治的互动在鸦片战争后,由于国内外矛盾的激化而进入恶性循环:官府的宗教政策越来越失据,宗教也变成政治斗争的旗帜

（如太平天国运动）。

民众对宗教文化再生产的参与，既有个体的，也有群体的；既有寺庙内（及其周边）的活动，也有在家的活动；既有神圣的内容，亦有节庆娱乐的内容。在此过程中，宗教与民俗相关联的那部分文化得以延续和发展，民间自发的群体性宗教文化活动及其自组织机制，不仅构成宗教文化生生不息的基础，而且是中国社会基层之文化生活运转中不可缺少的重要因素。

国家意识形态的引导与政治权力的干预、宗教界各教各派的传承与消长、民众的参与，分属于社会结构的不同层面，在明清宗教文化的建构中，是一种互动（而不是孤立）的关系。每一方的发力，既可能得到其他方的共鸣，也可能遭遇其他方或积极或消极的抵抗。明清宗教文化的走向，就其内部关联而言，是互动的结果（而非单面向决定的）；就其外部关联说，还受到明清社会整体发展演变、国内外局势的制约。

小结

1. 战略是与策略相比较而言的。所谓战略，是指重大的、带有全局性或决定全局的谋划；而策略则是为实现战略任务而采取的手段。从空间上看，战略的着眼点要大于策略，战略是全局性的，策略是局部的；从时间上看，战略的着眼点是一个中长期时段，而策略着眼于一时一事；从过程来看，策略处理或解决的是特定的事件或问题，而战略则贯穿整个过程并决定过程的基本走向；就目标来说，战略与目标是一致的，是实现目标的总思路和总方案，策略虽然也是服务于目标的实现，但为了解决具体问题，策略有时会与目标并不一致（如迂回），甚至会在某种意义上背离目标（如目标是西却先向东走）。

2. 宗教从来就不仅仅是一种思想体系，作为社会组织，宗教在中国历史舞台上扮演过诸多角色，既发挥过建构作用，也发挥过解构作用；既提供过正面的社会资本，也提供过反面的社会资本。现代化的进程提升了世界上绝大多数国家的生活水平、科技水平和受教育水平，这是200年前无法比拟的。可是宗教信仰者的总人口和百分比都并没有相应地减少。宗教问题，特别是由宗教问题引发的突发事件和群体事件，不仅没有减少，反而由于经济全球化与科技进步，不仅社会动员手段与能力有了今非昔比的改变，而且局部地区的个案会借助媒体和互联网迅速传遍全世界（过去局部地区发生的个案要很久才能传播，现在当场就可以通过互联网传遍世界），因此宗教问题给社会发展造成的影响，往往超出所涉及的人群，它对社会经济发展造成的巨大推动或破坏，以及由此造成的精神鼓舞或情感伤害，不仅远远超出了信仰它的个人和群体，而且在能量上超出以往任何时代。

3. 战略地研究宗教在社会文化发展中的地位和作用，意味着我们思考宗教问题的位势不同于具体的历史考证和现状调查，意味着我们不能仅仅思考宗教自身的社会功能与文化功能，还要从中华文化大发展大繁荣的整体谋划中定位宗教；从根本上说，是立足于宗教作为一种历史现象将长期存在。

4. 从战略高度思考宗教在中国社会文化发展进程中的地位与作用，自然关联到文化主体性的自觉及其内涵。从战略高度定位宗教在中国社会文化建设中的地位和作用，与重建中华文化的主体性，推进文化自觉并非相悖、矛盾和冲突的关系，而是互动和互补的关系。文化主体性的内核是精神与价值，宗教作为传统文化的一部分，乃是这种精神与价值的载体。当然，除了宗教之外还有其他的载体，而在宗教内部，又有教派之别；既不能把宗教文化承载精神与价值的作用无限夸大，也绝不应忽略。可以说，宗教在中国文化的历史长河中百舸争流，它们有不同的形态，有不同的所属，居不同的层面，但有一点是共同的，这就是承载精神与价值。

5. 社会生活中许多被我们理所当然地认为是客观的或必然的东西，实际上是通过社会关系和社会行为"建构"起来的。社会建构理论改变了关于传媒、流行文化和科学的研究，拓展了一个新的研究领域即接受理论，导致了对于组织行为的基本原则的一种新的解释。人们可能会共享同样的价值观，但是他们的行为却可能各不相同，因为他们把特定的价值观转化成行动的能力各不相同。不仅在形成斯威德勒所谓的"行动策略"时人们会以不同的方式使用相同的文化成分，而且，文化本身也不是一个按照始终如一的方向推动行动的统一体系。无论是社会文化本身，还是生活在社会文化中的个人，都不是静止的、被动的。传统与无数个人的创造是个生生不息的互动进程。社会整合或社会秩序的维系是在政治、经济、社会、文化的不同层面上进行的。作用力也不是"单向度"的，而是一种"双向结构"。

6. 在宗教多元化的格局下，不同的宗教团体联合起来共谋坏事的成本和难度很大，而共谋善举却能"共赢"。我们还应当看到，包括我国在内的世界上大多数国家解决教派冲突的过程，基本上是一方面逐步走上法治的轨道，另一方面努力营造社会宽容的文化氛围。当然，这两个方面都还有许多工作要做，还有许多问题需要大力研究，特别是要研究宗教多元化如何在个人（信众）层面上满足随着社会发展和人的发展而不断分化和创新的不同信仰需求，同时在社会层面上构成一种既减少冲突（与反社会行为），又能共谋善举的格局及其"游戏规则"。

7. 实际上，非制度化宗教既是前现代（甚至是前国家）的宗教形态，也可能是后现代的宗教形态。我们在思考我国文化发展战略时，不能简单地把制度化宗教与非制度化宗教对立起来，看作高低阶梯上的两个环节并扬此抑彼，而是要把它们看作一个从零到一的谱系，将其中的每一个点看作组织形式多样性（其实，非制度化宗教也不是没有"制度"，只是相比较而言）的表现，各有各的功能与优劣。从后现代的观点看，非制度化的宗教可能更合乎信仰者的个人需要，社会成本更低，非宗教异化的可能性也相对较低。

8. 我们要在战略上对宗教在我国未来发展的社会文化地位保持明确的认识：

宗教是长期存在还是即将消亡？——长期存在；

宗教与社会主义社会（尤其是中国特色社会主义社会）是冲突关系，还是共存关系？——都有可能，事在人为；

宗教与主流意识形态仅仅是你长我消的反比关系，还是作用于不同层面的互动关系？——不同层面的互动；

宗教能否承载精神与价值？能否在建构文化主体性中发挥作用？——若能功在教化，善莫大焉；

宗教格局多元化是有利于社会和谐的，还是相反？——我们的战略目标是和谐；

宗教的功能是正值的还是负值的？——既事关信教团体和信众，亦事关社会环境和制度安排。

9. 宗教的发展演变历史告诉我们，尽管创生性宗教的创始人受到各种各样的神圣启示或感召，各种各样的神学家和宗教家为教义的完善与创新做出了贡献，但宗教作为一种社会存在，作为一种生活方式，作为一类社会群体，作为一类民俗事项，甚至作为一种意识形态和一种社会制度，都是出于文化的建构。这种文化的建构，不仅仅只是统治者和宗教精英参与的结果，而且是一代一代的、成千上万的信徒在其实实在在的宗教生活中建构起来的。

10. 民众对宗教文化再生产的参与，既有个体的，也有群体的；既有寺庙内（及其周边）的活动，也有在家的活动；既有神圣的内容，亦有节庆娱乐的内容。在此过程中，宗教与民俗相关联的那部分文化得以延续和发展，民间自发的群体性宗教文化活动及其自组织机制，不仅构成宗教文化生生不息的基础，而且是中国社会基层之文化生活运转中不可缺少的重要因素。

11. 国家意识形态的引导与政治权力的干预、宗教界各教各派的传承与消长、民众的参与，分属于社会结构的不同层面，在明清宗教文化的建构中，是一种互动（而不是孤立）的关系。每一方的发力，既可能得到其他方的共鸣，也可能遭遇其他方或积极或消极的抵抗。明清宗教文化的走向，就其内部关联而言，是互动的结果（而非单面向决定的）；就其外部关联说，还受到明清社会整体发展演变、国内外局势的制约。

第六章　关注"民间信仰"有何新意

在中国，民间信仰的历史十分悠久，无论是否引起学者或官府（政府）的关注，它"一直就在那里"。近代以来，学术界的其他领域对之有所关注和研究。但在宗教学界，民间信仰成为一个学术热点，乃是进入新世纪以来的事。① 中国社会科学院世界宗教研究所于2003年开始较大规模地调研民间信仰现状，我们从一开始就提出要关注"转型时期民间信仰的地位与作用"，希望在调研的基础上，对民间信仰的定位、分类和导向，做出理论上和政策上的深入探讨。为此，我们强调在调研过程中要特别注意四个方面：

一是要把民间信仰在特定调研地区的空间分布与时间分布搞清楚。通过文献（地方志、碑文等）搜集和访谈，梳理民间信仰在调研地区的历史沿革和活动场所的地理位置；通过实地考察和访谈，对现存民间信仰的基本情况，如人员构成、信仰构成、活动（仪式）构成、组织构成等有第一手资料的把握。

二是要把民间信仰放在当地社会、经济、文化的大背景中来考察。

---

① 早在20世纪90年代初，刘魁立先生在浙江人民出版社主编了一套民间文化丛书，刘先生提携后学，安排我编写了一本《中国民间信仰》。我们认为，中国民间文化是一个大系，其中宗教信仰是不可忽视的重要组成部分。过去人们往往给它戴上"封建迷信"的帽子，现在应予正面研究。这本小册子的问世确有正名功能，至少使人们在此后可以在"民间信仰"这个学术范畴下研讨民间文化中的这一现象群，无论是整体还是部分，也无论是肯定还是否定，还是部分褒扬部分批评。

既要了解当地的社会结构特点、地理环境和自然资源、经济结构、人文历史资源等情况及其对民间信仰现存状况的影响；又要了解改革开放以来当地社会、经济、文化的巨大变化，如城乡结构的变化、城镇人口构成和乡村人口构成的变化、人口流动的走向与频率、从业结构的变化、科教文卫事业的变化等情况及其对民间信仰现存状况的影响。

三是民间信仰不是孤立存在的。无论在历史上还是在当今社会，在拟调研的区域内都程度不同地存在着其他宗教。民间信仰是在与其他宗教的互动中生存和变化的。因此在调研中，了解民间信仰与其他宗教在时空结构、人员结构、信仰结构、组织结构等方面的互动关联，是认识民间信仰存在状况的必不可少的基本信息。

四是民间信仰是一种活态文化，它作用于人的精神层面和心理层面，影响人们的个人生活和社会生活。我们不仅要了解民间信仰活动参与者的想法和感受，了解参与民间信仰活动的人在信仰的虔诚度和参与度上有什么不同；还要了解不参与民间信仰活动的人对民间信仰的看法，其他宗教的信仰者对民间信仰的看法，从事不同职业的群众对民间信仰的看法，在不同部门工作的干部对民间信仰的看法；等等。此外，了解当前构建和谐社会、新农村建设、社区建设中，民间信仰现存状况所引发的社会管理层面和理论层面的经验、困惑与问题也很重要。

就个人而言，笔者在调研过程中学到许多东西，也得到许多启发，发现了一些问题并力图对之做出自己的理解：本土的民间信仰是一种怎样的存在状态？如何做定性的把握？民间信仰与其他社会文化处于怎样的互动关系？民间信仰是民俗还是宗教？当下民间信仰的"复兴"只是传统的简单"克隆"，还是一种不断建构中的文化再生产？对于宗教学理论的发展来说，我们是否需要将普遍理论与地方性知识相结合而形成若干"中层理论"（或理论模式）？民间信仰在文化传承和文化发展战略中具有怎样的地位和作用？这些问题既是宗教学的，也是文化哲学的。

一、民间信仰是历史悠久且当下活跃的宗教文化形态

民间信仰是一种自发形成的社会文化现象，它在社会生活中生生不息。它曾在现当代的一段时间内消沉，但在"文化大革命"结束后，随着改革开放、社会氛围宽松而逐渐恢复，并在近年来吸引了学术界越来越多的关注，成为一个研究热点。特别是在我国处于新的发展时期，如何在认识上厘清民间信仰的地位和作用，对于我国社会发展和文化建设，对于构建和谐社会，都具有十分重要的意义。

（一）民间信仰正在成为一个调研焦点

近几年来，学界与政界日益关注民间信仰的调查与研究。这首先是因为人们对我国宗教信仰存在的长期性和复杂性，有了更充分的理解。人们重新认识到，宗教无论是作为个人的"思想"或"观念"，还是作为一种社会现象和文化现象，都将在世界上长期存在，在我国也不例外。在整个社会对宗教的认识变得更客观、更务实的大背景下，人们对民间信仰的认识也发生了转变，即不再简单地和笼统地将民间信仰斥为封建迷信，而是承认民间信仰大量存在的现实，并着手对其在社会主义建设新时期的性质、地位、特点和作用展开调查和研究。

其次是因为我国在改革开放的过程中，与国际社会的交往越来越密切，越来越全方位，经济全球化的大潮所夹带的西方化和文化全球化，对我国社会的思想文化产生了各种各样的冲击。改革开放40多年来，人们对民族、宗教、文化与社会发展和社会稳定的关联有了更深刻的体悟。越来越多的人意识到：在继续扩大对外交往与合作、引进先进的技术和资金、踏踏实实地建设小康社会，与稳妥地实现社会转型，在全球化的进程中保持我国政治安全、经济安全和文化安全之间，

似乎有一种张力。在这种张力中,如何保存和运用好作为本土文化资源的民间信仰,又如何在新时期文化发展战略和精神文明建设中为之定位,是需要认真思考和研究的。

最后是因为面对民间信仰大量存在且内涵复杂的现实,社会和政府不能"不作为",学界也不能不思考。随着改革开放和宗教信仰自由政策的进一步落实,曾经一度沉寂的民间信仰在各地逐渐公开地恢复了"香火",各地一些本已损毁的宫庙也程度不等地得到修复。由于定性不清、政策不明、管理制度不健全等原因,既带来一些思想认识问题(如民间信仰是否属于封建迷信),也带来一些资源问题(如滥建宫庙、财物不清等),还导致民间信仰与民间宗教之间"剪不断,理还乱"的历史勾连。于是,在社会控制的层面上,如何使干部群众的思想认识到位、社会管理部门的政策到位、民间信仰活动场所的制度到位,如何引导民间信仰在整体上有序有章、健康发展,就成为政府、社会和学术界关注的一个焦点。

从当下我国宗教国情的发展态势看,民间信仰并非许多人想象的那样仅仅是些历史"遗存",它还是很有生命力的"活态"文化,在我国许多地区都或多或少地存在着。最近几年来,有关东北、华北、西北、西南、华中、华南和华东等地区的民族学、宗教学和民俗学的田野调查报告,也反映出民间信仰在整个中国并非个别现象,不仅具有一定的普遍性,而且在一些地区,无论从信众人数看,还是从宗教活动场所的数量上来说,甚至超过了当地的"五大宗教"(指我国政府正式承认的佛教、道教、伊斯兰教、天主教和基督教)。2002年和2003年我先后两次参与了有关福建民间信仰的调查,我们在调查中发现,全省民间信仰活动场所的数量,大约是全省五大宗教活动场所总和的4—5倍。有些地方比例更高,正式登记的五大宗教活动场所只有40多个,而10平方米以上的民间信仰活动场所却有400多个。近年来我们在其他地方调研时发现,民间信仰活动的"香火"虽然不及福建,但其广泛存在却是个不争的事实。

民间信仰的现状如此,不仅影响我国宗教文化的构成与发展走向,而且在社会发展的进程中起到正负两方面的作用。所以在探讨我国宗教与宗教研究时,民间信仰就不是可有可无的,而是一个必须考虑到的重要因素。民间信仰是本土的信仰资源,它构成了宗教信仰的深厚土壤,没有民众对鬼神、奇迹、阴间来世、奖善惩恶等的信仰,对敬天法祖的执着,任何宗教(包括创生性宗教)都会缺失其安身立命的基础。民间信仰作为基础,不仅为道教的创生提供了直接的资源,而且为其他宗教(如佛教、基督教、伊斯兰教等)传入中国提供了间接的土壤。由民间信仰派生出来的年节活动、人生礼仪活动以及村落之间因游神社火而形成的相辅相成的互助网络,不仅构成了民族文化、民间文化的重要组成部分,而且在相当程度上促进了乡里团契和乡村的自组织功能。当然,民间信仰的社会文化功能不是一边倒的,而是具有两面性,如少数人以算命看相、降神放蛊等手段谋财骗色,如在游神社火中发生竞争性冲突和踩伤挤伤等事故,如巫婆神汉在驱鬼仪式中耽误病人治疗而伤人致死,如过多的祭祀与会餐活动加重民众的负担等。这些负面的能量(并非民间信仰所独有),在理论研究和政策研判中自然也是不能回避的。

(二)作为宗教文化形态的民间信仰,始终处于历史的演变过程之中

文化是人类在长期的历史发展中,共同创造并赖以生存的物质与精神存在的总和。宗教文化既有外在的现象层面(如仪式活动、节庆庙会等),也有内在的精神的和情感的层面(如信仰、世界观、价值观等)。历史上的宗教文化总是某个社会、某个时代整体文化的组成部分,具体的宗教文化(如佛教文化、伊斯兰教文化)的创造主体虽然是信奉这一宗教的群体,但作为特定社会特定时代的宗教文化,乃是社会各种力量互动的结果。其中,统治阶级所持的价值观与意识形态,统治阶级在谋划社会文化发展时将宗教置于什么地位,以及如何利用和限制不同宗教的不同功能,对该社会或该地区的宗教文化形成怎样的整体格局,各宗教形成怎样的发展走势,影响极大。

民间信仰是历史悠久且当下活跃的一种宗教文化形态。这是我们的一个基本判断。其实,民间信仰不是什么新事物新现象,而是自古以来就绵延存在的社会文化现象。无论是由于外来民族的征服,还是由于本民族在社会分化中由统治阶层采取"绝地天通"①的政策,在某些宗教特权被垄断的同时,也使一部分原生性宗教信仰及相关的宗教行为,随着占主导地位的氏族—部落宗教的分化而演变为民间信仰,这就进入了可称之为"散"的路径。由于失去了原有的组织外壳和社会文化地位,民间信仰虽然有时也依附于后来的家族组织和村社组织,但就社会生活和文化生活的整体而言,已不再具有意识形态的功能。人们在生病时除了请"郎中",有时也请巫婆神汉;在久旱不雨时,除了打井,有时也要祭拜龙王。随着时间的流逝和社会的发展,有些民间信仰进一步演变,其"宗教性"日益淡化,有些观念和行为慢慢地变成纯粹的民俗:人们依旧除夕守岁,但多已不知晓"年"原来是个可怕的怪兽,喜庆氛围早已压倒恐惧之感;人们依旧五月初五包粽子,但已不是献给神灵圣贤,而是给自己或亲友享用。

如果我们将位居社会主导地位的(或体制化程度很高的)宗教形态、民间信仰和民俗,作为三个不同的层面,民间信仰在"散"的路径上似乎一路走下去;如果将这三者作为一个谱系,那么体制化宗教与民俗似乎构成这个谱系的两端,而民间信仰则是由此及彼的过渡。这种过渡既是流动的又是相对静止的,即有不同的"定格"。作为"定格"的民间信仰形态既具有宗教性,又具有民俗性,但是不同的"定

---

① 《尚书·吕刑》记载说颛顼委派重、黎"绝地天通"。《国语·楚语下》有观射父对此事件的解释。现代学者徐旭生、杨向奎、博德、陈来对此事件的解释,可参见陈来:《古代宗教与伦理——儒家思想的根源》,第20—27页。

格"所具有的这种两重性，在程度上有所不同（所以有许多学者将民间信仰称为"民俗宗教"）。

但这实际上只是其中的一个方面。民间信仰的"散"，还表现为一种横向的不断出现的民间造神运动，这和许多人主张的宗教由多神信仰向一神发展的"聚"的路向不同。除原有的自然神灵和祖先神灵外，民间造神的主要形式有两种：一种是犹希麦如①的"人死封神论"，即将真实的历史人物（特别是文化英雄）奉为神灵，代替原有的自然神灵，如屈原死后民间将他奉为江神，伍子胥死后民间将他奉为潮神；汉代以前的门神是春秋时齐国的一名勇士成庆（又叫成荆），汉代的门神为一对，名叫神荼和郁垒，唐以后又以秦琼和尉迟恭取而代之。神灵的数量在这一过程中不断增多，《封神演义》中列举的雷神有22位，而《历代神仙通鉴》则说雷部有36面雷鼓，有36神司之。另一种是以讹传讹的方式造神。如，当民间将伍子胥奉为潮神后，传来传去伍子胥竟成了"五髭须"，在为其造神像时必五分其须。唐代诗人杜甫和陈子昂生前曾官任"拾遗"②，他们死后即有人立祠纪念。然而到了宋代，乡间已不知杜拾遗为何人，于是杜甫就变成了"杜十姨"，陈子昂变成了"陈十姨"。更有荒唐者，温州有人将"五髭须"和"杜十姨"婚配成一庙③，而在陕西地界，"杜十姨"竟成了10位妇人④。

民间信仰之"散"的路径形成纵横两条线的交叉。从纵向的角度说，民间信仰由原生性宗教演变而来，再变为民俗，在宗教的观念、

---

① 犹希麦如（Euhemerus，前340—前260），希腊神话作家，以其《圣史》闻名。
② 拾遗，官名，唐武则天时置左右拾遗，掌供奉讽谏。宋代改为左右正言。
③ 《蓼花洲闲录》："温州有土地杜十姨，无夫，五髭须相公无妇，州人迎杜十姨以配五髭须，合为一庙。杜十姨为谁？杜拾遗也。五髭须为谁？伍子胥也。若少陵（杜甫）有灵，岂不对子胥笑曰：'尔尚有相公之称，我乃为十姨，何雌我邪？'"
④ 《陕西通志》："西安府白水县拾遗庙因兵毁，乡人建祠，塑十妇像，呼为十姨，至金令陈炳掘得诗碑，乃杜甫庙也。遂毁像祀甫。今庙废。"

情感、行为和组织四个要素方面，宗教性越来越少，越来越"俗"化（这个过程还不能等同于世俗化，因而我们不用"世俗化"这个概念）。从横向的角度看，新的造神运动中虽有许多荒唐的产物，但明显地沿着将原来无形象的或动物形象的自然神灵变成有人形人格的道路继续推进（将"杜十姨"化作10位妇人可以看作一种极端的表现），这种"人格化"既可以是将真实的英雄人物或历史人物神化，也可以是简单的凡人形象，其过程既可以是一次性的（如屈原和伍子胥），也可以是反复多次的（如门神）。此外，这种"人格化"的造神运动的发展还反映了社会分工越来越细密的趋势，新出现的民间神灵许多是行业神，如戏班奉唐明皇为守护神，卖饼的店家多把汉宣帝（传说曾卖过饼）供于肆中，墨匠敬吕洞宾等；还有的是将一种行业的不同职能再人格化为不同的神灵，在广州有座著名的祈子神庙"金花庙"，其主神为金花夫人，附祀的有张仙、华佗、月老、花王、桃花女、斗姆等，可谓集天下生育之神于一堂，同时庙里还供奉着20位奶娘神像，其名号为保痘夫人、梳洗夫人、教食夫人……她们各有所司，实为奶娘的不同职能的人格化。

  民间信仰所包含的神灵很庞杂，但就具体的神灵信仰来说，并非固定地归属于民间信仰，有可能在不同的时期或属于民间信仰，或属于国家正祀的对象，或兼而属之。例如对城隍的信仰古已有之，最早他是个"官方"神灵，据说《礼记》天子八腊中的水庸（沟渠）神是他的前身。但在后来的信仰中，城隍信仰逐渐在民间浮现出来。《北齐书》已有"城隍神"的记载，南北朝时城隍信仰开始在南方广为传播，到唐宋之际已是普遍的信仰了，并与当时盛行的"人之正直，死为冥官"的信仰相结合，城隍像人世间的地方长官一样，成了一个地区或一个城镇的冥官。唐代已有封城隍爵位的举措，五代时有加封城隍为王案例，明代开国皇帝朱元璋下令仿照各级官府衙门的规模建造各地的城隍庙，并按行政建制称某州某县城隍之神，供奉木主，"以鉴察民之善恶而祸福之,俾幽明举不得幸免"①。城隍在一系列的加封晋爵中成了半官半民的神灵,既是福佑百姓的神灵,又是"鉴察民之善恶"的神灵。随着封建王朝的覆灭,原属于国家正祀序列中的许多神灵和崇拜形态,有些由于失去了祭祀主体而消失,有些则由民间接过了"香火"而继续存留。

民间信仰的延续与发展,不仅仅是开发既有的信仰资源,而且是有所扬弃、不断创新。这种新宗教资源的产生不一定形成新的教团,但却会形成一种新的崇拜形态。在世界宗教发展史上,许多新宗教教派的产生,往往源于一位获得神的启示或自己觉悟的具有超凡魅力的人物。这种类型在中外历史上亦屡见不鲜。但若通观中国民间信仰的发展历程,我们会发现还有另外一种产生新的宗教崇拜形态的动力,即不绝于史的自发的崇拜文化英雄的造神运动。这不仅见之于历史,如在屈原和伍子胥死后,民间百姓自发地将他们奉为江神和潮神,并在江边立祠祭祀;而且见之于当代,福建惠安崇武镇的解放军烈士庙②,是当代的鲜活例证。

---

① 《明史·礼志三》礼官言:"城隍之祀,莫详其始。先儒谓既有社不应复有城隍。故唐李阳冰《缙云城隍记》谓'祀典无之,唯吴越有之'。然成都城隍祠,李德裕所建,张说有祭城隍之文,杜牧有祭黄州城隍文,则不独吴、越为然。又芜湖城隍庙建于吴赤乌二年,高齐慕容俨、梁武陵王祀城隍,皆书于史,又不独唐而已。宋以来其祠遍天下,或锡庙额,或颁封爵,至或迁就傅会,各指一人以为神之姓名。按张九龄《祭洪州城隍文》曰:'城隍是保,氓庶是依。'则前代祭祀之意有在也。今宜附祭于岳渎诸神之坛。"乃加以封爵。京都为承天鉴国司民升福明灵王,开封、临濠、太平、和州、滁州皆封为王。其余府为鉴察司民城隍威灵公,秩正二品。州为鉴察司民城隍灵佑侯,秩三品。县为鉴察司民城隍显佑伯,秩四品。三年,诏去封号,止称某府州县城隍之神。又令各庙屏去他神。定庙制,高广视官署厅堂。造木为主,毁塑像异置水中,取其泥涂壁,绘以云山。在王国者王亲祭之,在各府州县者守令主之。

② 1949年9月17日,解放军第10兵团的部分官兵在敌机轰炸时,奋不顾身保护群众。一个被惊吓的小女孩曾阿兴(当时13岁)在沙滩上奔跑,寻找妈妈。5名解放军战士"从掩体中冲出,扑向小女孩,以血肉之躯挡住枪林弹雨"。这一天共牺牲了24名官兵。当晚,"民众满含热泪,就地安葬烈士,并在坟地建起一座12平方米的小庙,常年供奉"。这就是解放军烈士庙的雏形。改革开放后,身居海外的曾阿兴回到故里,于1993年捐出自己积攒的6万元,申请建解放军烈士庙,得到民政部门的批准。全镇12个村的党支部各捐1000元,在半年的时间里,6万人口的崇武镇集资60多万元。1996年秋,解放军烈士庙建成,将海上牺牲的另外三位烈士与在沙滩上牺牲的24位烈士合并祭祀。(参见习五一:《当代社会民间信仰的一个雏形》,《世界宗教文化》2006年第1期)

我们为什么在探讨宗教学理论创新时着重民间信仰，关键是这个范畴在理论上充满张力和挑战，在现实中有许多问题和诸多亚型。研究民间信仰会让我们"脑洞大开"：宗教的边界在哪里？没有经典，没有和尚道士或牧师阿訇，只有崇拜对象和仪式，只完成最直接的宗教信仰功能，这是宗教吗？我们若从民间信仰这一极跳到儒教的另一极，有经典，有礼仪师，有仪式，却没有神鬼那样的崇拜对象，而只有虚幻的天和神化的"圣人"，这是宗教吗？我们研究民间信仰，不是像有些人想的那样是为了推进民间信仰，更不是要当什么民间信仰的"代言人"。学者既不是官员也不属宗教界，学者有自己的职业本分和学术关注。学者研究民间信仰，既不在意说出来的东西能从政府那里得到什么奖励，也不在意从宗教界那里得到什么恩惠，而是在意自己对研究对象（现象或问题）的把握是不是全面，自己的认识分析是不是到位。如果研究成果对政府决策有帮助，对宗教界健康发展有启发，那也是因为学术功底和学术见识所具有的含金量，即研究成果清晰地阐明了客观事实和问题，揭示了现象背后的深层结构或因果关联，并能够基于前两个方面对未来趋势有所预见。

二、民间信仰的定性与特征

民间信仰是个很复杂的宗教学范畴或宗教形态。说民间信仰是一种宗教形态，有两层意思：一是说它本质上同其他宗教形态一样，具有"宗教性"，即执着对神圣、神灵或超自然（超人）存在的信仰，并有相关的崇拜行为，这使之不同于其他的民间文化形态（如民俗、民间艺术、民间娱乐等）；二是说它与其他宗教有形态上的不同，这种不同构成了它与众不同的特殊性。要把握当下中国社会中特定的民间信仰的存在状态，可以从对地域的或信仰对象的调查研究入手。但若要从整体上加以把握，最好是从内涵与外延上予以详细的说明，特别是从民间信仰与其他宗教形态的区别中为之定性。

（一）民间信仰是一种原生性宗教

民间信仰总体上属于原生性宗教，而不属于创生性宗教。人们很容易将"原生性宗教"与一般所说的"原始宗教"混为一谈。的确，它们都是自发产生的，其历史中或许有非常著名的大巫师，但却没有明确的创教人。但二者又有所不同：首先，人们通常所理解的原始宗教往往在时间上属于史前时代（或存在于无文字社会），而我们所说的原生性宗教却是从史前时代延续到现当代的；其次，原生性宗教不仅仅是表现于文献、考古发现的"化石"，还是一种在社会生活各方面发挥作用的活态宗教；最后，一般所说的原始宗教大都存在于无文字社会，而原生性宗教不仅从史前社会延续到文明时代，而且许多民族的原生性宗教还在后来的发展中具有了成文的经典。

在原生性宗教中，氏族—部落宗教、民族—国家宗教、民间信仰是既相关联又不等同的三种形态。民间信仰在组织形态上具有原生性宗教的基本特点，它不是创生的而是自发的，而且和氏族—部落宗教或民族—国家宗教的运作机制相似，在一般情况下不是像创生性宗教那样有独立于社会组织之外的教会或教团，而是与既有的社会组织二位一体。[①] 人们在与生活密切相关的农时（如春耕、秋收）、节庆（如春节、五月初五等）和人生礼仪（生、死、婚、成年），以及重大的灾难危机（如瘟疫、旱灾）等重要关节，一般是借助现有的家族组织或村社组织举行相关的民间信仰活动，并且在长期的运行中形成一些公认的活动"规则"，有时可能会有临时性的"工作班子"（如组织赛龙舟、社火等），但没有常设的宗教机构。民间信仰是一种民众的信仰，

---

① 在现实生活中，民间信仰与创生性宗教是共存共生的，有些创生性宗教的信徒已不再参加民间信仰活动。所以"二位一体"说是一种长时段和总体性的判断，具体时段和具体地域的情形往往是复杂的、变化的和相对的。

与国家宗教相比较，它没有那种"政教合一"的强迫力量和财政支持；与民族宗教相比较，它虽有"信仰圈"和地域性，但却没有血缘的全民性（虽然有家族祭祖，但二者不是一回事）。即使某种民间信仰在某一个地域形成某种全民性，但若考虑到社会分层和地域性亚群体的多样与复杂，也只能说它具有很强的民众性。

如果从历时性的角度来为其定位，民间信仰虽不及佛教、道教、伊斯兰教、基督教等那么显赫，但若上溯其源，却往往追及太古。虽然它内部庞杂，就具体的信仰形态说，却有的长久，有的短命，有的可能只兴盛于某一时代或某一地区，有的却可能后来居上、传播甚广。从总体上看，民间信仰的历史要比任何一种创生性宗教都更为长久。无论国家宗教还是世界宗教，本质上都是原生性宗教的"改革者"；而民间信仰，却是原生性宗教的"继承者"。在"万物有灵观"的作用下，原生性宗教中的自然崇拜比较发达，天地日月、山川河流、风雨雷电，皆有神灵。但是自"绝地天通"以来，原始的氏族—部落宗教发生了分化：一部分（如天地日月崇拜等）适应社会结构的剧变（阶级和国家的出现），演化成上层建筑的组成部分（在归属上成为统治者们的专利品，在功能上成为统治者控制社会的精神工具），演变成民族—国家宗教；另一部分则滞留在民间，成为民众的信仰。三者在时序上形成一个"品"字形。世界上的许多族群在被征服后，外来统治者的宗教信仰成为官方的意识形态，而被征服者在接受新宗教的同时，有可能继续保留其原有的信仰。这些被保留下来的宗教信仰大多演变成民间信仰。但在征服者族群中，或者在通过联姻与征服并举而不断膨胀的族群中，宗教信仰在进入文明社会时也逐渐分化，阶级分化与国家政权的出现，使官方的宗教仪式成为统治者的特权（像中国古代的宗法制度，不同层位有不同的宗教特权），与此相对应的则是下层民众的民间信仰。但是民间信仰的"民间"性质，是对照上层文化、主流宗教和某些宗教特权来把握的，不能以为民间信仰截然地专属于下层民众（特别是人生礼仪和治疗巫术等），民间信仰属于社会的全体（官员在私生活领域中也是"民"），只不过由于社会阶层不同，仪式的排场或"规格"也有所不同。

（二）民间信仰在组织结构上比较松散

大多数民间信仰的活动场所没有固定的和专门的神职人员，更没有教阶制度，信教群众直接与崇拜的神灵打交道，没有神职人员作为中介[①]；信教群众与某一民间信仰形式（如妈祖信仰或关公信仰）的联系，不需经过制度化宗教的那种正式的入教仪式，更多地是一种精神上的联系，来去自由，没有什么人身依附或约束。然而说民间信仰在组织结构上的松散，只是相比较而言，作为宗教形态之一，它同其他的宗教形态一样，有着不可或缺的因素，如它有自己的崇拜对象（神灵或神力等），也有自己的神圣时间和神圣地点（如崇拜场所和崇拜时节），某些地方的民间信仰还形成某种形式的管理机构，也有各自在历史传承中形成的组织网络（及其"规矩"）。

这种组织结构上的松散性，亦将民间信仰与民间宗教区别开来。民间宗教是生存于民间的另一种宗教形态，它与民间信仰相比较，有着比较"坚硬"的组织外壳。在传统社会中，有官方宗教（如构成国家意识形态的国教或民族宗教），也有非官方的但得到国家意识形态认可的正统宗教或主流宗教。所谓民间宗教，一般是指没有得到官方认可的（甚至被官方取缔和镇压的），亦非占据主流地位的，活动于民间的宗教团体，它们与正统宗教的区别不是宗教学意义上的，而是政治和意识形态意义上的。所以随着政治格局与意识形态的变化，"正统"的与"民间"的宗教团体的社会地位可能会发生变化甚至颠倒。民间宗教的社会地位可能会因天时地利人和的因素而有上升的变迁，某些

[①] 某些民间信仰形态确有巫师之类的神职人员。但一般说来，这些神职人员只有师承关系而无统一的和教阶化的神职组织，与制度化宗教有较大的区别。

曾经占统治地位的宗教，也可能因为种种因缘际会而下降，甚或分解为民间信仰。[①] 实际上，现今世界的佛教、基督教和伊斯兰教，最初都是由民间教团发展起来的，从民间宗教变为正统宗教（在一些国家还一度成为国教），并最终成为世界宗教。但是，并非所有的民间宗教都能够进入主流宗教的行列，像明清之际的罗教、斋教、黄天教、弘阳教、八卦教等，虽然在民间曾有过相当的发展，有的教团延续了相当长的时间，但始终没有成为正统宗教。然而，这种"民间"与"正统"（或"官方"）的区别，只是特定历史阶段的概念，随着现代社会的民主化进程，政教分离和人权运动的发展，"民间宗教"最终会成为一种历史概念。这也是我们坚持将"民间信仰"与"民间宗教"区别开来的原因之一。历史发展的走向，是对所有的宗教团体一视同仁，只有守法不守法、信众追随不追随、社会舆论认可不认可的区别，没有"官方"与"民间"的区别。但是即使达到这种状态，民间信仰依然是现实中的一个独特范畴。民间宗教与民间信仰虽然同有"民间"二字，但在理论上和实际生活中，都不应将民间信仰与民间宗教相混淆。民间信仰在自身要素结构上所具有的信仰上的原生性、组织上的松散性和活动上的地方性，决定了它不同于那些由于特定历史时期的政治原因而处于"民间"的高度体制化的宗教教团。

（三）民间信仰在文化层面上属于"小传统"

从共时性的结构角度说，民间信仰是中国传统文化的重要组成部

[①] 曾经在历史上由中亚向西传播到北非和欧洲、向东传播到我国中原的摩尼教，原本由巴比伦的摩尼（Mani, 216—277）创立，曾得到萨珊王朝的沙普尔一世（Shapur I, 241—272 在位）的保护，后遭迫害，其信徒不得不沿东西两路向外传播。8 世纪中叶曾在漠北的回鹘（回纥）成为国教，并在中原的长江、黄河流域多地立寺。唐武宗灭佛时（845）摩尼教也遭受打击，转而成为民间宗教，在五代陈州母乙起义和北宋方腊起义中，摩尼教都曾是重要的力量。其某些宗教观念渗透到民间信仰中，又成为孕育明清民间宗教的土壤。辛亥革命以后，传统的儒教虽不再是制度化的正统宗教，但其许多宗教观念与礼仪却沉淀在民间信仰与民间文化中。而明以来列入国家正祀的城隍信仰，也成为民间信仰的一部分。

分，它与社会的主流文化有内在的共通之处，但在社会文化系统中不是主导文化。按照雷德菲尔德（Robert Redfield）将文化区分为"大传统"（great tradition）和"小传统"（little tradition）的说法，民间信仰属于"小传统"。在已知的比较复杂的文明社会中，至少都存在这两个不同层次的文化传统。雷德菲尔德所说的"大传统"，指的是都市文明，而"小传统"则是指地方性的乡土文化。这种将传统区分为"大"和"小"的意义，不是数量上的（如民间信仰的信众不一定少），也不是分布空间上的，而是与城乡区别有关。就中国传统社会很早就在城镇中兴起市民阶层而言，"大传统"与"小传统"的区分，更多地具有社会分层的意义："大传统"位于社会的上层，是社会精英及其所掌握的以文字为载体、具有意识形态功能的文化传统，并为思想家、宗教家深入思考并加以阐示；"小传统"则位于社会的下层，特别是民间信仰，还有程度不同的"地方性"（如关公信仰、妈祖信仰和保生大帝信仰，就有信仰圈范围大小的明显区别），基本信众是那些虽然目不识丁，但却会唱"下里巴人"的一般民众（市民和乡民），他们的生活除了受"大传统"的影响之外，还受所谓的民间文化传统，即"小传统"的影响。[①] 民间信仰属于"小传统"的范围，它的"民间"性质，不是因其所信仰的神灵属于哪一类型（如自然神还是行业神、一神还是多神）决定的，而是由它在整个社会文化中的结构地位决定的。

三、民间信仰与其他社会文化的互动关系

我们对民间信仰这些特征的定性探讨只是初步的，随着更多的来自不同领域的学者参与这种讨论，我们的认识必将越来越深化。不过，

[①] 参见 Robert Redfield, *The Primitive World and Its Transformations*, Chicago: University of Chicago Press, 1953；李亦园：《中国文化中"小传统"的再认识》，杭州"中国文化：20世纪回顾与21世纪前瞻"研讨会论文，1994年。

从民间信仰的存在状态与特性，我们已经可以感到它是一个不可忽视的社会文化现象。需要强调的是，民间信仰不是孤立存在的，它总是处于和社会的、文化的，甚至政治的因素的相互作用中。尤其是在今天，我国正处于新的发展时期，社会经济文化的各种因素都处于剧烈的变动和关系重组之中。这就决定了我们要把民间信仰放在当下的、动态的社会关系中加以把握，尤其要关注民间信仰和那些与之关系密切的其他文化形态的动态关联。

在民间信仰是否存在的问题上，现在似乎已经没有什么争议。对民间信仰存在的规模和范围，虽有争论，但属于调查技术和预设尺度的问题。也就是说，在事实判断的层面上，人们是在同一个方向上做判断，都承认这是一个不能不面对的事实。但是在一些深层的问题上，人们的看法就不一致了，例如，如何看待民间信仰，即对民间信仰做出怎样的价值判断。在价值判断的层面上，人们会做出截然相反的判断。有人说民间信仰是草根文化、是文化遗产，或直截了当地说这就是本土宗教文化的重要组成部分，应当尊重和宽容；但也有人说民间信仰在古代属于"淫祀"，在今天属于封建迷信，是落后的和反科学的东西，应当彻底否定。

两种不同的判断可能会导致理论上的不同归纳和解释，也可能导致决策者在政策上做出不同的决断。如果照这种非此即彼的判断行事，也许就会出现"要么全面肯定、要么全面否定"的局面。这种认识上和行动上的一刀切，理论上的形而上学，不利于社会和谐，因为这既不实事求是，也不顺乎民心。

如果我们转变思路，也许会峰回路转、柳暗花明。一方面，民间信仰是一种宗教现象，它和其他宗教形态一样，都信仰神灵、神圣力量或神圣存在，这和信仰一神的宗教形态没有本质的区别，我们不能因为民间信仰的崇拜对象杂多，就否定它的宗教性质，也不应因信仰对象的杂多或单一而刻意贬低或褒奖。学术研究不同于护教学的判教，它对所有的宗教形态一视同仁。中国人常说"名不正则言不顺",学术范畴背后有文化权利。在学术上承认民间信仰是一个独特的范畴,这不仅仅是理论研究上的丰富与推进,也不仅仅是面对现实、承认事实的问题,还是一种文化权利的确认。承认民间信仰在学术上的合法性,也就是承认那些信仰者的文化权利。它体现了我们这个社会在尊重人权和保护宗教信仰自由方面的又一进步,使人民群众在充分享有宗教信仰自由时可以有更多选择的空间。另一方面,我们也要意识到,当我们把民间信仰与佛教、基督教、伊斯兰教等制度化宗教做比较时,它是一个整体、一个独立的范畴。但是当我们深入考察和分析民间信仰时,就会发现它的内部如同其他宗教一样,是有不同支脉、不同地区差异、不同时代特色的,可以再分离出若干子范畴。就民间信仰的分类而言,若从信仰的对象入手,可以把它分类成自然神信仰、行业神信仰、女神信仰等;若从信仰的组织方式和行为方式入手,可以分类成群体性礼仪和个体性礼仪;若从地域性着眼,可以有从"乡"到"省"乃至跨省区的若干层级;若从价值的角度入手,可以把它分类成敬天法祖的、崇德保民的与所谓"怪力乱神"的;等等。

民间信仰具有多重属性,它的活动既具有民俗性,也具有宗教性。在我们的学术研究中,民俗与宗教是两个范畴;在学科分类中,这两个学科分属于不同的领域;而在政府管理部门中,这两个范畴属于不同的管理系统,都有着相对明确的内涵与边界。但是就具体的、活生生的民间信仰活动来说,它是民众自发的和传统的文化活动,民众参与这种活动,既要满足自己的信仰需求,也要满足自己的娱乐要求,祈福保平安、吃喝玩乐、会亲交友,各种功能都汇集在其中,并行不悖。在分析民间信仰问题时,人们习惯于拿着"民俗"和"宗教"两个筐,到社会上的文化产品中挑选,说这个是民俗,就放到民俗的筐里,说那个是宗教,就放到宗教的筐里。但是问题在于,有许许多多的文化产品,或者是民俗与宗教这两个筐都抢着要,或者是这两个筐都说它属于对方而将其拒之门外。民间信仰领域中的这些文化事项或表现形态，一方面是自发的，另一方面也是传统的。如果有些现象哪个筐都装不进去，这不一定是现象有问题，很可能是我们的理论分析思路有问题。实际上，民俗与宗教都只是理论的抽象，世上既没有纯粹的"民俗"（信仰赋予它"说法"和"故事"），也没有独立的"宗教"（宗教成为民俗的一部分，说明宗教"化"入群众的日常生活，"化"为群体的传统），有的只是具体的拜佛、查经、水陆道场、放鞭炮、吃元宵这些具体的文化事项和社会事物。而任何具体而实在的文化事项和社会事物，都具有多重属性。

鞋穿在脚上不合适怎么办？显然不能削足适履，只能是修鞋或换鞋。在分析民间信仰时我们也要破解"物""我"两执：我们与其拿着两个范畴的筐生搬硬套且总是捉襟见肘，还不如放下包袱，转变思路。"民俗"与"宗教"既是文化范畴，也是社会文化事物的属性。如果这样来看民间信仰，不能说是豁然开朗，但至少是别开生面：民间信仰（或更宽泛地说民间文化现象）既具有民俗性，亦具有宗教性。这样说首先是合乎实际的；其次，不同的民间信仰形态（或现象）在民俗性与宗教性上具有不同的比重或分量，如果我们把诸多现存的民间信仰形态排成一个谱系，那么有些形态的宗教性较强（如祭拜关公、妈祖等），有些形态的民俗性较强（放鞭炮、给压岁钱等）；再次，同一个民间信仰形态，它的民俗性与宗教性的比重也不能一概而论，虽然在行为上看是在做同样的事情（如赛龙舟、包粽子），但时代不同了，宗教意味也不一样了，甚至同样的行为在不同的地区或地点，民俗与宗教的比重也大不相同，如当代我国的许多城市都过圣诞节，对于信徒来说，这是很神圣的宗教活动，而对许多参与这一节庆的青年来说，这只是大家聚会娱乐的又一个文化节日。最后，民间信仰的"宗教"属性与"民俗"属性的这种张力是历史形成的，是客观存在的，也是民间信仰与"五大宗教"的重要区别之一。我们在思考和处理它们的关系时要尊重实际，比如游神巡境、祈福禳灾的活动，即使是宗教属性较强，但在历史上早已成为寺庙之外举行的民间宗教文化活动，因此要具体案例具体分析。

如果我们这样看待民间信仰现象，很多死结会迎刃而解，而我们的理论似乎也增强了解释力，在政策回应上也会更尊重多样性，包容差异。顺着这个思路，我们还可以在理论上更深入一步地探讨民间信仰：

一是民间信仰是个生生不息的文化过程，它作为一种本土的信仰资源，作为一种不断造神的民间信仰运动，它究竟如何运行，如何自发地产生（如福建惠安的解放军烈士庙），又如何由个体的行为得到社会认同，变成一种社会现象？为什么有些民间信仰昙花一现，有些则历久不衰；有些民间信仰历时千百年而没有发展为民间教团，进而成为新兴宗教，有些民间信仰一经改造便迅速发展为新的宗教形态？这中间的变化机制和规律是值得深入挖掘的。

二是民间信仰具有很突出的群众性。其实不论制度化的宗教，还是非制度化的宗教信仰都有群众性，甚至可以说任何一种文化现象都具有某种群众性。但是群众，不仅有"众"，即量的规模，而且有"群"的格局，即组织模式的不同。研究民间信仰不能仅仅停留在承认宗教信仰具有群众性的层面，还要再深入一步，探讨在不同的宗教形态中，群众究竟是怎样"群"的，因为"群"的不同结构或不同模式，决定了"群"具有哪些特定的功能以及功能的价值取向（如是否有助于社会稳定运行和发展）。这将有助于深化我们对宗教功能，特别是民间信仰在基层自治、社会自组织机能和社会心理调适等方面的功能的认识和理解。

三是从比较宗教的层面研究民间信仰与其他宗教信仰形态和文化形态的互动关系。不同的组织模式和活动方式，承载着不同的理念，对信教群众有不同的影响。不同组织模式的宗教信仰不仅会与其他宗教信仰形成不同的互动关系，而且会与整个社会形成不同的互动模式。在这种比较中，既会使我们在动态的关联中，加深对民间信仰的特点与功能的认识和理解，也会引发我们对整个社会的宗教如何形成一种更健康、更有活力，也更利于社会发展的"生态群落"做更深入的思考和把握。

四、民间信仰、文化再生产、建构中层理论

我们说民间信仰是自发产生的，但它却不是自在的。在传统社会中如此，在社会发展得更加复杂和充满多样性的今天，更是如此。实际上，并非只有现代社会的人在建构自己的世界。人类自有文化之始，就在建构自己的世界。所谓文化，乃是人类有意识地给自然和自身打上各种人为（尤其是象征与意义）的痕迹。无论是"改造"还是"附加"，都是某种意义上的"建构"。只不过现代人比古代人或"原始"人更有意识、更自觉罢了。①

---

① 海德格尔在讨论现代社会中人的主体性时，曾指出所谓"现代性"（modernity），本质上就是现代人的一种"生活世界"：人作为主体既是他所建构和控制的世界的基础，又是这些世界的中心。然而这一进程的结果，是世界变成了人造的结构，变成越来越具有人为建造性质的世界。而生活在这个世界中的人，一方面为自己的创造而自我满足和自我陶醉，打乱了原来的传统社会的社会秩序与道德秩序，寻求改变个人与社会的关系；另一方面又寻求一切可能的创造途径达到自我超越，以回应其永不满足的、无限的、理想的自由需求。（参见 Martin Heidegger, *Holzwege*, Frankfurt am Main: Klostermann, 1950, p.70; *Wegmarken*, Frankfurt am Main: Klostermann, 1973, p.30）对"文化建构"的关注，已成为文化研究中的一个热点。莫罗加斯（Ewa Morawska）与斯波恩（Willfried Spohn）在《历史社会学中的"文化多元论"：近期的理论方向》中提出两个关键的问题：首先是探寻"文化"是如何被建构的（当然，假设它是以有形的，也即可辨认的方式呈现的）。例如，文化是否被看作与社会相互联系但又明显区别或独立于社会，或者被认为在某种不断进行的过程中同时既被社会所制造而又构造社会？文化被赋予了多强的影响力，这种影响力又是如何从概念上被把握的：是从社会结构中派生的，是（相对）自主的/自因的，还是普遍的和无所不在的？文化是否被认为是嵌入了社会制度和/或社会实践中的形式、习俗、规则（图式）的一种结构，抑或是被看作嵌入于社会行动和社会制度中的主体间的意义、目的和认同？文化更多地（或主要地）被描述成凝固确定的，还是更多地（或主要地）被描述成不确定的、弹性的、可争议的？其次要探寻采用了何种文化分析。（单纯介绍文化资料，甚至对文化的影响力/因果关系进行评论，就像我们在所考察的研究中看到的那样，并不一定需要文化分析。）文化现象是被解释项（explanandum）或者说被解释的"对象"，抑或是"能够阐明人类生存的重要方面"的解释项（explanans）或解释原则本身？（参见戴安娜·克兰主编：《文化社会学——浮现中的理论视野》，王小章、郑震译，第39页）

（一）民间信仰与文化再生产

在传统社会，民众普遍参与的某些民间信仰形态之所以能够长久存在，并不完全是民众自发行为的产物，这与社会上层，特别是统治集团的有意推助密切相关。其具体表现为历代王朝都有意地强化某些人物的神化过程。如屈原在汉宣帝时已被列为官定的江神，享"祭祀之常礼"，唐朝时被封为二字公，宋代加四字公，至明代被赐封为"广源顺济王"。伍子胥在唐代元和间被封为惠广侯，宋元二代皆加封为王，但强调的重点或赋予的内涵略有不同，如伍子胥被宋宁宗封为"忠武英烈威德显圣王"，而在元代则被封为"忠孝威惠显圣王"。这种对被神化的文化英雄加封不同等级的头衔（与祭祀的待遇有关）和不同封号（赋予特定的内涵）的做法，既表明了"大传统"对"小传统"的内容的认可，同时也鲜明地表达了"大传统"（主流意识，特别是政治伦理观念）对"小传统"（民间信仰）的选择性干预和伦理引导。而选择性干预除了表现为对民间信仰的某些神灵加封之外，还表现为有破有立。所谓"破"，是用强制的手段限制民间信仰的内容及相关的活动范围，史载"狄仁杰使江南"，曾"毁淫祀千七百所"，然狄仁杰并非将所有民间信仰扫荡一空，而是"唯夏禹、吴泰伯、季札、伍员四祠不废"。[①] 至于狄仁杰为什么仅留此四祠，原文没有说，但我们知道这四个人都是在长江三角洲地区被民众世代敬仰的圣贤，他们既是民间崇拜的神灵，也符合大传统的"立德、立功、立言"的"三不朽"原则。"大传统"对民间信仰的这种疏堵相济的干预，显然有着强烈的伦理引导意识，有着去粗取精并贯彻其文化的，甚至是政治的教化意图。这在中国传统社会是一个时起时伏，缓慢的然而又是连续的整合过程。

但实际上，这种社会互动绝不仅仅出现在社会的上下层之间，而

[①] 参见《陔余丛考》卷35，"伍子胥神"条。

是各种社会力量根据自己的需要发力（因而指向并不一致），从而形成一种"合力"。在福建惠安解放军烈士庙的兴建过程中，我们可以看到社会各方的参与：民政部门给予合法性（批准建立）；镇政府无偿提供近千平方米的土地；烈士生前部队捐赠了主要匾额，部队老兵集资修建了山门；当地的一位党支部书记倡导集资修建了纪念碑，每逢清明、建军节，当地驻军、干部群众和青少年学生在此缅怀英烈，进行革命传统教育；"有些单位还在纪念碑前举行入党、入团、入队的宣誓仪式。解放军烈士庙已成为一个军民共建的革命传统教育基地"①。另一方面，解放军烈士庙毕竟是一座"庙"，有它的"宗教性"，因此有越来越多的民众为出海平安、建房置业、择偶生育、子女升学等前来进香祈祭，同时也有越来越多的关于"二十七君"显灵的神迹在民间流传（如1999年14号台风袭击时，海水猛涨，至"二十七君"神龛前停止而退等）。显然，由自发的个人的崇拜行为到社会的认可和参与，成为民间信仰的又一特定形态，乃是社会各种力量互动的结果，也是中国民间信仰的造神传统的一种延续。

1. 民间信仰与文化建构

宗教的发展演变历史告诉我们，尽管创生性宗教的创始人受到各种各样的神圣启示或感召，各种各样的神学家和宗教家为教义的完善与创新做出了贡献，但宗教作为一种社会存在，形成一个社会群体，无论是作为一种意识形态，还是作为一种社会制度，都是一种活态的社会文化生活②（或是其中的一个重要组成部分），而且都是出于文化的建构。这种文化建构，不只是宗教精英参与的结果，而且是一代一

---

① 习五一：《当代社会民间信仰的一个雏形》，《世界宗教文化》2006年第1期。

② 在这方面，由加芬克尔（Harold Garfinkel）提出的俗民方法论（ethnomethodology），对推进我国宗教学理论的发展较有启发意义。俗民方法论延续了现象学社会学的强调重点，即把日常生活世界看作最值得注意的第一社会实在，提出要将不同群体的实际生活环境及其实际感受作为社会研究的出发点。

代的、成千上万的信徒在其实实在在的宗教生活中建构起来的。当我们讨论民间信仰作为一种文化建构时，特别要重视民众日常生活的作用（过去的研究重视不够）。首先，当下活跃的许多民间信仰场所，同时又是老年活动站，有的还设有图书室和农民夜校，这表明其所担当的社会的与文化的功能，不仅仅是宗教信仰的，而参与这个活动场所建设与管理的，也不仅仅是纯粹的信仰者，也就是说，我们要充分意识到参与建构的社会成分是多元的。其次，当我们看到考上博士的人刻匾挂在祠堂的正面，而捐钱修建祠堂者的名字刻在侧面墙上（但一般捐钱多者的名字会比较靠前或突出）时，当我们看到民间祭祀活动中的"集体会餐"不是按穷富排座，而是以长者为尊时，会感悟到这些仪式行为所内含的文化韵味和教化功能：既有其欲褒扬的文化价值，又有其欲强固的社会文化秩序。

民间信仰（以及更大的范畴——宗教）是一种文化建构，但是这种建构不是一次性完成的，而是一个延续不断、时起时伏、或跨国或局地的文化再生产过程。所以我们不仅要意识到宗教文化的再生产总是在特定的宗教实践中完成的，而且还要从一般的意义上把握理论与实践的互动关联。在这方面，布迪厄所强调的文化再生产的五个理论基点是非常有启发性的：第一，始终把行动者放在其行动实际展开的社会结构和心态结构的双重结构之中；第二，要相互关联、动静结合地全面考察行动展开过程及其前后所处的相互关联的网络，并把相互关系放在优先决定一切的地位；第三，从行动者所处的地位及其变化的各种可能倾向，深入分析行动者在行动过程中所进行的一切内化和外化的心态结构，分析这种同社会结构共时同质双向运作的心态结构同行动本身的关联；第四，深入分析行动者的内在心态结构和外在的行动脉络在行动的各个场域及其变化的可能性中的影响，同时，也分析行动及其影响的各种可能倾向和可能维度，以便从行动的实际和可能的双向结构中揭示实践的一般逻辑；第五，在由语言和权力等各种象征性文化中介因素所展示的运作过程中,分析行动和实践透过象征性文化中介结构所可能展现的象征性实践运作逻辑。①

民间信仰作为一种文化建构,可以说始终处于文化的再生产过程之中,这种再生产是双重的:信仰者在将特定的宗教文化客观化或外在化的同时,亦将其内在化;同时这种再生产又是双向的,信仰者不是简单地再生产文化,而是有所加减,积极或消极的再生产,因而文化再生产中的宗教建构是一种"建构化的建构",而信仰者自身,也在这种有所建构的文化再生产中被建构了,即所谓"被建构的建构"。过去人们常说人是环境的产物,又说历史是人民群众创造的,这种似乎相反的悖论在文化再生产理论中变成一种辩证的互动,而且被细化了。任何活态的宗教信仰都是以一部分信众为载体的。民间信仰虽然是一种历史的传统,但当下的承载者却不是上一代人或前几代人的简单复制,而是有了很大的变化。新一代人有新的生存环境,有新的自我意识,有新的文化诉求,所以人们不是被动地复制历史和传承历史,而是带有不同意向和不同主动性地创造历史。

2. 文化的再生产不是简单再生产

宗教作为一种文化建构,无论其建构还是其文化的再生产,都不是孤立进行的。除了内部的互动之外,还有外部的互动。宗教形态的这种外部互动,使经济、社会、文化领域的诸多非宗教因素,参与到宗教的文化建构及其再生产过程之中。我们在对若干地区民间信仰的调研中发现,近年来民间信仰的"复兴",除了宗教信仰的需求动力使然之外,基层社会的经济、社会、文化等非宗教的因素,也程度不等、形式不一地参与其中。这既会对民间信仰的复兴走向产生影响,也反过来影响未来城乡基层的社会文化建设的格局。所以在研究当代中国的民间信仰时,我们既要关注生活在21世纪的信徒在自身素质、精神

---

① 参见高宣扬:《当代社会理论》,中国人民大学出版社2005年版,第176—179页。

需求和生活场景等方面有了哪些变化，从而使今天的宗教文化建构有哪些不同于以往历史的新特点，还要研究参与宗教文化建构的非宗教因素来自哪些方面，这些因素形成怎样的关联结构，这些因素的人格化或组织化若何（特别是个人的素质和生活经历对其所发挥的作用有什么影响），等等。

当下中国民间信仰的"复兴"，不是一种简单的复活，而是在社会发展的新阶段和新环境里有损有益、有扬有弃的文化再建构。面对这种情况，我们观察它的眼光和对它的解释也必须重新建构。如果在中国宗教学理论的研究和社会治理的探索中，我们更积极、更深入地引入文化建构和文化再生产的理论观点，或许能够对中国民间信仰的"复兴"做出某些新的解释，提出新的工作思路和新的理论概括。比如说，面对当下民间信仰的"复兴"，社会治理层面的许多人开始考虑"由谁管"和"怎么管"的问题。这种问题的提出，本身意味着已经意识到民间信仰不同于我们常说的"五大宗教"，不能在治理上套用"五大宗教"的管理模式，于是有"怎么管"的探问。实际上，各级政府的相关部门在实践中正在摸索新的工作思路和管理方法。然而大家都觉得应当有个大的政策、总体思路才好，但是又很难在短时间内一步到位。我认为，除了民间信仰本身具有复杂性，很难一刀切之外，还涉及一些更深层的问题。在我们看来，民间信仰虽然历史悠久，不是个新事物新现象，但将民间信仰提上社会治理的议程却是个新事物。我们的社会正处于转型时期，我们在思考如何在民间信仰治理模式上创新时，要考虑到我们整个社会的转型正在带来社会管理模式的转型，民间信仰的场所存在于民间，存在于基层，对它的社会治理不仅仅是政府相关部门如何做的事，也不仅仅是民间信仰场所如何管好自己的事，而是首先应当将其纳入我国的社会建设和基层民主建设的总体框架中。过去我们在农业生产和工业生产中，计划性的指令非常强，许多地方什么时候播种、什么地块种什么都有指令，但是即使如此亲躬巨细，民众吃饱肚子的问题依然长期没有得到根本的解决。改革开放后，政府放手让农民自己决定种什么，种多少，结果地还是那么多，人口不断增长，但温饱问题却解决了。与此同时，政府放弃指令性计划并不等于政府无作为了，而是确保种子和化肥不要有假冒产品，反市场垄断和平抑物价，并在农民收入、农业机械化、规模经营和市场信息等方面给予政策扶持。我们讲这方面的例证并非要在宗教治理问题上简单地套用农业生产领域的政策，而是说政府管理社会事务的模式也会在社会转型的过程中转变，即人们常说的由管理向服务的转变。① 学界和政界探讨民间信仰的治理，实际上包含着对民间信仰运行模式的探讨。一旦这样地认识问题和解决问题，我们的认识会再深一步，即民间信仰的存在与发展是个文化建构和文化再生产的过程，而民间信仰的自我管理与社会调控，也是个文化建构（制度建构）和文化再生产的过程。

（二）研究民间信仰与建构中层理论

民间信仰是个复杂的文化事物，在研究它的过程中要尽量避免简单化的"一刀切"。这样才能在宗教学理论的探索上形成更加开放、更加注重创新的态势。而要做到这一步，我们还要在理论概括上避免要么形而上，要么形而下的尴尬。中国宗教学理论的进一步发展，当然离不开基本理论的建设。这不仅需要引进百多年来世界宗教学界的已有成果，更需要开发本土的学术资源。近一二十年来，本土信仰的田野调查（人类学的、民俗学的和社会学的）已经有了相当的积累。但是当下若想一蹴而就地建构一个新的宏大理论，可能会事与愿违。更紧迫也更为扎实的，是将普遍理论与"地方性知识"相结合，形成若干"中层理论"（理

---

① 2011年12月国家宗教局在贵州召开的"加强和创新宗教事务管理研讨会"，明确提出了"保护、管理、引导、服务"的宗教工作新理念，贯彻"坚持以人为本、坚持正面引导、坚持依法行政、坚持综合施策"的基本原则。参见《中国宗教》2011年第12期。

论范式或模式)。在此基础上再建构"普世的"理论体系,才是既有世界宗教学已有理论在中国的印证,也有中国理论范畴之贡献的宗教学。

"中层理论"来自社会学领域,是由美国社会学家默顿(Robert King Merton)提出来的。在他看来,中层理论既非日常研究中广泛涉及的微观但必要的工作假设,也不是尽一切系统化努力而发展出来的用以解释所能观察到的社会行为、社会组织和社会变迁的一致性的统一理论,而是介于这两者之间的理论。中层理论原则上被应用于社会学中对经验研究的指导。中层理论介于社会系统的一般理论和对细节的详尽描述之间。社会系统的一般理论由于远离特定类型的社会行为、社会组织和社会变迁而难以解释所观察到的事物,而对细节的详尽描述则完全缺乏一般性的概括。当然,中层理论也涉及抽象,但是这些抽象是与观察到的资料密切相关的,并且是结合了经验检验的。①

默顿将中层理论的基本要点概括为八个方面:(1)中层理论是由某些有限的假定构成的,可以逻辑地从这些假定推导出可为经验调查所验证的具体假设。(2)这些理论不是分离的,而是被结合为更加广泛的理论网络。(3)这些理论对于处理社会行为和社会结构的不同方面有足够的抽象程度,所以它们胜过纯粹的描述或经验概括。(4)这一理论划清了微观社会学问题(如小群体研究)与宏观社会学问题(如社会流动)之间的界限。(5)社会学理论的总体系,表达的是一种综合理论的取向。(6)因此,许多中层理论与各种社会学思想体系是协调的。(7)中层理论经常是传统理论研究的直接继承。(8)中层理论公开承认为了积累更多的知识还有许多方面有待研究,它不认为自己可以为当今一切紧迫的现实问题提供理论解决之道,而是只去解决现有知识可以解决的问题。②

---

① 参见默顿:《社会理论和社会结构》,唐少杰等译,第59—60页。
② 参见默顿:《社会理论和社会结构》,唐少杰等译,第100页。

默顿觉得抽象地谈论一个社会事物的功能有些太空太虚，他不仅提出正功能与负功能、显功能和潜功能等概念，以深化功能理论的分析，而且提出将功能分析落到实处的11个要点：（1）分析的对象是个什么样的标准化（即定型且重演）事项？（2）主观意向（动机、目的）从何而来？（3）客观后果怎么样？一事项可能兼有功能与反常功能的后果（这时需要评估诸后果的净值），可能有非功能，可能有显性功能、隐性功能。本来是隐性功能，后转变为显性功能，则其结果如何？（4）功能影响了哪些单位？（5）建立功能需求的类型（普遍的与特定的）。（6）具体而详尽地说明履行某一特定功能的社会机构。（7）履行某一事项的选择项、对等项或替代项。（8）履行某一功能事项的替代变异范围，即社会结构的约束范围。（9）社会动态与变迁。如何适当地评估社会体系中逐渐累积的紧张与压力？反常功能与结构约束如何影响社会变迁？（10）通过比较分析证实功能分析的结论。（11）有关意识形态、社会学者的地位与角色对功能分析有何影响？①

我们完全可以将中层理论的内核引入民间信仰的研究和中国宗教学的建设过程，因为建树中层理论以打通普遍原理与具体现实，乃是科学研究的一般规律。培根（Francis Bacon）早就提醒人们重视科学的"中级原理"（middle axioms）：

> 无论如何，认识都不能从具体事物一下子跃升到公理与极为抽象的公理（如所谓艺术和事物的第一原理），并把它们当作颠扑不破的真理而立足其上，进而以它们为依据去证明和建构中级原理。这是过去一向的做法，认识不仅是自然而然得出的，也是运用三段论式的推理做出的。但是我们可能希望科学遵循一个适当的上升阶梯，不间断、不中止，一步一步，由特殊的东西进到

---

① 参见宋林飞：《西方社会学理论》，第116—117页。

较低的原理，然后再进到中级原理，一个比一个高，最后上升到最普遍的原理。因为最低的原理与单纯的经验相差无几，最高的、最普遍的原理（指我们现在所有的）则又是概念的、抽象的、没有坚实基础的。唯有中级原理才是真正的、坚实的和富有活力的，最后才能达到真正普遍的原理，并且不再是那种抽象的，而是与中级原理相关的最普遍的原理。①

在某种意义上可以说，司马迁的"通古今之变，究天人之际"道出了宗教学理论的真谛。就这一研究领域在今日中国如何再上一个台阶而言，创建一些中层理论，不失为途径之一。我们已经有了相当的个案积累，下一步的提升离不开理论与现实、抽象与具体的结合，并结出一些中层理论的果实。一方面，形而上的理论在"接地气"的过程中，努力在一些基本概念的下面再形成一些亚型（子范畴）；另一方面，要对日益增多的田野调查报告加以梳理、比较、提炼和概括，从中抽象出一些命题、地方性知识或模式。我们知道，在实际的宗教生活中，无论是制度化的佛教、道教、伊斯兰教、天主教和基督新教，还是民间信仰，在不同的地区和不同的人群中都具有不同的特点和宗教生活方式。而在这些因素中，有可能以具有地方特色的民间信仰为核心，探索出一些宗教文化的生态模式、宗教运行机制的模式、宗教与其他社会文化形态的互动模式。

五、民间信仰、文化发展战略与社会治理方略

中国社会正处于新的发展时期，各种社会关系和新的社会、经济、文化秩序在重新调整与建构之中，而在国际上，自20世纪90年代以

---

① 培根：《新工具》，许宝骙译，商务印书馆1984年版，第81页。

来，特别是"9·11"事件以来，国际关系出现新格局，宗教在国际事务中的地位日益凸显。当下的中国诸宗教形态，是在这样一种变化和重组的动态过程中生存与发展变化的。若不将宗教问题置于这个大的现实背景框架中来解析，也许就会"只见树木、不见森林"。中国不仅在政治上和经济上要自立于世界民族之林，在民族文化上也要自立于世界民族之林。因此在构建和谐社会的过程中，如何将中华民族传统文化中的精华融于构建和谐社会的过程之中，建设具有中国特色的文化体系至关重要。完成这一任务，需要动员一切可以利用的文化资源。其中特别重要的，就是如何看待宗教的性质与作用。

（一）民间信仰在社会治理方略中的定位

虽然宗教在大的历史框架中是动态的和演化的，但我们面对的现实宗教格局却是"共时"性的。我们不能简单地把不同的宗教形态置于一个阶梯式的、新版本覆盖旧版本的上升序列中，而应将不同的宗教形态看作文化丛林中一株生生不息的大树上的有粗有细、有枯有荣的不同枝杈。在中国社会的未来发展中，我们不仅要关注"五大宗教"等制度化宗教间的"生态"结构，还要关注诸如民间信仰等非制度化宗教与制度化宗教间的"生态"结构。有些人认定制度化宗教是"高级的"宗教，而非制度化宗教是"低级的"宗教，是文化落后的表现。有些人一方面将西方人不去教堂、不归属某一教会，但信仰上帝，看作"后现代"的表现，看作对个人选择信仰形式之权利的尊重与保护；另一方面却对民间信仰组织上的松散性（不归属任何教会，也没有"教会"）嗤之以鼻，总是觉得有组织的比没组织的"正规"和"先进"，总是想方设法令其"改邪归正"，进入"正经"的宗教组织。然而就普通百姓而言，短暂的一生有太多的不如意，社会越安定，科技越进步，人们越是希望健康长寿，越是感到"人生苦短"。在这种张力中，宗教信仰成为部分个体的精神需要。得救也好，解脱也罢，只要能解决个体的精神需要，且不违法缺德，就无所谓高低贵贱。但是人世间就是这样，本来无论吃什么，只要吃饱饭，个人心满意足就好，可是有了市场竞争和营销策略，有了文化霸权和文化殖民，有了自我实现层次论，吃什么就有了档次之分、高低之阶。① 宗教问题亦是如此。

经过 40 多年的改革开放，中国已今非昔比。我们这一代人对宗教的看法已经有了很大的转变，大多数人已经认识到宗教是会长期存在的社会文化现象，许多人虽然自己不信仰任何宗教，却能够尊重和宽

---

① 萨林斯（Marshall Sahlins）指出，无论哪个社会，在以文化方式决定怎样进行人群的生物延续时，都不得不为这种延续提供保障；都必须通过建造房屋提供住所，都必须通过区分可吃的与不可吃的提供食物。但人们不仅仅是"生存"，而且是以某种确定的方式生存的。他们是作为特定种类的男人和女人、社会阶级和群体，而不是作为生物有机体或有机体的集合（人口）进行自身再生产的。虽然在这样进行文化生存方式的生产过程中，社会必定会受到生理的、自然的必要性的限制，然而人们建造房屋不是抽象的，而是具体的，他们建造的总是特定种类的房屋，或者"是农民的窝棚，或是贵族的城堡"。萨林斯提醒人们，在对生产做出文化的解释时，重要的是要注意到：物品的社会意义（正是它的社会意义使得物品对一个特定类别的人是有用的）显然不是来自它的物理属性，而是来自它在交换中被赋予的价值。"功用"并不是对象的属性，而是对象的属性所具有的含义。萨林斯以美国家畜的食物选择与禁忌为例，说明"美国社会与其自身以及世界环境的生产关系是由对可食性和不可食性的特定评价方式组织起来的，这些生产关系本身是定性的，决不是因生物的、生态的或经济利益才获得了合理性。功能性的结果从农业的'适应'延伸到国际贸易和世界经济关系"。美国环境的开发与格局的关系模式，依赖于进餐模式，进餐包括中心性的肉食成分与边缘性的淀粉和蔬菜构成的副食成分。肉食的中心性与关于其"力量"和"生殖"的观念有关。肉作为"力量"而具有的不可或缺性，以及牛排作为能够增加精力的肉食代表而具有的不可或缺性，构成了美国人食谱的基本格局。与此相应，在农业的饲料生产方面也出现了相应的格局，并反过来决定了与世界市场接轨的方式。其实，马肉和狗肉作为食物并非不可行。猪肉比牛肉便宜不是因为供应量的原因，因为牛肉的供应量虽然大于牛口条的供应量，但牛肉依然要比牛口条贵（牛口条属于"杂碎"）。这一切都是文化秩序引导的产物。为了说明这一点，萨林斯又以美国服饰系统为例说明文化秩序的作用。他指出，通过各种对象的特征，一件衣服变得适合于男性或女性，白天或晚上，家里或公共场合，成人或少年。"首先，被生产出来的是指示着情境或活动的各类时间和地点；其次，是人们所归属的各类地位。"萨林斯把这些称为服装的"观念坐标"，它们标志着人们对于文化秩序中被构造起来的时间、空间以及人的观念。这也就是说，在服装中被再生产出来的是这种分类图式，不仅仅是年龄级别或社会类别的界限、划分或再划分；而且通过特定的服装差异的象征复合体，将这些类别之间的意义差别再生产出来。例如，丝绸多用于女性服装，毛料多用于男性服装，但丝绸与毛料要比棉布"高贵"。而在着装上，则有蓝领与白领的不同，平日购物与节日"盛装"的不同，世俗服装与"神圣"服装的不同，等等。"在为与男性相对的女性制造特定的式样、外形或颜色的衣服时，我们再生产出了为这个社会所公认的女性特质和男性特质的区别。"（参见萨林斯：《文化与实践理性》，赵丙祥译，上海人民出版社 2002 年版，第 218—243 页）

容其他人的宗教信仰，这是社会的进步。但是有些人对宗教组织与活动的社会管理，或将宗教组织与活动纳入法治的轨道不理解，以为这是干涉宗教信仰自由。实际上这是没有把宗教信仰与宗教组织及其活动区分开来。从社会的角度看，信与不信、信仰何种宗教、信仰的程度，都属于个人的权利，是个人的私事。但是宗教组织及其活动不同于个人的宗教信仰，它是一种社会组织和社会活动，而且它会与社会的其他方面或其他要素形成这样或那样的互动，所以这不是个人的私事，而是具有很强的社会性。这种社会性不仅表现为任何宗教都以凝聚一定数量的信众，从而形成一定的社会力量并凝聚一定的社会资本财富为目的，还表现为它的活动以及它所动员的社会能量可以使社会资本增值或负增长，而且它本身就是社会资本的一部分。因而任何政府和社会都必然要以法律或其他社会治理的手段，协调宗教组织与社会结构中的其他组织或因素的关系。

但是将宗教组织的活动纳入法治的范围不等于将宗教政治化。近代以来"政教分离"已逐渐成为宗教组织与政府的互动关系中的重要模式之一，淡化宗教的政治色彩（有人称为"去政治化"），不仅有利于减少宗教信仰分歧对社会政治生活的干扰和裂解，从而有利于社会生活的有序和稳定，而且也有利于宗教组织更专心地服务于信众的精神需要（有人说这正是"恺撒的归恺撒，上帝的归上帝"的意旨之一）。在当下和未来一段时间内，在社会发展的过程中必然有各种各样的结构关系需要调整。政府、宗教界和学界能否在凸显宗教组织和个人的公民意识和法治意识、淡化宗教的政治色彩方面保持自觉而清醒的意识，采取积极而又稳妥的策略，这是宗教能否在构建和谐社会中发挥积极作用的一个重要方面。

随着社会的发展和宗教多元化的演变，信教人数和宗教组织在一段时间内还会呈上升趋势，这势必会加大社会管理成本。对于发展中的我国社会来说，不可能无限地增加社会的管理成本，而且即使政府有能力负担社会管理成本的增加，也还有管理的边际效益问题（并非加大了投入就"管理"得更好）。所以在研究宗教在文化发展战略中的地位和作用时，或许可以从民间信仰活动场所的自我管理与对外协调的互动中总结经验，进而推进宗教组织的自我管理和社会监督的方式与规则的探讨与改进。

宗教组织与非政府组织（NGO）有许多一致之处，许多人看到宗教组织的资金来源为社会捐献，就将其认作非政府组织。但是宗教组织不是严格意义上的非政府组织，因为它不具有非政府组织的开放性，也不具有较高的透明度（宗教组织在开放性与透明度上差异很大，不能一概而论）。在现代社会的民主进程中，任何对民众负责任的组织都要接受社会的监督（许多是自愿的），至少是在内部形成比较健全的监督机制，这是防止组织腐败和异化的有效手段。宗教组织虽然不能完全等同于非政府组织，但是它要在我国构建和谐社会的进程中发挥积极的作用，不仅要更多地投入到社会公益事业，为社会资本增值，而且在内部管理和接受社会监督方面，要追随整个社会加强法治建设的脚步。宗教信仰的神秘性是可以理解的，宗教组织的神秘化（或不透明）却会引发社会各界的警惕，这既不利于在社会中形成宗教宽容的氛围，也不利于宗教组织自身的生存和发展。在这方面，列宁关于宗教团体应当成为"完全自由的、与政权无关的志同道合的公民联合会"[①]的设想是非常有启发性的。虽然有些人已经呼吁要对此加以研究，教内的有识之士也在制度建设上有所尝试，但这毕竟是个渐进的过程，不仅各个宗教有不同的传统和所面对的不同的挑战，而且究竟要分几

---

① 参见《马克思、恩格斯、列宁、斯大林论宗教》，中国社会科学出版社1979年版。对于宗教是否应当成为个人的私事，马克思和恩格斯的态度已很鲜明："当国家摆脱了国教并且让宗教在市民社会范围内存在时，国家就从宗教下解放出来了，同样，当单个的人已经不再把宗教当作公事而当作自己的私事来对待时，他在政治上也就从宗教下解放出来了。"（马克思、恩格斯：《神圣家族》[1844年9月—11月]，《马克思恩格斯全集》第2卷，第143页）

步走和怎样走、国内外有哪些经验教训等，也需要进一步调查和研究。

无论是从整体上还是从个案上，思考社会现象和文化问题时都要将它们放在纵横两个坐标上：横向的坐标是时间的维度，纵向的坐标是结构（要素的相互关系及互动规则）的维度。两者结合让我们看到的特定事物（或现象）的走向是改变还是维持，如果是改变，那改变前后有什么不一样？如果是维持，那是良性循环还是恶性循环？无论是何状况，造成这种结果的原因是什么？从社会治理的角度说，民间信仰能否与社会发展相适应，能否在和谐社会的建设过程中扮演积极的角色，重要的问题或许不在于人们是信仰妈祖，还是崇拜吴真人，而在于：（1）宗教领袖的素质以及信徒与领袖结成怎样的关系（会不会形成新的人身依附）；（2）宗教组织尤其是宗教公益组织的财务管理是否符合现代民主监督机制；（3）宗教组织内外互动的"游戏规则"是否与社会文化发展、和谐社会建设相适应。

（二）评判民间信仰的四个取向

民间信仰会受到民族文化中其他因素的影响，也会为某些宗教家在特定情境中开创新宗教时提供精神上和心理上的土壤。天时地利人和促成各种不同因素的特定组合，不同因素的互动导致民间信仰在聚合成新的宗教形态时有着不同的取向，甚至会与原有的或外来的宗教形成某种混合物而使之有所变异。而取向不同，也就有了民间信仰与整个社会文化诸方面的不同关联，也就有了民间信仰的不同发展路向和命运。在中国未来发展的文化战略和社会治理方略中，社会建设的凸显和"游戏规则"的强调，为我们高屋建瓴地把握汪洋大海般的民间信仰，把握它的性质、发展脉络和作用模式，把握如何在其自生自灭与自身的积极引导间做到有所为和有所不为，提供了宏大的坐标系。在此我们提出了民间信仰的四个"取向"——宗教取向、道德取向、政治取向与整合取向——作为把握民间信仰及其具体形态与构建和谐社会关系的参考维度。

民间信仰的宗教取向,指的是在信仰的层面上,民间信仰的具体形态与正统宗教或意识形态是否兼容,兼容的空间有多大。由于唯一神信仰具有强烈的排他性,所以在传统的一神教占主导地位的社会环境里,其他的一神教都受到排斥,被视为"异端",更不要说多神信仰的民间信仰了,它们往往更受排斥,有时还会以"迷信"的名义受到迫害(如欧洲中世纪所对"女巫"的迫害),双方的关系经常处于互相排斥(或至少有一方排斥对方)的紧张状态中(但是在某些地区和某些教派中,程度不同地保留了若干前基督教或前伊斯兰教的宗教因素)。① 在中国的许多地方,民间信仰活动场所中供奉的神灵,既有道教系统的玉皇大帝,也有属于地方神灵的"某某将军"或"某某娘娘",还有观音菩萨等。似乎可以这样说:在以多神教为正统宗教的社会里,民间信仰与正统宗教有着结构上的亲和性,多神信仰所具有的兼容性使双方不易发生直接的排斥,但宗教观念和宗教行为上的分歧也会对双方的关系产生影响,因而总是存在着两种可能:或者各安其位,互补甚至相互转化(在地位上);或者(大多情况下只是部分的)相互排斥甚至对立冲突。② 从时间上看,无论相容还是相斥,都既可能是持久性的,也可能是阶段性的。

民间信仰的道德取向,指的是在道德层面上,民间信仰的具体形态与我们社会的道德要求是否通和。民间信仰以独特的方式将道德教化寓于民间社会的生活方式和风俗习惯之中。在历史上,民间信仰通过其场所及活动,曾有效地推动了该城乡地区的自组织和自我管理,成为凝聚区域族群向心力的精神家园,也成为维护地方社会秩序的纽带和开展社区活动的中心。民间信仰属于多神信仰,其信仰的神明既

---

① 近代产生的巴哈伊教虽然坚持唯一神信仰,但将世界上各大宗教的创始人都看作这位唯一神的"显现",有效地溶解了一神教与其他宗教的紧张关系。

② 此外,经济利益和家族纠纷也可以使崇拜同样民间信仰的群体间发生冲突。

有从远古时代延续下来的,也有各朝各代不断创新的,民间信仰中的许多造神运动,延续了中国传统文化中"祖有功,崇有德"的精神,通过将现实生活中"立德、立功、立言"的文化英雄神化为超自然、超人间的神明并加以崇拜,在某种程度上使一时一地的文化英雄(如伍子胥、关羽、妈祖、吴真人等),及其所代表的精神和人格超越了时空的界限而变得永恒。这种神圣化的精神与人格往往是群体性的民间信仰,它们对普通信众会产生较强的引导和教化作用。当然,民间信仰的某些形态,在历史的沉积中也包含有负面的功能,特别是某些人利用民间信仰敛财骗色,乃至装神弄鬼伤害人命,不仅损害了信众的切身利益,也造成相当恶劣的社会影响。所以我们一再强调民间信仰内部庞杂,有不同的形态(如对文化英雄的群体崇拜和个体性的神媒活动就十分不同),不能一刀切。我们关注和民众积极参与的,恰恰是那些承载着敬天法祖、崇德敬贤的传统价值理念的崇拜形态,它们在中国的民间社会,一直在教化和社会救助等领域发挥着正面的和有效的功能,因此应当使之成为中国文化发展战略中的一个有机组成部分。

民间信仰的政治取向,指的是它们在政治层面上与国家政权的逆顺态势,是顺从还是敌对,顺逆的程度有多大。国家政权总是按照统治集团所认可的意识形态影响整个社会,并在整体上控制着社会利益的分配。由于宗教涉及社会生活与个人生活的基本模式与价值准则,势必与国家政权发生这样那样的关联,这就形成所谓的政教关系。简单地说,民间信仰与政治的关系,不是正向的顺从关系,就是反向的对立关系。但实际情况要复杂得多,而且双方并不一定是全部地顺从对方,或全部地反对对方;在这两极中间,有许多中间状态;在二者之间,不同层面的顺逆关系会形成不同类型的组合(这一点有待深入研究并归纳出若干个"模式")。从历史的发展进程来看,民间信仰在政治上的性质不是单向度的,不能简单地说它们"必然地"如何如何。事在人为,政教关系的好坏在于政教双方各朝什么方向、用什么招式发力。比如放蛊等黑巫术和扶乩等占卜巫术,虽然在海外的某些华人中依然盛行,但在我国民间经过多次政治运动后已经很少见到了。

民间信仰的整合取向,指的是它们在文化层面上与主流宗教的散聚关系,是分化还是整合,整合的程度有多深。从民间信仰到新的宗教形态,有能否整合与是否整合的问题;从新的宗教形态再到主流宗教(或与主流宗教的关联),依然有能否整合、是否整合及整合程度等问题。从现象上看,我国的佛道二家都是门派林立。一个宗教内部的分化和分派多寡,反映了这个宗教内部的张力,应当说是神学发展、礼仪发展和信仰需要发展的产物,是这个宗教具有生命力的体现。万事万物皆需吐故纳新,生命寓于创新之中。一个宗教内部长期没有新的教派或新的学说出现,只能说明它没有与时俱进。但是如果我们透过现象,深入观察佛道二家的分派演化,就会发现一种令人深思的走势:如果说佛教是"花开几枝",那么道教则是"百川汇海"。佛教的不断分化,使之越来越融入中国本土文化,越来越方便民众(最典型的有净土宗和禅宗),是其本土化和时代化的必然产物;而道教的不断整合,既使民间信仰有了"提升"通道,亦使"大传统"的教化有了更多的"接地气"的载体,也为主流宗教不断输入了新的血液和生命力。

(三)民间信仰在"社会治理"中能否有为?

不同类型的民间信仰,具有不同的社会功能和价值取向。民间信仰的这种特性,促使我们在宗教学理论上更深入地探讨一些问题:一是启发我们思考,宗教有不同的要素,但这些要素不是固定的结构,而在天时地利人和的机缘作用下形成特定的结构组合,不同的结构组合(不仅是"散"与"聚"的不同,而且无论是"散"或"聚"都有不同的结构组合)具有不同的宗教功能和社会功能。有时候,的确是形"散"而其宗教功能淡化、社会功能转变,但有时候,是形"散"而功能未淡,只不过是转变为另一类型罢了。二是启发我们在分析宗教的功能时，最好再进一步，将特定宗教的宗教功能与其社会功能区别开来。从功能的角度看，任何宗教总是在满足特定人群的某些宗教需要的基础上形成一个宗教团体的（这不同于个人的宗教体验）。所以宗教的功能首先是对其信徒产生作用，是特定宗教内部要素的互动。但任何宗教都不是独往独来的（即使"完全"与社会隔离），它在发挥其宗教功能的同时，也形成并发挥着它的社会功能。三是启发我们在分析宗教的社会功能时要考虑到它自身的要素结构。过去我们习惯于全面否定宗教的社会功能，后来逐渐赞成宗教既有正功能，亦有负功能的说法，但是这种说法有些笼统，应当再进一步：在同样的社会历史环境中，每个宗教的要素结构不一样，它们的社会功能就有所不同；而同一个宗教，在不同时期、不同地域会形成内部要素的结构变化，使之社会功能有所不同。所以我们不仅要通过宗教与社会的互动来解析宗教的社会功能，而且要依据宗教内部的不同要素所形成的结构组合与互动模式来解读特定宗教的社会功能。

1. "社会治理"是积极的互动过程

近些年来，人们对"治理"，特别是"社会治理"谈论较多。将"社会治理"作为宗教学研究的一个话题十分重要，而且有必要从理论上加以研究。就宗教领域而言，参与社会治理的主体是宗教团体。我们在此讨论的"宗教团体"包括各大宗教团体、新兴宗教团体和民间信仰团体，而"治理"则包括宗教团体的自治，以及在国家法律和政府政策框架下的宗教事务管理。若从理论阐释入手，应该有三个任务摆在我们面前：一是要厘清"治理"这个概念的内涵；二是要认识到宗教团体的治理具有两个层面，一个层面涉及宗教团体内部的治理，另一个层面则是社会框架中的宗教团体的治理；三是要讨论三个问题，即宗教团体内的自治，社会（尤其是政府管理）中的宗教治理，社会治理与宗教治理的互动。

"治理"是对英文 governance 一词的汉译，其原意是控制、引导和操纵。长期以来它一直与 government（政府、治理）一词交叉使用，并且主要用于与国家的公共事务相关的管理活动和政治活动中。1989年，世界银行首次使用了"治理危机"来概括当时非洲糟糕的发展情况，"治理"一词是在反思政府、市场、社会这三者的基本关系中产生的，现已逐渐成为公共管理的一个重要价值理念和实践追求。20 世纪90 年代以来，公共管理的环境发生了巨变，社会关系间的相互依存程度不断加深，范围日益扩展，公共管理遇到的主要挑战是处理网络状（即相互依存）的环境。公共治理理论应运而生，"治理"指的是对合作网络的管理，即为了实现和增进公共利益，政府部门和非政府部门（私营部门、第三部门或公民个人）彼此合作，在相互依存的环境中分享公共权力，共同管理公共事务的过程。对政府部门而言，治理就是从划桨到掌舵的变化；对非政府部门而言，治理就是从被动服从到主动参与的变化。①

"治理"涉及的不是 GDP 的高低，也不是传统的从上到下的行政机器的运转，而是一种社会建设的模式，确切地说是一种"软实力"的建设。它追求的目标是"善治"（good governance），即在各种不同的制度关系中运用权力去引导、控制和规范公民的各种活动，进而最大限度地增进公共利益。从政治学的角度看，"治理"是指政治管理的过程，它包括政治权威的规范基础、处理政治事务的方式和对公共资源的管理。它特别关注在一个限定的领域内维持社会秩序所需要的政治权威的作用和对行政权力的运用。"治理"作为一种政治管理方式有四个特征：治理不是一整套规则，也不是一种活动，而是一个过程；治理过程的基础不是控制，而是协调；治理既涉及公共部门，也包括

---

① 参见聂平平：《公共治理：背景、理念及其理论边界》，《江西行政学院学报》2005 年第 4 期；薛刚凌：《行政体制改革研究》，北京大学出版社 2006 年版；杨舒文：《公共治理理论对我国构建和谐社会的启示》，《公共行政》2009 年第 8 期。

私人部门；治理不是一种正式的制度，而是持续的互动。① 善治的本质特征在于政府与公民对公共生活的合作管理，强调的是政府与公民的良好合作以及公民的积极参与，以实现社会管理的民主化。

为了实现"善治"，就要改变传统的将政府看作公共管理唯一主体的观念，认识到非政府非营利组织、政府间和非政府间的国际组织、各种社会团体、私人部门等在公共事务的管理中也扮演着重要角色，这些组织在市场经济与公共部门间的"社会经济"领域内积极活动并且依靠自身资源参与社会事务管理，在某些领域，甚至比政府拥有更大的优势。② 政府不再是无所不包的"全能型政府"，而是"有限政府"，通过分层治理和多元主体治理，政府从纵向与横向两个方面将大量职权下放，转移给志愿团体、社区互助组织、非营利性组织等公共行动者，形成多层级、多中心的决策体制，众多权威交叠共存的复杂结构。"治理"观念在实践中进一步发展，将"公共管理"发展为"公共服务"，强调政府的角色既不是命令和控制，也不仅仅是掌舵，而是公共利益的维护者，更多地表现为对于社会事务的协调和服务。③

从理论上看，宗教团体的治理至少有两个层面：一个层面涉及宗教团体内部的治理；另一个层面则是社会框架中的宗教团体的治理。宗教团体内部的治理，实质上是宗教团体自我管理的机制向着"善治"方向的转变过程或建设过程。总体来看，其中关键的要素有这样几点：一是与"善治"的方向相关，涉及宗教团体的内部管理如何民主化；二是"治理"虽然是一种结构的格局，但它不是静态的，而是一

---

① 参见俞可平：《治理与善治》，社会科学文献出版社 2000 年版。
② 参见廖申白：《形成中的中国公民社会》，《首都师范大学学报》（社会科学版）2008 年第 4 期。
③ 参见顾丽梅：《新公共服务理论及其对我国公共服务改革之启示》，《南京社会科学》2005 年第 1 期；《美国新公共服务理论之反思》，《中共浙江省委党校学报》2009 年第 5 期。

种不断进行中的互动过程；三是不同的宗教团体的内部结构有着不同的历史传统，因而有着不同的价值取向，在实现"治理"的过程中会遇到难度不同的挑战。然而，不同的宗教团体，各自的传统相距甚远。虽然任何延续的组织都有自身的管理系统，但若说这就是宗教团体的"治理"，实际上是有问题的。因为治理不等于管理。治理意味着宗教团体内的管理是朝着自治（包括民主协商）的路径发展。有些宗教团体在这方面已经做得很好，有些宗教团体（既有天主教、东正教等延续上千年的传统教会，也有教主崇拜狂热的新兴宗教团体）由于历史的原因，自上而下的决策较多，上下等级和科层繁复，几乎谈不上有什么内部"治理"。民主协商和自治管理是社会发展的一种趋势。当今世界上的绝大多数宗教团体都在这一方面有所进展。虽然不同的宗教团体在"治理"的广度和深度上相差甚远，但都多多少少受其影响，都会在某些方面有所改变。

2. 民间信仰在"社会治理"层面的作用值得探索

理论上讨论社会治理和实际上参与社会治理肯定是有差距的，但是这两者之间绝对是有关联的。就民间信仰而言，它在社会治理中能否有为，是否有为，如何有为？实际上，在过去百年来对中国民间信仰的历史学的、民俗学的和宗教学的学术探讨中，无论是个案的研究还是整体性的梳理，有些已经触及这个问题。比如北京东岳庙的碑文中就记载了香会和行会组织如何在遭遇天灾人祸时展开基层的互助自救。笔者在2002年受福建省政协之邀参加了民间信仰调研，2003年又参加了社科院宗教所组织的民间信仰专题调研。在这两次调研期间，我们走访了许多民间信仰场所，听到了许多"故事"。其中有一则之所以让人感触很深，就是因为那个"故事"让我们更加确信不能仅仅从宗教的层面理解民间信仰，它还有其他许多功能，其中有些现象和功能对于我们理解传统社会（尤其是乡村基层的社会运行）和思考当下进行时的"社会治理"有所裨益。

在福建地区的妈祖信仰及其崇拜活动中，有一种特色十足的"分香"制度。人们从妈祖祖庙请回到一个地方供奉的妈祖神像（及其相应的神庙）与祖庙之间有一种特殊的"神缘"，人们称之为"分香"。有时候还有"再分香"的现象，即从分香而来的妈祖庙（如果说这是二级的话）再分香出更小的妈祖庙（可以说是三级）。分香的妈祖与被分香的妈祖有一种"神缘"，分香的地方（一般是较小的地方单位）与被分香的地方（一般是较大的地方单位）也有一种"神缘"。这种人与人或群体与群体之间的"神缘"有不同的程度和不同的延续方式。其中有些地方的"神缘"不仅直接影响"人缘"，并且通过"人缘"表现出来：如一个地方有个从祖庙分香而成的二级妈祖庙，后来又在周围四个村子有了"再分香"的三级妈祖庙。每年妈祖神诞巡游时，周围四个村子的人会抬上本村的妈祖神像汇集到被分香的妈祖庙来，排在二级妈祖神像后并一起巡游这五个地方。值得关注的是在这个妈祖巡游活动中有两个规则：一是五个地方轮流坐庄，每年巡游活动结束后即换一个地方（村子）开始筹备并主持明年的祭拜巡游活动；二是大小五个妈祖神像必须到齐后才能开始巡游。

这个轮值体制已经延续了很多年，但在实际操作中轮值的"庄主"压力很大。这不仅在于轮值"庄主"要精心组织本村的人力物力，千方百计让大家齐心协力确保来年的活动不亚于（最好是胜于）当年的水平；更重要的是要将错综复杂的村际关系协调好，摆平这一年中因各种利益纠纷产生的村际矛盾（包括因家庭纠纷引发的村际矛盾），从而确保各方（村子内部和村际之间）积极参与，使祭拜妈祖活动能够如期圆满地举行。

我们在这个案例中看到的不仅是神缘网络，而且看到了人与人和村与村结成的社会网络如何与神缘网络形成积极的互动。这是中国传统社会基层治理的一种运作机制。诸如此类的具体案例还可以列举很多。我们在此想引申开来：这中间体现了宗教信仰这种精神（文化）层面的"灵性资本"与社会层面的"社会资本"（social capital）的互动，使我们在本土文化中看到灵性资本如何推助社会资本的形成与增值，或者说是社会资本如何借助灵性资本实现自身的目标与功能。

社会资本和灵性资本都是西方人提出的概念。1916年，汉尼芬（L. Judson Hanifan）在做社区工作时提出了"社会资本"这一概念。他说自己使用"社会资本"这个术语，并不是指地产或现金，而是指"人们日常生活中易使这些有形之物更有价值的东西，即善意、伙伴关系、同情心、个人间以及作为社会基本单元的家庭间建立起来的相互交往"：

> 这些社会资本既可以用来满足个人的社会需要，也创造充足的社会潜能来促成共同体生活条件的实质性改善。……作为一个整体的共同体会因其所有部分的合作而受益，当个人在诸多联合中发现邻里间互助、同情及相互陪伴的众多优越之处……特定共同体的人们变得相互熟识，习惯了偶尔聚在一起娱乐、交往和享受，而后通过娴熟的引导，社会资本将朝着改善社区普遍福利的方向发展。[①]

后来（60年后）布迪厄（Pierre Bourdieu）阐述了社会资本和文化资本的重要性，他认为社会资本乃是"现实的或潜在的持久网络资源的总和，它们多多少少由相互熟识和承认的制度化关系构成，或者说是一个团体中的成员资格"[②]。但是真正令社会资本得到公认和重视，成

---

① L. J. Hanifan, "The Rural School Commuity Center", *Annals of the American Academy of Political and Social Science*, 1916(67), pp. 130-138.

② Pierre Boundieu, "Forms of Capital", in *Handbook of Theory and Research for the Sociology of Education*, ed. by John G. Richardsoned, New York: Greenwood Press, 1983, pp. 241-258.

为一个分析社会问题的工具或理论范畴的是帕特南（Robert Putnam），他和朋友对意大利自1970年开始的政治变革（打破长期的中央集权模式，将权力下放到全国20个地区政府）做了20年的追踪调查，用统计分析和比较历史分析解答"为什么有些民主政府获得了成功而有些却失败"等一系列政治社会学问题。在帕特南看来，社会资本的主要特征是公民的参与、政治平等、团结、信任、宽容和社团组织，一个地区的社会资本越丰富，地区政府的运转就越有效。同样的制度和政策在不同的地区却有不同的结果。从历史进程看，意大利北方传统的封建人身依附关系减弱了，而在意大利南方却得到了加强；在意大利北方，重要的社会、政治甚至宗教上的信任与合作都是横向的，而在南方它们却是垂直的。合作、互助、公民承担义务，甚至包括信任都是北方的显著特点。相反，南方的主要特点则是等级制度、疏离与秩序。①在我们看来，帕特南所概括的社会资本理论的核心观点"社会网络非常重要"②至关重要。因为邻里组织、合唱队、合作社、体育俱乐部、大众性政党这些公民参与的社会网络之间，都有着密切的横向互动，"在一个共同体中，此类网络越密，其公民就越可能进行为了共同利益的合作"。而"垂直的网络，无论多么密集，无论对其参与者多么重要，都无法维系社会信任和合作"。③

　　帕特南的社会资本理论是以他对意大利政治改革历程和文化渊源的分析为基础的。社会资本这个概念为我们在一个更大的框架中理解中国传统的民间信仰提供了一个视角。中国传统社会既有垂直的政治

---

① 卢春龙：《罗伯特·帕特南：社会资本理论的主要倡导者（序）》，载帕特南主编：《流动中的民主政体——当代社会中社会资本的演变》，李筠、王路遥、张会芸译，社会科学文献出版社2014年版，第3页。

② 参见帕特南主编：《流动中的民主政体——当代社会中社会资本的演变》，李筠、王路遥、张会芸译，社会科学文献出版社2014年版，第5—10页。

③ 帕特南：《使民主运转起来——现代意大利的公民传统》，王列、赖海榕译，中国人民大学出版社2015年版，第203—205页。

制度，又有横向的社会自组织机制。纵横之间的积极互动会使地方治理进入良性循环，而纵横之间的失衡则会使社会系统陷入恶性循环。社会资本理论还引发我们更全面地思考中国宗教的现状和走向：施行同样的制度和政策，为什么有的地区宗教问题层出不穷，有些地方有宗教而无"问题"？一定是在制度与政策之外多了什么或少了什么。社会资本是不是其中之一？很有可能。

此外我们还想强调两点：一是传统社会中的社会治理手段和方式不是唯一的而是多种多样的，包括民间信仰在内的宗教维度只是其中之一。但是手段或途径却多而不乱，我们在此中看到的是社会自组织的机能，它调动和协调各种资源服务于一个共同的目的：保一方平安——信仰关系的和谐也意味着人际关系的和谐；或者反过来说，没有人际关系的和谐也不可能有信仰关系的和谐。二是中国社会的发展，尤其是近几十年来的发展变化，原有的社会基层生活已经发生改变，虽不能说沧海桑田，但基层原有的居住结构和生活方式都不同于从前了。社会的有机体性质，决定了它的自组织机能可以在新的天时地利人和的特定机缘中被重新激活。但这中间不是简单的复制，而是既有继承，也有通变，更有创新。在当代中国的广袤大地上，正涌现出许许多多社会治理的新探索和新模式。然而这么大的国家，这么长的历史，不可能用一个模式包打天下，即使有了成功的榜样，也还是要结合当地情况和传统进行再创造。例如，赵法生博士在中国北方进行的乡村儒学活动[①]和陈进国博士在家乡福建参与的乡贤乡友共建妈祖庙的

---

① 参见赵法生：《尼山脚下讲儒学》，《光明日报》2014年3月4日；《"乡村儒学现象"采访手记：迈过从书斋到乡村的坎儿》，《大众日报》2014年9月15日。张国栋：《把"大学问"讲到农民心窝里——"乡村儒学现象"采访手记之二》，《大众日报》2014年9月15日。卞文超：《乡村儒学现象采访手记之三："民心"工程育人亦育己》，《大众日报》2014年9月15日；徐锦庚：《颁错奖》，《文艺报》2014年11月17日；赵法生等：《城市化浪潮下的乡村儒学——乡村儒学笔谈》，《光明日报》2014年12月30日。

活动①，都在社会治理的层面产生了积极的作用和影响。之所以将他们的事例推举出来，不仅在于这两个事例一个是人文教化中有信仰因素，另一个则是在宗教信仰建构中有人文教化，更重要地还在于这两个事例既有民间的自发力量，也有政府的官方支持，还有社会力量（知识分子、企业家等）的参与，既有从上到下的作用，也有从下到上的作用，还有外来的作用力，可以说是一种真正的互动。

小结

1. 民间信仰的信仰对象主要是神灵与圣贤，它是原生性的和不断演变的，是历史悠久且当下活跃的一种宗教文化形态。如果我们将位居社会主导地位的或体制化程度很高的宗教形态、民间信仰和民俗，作为三个不同的层面，民间信仰似乎是在"散"的路径上一路走下去；如果将这三者作为一个谱系，那么体制化宗教与民俗似乎构成这个谱系的两端，而民间信仰则是由此及彼的过渡。这种过渡既是流动的又是相对静止的，即有不同的"定格"。作为"定格"的民间信仰形态既具有宗教性，又具有民俗性，但是不同的"定格"所具有的这种两重性，在程度上有所不同。

2. 民间信仰是一种原生性宗教形态，它在组织结构上比较松散。大多数民间信仰的活动场所没有固定的和专门的神职人员，更没有教阶制度，信教群众是直接与崇拜的神灵打交道，没有神职人员作为中介；信教群众与某一民间信仰形式（如妈祖信仰或关公信仰）的联

---

① 参见《永春东关镇外碧村筹建乡土记忆馆　山村留住乡愁》，《泉州日报》；林丽明：《福建永春外碧村：一个乡村民俗文化复兴的样本》，《福建日报》2016年4月19日；林丽明：《"碧溪谣"乡村文物径　永春东关镇外碧村活化乡村文物资源》，《东南网》2016年6月1日；《永春外碧村：乡在，情在，愁在》，《福建日报》2016年11月18日；陈进国：《闽台两地妈祖庙联谊，促进乡贤参与农村慈善》，《澎湃新闻》2017年2月6日；陈进国：《我为什么与家乡乡友一起参与家乡的妈祖庙建设》，《儒家网》2017年2月6日；《学孝　行孝　扬孝——村民自发举办慈孝文化节暨孝亲敬老宴》，永春县《桃园乡讯》。

系，不需经过制度化宗教的那种正式的入教仪式，更多地是一种精神上的联系，来去自由，没有什么人身依附或约束。然而民间信仰在组织结构上的松散，只是相比较而言，作为宗教形态之一，它如同其他的宗教形态一样，有着不可或缺的因素，如它有自己的崇拜对象（神灵或神力等），也有自己的神圣时间和神圣地点（如崇拜场所和崇拜时节），某些地方还形成某种形式的管理机构，也有各自在历史传承中形成的组织网络及其"规矩"。

3. 从共时性的结构角度说，民间信仰是中国传统文化的重要组成部分，它与社会的主流文化有内在的共通之处，但在社会文化系统中不是主导文化。就中国传统社会很早就在城镇中兴起市民阶层而言，"大传统"与"小传统"的区分，更多地具有社会分层的意义：大传统位于社会的上层，是社会精英及其所掌握的以文字为载体、具有意识形态功能的文化传统，并为思想家、宗教家深入思考并加以阐示；"小传统"则位于社会的下层，特别是民间信仰，还有程度不同的"地方性"（如关公信仰、妈祖信仰和保生大帝信仰，就有信仰圈范围大小的明显区别），基本信众是那些虽然目不识丁，但却会唱"下里巴人"的一般民众（市民和乡民），他们的生活除了受"大传统"的影响之外，还受所谓的民间文化传统，即"小传统"的影响。民间信仰属于"小传统"的范围，它的"民间"性质，不是因其所信仰的神灵属于哪一类型（如自然神还是行业神、一神还是多神），而是由它在整个社会文化中的结构地位决定的。

4. 学术研究不同于护教学的判教，它对所有的宗教形态一视同仁。中国人常说"名不正则言不顺"，学术范畴背后有文化权利。承认民间信仰在学术上的合法性，也就是承认那些信仰者的文化权利。它体现了我们这个社会在尊重人权和保护宗教信仰自由方面的又一进步，使人民群众在充分享有宗教信仰自由中可以有更多选择的空间。

5. 当我们把民间信仰与佛教、基督教、伊斯兰教等制度化宗教进行比较时，它是一个整体、一个独立的范畴。但是当我们深入考察和分析民间信仰时，就会发现它的内部如同其他宗教一样，是有不同支脉、不同地区差异、不同时代特色的，可以从中再分离出若干子范畴。就民间信仰的分类而言，若从信仰的对象入手，可以把它分类成自然神信仰、行业神信仰、女神信仰等；若从信仰的组织方式和行为方式入手，可以分类成群体性礼仪和个体性礼仪；若从价值的角度入手，可以分类成敬天法祖、崇德保民的与所谓"怪力乱神"的；等等。

6. 民间信仰是自发产生的，但它却不是自在的。在传统社会中如此，在社会发展得更加复杂和充满多样性的今天，更是如此。实际上，并非只有现代社会的人在建构自己的世界。人类自有文化之始，就在建构自己的世界。所谓文化，乃是人类有意识地给自然和自身打上各种人为（尤其是象征与意义）的痕迹。无论是"改造"还是"附加"，都是某种意义上的"建构"。只不过现代人比古代人或"原始"人更有意识、更自觉罢了。

7. 宗教作为一种社会存在，形成一个社会群体，无论是作为一种意识形态，还是作为一种社会制度，都是一种活态的社会文化生活（或是其中的一个重要组成部分），而且都是出于文化的建构。这种文化建构，不只是宗教精英参与的结果，而且是一代一代的、成千上万的信徒在其实实在在的宗教生活中建构起来的。民间信仰（以及更大的范畴——宗教）是一种文化建构，但是这种建构不是一次性完成的，而是一个延续不断、时起时伏、或跨国或局地的文化再生产过程。民间信仰始终处于文化的再生产过程之中，这种再生产是两重的：信仰者在将特定的宗教文化客观化或外在化的同时，亦将其内在化；同时这种再生产又是双向的，信仰者不是简单地再生产文化，而是有所加减、积极或消极地再生产，因而文化再生产中的宗教建构是一种"建构化的建构"，而信仰者自身，也在这种有所建构的文化再生产中被建构了，即所谓"被建构的建构"。

8. 从社会的角度看，信与不信、选择何种宗教信仰、信仰的程度，都属于个人的权利，是个人的私事。但是宗教组织及其活动不同于个人的宗教信仰，它是一种社会组织和社会活动，而且它会与社会的其他方面或其他要素形成这样或那样的互动，所以这不是个人的私事，而是具有很强的社会性。这种社会性不仅表现为任何宗教都以凝聚一定数量的信众，从而形成一定的社会力量并凝聚一定的社会资本财富为目的，还表现为它的活动以及它所动员的社会能量可以使社会资本增值或负增长，而且它本身就是社会资本的一部分。因而任何政府和社会都必然要以法律或其他社会治理的手段，协调宗教组织与社会结构中的其他组织或因素的关系。

9. 民间信仰会受到民族文化中其他因素的影响，也会为某些宗教家在特定情境中开创新宗教时提供精神上和心理上的土壤。天时地利人和促成各种不同因素的特定组合，不同因素的互动导致民间信仰在聚合成新的宗教形态时有着不同的取向，甚至会与原有的或外来的宗教形成某种混合物而使之有所变异。而取向不同，也就有了民间信仰与整个社会文化诸方面的不同关联，也就有了民间信仰的不同发展路向和命运。在中国未来发展的文化战略和社会治理方略中，社会建设的凸显和"游戏规则"的强调，为我们高屋建瓴地把握汪洋大海般的民间信仰，把握它的性质、发展脉络和作用模式，把握如何在其自生自灭与自身的积极引导间做到有所为和有所不为，提供了宏大的坐标系。在此我们提出了民间信仰的四个"取向"——宗教取向、道德取向、政治取向与整合取向——作为把握民间信仰及其具体形态与构建和谐社会关系的参考维度。

10. 民间信仰作为宗教信仰的组成部分，可以参与社会治理并为之贡献力量。中国民间信仰承载了传统文化所珍视的某些价值，不同的形态或可为社会资本的增值加分，或可为之减分，我们重视的恰恰是那些凸显敬天法祖、崇德保民等文化价值的民间信仰形态。

第七章　宗教与政治

宗教与政治的关系，是人们越来越关注的一个话题，是一个极其复杂的话题，也是个极具挑战性的话题。

当人们看到"宗教与政治"这对范畴时，很多人会想到自己从小到大，从广播、电视、网络中获知的那些与宗教相关的国际重大政治冲突和事件：两伊战争、巴以冲突、南斯拉夫解体中的恶性事件、"9·11"事件、南亚和非洲的教派冲突……如此之类的画面似电影般地在脑海里闪现，同时人们心中也油然浮生许多疑问：宗教不是倡导和平的吗，怎么会和战争、恐怖、暴力这些血腥的东西扯在一起？许多宗教不是让人们看破红尘，倡导出世，远离名利吗，怎么会和政治、权谋、交易、党争等纠缠不清？宗教领袖宣扬"大爱无疆"，甚至要爱你的仇敌，但是为何有些宗教人士会借助政治力量迫害异己，甚至将其置之死地而后快？而另一些宗教团体虽然也在借助政治力量，却是以此弘扬慈善，其中有何缘故？同是宗教、宗教群体、宗教人，为何会有这么大的差别呢？……这一切，令人震惊，令人困惑，令人纠结。进入21世纪，生活在全球化进程中的中国人，无论从国际视野，还是从国内局势，都越来越感到宗教与政治的互动，与个人的生活、国家的命运息息相关，因而越来越关注这个话题，谈论这个话题。

一、宗教与政治的复杂互动

有时候简单就是美,而且能否使之简单还是一种"能力"。但是有时候却不能简单,甚至还要反复强调:复杂,再复杂些。宗教与政治就是个极其复杂的话题。对此经常琢磨的人,也许会领悟辛旗在《诸神的争吵》中,为何要以"种族、宗教、政治、利益——永远解不开的连环套"作为结语的标题。辛旗的观点是将宗教看作一种意识形态,是一整套价值判断的体系。宗教既与种族、政治、利益紧密相关,又是个人的一种特殊的精神活动和心理体验。宗教信仰是某一民族的文化,"个体与集体意识的交错",其笃信的激情与崇敬的内容"不是理性认识和感性经验的积累",而是某一群体在特定自然环境及演进时期萌发的生命欲望和为心灵寻找的庇护所,以求得永恒宁静的企盼。宗教自摆脱原始图腾崇拜后就力图逃避尘世,远离政治。然而,"它的教义、组织,在各个历史时期都无法摆脱与政治的干系,它成为一种特殊的政治,一种与种族、利益、社会各阶层势力相结合的世俗行为"[①]。几千年来,世界各主要宗教的教义大多宣示:要帮助信徒完成向彼岸世界的超越,获得死后的拯救;教会要超越国家而独立,教义放之四海而皆准。到现代社会它们又倡导:宗教领袖参与国家政治生活,不可以其信仰干涉国家的法令;宗教是私人的事情,应凭个人的良心去做抉择;等等。"但是事实并非如此,宗教与政治无法分离。宗教的力量会表现于政治、经济、文化各领域,使其似乎是一种世俗化的东西。民族冲突、文化冲突、利益冲突、区域冲突、政治冲突都有宗教的影子。"[②] 所以辛旗在《诸神的争吵》中开宗明义:宗教的话题若与种族及国际利益联系起来就更为复杂,远非一般的评论所能涵盖。要分

---

① 辛旗:《诸神的争吵》,海南出版社2002年版,第231页。
② 辛旗:《诸神的争吵》,第232页。

清宗教的本质与特定历史条件下显现的宗教表象之间的区别，实际上是要区分文化意义上的宗教和社会政治意义上的宗教。① "当代国际冲突涉及的范围非常广泛，有经济、政治、军事、文化上的，也有种族、历史、心理上的，宗教只是其中很小的一个侧面。但是，当把这个侧面作为一个坐标点与所有侧面相关联，体悟其一种特殊的整体效果时，人们会感到，人类和历史是那么的多姿多彩，事物的本质不论从哪里入手去考察，又那么的殊途同归。"②

（一）宗教与政治是双向的互动

宗教与政治的关系还是个极具挑战性的话题。关于这个话题，国内外相关论述已有很多，国内著名宗教学家吕大吉早在30多年前就在其《宗教学通论》中设"宗教与政治"专章讨论。他分析的基本思路是将宗教与政治的互动追溯到原始时代晚期，重点分析了阶级社会中的宗教与政治，特别是宗教与阶级的关系和宗教与群体性政治生活的关系。在阶级社会中，宗教为统治阶级服务，同时也为统治阶级所利用。除了阶级之外，宗教与政治的互动还表现在国家治理、政教分离、宗教与政党、宗教与国际关系等方面。③ 最近几年，我国宗教学界有关宗教与政治的论著多了起来，如徐以骅主编的《宗教与美国社会》④，卓新平的《"全球化"的宗教与当代中国》⑤，张战、李海君的《国际政治

---

① 辛旗：《诸神的争吵》，引言第1页。
② 辛旗：《诸神的争吵》，引言第1页。关于这方面的事例与分析，还可参见王志平主编：《硝烟中的沉思——当代世界武装冲突中的民族宗教问题研究》，中国社会科学出版社2003年版。
③ 吕大吉先后主编《宗教学通论》（1989）和《宗教学通论新编》（1997），后在此基础上，为了适应教学需要而撰写《宗教学纲要》，参见吕大吉主编：《宗教学纲要》，第270—288页。
④ 徐以骅主编的《宗教与美国社会》，由时事出版社出版，至2020年已出版20辑。
⑤ 卓新平：《"全球化"的宗教与当代中国》，社会科学文献出版社2008年版。他在上编中分章论述了宗教与政治（包括宗教与政治、宗教与政党、宗教与政权、宗教与政府）、宗教与法治（包括对国外宗教法规的关注、中国的宗教立法及其法治化）、宗教与社会（包括马克思主义经典作家对宗教与社会关系问题之答、对宗教社会功能的评说、国际社会与中国社会中的宗教）等。

关系中的宗教问题研究》①，顾肃的《宗教与政治》②，刘义的《全球化背景下的宗教与政治》③等，都在学术界产生了重要的影响。应当说，现实生活中宗教与政治的互动，既对理论提出了挑战，同时也为理论思考提供了创新的动力和空间。

宗教与政治都不是孤立的现象或事项，而是处于持续的互动关系中。宗教与政治是两种不同的人类历史现象，也是两种不同的社会文化事物，它们之间的相互作用不是抽象的，而是由具体的人以及由人组成的社会群体来推动的。"诸神的争吵"实际上是信仰诸神的人们在争吵。宗教与政治的互动是直接涉及人们利益和社会发展的、非常具体的和操作色彩相当强的社会事件和社会运动过程。无论是一元宗教的社会还是多元宗教的社会，无论是政教合一的体制还是政教分离的体制，历史上的各种政权和宗教群体为了寻求社会的稳定和发展，为不失其本而又恰当地把握宗教的两重性，并在宗教与政治之间建立某种和谐的或相互容纳的关系，做出了各种各样的努力，如何认识和把握宗教与政治的互动关系，不仅是一个理论问题，也是具有实际意义的问题。

"政治"出现于人类文明史上公共权力与国家形成的过程中。最初

---

① 张战、李海君：《国际政治关系中的宗教问题研究》，中国社会科学出版社2009年版。他们在书中论述了宗教与国际政治的关系、历史上的宗教冲突及其对国际政治的影响、宗教的国际化、宗教的异化、传统宗教的复兴、当今国际政治中的宗教因素、宗教对话与和谐世界的构建等。

② 顾肃：《宗教与政治》，译林出版社2010年版。他在书中分别讨论了宗教与统治意识形态，欧洲中世纪政治神学，宗教改革与政权的关系，政教关系模式，政治与宗教分离，宗教与法治，宗教与社会主义，宗教与统治者，宗教与被统治者，宗教与民主政治，宗教与政党，宗教与文明的发展，宗教与民族国家认同，文明和宗教的冲突，宗教宽容、对话与和谐世界等问题。

③ 刘义：《全球化背景下的宗教与政治》，上海大学出版社2011年版。他以宗教社会学的新范式为出发点，讨论了全球化与宗教变迁、全球宗教复兴及宗教政治、全球宗教政治的三重逻辑、全球处境中的政治伊斯兰、美国政治中的福音派与基要派、全球处境中的伊斯兰与西方、全球宗教极端的政治属性、全球化背景下的宗教治理以及后一世俗化时代的宗教观。

的政治管理是自发产生的。但是政治的基础却不是出于人类群体生活的本能。它是人类群体为了延续和发展，形成某些规则以协调利益的结果。它是任何一个有序社会的重要设置。在社会生活中，由于人们所努力追求的许多价值（权力、威望和收入）供给严重不足，因而每个社会都面临着破坏性的紧张冲突。所以，在每一个社会里，总是允许将一些手段（在不同社会这些手段是不一样的）作为保持或维护稀有价值的方法。政治就是这样一种社会设置，它表明强权应该如何使用，由什么人来使用，以保证人们采用被允许的方式取得稀有价值。①

一般认为，作为社会管理之公共权力的政治，早在国家形态出现以前就已经存在于世界各地的原始部落中了。在氏族—部落社会，不仅氏族内部成员的行为需要规范化，氏族成员之间的关系需要秩序化，而且氏族之间，除了婚姻关系、交换关系之外，还有因占有生活资源或配偶而形成的利益冲突和战争。因此在氏族—部落社会形成的最初阶段，不仅出现了超越于个人之上的以氏族为单位的集体利益，而且出现了旨在维护氏族—部落社会秩序、协调氏族—部落内外利益关系的集体意志，以及体现这种集体意志的公共权力（对个人而言，这种公共权力具有超越的、强制的和异化的性质）。由追求和维护这种群体利益所产生的集体意志和公共权力，就是最初的政治。

在原始氏族制社会里，政治的基本内容是处理氏族部落社会中人与人的关系，而当社会出现阶级分化之后，政治的基本内容则逐渐从处理一般的人际关系演变为处理不同阶级之间的阶级关系，集中表现为阶级斗争。在这两种不同性质的社会体系中，政治有不同的含义和性质，也有着发展上的联系。因此，政治是人们在一定基础上围绕着特定利益，借助于社会公共权力来规定和实现特定权利的一种社会关系。在这个意义上，政治不仅使人们为满足自己的利益要求而结成特

---

① 何其敏：《论宗教与政治的互动关系》，《世界宗教研究》2001 年第 4 期。

定的国家、政党、政治团体等政治力量，而且使人类社会在政治力量的对比关系中形成政治制度，并依据特定的政治权力关系进行政治利益（亦直接或间接地影响到经济利益）的分配。

政治的特性及其在社会生活中的作用，使它成为一种超越于个人之上的社会管理力量和重要的价值取向。而宗教的神圣性和不可抗拒性，决定了它无论作为社会文化还是作为社会力量，都不可避免地会与政治形成这样那样的互动。杜尔凯姆在谈到宗教本质时指出，宗教不是别的什么，它就是社会本身。作为由人组成的同时又超越个人的力量，社会是对人的一种异化，宗教又将这种异化神圣化。而产生于人类社会的宗教，在将社会神圣化的同时，亦使自己超越于个人和社会。宗教的本质属性及其历史演变使得它与政治的互动关系要比它与其他社会文化范畴的关系更为复杂。

宗教信奉神灵或神秘（或神圣）力量，追求的是灵魂的解脱或得救。从这一点来说，宗教总是有超越现实的或与现实保持某种距离的一面。在宗教信仰中，只有天国（天堂或西方净土等）才是最神圣的、最完善的和最美好的（那里没有饥饿、没有病痛、没有战争、没有不平等……）。而人间的政权无论实行什么制度，社会无论怎样繁荣，以宗教的终极标准来看，都是不完美的、不神圣的、不美好的，充其量只是对那个神圣王国的模仿。宗教总是有一个作为现实社会对应物的超越的理想天国，总是有一个比现实世界美好千百倍的彼岸世界。一旦宗教没有了这个属性，宗教就失去了自身的独特性。在这一方面，宗教所扮演的先知角色，既可以是人类孜孜不倦求索幸福之本性的折射，是推动人类社会（包括政治）不断走向合理化的动力之一；也可以是以神圣的名义，把自身作为忠诚的对象，甚至将极端主义的催化剂投入冲突的反应堆中，成为制造社会分裂的动因。

任何宗教，只要是生存于现实社会之中，就不能不对现实生活有所扬弃，在价值上有所取舍①，即使是隐遁于深山密林的虚无主义宗教，也于无形中对现实世界做出了一种评判。无论宗教多么虔诚地处理人与天国的事务，总会不可避免地涉及尘世，总是会或主动或被动地与世俗政权打交道。在功能理论看来，宗教涉及的是那些超出日常生活经验范围的经验——它所包含的是对于某种来世的信仰和反应。所以宗教恰恰是在知识和技术不能提供适应性手段或调节机制的人类生活领域才有社会学的意义。在这方面，宗教的功能无非就是提供这样两种东西：一是在关于来世的广阔视野下，为现实生活中的不满和挫折提供意义；二是为促进与来世的联系提供一种仪式工具。在一个稳定社会中，宗教是个人和集团追求终极价值的工具，一种从失败到成功的补偿，但绝不是对这些价值的否定。在这一方面，宗教彰显出牧师的职能：它可以把人们的不满情绪缩小到最低限度；宗教通过提供某种宏观的、不可验证的解释，为处于生活变化无常、社会动荡不安的人们提供安全感和终极意义的解释；宗教对社会规范和价值观念的神化，可以维持群体目标并控制个人的欲望和不利于群体利益的冲动。

宗教的花朵虽然盛开在天国，但宗教的枝干却扎根于尘世。宗教的这种两重性是宗教本质的必然结果。在这个意义上，宗教无论作为历史文化还是作为社会力量，都不可避免地会与政治形成这样那样的互动。而且，互动的内容与作用方式，总是受到社会生活及其发展变化的制约。远古时代的人类关注的焦点之一是自然界能否提供充足的食物，在那个相当长的历史阶段的宗教活动中，自然崇拜占了相当大的比重。那时作为公共权力化身的氏族（或部落）酋长，不仅履行对

---

① 波尔赫克（Jams Borhek）和柯蒂斯（Richard F. Curtis）指出大多数信仰体系所具有的特征：（1）具有规定什么是善、什么是恶的"价值判断"；（2）具有用以信仰体系判断所观察到的东西和新的信息的"评价标准"；（3）具有把这个信仰体系中的实体因素与其他因素联系起来的"逻辑"；（4）具有决定这个群体如何与别的群体和世界发生关系的"观点"；（5）具有关于神圣事物的某些"重要的信念"；（6）具有关于行为的"规范与禁忌"；（7）有一些达到有价值的目标的手段和技能所构成的"技术"。（参见《信仰社会学》，纽约约翰·威利出版社1975年版，第9—15页）

内协调氏族成员关系，对外代表本氏族根本利益的职责，而且还要代表氏族（或部落）与神灵世界打交道，主持祭祀仪式，祈求猎物丰盛或风调雨顺。在这个过程中，氏族首领自然得到一定程度的神化（有一系列的禁忌使之变得神圣不可侵犯），并享有一定的特权，这无疑也极大地增强了氏族首领的行政权威。然而远古时代人们对群体生殖力的关注，又使得作为氏族化身的酋长必须保持旺盛的生命力，一旦他的身体显示出衰老的征兆，无论他多么有权威，也不论他曾经立下多么大的功劳，人们都会毫不留情地将他处死，代之以新的年轻力壮的酋长。[1]虽然神化酋长和残杀酋长表现为两极对立，直观上是个悖论，但在观念的底层和社会的根源上却是一致的，即谋取社会群体生存和发展的最大利益。在这种最质朴的但却极具普遍性的历史现象中，十分明显地表露出宗教与政治的互动方向和内容扬弃，最终不是取决于人们的观念逻辑，而是取决于人们的社会利益。

因此，宗教与政治的互动关系，不同于宗教与艺术主要地互动于审美的或超越现实的层面，不同于宗教与科学主要地互动于宇宙观和方法论的层面，也不同于宗教与道德主要地互动于伦理体系和人生准则的层面，而是主要地互动于社会的权力结构和利益分配层面（但会波及社会生活的各个层面）。宗教与政治的互动关系，要比宗教与其他社会文化范畴的互动关系更为复杂，对人类社会生活和历史进程的影响也更为重大。即使在近现代政教分离的社会结构中，在世俗化的潮流席卷世界的今天，人们依然可以明显地感受到这种张力对政教关系的作用。[2]

（二）宗教与政治之间是复杂的互动

在某种意义上，任何科学研究都是在研究"关系"。在任何关系

---

[1] 弗雷泽的《金枝》一书中，生动翔实地描述了祭司兼国王、巫师兼国王、处死神王等现象。
[2] 参见英格：《宗教的科学研究》，金泽等译，第18章；何其敏：《论宗教与政治的互动关系》，《世界宗教研究》2001年第4期。

中，都至少会有两个事项或范畴。科学研究当然要探讨这两个事项本身，但更多地是研究它们之间的互动和互动带来的各自变化（因为任何事物都不是孤立存在的，唯此才能更清晰地认识事项本身），以及这些变化对事项本身及其进一步互动的影响。为了弄清事项的究竟，科学研究必须采用"定格"的方法，即从一个切面进入事项，加以描述和分析；然而事物总是在相互作用中存在的，因而科学研究亦需以动态的眼光观察事物，即观察 A 事项与 B 事项的关系是历时性还是共时性的，还是既历时又共时的，等等。而且随着研究的展开或深入，人们会发现，A 事项与 B 事项的互动也不是孤立进行的，它们还受到 C 事项、D 事项、E 事项……的影响，A 事项与 B 事项的互动，既受到 C 事项、D 事项、E 事项……的影响，反过来，A 事项与 B 事项的存在与互动也影响着 C 事项、D 事项、E 事项……的存在状态和变化。[①]

探讨宗教与政治的复杂关系，一种思路是快刀斩乱麻，笼而统之，将复杂多样的诸现象群或宗教与政治的复杂互动压缩在一个层面内，概括为几个要素或几组关系。其好处是将复杂的问题变得简单明了，但优点有时也是缺点，这也易将不同层面的问题混杂在一起，使原本复杂的问题变得更加纠缠不清。另一种思路则是尽可能地还原事物和现象的复杂性，尤其是体现其所涉及的不同层面和不同领域。[②] 例如，

[①] 很多学者都强调要视野广阔和透过现象看本质。如张战、李海君指出："宗教与国际政治二者是久已存在的社会现象。宗教是人类童年时代为自己创作的一种精神食粮，而国际政治也不仅仅是现代民族国家的博弈和游戏，古代城邦国家之间也存在政治关系。谈到宗教，人们就会联想到宗教冲突，其实，在人类历史上，纯之又纯的以'神'为信仰对象并为信仰而战的宗教冲突是不存在的，所谓的宗教冲突只不过是打着宗教旗号的人与人之间、集团与集团之间、国家与国家之间的权利之争。探讨国际政治关系中的宗教问题，旨在从宗教与国际冲突的互动关系中寻求其背后的国际政治经济矛盾运动，以及这种矛盾运动的后果对宗教的影响。"（参见张战、李海君：《国际政治关系中的宗教问题研究》，第1页）

[②] 张训谋在《欧美政教关系研究》中指出，对政教关系的理解应有不同层次，广义上的政教关系应包含较为广泛的内容，具体讲有三对关系：（1）意识形态层次上的宗教与政治之间的关系；（2）权力主体层次上的教会与国家之间的关系；（3）社会事务层次上的宗教团体与政府之间的关系。而狭义上的政教关系应主要指宗教与政府之间的关系。（参见张训谋：《欧美政教关系研究》，宗教文化出版社2002年版，第3页）

生活在现代社会中的我们，每个人都能直观地看到，在宗教与政治的复杂关联中，个人、宗教团体和政府，处于三个不同的层面并由此形成不同的关系组合（表 7-1）。

表 7-1　个人、团体、政府间的 6 种互动组合

	个人	团体	政府
个人	√	√	√
团体		√	√
政府			√

简单地看这三个因素，会形成个人与个人、个人与宗教团体、个人与政府、宗教团体与宗教团体、宗教团体与政府、政府与政府共 6 种关系。然而，现实中的个人和团体都有信仰上的不同，而政府亦有有主导宗教与无主导宗教之别，因而三种因素间的互动至少会有 16 种关系组合。（表 7-2）

表 7-2　个人、团体、政府间的 16 种互动组合

		个人		团体		政府	
		相同	不同	相同	不同	有主导宗教	无主导宗教
个人	相同	√		√		√	
	不同		√	√	√	√	√
团体	相同			√		√	
	不同				√	√	√
政府	相同						
	不同					√	√

具体说来，在个人层面上：（1）信仰相同宗教的个人与个人之间的关系；（2）信仰不同宗教的个人与个人之间的关系。在团体层面上：（3）信仰相同宗教的团体与团体之间的关系；（4）信仰不同宗教的团

体与团体之间的关系；（5）信仰相同宗教的团体与个人之间的关系；（6）信仰不同宗教的团体与个人之间的关系。在政府层面上：（7）有主导宗教的政府与相同主导宗教政府间的关系；（8）有主导宗教的政府与不同主导宗教政府间的关系；（9）有主导宗教的政府与无主导宗教政府间的关系；（10）无主导宗教的政府与无主导宗教政府的关系；（11）有主导宗教的政府与相同宗教的团体之间的关系；（12）有主导宗教的政府与不同宗教的团体之间的关系；（13）有主导宗教的政府与相同宗教的个人之间的关系；（14）有主导宗教的政府与不同宗教的个人之间的关系；（15）无主导宗教的政府与宗教团体之间的关系；（16）无主导宗教的政府与信徒个人之间的关系。其中的（7）（8）（9）（10）四种关系主要涉及国际关系（偶尔也涉及一国之内有两个或多个政府的局面），而其他 12 项则既可能是国内问题，也可能涉及国际事务。实际上，还有无主导宗教政府与无宗教信仰个人之间的关系，无主导宗教政府与无宗教信仰团体之间的关系等，但它们已不属于我们在此讨论的宗教与政治范围。

显然，16 种互动组合要比 6 种互动组合更为复杂，但恰恰是认识到这种复杂性，表明我们理解宗教与政治互动关系的细致程度与深度，也意味着我们对宗教与政治互动的观察和解析能在多大程度上更符合实际。当然这 16 种关系绝非宗教与政治间复杂互动的全部，我们之所以在提出 6 种互动关联后又提出 16 种互动关联，是想表明一种研究的理路，即在研究宗教与政治的过程中，尽可能地将复杂的现象条分缕析，归入不同的层面，并在不同的层面进行探讨，切忌将现实的多层次现象在认识上"压缩"成一个非黑即白的平面，或不分青红皂白地"一锅煮"。如此得出的结论看似清爽，但很难说在多大程度上符合实际；若以之付诸行动，也很难说能否落地。

我们在把握复杂的现象群时，固然需要提纲挈领，然而仅仅就现象论现象，不仅难以超越现象，而且易陷入庐山究竟是"岭"还是

"峰"的无谓之争。高屋建瓴或"一览众山小"的境界，乃是人们穿越现象帷幕，俯瞰万物的升华。当然，从"知其然"跨越到"知其所以然"，知易行难，不仅要有悟性，而且要方法得当。在这方面，有三种对我们的研究很有启发的方法路径：

首先是格尔茨（Clifford Geertz）在《文化的解释》中所倡导的"深描"。所谓"深描"是格尔茨从英国哲学家赖尔（Gilbert Ryle）那里借用来的概念。赖尔说两个小孩都做出眨眼睛的动作，但其中一个可能是眼皮的抽动，另一个却可能是在传递信息。而且这是一种特殊的信息传递方式：它是有意的，针对特定的人，承载一条特定的信息，信息根据社会所公认的编码，为特定的人所理解而又不为其他人所察觉。赖尔认为在纯粹身体的或"浅薄"的描述中，这两种运动都可以同样地被描述。但是当我们细微地解释其意义成分，即身体运动的"意味"时，两种行为就大不相同了。一个是没什么意义，另一个却意味很多。而包含情感意义的"深描"，表明了眨眼与眼睛抽搐有决定性的不同。对宗教与政治的研究也不能仅仅是描述现象，而是要"深描"以挖掘其意义。[①]格尔茨借用这一概念说明，所有的人类学家，总是在做"深描"的事情。人类学家的目的绝不仅仅是描述一个部落或氏族的结构，揭示仪式的成分，而是通过描述实际发生的事情，描述人们在发生的事情中所要达到的目的。人类学家的任务是识别意义，揭示人们所做所为背后的意图，揭示其对整个生活的意义和他们的仪式、结构和信仰中的思想。

其次是宗教现象学方法，尤其是达瓦马尼所倡导的"历史的宗教现象学"方法，即对一系列类似现象相互比较，辨别其在文化整体中的更深层含义，并使之变得完全可以理解，也就是说，揭示宗教演变历史所提供的意义。"宗教现象学起源于对专家们在不同文化领域里所

---

① 格尔茨：《文化的解释》，纳日碧力戈等译，第11—13页。

搜集到的、事实上是宗教现象的所有材料的一种概要性的洞观。……宗教现象学希望追寻这种现象在历史上的生成和转变的历程，而在其发展规律上来把握它。"① 更重要的是，"我们所需要了解的最重要东西是所发生的事件的意义。这种深层的理解只有通过宗教现象学才能达到。宗教现象学给自己设定的最重要的任务是从复杂多样的宗教现象中区分出不同的结构。唯有结构才能帮助我们不依赖于它们所处的时间空间位置以及它们对特定的文化环境的依附，从而发现宗教现象的意义"②。

最后是英格在其《宗教的科学研究》中所倡导的"宗教场域论"。他认为场域论更关注个人和社会的因素，并将其与对部分—整体关系的探讨结合在一起。场域论的探讨，既运用直线的方法，也运用反馈因果的模式。场域论"并不假设系统的正常状态"，它关注的是社会结构、文化以及个性影响之间的各自作用，关注个人内部、个人之间、社会内部以及社会之间的冲突，"同时也研究它们结为一体的作用影响"。③ 英格将自己的场域论概括为十个要点：（1）社会秩序与统一的价值体系相关，这一体系规定了公认的手段和目的，促进二者的相互作用，有助于控制个人在追求稀有价值时出现的冲突与因挫折和失望而产生的敌意。（2）社会秩序与"权力关系"即统治与臣服的结构模式相关。这些模式在一定程度上反映了价值，也在一定程度上向价值提出了挑战。（3）在条件不变的情况下，价值系统主要是自我强化的，通过社会化的方式灌输到社会成员的个性里面。（4）社会结构的变化（因流动性、技术革新或其他原因所致）经常导致"不适当的社会化"。当这种现象多次出现时，权力关系中固有的利益冲突变得比较明晰了。（5）政治性强制可能随着社会越来越多元化，流动性越来越普遍而变

---

① 达瓦马尼：《宗教现象学》，高秉江译，中文版序言。
② 达瓦马尼：《宗教现象学》，高秉江译，第13页。
③ 英格：《宗教的科学研究》，金泽等译，第132—133页。

得越来越重要。然而这种秩序的根源,依旧取决于秩序的自我加强;而且,它提出对个人利益使用政治权力的新问题。(6)在某种情况下,宗教——既作为目标的规定者也作为手段的实施者——可能有助于解决秩序的问题。宗教通过仪式、象征物、信仰体系及其赏罚的教义,可能有助于培养社会化的个人,他们接受关于合法目的和手段的占统治地位的价值。这不仅对政治当局有益,而且也会对他们产生影响。(7)某些条件削弱甚至能颠倒宗教在社会整合中的位置。在一些地方,它会作为象征和原因,卷入社会冲突和秩序的变化之中。(8)宗教可能有助于维护一种从特定的价值看是不好的社会秩序,它也可能帮助毁灭一种从特定的价值看是好的社会秩序。(9)对所有的社会结构来说,整合和强制的平衡不必是一样的。在主要的组织机构中,强制与整合的平衡可能会有变化,人们也必须把这种提法仅仅看作是一个建议,在所有组织机构中,人们都能发现这两种特点。(10)适当地注意整合—强制过程,需要掌握关于相互作用之结构、文化系统以及个人倾向的信息。只有在牢固的、长期的稳定条件下,上述三方面的其中之一才能作为另外两方面适宜的索引,供人们进行较为简单的分析。①

格尔茨的宗教人类学方法、达瓦马尼的历史的宗教现象学方法,以及英格的宗教社会学方法在学科上殊途,但在求索上同归,他们都在提醒人们:要真正理解和把握事件或现象,绝不能停留在表面,必须沉下去或钻进去,揭示现象或事件之要素间的互动及其所蕴含的意义。为此,人们必须怀有强烈的问题意识,层层发问,促使我们的认识从表象进入"深描"。实际上,就宗教与政治的关系而论,我们每个人的心中都有一连串的追问:

在讨论宗教与政治时为什么要厘清不同的场域和层面?宗教与政治的关系是平面的还是立体的?如果是立体的,宗教与政治涉及哪些层

---

① 英格:《宗教的科学研究》,金泽等译,第174—176页。

面？宗教与政治的关系是单向度的还是互动的，一元的还是多维的？

在历史的向度上讨论宗教与政治，会涉及世界与中国历史上的哪些重大问题？宗教信仰有没有不同的状态（如自发的还是自觉的）？国家（以及后来的帝国）的出现及其对待宗教的不同态度和方式使宗教共存的格局发生了哪些变化？跨宗教跨族群的帝国所孕育的独立教团，为人类社会带来哪些创新、竞争和选择？主流宗教与非主流宗教的分野同宗教卷入政治的明争暗斗有何关联？

在意识形态层面上，为什么说宗教也是一种意识形态？宗教作为意识形态有什么社会和文化的作用？宗教作为意识形态与政治意识形态如何互动？为什么说意识形态只是宗教的诸多维度之一？

在宗教与政党政治的领域，政党对近现代社会政治生活有何影响？宗教团体与政党是什么关系？有无宗教政党？其特色如何？宗教领袖与政治领袖如何互动？在宗教与法治的领域，宗教与法律如何相互影响？宗教法与世俗法是何关系？

在社会层面，宗教与阶级、阶层、社会流动的关系若何？宗教与社会变迁如何互动？宗教运动、民族运动、政治运动如何互动？宗教制度与政治制度如何相互影响？宗教对国内政治格局的演变有何作用？就宗教自身而言，各宗教如何平衡自己的"出世"与"入世"？不同的宗教或教派如何看待彼此的"出世"或"入世"？

在国际关系层面，作为帝国（国家）权力之部分的宗教与作为文化的宗教，对个人和群体产生哪些作用？宗教与殖民主义、宗教与民族解放运动、宗教与文化自觉是何关联？

在战争与和平的领域，宗教内的暴力、宗教间的暴力、暴力中的宗教有何异同？宗教迫害与政治迫害有无关联？什么是宗教极端主义？什么是宗教宽容？宗教对话能否促进宗教间和谐与社会和谐？

诸如此类，还可以洋洋洒洒列出若干。但仅此而论，需要探讨的宗教与政治的相关问题已经很多，关键是能否一步一步地追问下去，因为这会将我们对宗教与政治的理解引向深处。当然，登高只能拾阶而上，我们首先应当厘清的是，宗教与政治的关系不是平面的而是立体的，不是单向度的而是互动的，不是一元的而是多维的，宗教与政治的互动是在不同场域和层面上发生和延续的。

二、政教关系：历史拐点与互动模式

近代以前，人类社会虽有宗教与政治的互动，却少有对其系统的探讨。也就是说，宗教与政治成为社会的和理论的"问题"，乃是以人类社会拉开国家帷幕始。其实任何历史事件的爆发与历史事项的形成，都不是瞬间的，皆有一个孕育和演化的过程；但是从量变到质变的飞跃肯定会有一个节点或标志，即此前与此后的事物及事物间的关系有着明确的转变。在宗教与政治领域，特别是在国际关系层面上有许多标志性的"象征"事项。我们在此讨论其中的两个，即中国远古时代的"绝地天通"和欧洲1648年缔结的《威斯特伐利亚条约》。

（一）两个重要的历史拐点："绝地天通"与《威斯特伐利亚条约》

为什么中国的政权与宗教的关系走的是不同于西方的路？原因很多，其中之一是在很古远的时候，曾有过"绝地天通"的宗教改革，这在世界历史上是很独特的。

所谓"绝地天通"，《尚书·吕刑》记载，黄帝曾在打败蚩尤后派重、黎"绝地天通"。这是中国在进入夏商周国家社会之前，由政治统治集团实施的宗教改革。《尚书·吕刑》中只提到"绝地天通"四个字，其来龙去脉如何，其内容如何，都没有明确的阐示。到了战国之际，有个政治人物看到这四个字不明其意，咨询下属，于是就有了《国语·楚语》所记载的一场对话：

昭王问于观射父曰：《周书》所谓重、黎实使天地不通者，何也？若无然，民将能登天乎？对曰：非此之谓也。古者民神不杂，民之精爽不携贰者，而又能齐肃衷正，其知能上下比义，其圣能光远宣朗，其明能光照之，其聪能听彻之，如是则明神降之。在男曰觋，在女曰巫，是使制神之处位次主，而为之牲器时服。而后使先圣之后之有光烈，而能知山川之号，高祖之主，宗庙之事，昭穆之世，齐敬之勤，礼节之宜，威仪之则，容貌之崇，忠信之质，禋洁之服，而敬恭明神者，以为之祝。使名姓之后，能知四时之生，牺牲之物，玉帛之类，采服之仪，彝器之量，次主之度，屏摄之位，坛场之所，上下之神祇，氏姓之所出，而心率旧典者，为之宗。于是乎有天地神民类物之官，谓之五官，各司其序，不相乱也。民是以能有忠信，神是以能有明德。民神异业，敬而不渎。故神降之嘉生，民以物享，祸灾不至，求用不匮。及少皞之衰也，九黎乱德，民神杂糅，不可方物。夫人作享，家为巫史，无有要质。民匮于祀，而不知其福。烝享无度，民神同位。民渎齐盟，无有严威。神狎民则，不蠲其为。嘉生不降，无物以享。祸灾荐臻，莫尽其气。颛顼受之，乃命南正重司天以属神，命火正黎司地以属民，使复旧常，无相侵渎，是谓绝地天通。其后三苗复九黎之德，尧复育重、黎之后，不忘旧者，使复典之，以至于夏、商。故重、黎氏世叙天地，而别其分主者也。其在周，程伯休父其后也。当宣王时，失其官守，而为司马氏。宠神其祖，以取威于民，曰重实上天，黎实下地。遭世之乱，而莫之能御也。不然，夫天地成而不变，何比之有？

许多学者注意到观射父的说法与《尚书》的记载"略有出入"。牟钟鉴、张践认为，关键在于"绝地天通"是由"蚩尤作乱"引起的还是由于"九黎乱德"造成的？命令重、黎"绝地天通"的是黄帝、帝尧，还是颛顼？他们认为这种差错可能出于远古传说的讹误，也可能是由于在中原广阔的地域内，不止发生过一次剥夺民众祭祀天神权力的宗教整顿。①陈来注意到观射父的解释无意中将上古的宗教发展史概括为三个阶段：民神不杂、民神异业——民神杂糅、家为巫史——绝地天通，无相侵渎。在第一阶段上，已有专职事神的人员，而一般人则从事其他社会职业，不参与事神的活动，此为民神不杂，民神异业。在第二阶段上，人人祭祀，家家作巫，任意通天，此为民神杂糅、民神同位。其结果是祭品匮乏，人民不再得到福佑。在第三阶段上，绝地天通，恢复民神不杂的秩序。②但是了解点宗教发展史的人都知道，社会分工与职业专业化是社会发展到一定阶段才出现的，原始宗教的起点不是"民神不杂"，而恰恰是"民神杂糅"。而且即使在"绝地天通"形成垄断的政治神权之后，民间自发（且层出不穷）的"民神杂糅"依然存在。但是无论如何，陈来认为对"绝地天通"可做三点肯定：第一，中国上古曾有一个"家为巫史"，即人人作巫、家家作巫的巫觋时代；第二，上古巫觋的职能是促使天地的交通；第三，中国历史上的巫觋曾经历了一个专业分化的过程。③

然而从宗教与政治的关系角度看，"绝地天通"的历史意义在于，它是统治集团运用政治力量解决宗教问题，取得重大成果并改变宗教与政治关系格局的标志性事件。当然，"民神杂糅"的格局并非经此事件而彻底改变，在"绝地天通"之前的万千年间和其后的几千年间，"民神杂糅"的现象始终存在，但是在此之前，"民神杂糅"是自发的普遍状态，而在此之后，"民神不杂"是政治权力所要求的"合法"状态，"民神杂糅"则处于虽不合法但却存在，政治权力不想整治时便放任自流，想整治时随时可以整治的状态。另一方面，处于统治地位的

---

① 牟钟鉴、张践：《中国宗教通史》，第85页。
② 陈来：《古代宗教与伦理——儒家思想的根源》，第22页。
③ 陈来：《古代宗教与伦理——儒家思想的根源》，第26页。

政治集团虽然剥夺了民众祭祀天神的权力,形成垄断(将祭天权与统治权相结合),但不同朝代的政治统治集团将宗教放在社会文化格局的哪个点上,既有不同又有相承之处。大体而言,经过夏商周,虽然天帝还被尊崇为人世间政治统治的终极合法性的源泉,但政治文化(尤其是周代)不重视神灵崇拜,巫觋在政治结构中处于次要的或边缘的地位。"虽然周代鬼神祭祀具有更加完备的系统,但在政治实践上不具有中心的地位。政治实践领域的中心注意力转向了人事的安排和努力,特别是制度系统和规范系统。尊天的信仰仍在,但神灵活动渐渐退出政治领域,成为整个社会文化的终极性根源而已。"①

西方政教关系历史拐点的标志是《威斯特伐利亚条约》(Treaty of Westphalia)。这个条约是三十年战争(1618—1648)的结果。战争是解决政治争端的一种方式,但三十年战争的直接起因却是宗教纠纷。宗教改革运动兴起之际,正是奥地利的哈布斯堡王朝统治下的神圣罗马帝国皇权日益衰微,各邦诸侯割据称雄之时。当时德意志由于宗教改革和教派纷争陷入长期分裂:天主教的皇帝依靠他的亲属西班

---

① 陈来:《古代宗教与伦理——儒家思想的根源》,第206页。陈来还指出,中国文明在实际上,政治法则是由历史经验的不断试错而积累形成,社会伦理由共同体的需要而渐渐产生,造成了西周政治文化中"神"与"人"离异的结构特征:"神"越来越成为形式上的合法性基础,而"人"越来越成为实质性的合法性根据。在"王"与"民"间的关系上也是如此。在这种政治文化中,神人离异的关系并未失掉二者之间的某种平衡。如果破除这种平衡,一种途径是用神吃掉人,如中世纪西方文化那样。另一种途径是以人打倒神,如近代到现代不断发展的世俗文化那样。在历史发展的早期,人的宗教信仰尽管可有不同程度、不同形式,但不可能提供近代世俗国家的世界观基础。而中国文明实际所走的是第三条道路,这就是既不彻底消解神圣性,又不过分向世俗性发展,或者反过来说,既保留神圣性,又发展世俗性。保留神圣性是为了使价值仍能有超越的权威,发展世俗性则表明它早已经在相当程度上理性化了。这样一条道路从西周已经开始。周以后历代王朝莫不敬天法地,自称天子,岁时祭祀,以致形成了一套庄严宏伟的祭祀礼仪体系,这是保守神圣性的重要方式。虽然它也有政治的功能,但从文化整合的全体来看,其意义更应从文化上来加以了解。而政治文化和政治实践基本上与神圣性无关,而是另一套,正如加尔文教徒认定救赎与否决定于事业的成功与否一样,天命眷顾与否决定于善恶、决定于敬德保民的实效,崇德与民本的精神气质正是这样转化出来,并成为后来儒家思想的根源,中国文化的人文精神和历史理性也由此成长起来。(陈来:《古代宗教与伦理——儒家思想的根源》,第206—207页)

牙王室；基督新教和小诸侯则依靠瑞典、法国与荷兰；天主教的巴伐利亚以及科隆、列日、蒙斯特、帕德博恩、希尔德斯海姆又倾向于法国，反对西班牙。各种政治势力借宗教分歧发难，信奉新教（路德宗、加尔文宗）的诸侯和信奉天主教的诸侯在宗教纠纷掩饰下力图扩大自己的地盘并反对皇帝专权，分别组成"新教联盟"（1608）和"天主教联盟"（1609）。哈布斯堡王朝极力限制新教活动，争取天主教诸侯重振帝国皇权，并得到罗马教皇、西班牙和波兰贵族的支持。法国为称霸欧洲，意图使德意志保持分裂状态，支持新教诸侯反抗皇权；丹麦、瑞典早已觊觎北海和波罗的海的德意志领土和港湾；荷兰和英国则不愿帝国势力在北欧扩张，英国还企图削弱西班牙的势力。这些国家都支持新教联盟。1618年，捷克（波希米亚）爆发反对哈布斯堡王朝的起义，点燃战争导火线。先后经过波希米亚和巴拉丁战争（1618—1623）、争夺格劳宾登的斗争（1620—1639）、瑞典—波兰战争（1621—1639）、丹麦战争（1625—1629）和"归还教产敕令"、瑞典战争（1630—1635）与布拉格和约、斯摩凌斯克战争（1632—1634）、法国和瑞典战争（1635—1648）、瑞典—丹麦战争（1643—1645）。三十年战争是一场可怕的大灾难，混战各方都元气大伤。"整整一个世代，德国全境遭到各式各样无法无天的军队的烧杀抢掠、反复蹂躏。人口由1600万减少到不足600万。"[1] 1648年10月，参战各方达成和解协议，缔结了两个和约——《奥斯纳布吕克条约》与《明斯特和约》，合称《威斯特伐利亚条约》。

《威斯特伐利亚条约》是具有现代意义的第一个国际关系条约。其主要内容是（1）欧洲各国领土的局部分割：法国取得阿尔萨斯和洛林，并确认了先前取得的三个主教区；瑞典则获得了波罗的海和北海

---

[1] 沃尔克（Williston Walker）：《基督教会史》，孙善玲、段琦等译，中国社会科学出版社1991年版，第502页。

沿岸最重要的港口，并获得军费赔偿。（2）限制了皇帝的权力，承认了各诸侯具有独立的内政、外交权；还规定加尔文宗与路德宗享有同样的权利，制止了天主教对新教的迫害，教会财产的归属以1624年初持有的情况为准。条约对近代国际法的产生与发展起了重大作用：一是开创了以国际会议解决国际争端的先例；二是划定了欧洲大陆各国的国界，承认了国家的独立和主权，并将国家主权、国家领土、国家独立等原则确立为国际关系中应遵守的准则；三是首次创立并确认了条约必须遵守和对违约的一方可施加集体制裁的原则；四是承认基督新教与天主教享有同等的权利，打破了罗马教皇神权统治下的世界主权论，在帝国法庭中，天主教与新教的法官各占相等的人数；五是在欧洲开始确立常驻外交代表机构的制度，各国普遍设立了外交使节，进行外事活动。《威斯特伐利亚条约》不但结束了三十年战争，而且使神圣罗马帝国"事实上已不复存在"，在欧洲大陆形成了一个力量相对均衡的政治格局，建立了威斯特伐利亚体系——国际关系史上第一次以条约的形式肯定国家主义的国际体系，从而使国家主义具有了某种法律的意义。

人们关注的问题不同，对三十年战争的解读也不同，军事家看到的是武器与作战方式的转变；研究国际关系者看到的是现代国际体系的初创；政治经济学家看到的是战争使欧洲贵族的强势如大江东去和第三等级的崛起；而研究宗教史和比较宗教的学者们，则聚焦这一历史过程中宗教间的关系及其与政治的互动。例如 Jill Raitt 在《宗教百科全书》的《政治与基督教》一文中写道："从宗教改革始，西欧正在发展中的民族国家有了官方的国家教会，这种情况导致血腥的和充满仇恨的宗教战争。统治者为他的臣民决定宗教，而臣民则不得不皈依或远走他乡以避免可怕的后果（包括死亡）。领地也由此陷入了宗教战争，天主教与路德宗和加尔文宗作战，路德宗与加尔文宗彼此相战,他们三方又都迫害再洗礼派。"① 除了基督教内部的各派争斗与残害之外,"天主教徒和新教徒同样热衷于捉拿巫士运动,捕风捉影,1580 年到 1620 年间闹得最厉害,成千上万的人为之丧生"②。

这种将自己的宗教信仰推崇到极致,同时又将其排他性推崇到极致的思维方式与行为方式,不仅会掀起宗教狂热的高潮,而且会从根基上解构宗教信仰,特别是在信仰同一个神灵的宗教派别内部。早在《威斯特伐利亚条约》缔结 50 年前(即 1598 年),法国亨利四世颁布了《南特敕令》。那实际上也是在经过 32 年的胡格诺战争(1562—1594)血拼之后的各方妥协。敕令宣布天主教为法国的国教,全国恢复天主教的礼拜,已没收的土地和财产归还天主教会;胡格诺教徒则获得信仰与崇拜的自由,有权召集自己的宗教会议,在担任国家官职上与天主教徒享有同等权利;胡格诺教派还保留 100 多个堡寨,作为国王履行敕令的担保。"南特敕令实际上是交战双方妥协的和约。但它承认新教信仰自由,是欧洲第一个宗教宽容的法令。"③

战争过后,思想家们痛定思痛,纷纷反思,其中最著名的思想成果是洛克(John Locke)的《论宗教宽容》(1689)。洛克主张"必须严格区分公民政府的事务和宗教事务,并正确规定二者之间的界限",他强调这一点是"高于一切"的。公民政府的全部权力仅与人们的公民利益有关,并且仅限于掌管今生的事情,而与来世毫不相干。教会是人们自愿结合的团体,人们加入这个团体,是因为他们认为能够用上帝可以允许的方式礼拜上帝,以达到拯救灵魂的目的。所以,虽然

---

① 参见 Jill Raitt, "Politics and Religion: Politicsand Christianity", *Encyclopedia of Religion*, second edition, Macmillan Reference USA, Thomson Gale, 2005, vol. 11, pp. 7279-7284.

② 沃尔克:《基督教会史》,孙善玲、段琦等译,第 497 页。在科伦、美因斯、特里尔大主教区境内,就有 200 多个城市和 2000 多个村落被毁。人口的减少更为惊人。捷克居民在战前有 300 万,到战争结束时只剩 78 万。奥格斯堡城的人口战前 8 万,战后减至 1.2 万。(参见周一良、吴于廑主编:《世界通史·中古部分》,人民出版社 1972 年版,第 461—462 页)

③ 参见周一良、吴于廑主编:《世界通史·中古部分》,第 399—401 页。

任何教会都决不会因为宽容责任而容纳那种屡经劝告仍执意违反教会法规的人,但是任何个人都无权因为他人属于另一个教会或另一宗教而以任何方式危害其享受公民权利。"不论是个人还是教会,不,连国家也在内,总而言之,谁都没有正当的权利以宗教的名义而侵犯他人的公民权利和世俗利益。"① 尽管当时英国已实现各方妥协的"光荣革命"(1688),但是主张宽容的洛克仍担心受到不宽容的对待。据说洛克的这一著作最初是以拉丁文在荷兰匿名发表的,在社会上获得一定影响后,才由他的朋友译成英文。"在英国公开发表后,即遭到牛津大学女王学院的一个名叫尤纳斯·普洛斯特的教士的反驳。他认为,为促进'纯正的宗教',使用强制手段是正当的和合法的。"② 一个真理,或是对人类生活有助益的忠告,认识到已属不易,说出来则更不易(在许多情境下这需要勇气)。但只要是真理,只要是对人类生活有助益的忠告,早晚有一天会成为社会的共识。洛克论宗教宽容的主张,在今天虽然还不能人人接受,人人做到,但却已是大家耳熟能详并为许多人尊崇和践行的道理。③

从宗教间的相互争斗,甚至不惜假借政权力量相互迫害,到认识到政权与宗教需要分离和宗教间或教派间需要宽容,血与火的代价换来人类思想的升华。但从另一方面说,其实这也是无奈的选择。信仰一种宗教,甚至信仰一种"主义",如果不是将其视为绝对的真理和最美好的未来,就不可能有全身心的投入。而执着某种信仰的人们又

---

① 参见洛克:《论宗教宽容》,吴云贵译,商务印书馆1998年版,第5—15页。
② 参见洛克:《论宗教宽容》,吴云贵译,译者前言部分。
③ 黄裕生在《哲学在今天要面对什么问题和哪些经典》中讨论了"不宽容的思想不应得到宽容:多元原则界限和理据"的问题,他指出在全球化语境下被标举与奉行的多元原则,实际上包含三方面内容:第一,既然我们不得不与不同国家、各种文化、各种宗教打交道,那么,就应当倡导与尊重文化、思想、宗教的多样性。第二,不应追求与维护文化、思想、宗教乃至民族的单一性。第三,对于自己不喜欢、不熟悉、不赞同的思想、宗教与文化,应当给予忍耐,也即给予最低限度的接受。(《探索与争鸣》2017年第11期)关于多元社会如何看待不宽容的言行,既是个理论问题,也是个法律实践问题,需要引起更多的关注和探讨。

会从心底有一种与人分享，拯救自己亦拯救他人的冲动，盼望全世界的人都和自己一样虔诚地献身于这种信仰所倡导的生活。有时这种冲动过于热切，或者动用强力去迫使他人，或者将其他信仰视为异端加以迫害。然而现代社会已不是一家独霸的天下，虽然在博弈中还盛行丛林法则，但是你不让别人活，别人也不会让你活。相互残害的结果，不是共赢，而是两败俱伤。中国人讲和而不同，世界因为不同而使生活多彩，因为多彩所以要相容，而且也只有相容才能够多彩。

我们为什么要将这两个事件作为探讨宗教与政治关系的切入口？第一，政教关系不是从来就有的，而是在人类进入特定历史阶段中产生的，而且会随着社会发生阶段性转变而出现互动模式的转变。第二，一些重大的历史事件，乃是既往历史进程的结果，同时也是此后历史进程的新起点。这两个事件都位于历史进程的承上启下的拐点上。第三，这两个事件发生在不同地域和不同的时代，它们告诉我们，人类在处理宗教与政治的关系方面，有不同的路径及不同的结果。第四，许多历史事件的影响都不是单层面的，这两个事件就涉及宗教、政治和思想文化三个不同的层面，甚至还有其他的领域。其实在中外历史上，诸如此类的事件还有很多，它们影响了历史的走向和进程，并形成若干典型的互动模式。第五，从研究的角度看，观射父对《尚书》的阐释实际上是一种重新解释，也是一种话语建构。而当代学者对"绝地天通"与威斯特伐利亚体系的阐释又是一种重新解释，也是一种话语建构。这种重新解释是为了建构一种话语，而这种话语则体现了建构者的政教关系观。

（二）政教关系的模式

政教关系中的"政"和"教"是有特定指向的。"政"特指政府和国家，政府（government）是国家的行政机关，而国家（state）在广义上指政治上组织起来的全体人民，是"政治上组织起来的社会"，狭义则指与公民相对的政府机构。按照现代政治学的说法，国家的主要目的是维持秩序和安全，以及增进公民的福利；国家拥有以武力为后盾的一整套法律制度来实现其目的；国家行使权力限于固定的地域，在这个地域内，国家拥有"主权"。[1] "教"指的不是抽象的"宗教"而是实在的宗教团体（即所谓"教会"）。宗教与政治都是多层面和多领域的，人们常说的"政教分离"，指的是宗教团体与国家政权的关系，而不是宗教与政治的全部关系。因为进入文明时代以来，任何宗教都不再可能与政治无关，如同我们每个人都不再可能与政治无关。但是就实在的宗教团体与特定的国家政权而言，确有或分离或结合等不同的关系模式。

张践在《中国古代政教关系史》中提出四种政教关系类型：（1）政教一体型的"神权政治"，"几乎所有民族国家，都曾经经历过这一组织形式。宗教组织就是国家组织，宗教事务就是政治事务"。（2）政教依赖型的"神学政治"，"宗教组织不再与国家权力机构完全同一，但是由于宗教的重大影响，这些国家需要用宗教作为自己的政治意识形态，宗教组织则需要封建政权的支持，两者呈现出相互依赖的关系"。（3）政教主从型的"神辅政治"，"当宗教不再成为国家的政治意识形态，而仅仅作为政治文化的组成部分，则只能对政治权力发挥辅助作用"。（4）政教独立型的"法制政治"，"政治与宗教各自独立，平行发展，良性互动"，"政治权力的合法性依据建立在人民主权论的基础上，管理者的权力来自被管理者，并要受到被管理者的监督。宗教与公共权力相脱离，成为纯粹的私人事务，主要解决民众的精神问题"。[2]

---

[1] 按照米格代尔（Joel S. Migdal）的说法，国家是一个权力的场域，其标志是使用暴力和威胁使用暴力，并为以下两个方面所形塑：（1）一个领土内具有凝聚性和控制力的、代表生活于领土之上的民众的组织的观念；（2）国家各个组成部分的实际实践。（米格代尔：《社会中的国家——国家与社会如何相互改变与相互构成》，李杨、郭一聪译，江苏人民出版社 2013 年版，第 16 页）

[2] 张践：《中国古代政教关系史》，中国社会科学出版社 2012 年版，第 23—49 页。

刘澎也提出了四种类型的政教关系：（1）政教合一型。政教合一是指宗教权威与世俗权力的高度统一。在这种模式中，宗教领袖同时又是国家首脑。政教同体。宗教教义与宗教法典同时就是国家的法律，宗教利益与国家利益完全一致。国家的行政、司法、教育完全受宗教指导。宗教领袖对制定国家的内外政策拥有绝对权威，政府的一切活动都要体现宗教原则，维护宗教利益。与此同时，这种模式下的宗教是指特定的某一种受到官方认可的宗教，其余的宗教是没有这样的特权和社会地位的（如梵蒂冈、伊朗、沙特等）。（2）政教分离型。国家不支持、不禁止和歧视任何宗教。政府不干预宗教组织的事务，政府内不设管理宗教事务的行政机构。国家不征收宗教税，也不向任何宗教组织提供任何形式的财政补贴，涉及宗教的开支不得列入国家预算。宗教组织不干预国家的司法、行政、教育，也不接受政府的政治指导。政教关系完全由法律调节。在这种模式下，政府与宗教的法律关系是相互平等、平行、独立的，各宗教之间也是平等的（如美国）。（3）国教型。国家以某一宗教或教派为正统信仰，其政治、社会地位高于其他宗教或教派。国家领袖不是宗教领袖，但宗教领袖在国家政治生活中享有特权地位。国家从各方面鼓励和支持享有特权地位的宗教，包括提供财政上的支持。宗教组织对政府的行政、司法、教育等方面的工作享有监督指导权。政府设有专门负责宗教事务的机构和官员。在这种模式下，不属于国教的其他宗教或教派常常处于社会的边缘，或在政治上受到歧视。国家各项政策对国教的支持和对其他宗教的压制同样明显。这类国家与政教合一的国家的区别在于宗教与政府在组织机构上不是一套人马（如英国、德国、挪威、丹麦、芬兰、瑞典、希腊及绝大多数阿拉伯伊斯兰教国家都是此类）。（4）国家控制宗教型。国家权威高于宗教，政府通过行政管理机构控制宗教，宗教组织必须接受国家的政治指导，但不能干预国家的行政、司法和教育。对于不接受政府政治指导或不与政府合作的宗教、教派，国家不承认其合法性。宗教组织的活动完全置于政府的监控之下。政府与宗教组织的关系是政治上的领导与被领导的关系。在财务与人事上，宗教组织虽然具有相对的独立性，但受政府监管（如苏联、越南、朝鲜、古巴等国家）。刘澎认为这四种类型之中还可细分成若干层次。但"分类的标准主要是看宗教组织（教会）与国家的关系是相互平等还是一方依附于另一方"。他认为政教合一型由于政教同体，不存在政与教谁高于谁的问题，实质是神权统治。政教分离型中的政与教是相互独立的、平等的，双方互不隶属，也不存在高低问题。国教型是教高于政，最后一种是政高于教，这两种是两个极端。①

当然，人们不一定同意这种划分，例如德拉姆（W. Cole Durham, Jr.）和沙夫斯（Brett G. Scharffs）在《法治与宗教——国内、国际和比较法的视角》中，提出政教关系有十种模式：绝对神权制、国教、宗教身份制度（Religious Status Systems）、历史上获得优待和扶持的宗教、受到优待的宗教（Preferred Set of Religions）、合作式体制（Cooperationist）、妥协式体制或调和主义（Accommodationist Religions）、分离主义体制（Separationist regimes）、世俗控制体制（Secular Control Regimes）和主张废除主义的国家（Abolitionist States）。② 而厄本（Hugh B. Urban）则提出八种"战略的"政教关系模式：

（1）宗教组织与国家政权合一：宗教的亦即政治的。他以伊斯兰教为例，认为：

> 先知将军事威力、政治领袖与精神权威巧妙地结合在一起，但这长久以来已被消解为庸俗地操纵宗教以实现政治目的。然而

---

① 刘澎：《世界主要国家政教关系模式比较》，载刘澎主编：《国家·宗教·法律》，中国社会科学出版社2006年版，第10—11页。
② 参见德拉姆（W. Cole Durham, Jr.）和沙夫斯（Brett G. Scharffs）：《法治与宗教——国内、国际和比较法的视角》，隋嘉滨等译，中国民主法制出版社2012年版，第116—124页。

这种观点对伊斯兰教的关键有所误解，伊斯兰教作为一个整体世界观，并没有将"宗教的"方面与生活的其他方面区分开来，而且在服从上帝的整体态度中包含了社会、政治、经济和军事等领域。伊斯兰系统的教法学（shariah）提供了生活所有方面的行为准则，不仅包括精神的实践，而且包括家庭生活、商业、社会活动、政府管理和战争。正如 John Esposito 所指出的，传统的伊斯兰教最好不是描述为神学，而是一种法治即共同体由神圣的法律统治，它是最高的权威和上帝之道（Word of God）的体现。

（2）宗教权威高于政治权力。厄本指出，就其理想形式而言，古代印度的种姓系统提供了社会等级秩序的最明确的例证，在这种秩序中，宗教的或祭司（婆罗门）的阶级，在精神和形而上学上优越于王族或武士阶级（刹帝利）。祭司来自宇宙人的头，刹帝利出自他的躯干。尽管国王在权力和有形资本方面比较强大，但婆罗门总是在神圣性与精神资本方面更为优越。两者处于互惠的密切关系中。吠陀的祭祀仪式虽然有许多方式，但都精心设置了宗教权力与政治权力间的交换，在此过程中，婆罗门获得礼物和供养，而刹帝利则获得地位与合法性。当然，婆罗门对刹帝利的这种优越性，可能更多地是一种理想而不是实际情境。在整个印度历史中，宗教领域和精神领域之间有一种反复出现的张力，它不断地威胁国王的强大力量不要越界并不断重申它自己。

（3）宗教权力与政治权力相分离（相互依赖或竞争）。厄本认为中世纪欧洲的基督教虽然是由牧师、贵族和农奴组成的，但它不同于古代印度社会。贯穿中世纪教会的历史，主教与国王，教皇与皇帝是竞争的，有时还处于暴力的敌对状态。

或许宗教权威与政治权威之间，最显著的冲突是罗马教皇卜尼法斯八世（Bonifacius VIII，1294—1303）与法兰西的腓力四世（Philip IV，1268—1314），他们的冲突导致教皇被拘捕，并于1313年死于监狱，教会的"巴比伦放逐"从罗马到阿维尼翁（1378—1417），最后是教会的分裂，一边是法兰西的傀儡教皇，另一边是罗马一系列竞争的教皇。

（4）政治权力统摄宗教权威。厄本指出，"宗教的话语诉求于一个超验的、超人的和来世的权威源泉，它总是潜在地威胁政治权力，正因为如此，它也往往受到严密控制和限制，有时还受到政权的全面压制"。较早的例证有美国政府对各种美国土著人仪式（诸如太阳舞和佩约特仙人掌崇拜）的压制。最近的例证是1993年2月到4月BATF（美国酒类/烟草/火器及爆炸物管理局）和FBI（美国联邦调查局）对德克萨斯州韦科城大卫派（Branch Davidian）的攻击。在此事件中，政府代表不仅秘密渗透并监视该教派，而且还使用重型武器和坦克进行围攻，结果导致75人死亡，其中包括21名儿童。如果说像美国这样的后启蒙国家是建立在宗教与国家分离的基础上的，那么韦科城事件则表明，宗教权力说到底要服从政治权力和国家的武力。

（5）宗教从政治领域撤出。厄本指出，许多宗教群体，尤其是在受到政府压制期间，选择了与政治领域的总体脱离或撤出。宗教领袖转向一个超人的、永恒的权威源泉，他们总是宣称要超越仅仅是人间的政府，对于世俗政治的要求，或者忽视或者看作第二位的。耶稣基督的说教和早期教会在罗马统治下的生活，可以说是从中撤出的最明显的例证。基督主张他的"王不是今世的王"，同时劝告他的门徒把归于帝国的东西"交给恺撒"。作为一种末世论宗教，早期基督教在整体上关注的是即将到来的神圣王国，而不是当下的世界；因此它是以天国之更完美统治的允诺取消了当下世界的合法性。"宗教从政治中撤出之比较当代而又比较烦人的例证",是 20 世纪 70 年代由琼斯（Jim Jones）领导的"人民圣殿教"中 900 多人的自杀悲剧。

（6）宗教作为政治权力的帮工：现代国家中的宗教民族主义。厄本认为宗教民族主义或多或少地在殖民地和后殖民世界的各地以新的形式兴起，这构成了 19 世纪和 20 世纪的最显著特征。"一种改革的和民族的认同，一直是现代印度、斯里兰卡、以色列、伊斯兰世界的不同部分、科索沃、波斯尼亚等兴起的主要部分，甚至在美国，也出现新基督教对权力的要求。"然而在民族化的过程中，这些宗教传统往往清洗他们的异类或分裂的因素，以一种较同质的形式加以包装，以吸引最广泛的皈依者，并把履行明确的宗教实践作为一种爱国的义务。现代印度教持续地作为一种强有力的力量，推动着现代印度的政治。因此，印度的第一颗原子弹以印度的火神阿耆尼（Agni）命名，而"印度母亲神"（Bharat Mata）表现为一位强有力的公民宗教神灵，通常被描述为非常像杜尔迦（Durga）的一位女神，骑着狮子，周围是火焰的光环，而背景则是印度的地图。"正如人们在克什米尔的暴力和 2002 年在古吉拉特邦 2000 名穆斯林被屠杀的事件中所看到的，宗教民族主义的往往是恐怖的后果，在独立之后并没有减少，由此可以论证说，民族主义和恐怖在新时代可能会进一步增长。"

（7）政治的表现为宗教的：公民宗教。现代公民宗教最有力的例证之一，见之于美国。厄本指出：

> 现代世俗民族国家兴起的比较有意思和具有讽刺性的后果之一，是出现了公民象征、神话与仪式实践的强有力的新形式。在某种意义上，由宗教与政治分离所开放的空间，在许多例证中，似乎已被现代国家填满了：现代国家表现为一种准宗教的权力，被赋予自治、训诫的控制与潜在的暴力，公民则响应号召进行终极的祭祀。

然而与某种形式的宗教民族主义形成对比的是，公民宗教并不支持某一特定的传统，而是提倡一种十分暧昧的神圣权威（诸如上帝）和一套十分普遍的信仰（如宇宙的理性秩序、灵魂不朽和善恶行为的判断），它能够包容许多不同的信仰而不与众多少数群体相疏远。

美国还确立了一批公民宗教的神圣日期，诸如 7 月 4 日、感恩节（仪式地重演民族创生的神话）、总统日、退伍军人节、国旗纪念日、阵亡将士纪念日等。阵亡将士纪念日的活动，特别地建构了一种"死者崇拜，它将各种信仰的、种族的和阶级的群体组织化并加以整合为一个神圣的统一体"。这种美国风格的公民宗教，在 2001 年世贸大厦被毁坏后，以一种新的更为复杂的形式表现出来，宗教的修辞以各种各样的方式加以排列，以确保上帝"继续保佑美国"，以反抗新的"邪恶轴心"。

（8）宗教与政治权力的冲突：反抗、叛乱、革命与恐怖主义。厄本提出的最后一个类型，是诉诸某种终极的、超验的或永恒的权威源泉的一种话语形式，即宗教的话语还可以用来承载对政治权力的深刻挑战。"作为一种根本的动机，它可以作为针对统治秩序的反抗、叛乱和革命的最有力的资源。"宗教的反抗能够产生深远的政治后果，诸如甘地以 satyagraha（坚持真理）和 ahimsa（不伤害）与英国的统治展开非暴力的斗争，马丁·路德·金（Martin Luther King）在民权运动中使用基督教的修辞与"不服从"。然而当非暴力反抗无效果时，宗教运动可能转向较有进攻性的"叛乱"形式。厄本认为，"从根本上说，在适当的条件下，宗教叛乱和对权力的超验源泉的诉求，可以导致成功的政治革命"。1977 年，由什叶派穆斯林领导的反对伊朗国王的革命，或许以最明显的证据表明：面对全球化和跨国资本主义，宗教的重要性不仅没有减弱，而且重新表现为可供选择的强有力的意识形态。①

在厄本归纳的这八种"战略的"政教关系模式中，有些类型与前述四种类型相似，有些则不同。在此我们强调两个值得关注的方面：一是在第八种模式中，宗教与政治权力的冲突既不属于合一，也不属于分离，既不是政主教从，也不是教主政从，而是一种冲突关系（如反抗、叛乱、革命与恐怖主义等）；二是就某一宗教而言，它与政府的关系在不同的国度和不同的时代，不是一成不变的，如基督教最初是受到政府压制的，后来成为国教，再后来在某些社会又与政府"分离"。

（三）"政教分离"的张力及其变化

在复杂的政教关系现象中横向分类，提炼出互动的"模式"非常重要。然而对已经形成的范畴进行反思亦很重要，这可以深化我们的认识。比如人们常说的"政教分离"，通过回顾历史和比较分析，我们知道政教分离不是政教关系的全部，只是四种关系模式之一，甚至是八种关系模式之一。但反思并不能就此止步，因为"政教分离"本身是动态的和发展变化的，它自身也有张力，且张力的内涵也在不断地演变。

在欧洲历史上，并非一贯主张政教分离，即使是近现代，也是如此。16世纪的英格兰基督教神学家胡克（Richard Hooker）认为，教会与国家不能严格地分割开来。宗教在国民和统治者履行各自的职责过程中给他们以帮助和勉励，它是公正与和谐的源泉。② 基督教——几乎任何宗教——有其政治作用，但是，我们不能就此简单地认为教会是一项政治设计，或者像马基雅维利那样，认为宗教对于某些特定政治目的的实现用途极大。③ 在基督教占人口少数的国家，教会就必然

---

① 参见 Hugh B. Urban, "Politics and Religion: An Overview", *Encyclopedia of Religion*, second edition, Lindsay Jones, editor in chief, vol. 11, pp. 7248-7260。
② 胡克：《论教会政体的法律》第5卷，第1章第2节。
③ 胡克：《论教会政体的法律》第5卷，第2章第3—4节。

会从国家中分离出来，因为公民并不意味着就是教徒。可在"基督教的共和国"中，教会与国家有着同一个"实体"，有着同样的全体国民，只是被人们认作两个不同的"事件"或两种不同的功能。① 与信仰和理性的关系一样，教会与国家也相互支持。教会对国家予以协助，与国家一道将人们引至那个超自然的命运。国家关心人们美好的生活，而这就不可避免地意味着它要关心教会，关心真正的宗教。② 胡克认为国家无法避开宗教事务，尽管国家对宗教所关心的必然主要是外在的礼仪遵奉与信教立誓。人类法律只应外在地约束行为，可是在诸多情形下，某些意见倘若自由表达或任意放行，公众的统一又难以维持。国家机构应当关心真正的宗教的维系，但它无权决定何种宗教乃为纯正，不论如何，宗教观点无法强加于人。因此之故，一方面"在教会中，教义之间差异甚殊无可避免，并且也理当容忍"；另一方面"国家机构又有责于维持社会秩序稳定，维持教会与国家中的和谐与统一"。"对于破坏这种和谐与统一的行径，对于分裂社会的诸般冲突，对于煽动人们从事违背法律、反对社会的活动的观点，国家万万不能容忍"。个人意见与私人感情无法加以控制，因此理应予以容忍。但个人意见与私人感情的公开表达或付诸行动，不能超出人类法律所允许的适当界限，这种容忍须考虑共同利益而施以限制。③ 作为圣公会神学的奠基人，"审慎的"胡克虽对各种宗教迫害深恶痛绝，但无限制的宽容，在他看来，无论在政治上还是在神学上，又都似乎不大现实。④

　　欧洲的宗教信仰版图在5世纪西罗马帝国倾塌之后发生了剧变，

---

① 胡克：《论教会政体的法律》第8卷，第1章第5节。
② 列奥·施特劳斯、约瑟夫·克罗波西主编：《政治哲学史》（第三版），李洪润等译，法律出版社2009年版，第358页。
③ 胡克：《论教会政体的法律》第8卷，第6章第5节；第5卷，第62章第15节，第68章第7节。
④ 列奥·施特劳斯、约瑟夫·克罗波西主编：《政治哲学史》（第三版），李洪润等译，第359—360页。

曾经信守其他宗教的德意志皇帝和部落军事首领逐渐皈依了基督教，"他们发现在由各色人等组成的体制下，基督教无疑是扩张其统治权力的一个重要权威来源"。神职人员不仅支持德意志的基督教皇帝镇压部落教派，而且支持法兰克王查理曼大帝（Charlemagne，768—814年在位）和盎格鲁-撒克逊王阿尔弗雷德（Alfred，871—899年在位）作为他们的精神领袖。那些皈依了基督教的德意志首领，反过来也支持神职人员镇压异端的行动，并为其提供军事保护、政治支持以及物资帮助。德意志领土内的封建领主进一步以各种方式资助教会，通过向教会捐赠土地和其他财产，以获得对那些受赠土地的传教士、修道院院长的任命和控制权。① 在此后的几百年中，欧洲政教关系一方面随着信仰版图的变化而改变，另一方面随着政治、经济和社会的发展而改变，虽然有了欧共体、欧盟和欧元区，但政教关系始终没有形成统一的或大体一致的模式。②

英国的洛克与法国的托克维尔都主张政教分离③，但人们在谈论现实的政教分离时，往往以美国为代表，因为美国将这一原则付诸实践。然而从美国建国到今天的200多年中，政教分离原则的确立及其实践，也一直处于变动之中。尽管"清教徒、福音派、启蒙运动及共和主义的国父们，这四类群体所持的见解，构成了18世纪美国关于宗教自由见解的广阔而蜿蜒的天穹的四角。在天穹下累积着所谓宗教的'基本权利和自由'，即：（1）良心自由；（2）宗教实践自由；（3）宗教多

---

① 小约翰·威特：《宗教与美国宪政经验》，宋华琳译，上海三联书店2011年版，第16页。
② 关于欧洲政教关系的演变，可参见张训谋、雷丽华：《欧洲宗教与国家关系的历史演变》，《世界宗教文化》2013年第3期，第1—7页。
③ 托克维尔不是出于加强政治和削弱宗教而主张二者分离，相反，他认为通过二者的分离，宗教能够更好地发挥其对公民社会的有益作用。"假如宗教由于进入政治领域而造成这样的想法，即其信条应服从多数的决定，那么民主时代的宗教精神对社会的有益作用就会受到危害。只有依赖人对宗教的自然热情，只有避免与任何党派或国家结盟，宗教才能保持其对民主时代的人的控制作用。为了实现其政治作用，宗教必须保持强大努力，因此必须是独立的。"参见列奥·施特劳斯、约瑟夫·克罗波西主编：《政治哲学史》（第三版），李洪润等译，第781—782页。

元主义；（4）宗教平等；（5）政府与教会分离；（6）政府不得确立宗教。①但是当时的认识与今天的认识有很大的不同，伯尔曼（Harold J. Berman）提醒我们尤其要注意：

> 虽然常说宪法第一修正案规定了教会—国家分离（separation of church and state）原则，但实际上第一修正案中并没有"教会"一词，而是说"宗教"；也没有"国家"一词，而是说"国会"。而且，在18世纪末、19世纪初展开的关于联邦宪法及州宪法宗教条款的公开大讨论，很少提到"教会"与"国家"的关系；而是主要争论，"宗教"与"政府"相互不受控制要达到什么程度。实际上这才是麦迪逊（Madison）本人的真正用语。尽管杰克逊有句名言，第一修正案"在教会与国家之间竖起一道隔离墙"，但是认识以下这点非常重要，即当时的美国并不存在西方古典政治理论所称意义上的"国家"，也不存在（现在仍然没有）如下意义的"教会"：一是像罗马天主教会那种单一、普世的宗教实体——罗马天主教会从11世纪到16世纪一直在维系着一个与欧洲各种世俗政治体相抗衡的自治团体；二是像新教改革之后存在于欧洲各王国的那种国教。②

---

① 小约翰·威特：《宗教与美国宪政经验》，宋华琳译，第52页。
② 伯尔曼：《信仰与秩序——法律与宗教的复合》，姚剑波译，中央编译出版社2011年版，第208—209页。约翰·努南（John Noonan）也强调："教会与国家"是个极具误导性的题目。这个题目存在三重误导。它暗示有一个单一教会存在。但在美国，宗教信仰形成组织的方式多种多样。它暗示有一个单一国家存在。但美国有一个联邦政府、50个州政府以及许许多多的市政府，而且行政、立法、执法、司法机构之间权力分立，每个机构都拥有国家权力。尤为严重的是，"教会与国家"暗示存在两个相互疏离、互不冲突、比肩而立的不同团体。但是，教会和国家实际由个人组成，否则二者概不存在。这些个人有的信教，有的不信教；有的是平民，有的是官员。作为个人的一个方面，他们如果信教，通常组成教会。而另一方面，他们则组成政府。宗教团体和政府部门不仅并存共处而且重叠交叉。在很多时候，同一群人既是信徒又是掌权者。参见John T. Noonan, *The Believer and the Powers That are*, New York, 1987, p. 16。

虽然许多人都赞同"政府与宗教分离"的原则，但运用的价值取向却大相径庭。"人们必须假定，宗教服务于灵魂，而国家服务于肉体——或者宗教完全是个人化的、主观的、内在的现象，而政治与国家则服务于群体，处理和人们生存有关的外在事物，并且完全是世俗的。"但事实上，就像政教合一从来就没有完全重合一样，"这种完全的分离从没有成功过，因此它仍然是一种纯粹理论的可能性"。[1] 许多国家虽然在现实生活中已将宗教与政治明确划分为两个领域，然而在分离的程度上却大不相同。小约翰·威特（John Witte, Jr.）认为，政府与教会相分离的原则至少有五种不同的运用：第一，被援用为保护宗教不受政府干预的手段；第二，被援用为政府抵御教会的手段；第三，被援用为保护个人良心自由免受教会和政府干涉的手段；第四，有时被用于论述让某个州免于联邦政府对其地方宗教事务的干预；第五，还间或被用作保护社会及其成员的手段，使之免于不情愿地参与和支持宗教。[2] 虽然"禁止政府确立宗教"，但在18世纪的美国，各州政府还是会以各种各样的方式资助宗教。

> 官员将土地和动产捐赠给教会建筑、宗教学校和慈善机构；收缴宗教税和什一税来资助牧师和传教士；免除了宗教财产和牧师的税赋；为教会、宗教学校、慈善团体、传教团以及其他宗教机构的组建规定了特定的形式；支持在中小学和大学的基督教教育；宣布亵渎神圣、在休息日和宗教节日不必要的工作为违法；实行宗教宣誓并禁止异议者出任政府职位。

在早期，这种政府对宗教的保护和庇护形式只给予了所确立

---

[1] 约翰斯通：《社会中的宗教》，尹今黎、张蕾译，第164页。
[2] 小约翰·威特：《宗教与美国宪政经验》，宋华琳译，第71—75页。

的宗教，纵然对其他宗教予以包容，也只是让其凭借自身资源发展。在17世纪末和18世纪的殖民地，宗教多元主义的生长，常常使得这些州的特权和保护，逐渐延及已经确立教会之外的其他教会——这是以逐步递增的方式实现的：一个又一个的利益群体，一批又一批的教众，一个又一个的郡县，一个又一个的市镇逐步递增。但到了18世纪晚期，政府面对着一个艰难的宪法问题：是应该结束政府对各种宗教的保护？还是将政府保护一视同仁地延伸到所有宗教，而非以这样逐步递增的方式增加？考虑到在这个新国度里基督教——实际上是新教的优越地位，想来更为现实的是，政府一视同仁地对所有宗教予以支持。还要为犹太人严守星期日为安息日，以及教友会对宗教宣誓的强烈反感，予以特别的包容。（没有一位国父认真地考虑过，去包容奴隶所信仰的黑人宗教以及美国原住民的传统宗教信仰。）[①]

小约翰·威特还指出，在美国最初的150年里，关于宗教权利和自由实践的主要责任是由州来承担的。第一修正案的宗教条款只适用于国会，国会也根本没有制定关于确立宗教或禁止宗教实践的法律。为制定关于宗教自由的、可适用于本州并可由联邦法院实施的全国性法律，美国曾有许多尝试——最著名的一次，是在1875年至1876年间鼓动国会通过美国宪法的布莱恩（Blaine）修正案——但这些尝试都遭到了挫败。大多数宗教自由问题都留给了各州依据各自的州宪法来解决。这种常态直到1940年Cantwell v. Connecticut案和1947年Everson v. Board of Education案这两个里程碑式的判决后，才将第一修正案的宗教条款适用于州和地方政府，从而推动了关于宗教自由并可

---

① 小约翰·威特：《宗教与美国宪政经验》，宋华琳译，第79—80页。

由联邦法院实施的全国性法律的发展。①

简言之，政教分离，不是说宗教与政治分离或政治与宗教分离，二者"老死不相往来"，而是说无论是宗教方还是政府方，都不能谋求某种宗教上的特权。然而"政教分离"的实施和运行却是个历史过程，即使在美国，这中间也有许多变化。除此之外，教会与政府的关系也在发生微妙的变化。伯尔曼认为，"在如今的美国，宗教和政府的主要社会角色和功能已迥然不同。今昔对比十分明显"。一方面，在18世纪80年代，宗教在社会生活中扮演主要角色，政府则扮演尽管必要但相对次要的配角。而在20世纪80年代，政府扮演的是主要角色，宗教则扮演尽管必要但相对次要的配角。另一方面，在18世纪80年代（以及其后大约一个半世纪里），是宗教公开而有力地影响并指引政府在美国社会生活中的角色，而在20世纪80年代，很多方面则已完全不同，是政府在公开而有力地影响并指引宗教在美国社会生活中的角色。

> 就最后这点，用强烈或许还有些夸张的字眼来形容：二百年前，在具有重要道德维度的社会生活事务上，政府是宗教的侍女；而今天，在与个人信仰和集体敬拜相对的社会责任上，宗教是政府的侍女。②

在伯尔曼看来，宗教作为一种由公众来处理我们社会中主要社会问题的方式，这种价值几乎已经丧失殆尽。宗教日益变成信徒与上帝之间的个人关系上的事。虽然敬拜仍集体进行，教会继续在个人生活以及会众人际关系上发挥重要作用，但是一起做礼拜的人偶尔的聚会，对于解决社会需求，贡献毕竟是微乎其微的。随着宗教日益变成个人

---

① 小约翰·威特：《宗教与美国宪政经验》，宋华琳译，第123页。还可参见 John T. Noonan, *The Believer and the Powers That Are*, New York, 1987, p. 16。

② 伯尔曼：《信仰与秩序——法律与宗教的复合》，姚剑波译，第210—211页。

私事，政府的社会责任逐步扩大。社会越来越接近政府。①

从理论上看，有若干种政教关系与互动模式，但在实践中，政教关系要更为复杂和灵活多样。但是无论哪种关系模式，都不是说宗教与政治无关，而是说正因为有关，甚至可以说十分有关，才要制定或明确一个双方信守的行为规则。一个社会的宗教团体与政府关系如何，既取决于底线的划定，也取决于对底线的遵守。底线的划定需要社会的共识。所谓共识，不是某一方（尤其是位势较强者）的"制定"，而是政府、诸宗教群体、学界、非宗教民众等各方各界共同认定的底线。若能真正形成这样的底线，政府与诸宗教群体是可以相安无事的。"取决于对底线的遵守"这句话意味着可能出现对底线的突破（不遵守），突破者有自己的企图，遵守者有自己的期盼。如果有遵守有突破，政教关系格局就会出现不稳定状况。能否形成新的底线或改变现有的关系模式，就要看各方的力量与取向。

三、宗教与政治互动的主要层面

政教分离不等于宗教与政治无关。甘地（1869—1948）曾在自传中指出，"那些说宗教与政治无关的人，根本不知道宗教是什么"。政府可以和"教会"（或宗教团体）"分离"，但自从世界上有了政治，宗教的生存环境在政治上就不再"真空"，因此宗教也就不再可能与政治无缘。这不是说在任何事情上宗教与政治都搅到一起，而是说在社会文化的历史进程中，宗教是在多个层面上以多种方式与政治互动。当然，这些互动既有主动与被动的区别，也有内容与程度的差异。

宗教曾经是社会一体化的主要因素。特别是在与世隔绝的、尚未出现文字的社会里。在这些社会里，宗教、血缘、经济、政权和教育

---

① 伯尔曼：《信仰与秩序——法律与宗教的复合》，姚剑波译，第217页。

的组织形式没有明确的区分。部落或社会的范畴和宗教体系的范畴是一致的，宗教群体与政治群体实质上也是一致的。这类群体各自的神维护或体现本集团的价值；群体的信仰和仪式表示人们分享同一种命运。因为几乎没有宗教专职人员，不存在可能与政治结构相竞争的分离的宗教结构，所以，政治当局也没有这类的制度需要操纵，他们自己在观点上也完全受到其社会的信仰的束缚。在此格局中，政教分离是不可想象的，改变了民族就等于是改变了宗教信仰。在这种社会中，宗教的信仰和实践可能有助于培养欣然遵守社会规范的个体；依据神圣的奖赏制度，宗教会阻止那些未经过适当的社会化的人违背社会规范；宗教体系也可能建立和加强对拥有强权的人们利用强权的限制；宗教亦可以减弱由于对稀有价值的追求所造成的紧张冲突的尖锐性。尽管宗教与政治的这些关系甚至在流动的和复杂的社会中也是存在的，但宗教作为社会一体化的基本因素，只有在结构单一的，氏族成员的血缘同一、宗教同一、行为模式同一的，极稳定的社会中才能看到其最纯的形式。

　　古往今来，人们会有意识地推动或操作宗教与政治的互动，这既来自宗教力量，也来自政治力量。当社会形成多层的阶级社会后，统治阶级自然要求社会的宗教结构与社会的阶级结构相适合，与自己所维护的社会秩序相适应。因此，政治力量，无论是当朝的还是在野的，总是从本群体的利益出发考虑和处理政治与宗教的关系。一方面，他们会通过抬高宗教地位和受制于宗教价值观的形式，神化公共权力以及权力持有者[①]；另一方面，如果社会的宗教结构滞后于社会政治结构

---

① 在文明初期的古代世界里，国王或皇帝总是把自己的统治说成秉承神的旨意，或者像自称"天子"的中国皇帝，古埃及自称太阳神"拉的儿子"的法老；或者像古巴比伦汉谟拉比法典石碑的碑头浮雕像所象征的那样（汉谟拉比王从法律之神沙马什那里接过这部法典），把自己的施政律法加以神化，使之变得神圣不可侵犯；或者直接将国王神化，在古巴比伦的乌尔王朝和伊新王朝，国王被视为能够保护植物生长的达摩兹神，人们相信他的神力可以带来土地的丰产和国家的福利，因而以严格的宗教仪式来维护他的神力。

的发展，如果某种宗教的群体取向有悖于社会发展的总趋势，只要统治阶级的力量足够强大，就会运用政治权力推动（或操作）宗教结构的变化，纠正（或压制）某种宗教的群体取向[①]。一般来说，政治力量往往不是从思想观念或信仰来区别对待不同的宗教，而是从宗教的政治态度和是否有利于巩固社会秩序来取舍的。古往今来的政界人士之所以对宗教持有程度不同的疑虑或戒心，并不在于宗教所描绘的天堂究竟是七重天还是九重天，而是担心掌握一定群众的宗教团体变成异己的或反社会的力量，因而采取各种可以运用的手段消除各种可能出现的政治风险。[②]

从宗教的方面看，宗教是信仰团体，其信仰者也是生活于社会中的特定人群，自然有其自身利益。无论宗教内部结构的变化，还是宗教在社会生活结构中的地位变化，都会影响到特定宗教的整体利益，至少会使该宗教内部领导层的社会地位和权益有所变化，因此宗教团体必然会或主动或被动地对旨在改变社会结构的政治变革，做出积极的或消极的反应。一般说来，一种宗教对政治变革的反应强度，与这种政治变革对于社会结构的改变程度成正比，与这种政治变革对于该

[①] 在中国古代国家的形成过程中，曾有"绝地天通"。印度孔雀王朝的阿育王在长期征战之后，出于维护统治的考虑，采取尊崇多种宗教的政策，并把面向一切种姓、平和心性的佛教立为国教，改变了印度社会"婆罗门至上"的传统宗教格局。阿育王大力扶持和推广佛教的举措，不仅使佛教在印度本土兴盛广传，而且使佛教走出国门，逐渐成为世界宗教。

[②] 在中国历史上，政治力量（特别是统治集团）对于佛教的传入和传播，起了至关重要的推动作用。南朝梁武帝4次舍身同泰寺，令臣下以亿万钱奉赎；北魏献文帝建永宁寺，构高300余尺的七级浮屠，又于天宫寺造释迦立像，用赤金10万斤，黄金600斤；唐代武则天"铸浮屠，立庙塔，役无虚岁"，她曾命僧怀义造夹苎大像，其小指可容纳数十人，日役万人，"所费以万亿计，府藏为之耗竭"。但是随着宗教的发展，僧伽集团所赖以生存的寺院经济在官方和民间两方面的资助下，其膨胀的速度及其积聚的财力和人力，每每达到与政治国家争夺劳动力与赋税的地步，因而中国历史上尽管有不少崇信佛教的君主，但也有过四次较大的由封建帝王（"三武一宗"）发动的取缔或大大限制佛教的政治运动。究其原因，不外是封建帝王认为佛教从政治上或者经济上对于国家权力构成了威胁。通过遏制宗教（即使是支持当权者并曾受其扶持的宗教），世俗政权不仅获得了大量的人力、物力和财力，而且还促成意识形态的某种平衡。

宗教群体的利益的触及程度成正比。① 然而在传统社会中，社会结构的重大变化，并不是经常发生的。无论是奴隶制社会的王朝改姓，还是封建社会的城头易旗，只要是社会的基本制度和社会的基本结构没有发生重大改变，只要是宗教的基本制度和宗教的内部结构没有陷于重大的危机与挑战，宗教与政治互动的基本模式就不会改变，即具有一定的稳定性。②

历史经验表明，人类进入阶级社会后，有意识地推动或操作宗教与政治的互动成为宗教与政治关系的主要形式。但是，在多元格局中居于主导地位的政治力量对不同宗教采取拉一派打一派的政策，甚至利用或夸大宗教矛盾以达到某种政治目的的做法，尽管可以得到短期的利益，但这样做的结果往往是饮鸩止渴，不仅想削弱的没有削弱，而且想扶持的对象或者扶不起来，或者是千方百计扶持起来后又尾大不掉。从长远来看，这种做法总是留下许多难以愈合的后遗症。聪明的政治家，大都善于化解不同派别（包括不同的甚至敌对的宗教派别）间的矛盾，团结各种能够团结的力量来实现最紧迫的政治任务。而实行这种政策的政治力量，只要其政治目标真正体现了社会发展的最大利益，能够满足人民群众政治经济的根本需求，也往往能够众望所归，

---

① 埃及新王国时期的阿蒙霍特普四世为了遏制对王权构成巨大威胁的阿蒙神祭司集团，依靠新兴的军事贵族进行了宗教改革，他另立新神"阿吞"以取代以往的"阿蒙"神；他将自己名号中的"阿蒙"去掉，改称"阿肯纳顿"（意为"阿吞的事奉者"）；以一神崇拜取代多神崇拜，另建新都和新的神庙，形成新的政治中心和宗教中心。但是留居在底比斯的阿蒙神祭祀集团利用农民在宗教改革中没有得到任何好处的不满情绪，发动骚乱和谋杀法老的事件，并在阿肯纳顿死后促使新法老与之妥协，逐渐在全国范围内恢复对阿蒙神的崇拜。

② 这就像在夏、商、周三代之际虽然已逐步形成正统宗教与民间信仰分野的格局，虽然在国家形成过程中也随之形成了巫、祝、卜等宗教职业者阶层，但由于他们所依附的宗法制度在三代嬗变中不仅没有被破坏，反而更加完善，他们所侍奉的宗教系统始终是三代统治者尊奉的正统官方宗教，所以官方宗教祭祀阶层的利益与统治集团的利益在根本上是一致的，前者自觉自愿地维护后者的统治，后者也给前者以优厚的待遇并维护前者所享有的某些特权。二者是一种相辅相成的关系，或官方宗教祭祀阶层本身就是统治集团的一部分。

得到大多数宗教团体的响应和支持。①

除了政教关系之外，宗教"卷入"政治的具体方式还有许多，在此只能择要讨论。

（一）宗教斗争政治化

宗教斗争政治化主要是指将信仰上的分歧变为政治上的对立，并运用政治手段解决宗教分歧的互动方式。宗教所处的社会历史条件不同，宗教斗争的政治化会表现为不同的形式。历史上，既有正统宗教利用自己手中的政治权力，或利用统治集团对自己的支持，将异己的宗教信仰宣布为"异端"并借助国家机器进行迫害；也有受压制的宗教运用政治手段（抗议乃至武力）反抗"正统"宗教和国家政权对自身的迫害。②有时候，正在兴起的宗教为了实现自己的宗教理想和价值追求，为了本宗教群体的生存和发展，也可能或主动或被动地将宗教冲突政治化，甚至引发军事冲突。③因此，宗教斗争的政治化是个非常复杂的历史现象，不能一概而论。有时是这种模式起主导作用，

---

① 参见何其敏：《论宗教与政治的互动关系》，《世界宗教研究》2001年第4期。

② 在1483—1820年的300多年间，西班牙的宗教裁判所以"异端分子"之名处以火刑者有10多万人，受迫害者达38万人。16世纪的法国贵族分成两大集团，并分别有各自的宗教支持者：以东北部吉斯家族为首的集团依靠罗马教会，中部以波旁家族的那瓦尔国王和海军大将军科利尼为首的集团则与胡格诺派结成同盟，双方为了争权夺利，先后进行了10次战役，历时30多年，在最著名的"圣巴托罗缪之夜"中被杀死的胡格诺派教徒有2000多人，法国各地三天内被杀害的胡格诺派教徒达数万人。大约与此同时，信奉天主教的英国玛丽女王在旧贵族的支持下废除了爱德华六世时代的宗教立法，宣布新教为异端，在三年多的时间里，先后以火刑烧死新教徒300多人（包括大主教克兰默），死于狱中者更是不计其数，因此玛丽女王被称为"血腥的玛丽"。

③ 7世纪穆罕默德在阿拉伯半岛创立了伊斯兰教，初期在麦地受挫并受到信奉多神教的古来氏集团的迫害，后来穆罕默德在麦地那建立起穆斯林社团，与周边的犹太社团和盘踞在麦加的古来氏集团多次交战，最终不仅使阿拉伯半岛全都皈依了伊斯兰教，而且用穆斯林社团的生活方式将阿拉伯半岛统一为一个大帝国。14世纪末中国的宗喀巴在西藏进行了宗教改革，他所创立的格鲁派同以噶玛噶举派为首的宗教—政治联盟进行了长达一个半世纪的教权与政权斗争，逐步将新的教义教规和母子联寺制推广到西藏和西藏以外的地区，并在中央政府的支持下建立了稳固的政教合一制度和活佛转世制度。

有时是那种模式起主导作用，有时是几种模式同时起作用。但是，无论何种形式的宗教斗争政治化，总是有宗教的原动力包含于其中。任何一种宗教，都是宗教观念、宗教情感、宗教行为和宗教组织的集合。任何一种宗教都有其自身的、或多或少有别于其他宗教的信念和价值追求，都有自己的视为唯一正确的人生道路和社会秩序。宗教不仅可以以其宗教观念间接地影响教徒的政治取向，而且可以通过其组织系统直接左右教徒在现实政治生活中的抉择。宗教信徒的信仰越虔诚，就越容易将本宗教所追求的社会形态和行为准则，看作最理想的、最完美的和最神圣的。宗教的入世性越是强烈，越倾向于将本宗教所遵循的人生取向推而广之。当宗教领袖和宗教信徒感到现实的生活方式和社会秩序与自己所信奉的拯救（或幸福）之路相距甚远，为了自己所坚信的理想而投身于改造社会的行动之中时，就会形成某种社会运动。

如果这种信仰力量与社会的统治力量结合起来，宗教有可能凭借自己所能驾驭的政治力量、经济力量和社会文化力量，将自己变成笼罩社会的意识形态，同时调动社会力量实现宗教扩张。如中世纪的欧洲天主教曾先后八次发动十字军东征。当宗教的信仰力量与传统社会中的反抗力量结合起来时，能通过宗教的信念和组织形式将松散的民众凝聚起来，形成大规模的社会反抗运动。如中国汉代的五斗米道和太平道、元明之际的白莲教，德国宗教改革时期的再洗礼派和闵采尔神父发动的农民战争。然而，只要宗教斗争采取了政治化的形式和手段，就不再是纯宗教的，总会有世俗利益和政治目的掺杂其中。在历时200年的十字军东征中，教皇以宗教的名义组织军队，使自己的世俗权力得以增强，不管战争成败与否，不论宗教扩张的目的是否达到，罗马教会每次都从筹款和军队征略中获得巨额财富。此外，教皇还通过扶持各种骑士团扩大了自己的势力。闵采尔在发动德国农民战争的过程中，不仅提出了恢复基督教教会的本来面貌，把一切"败坏基督统治"的、使人民陷入贫困的教会贵族和僧侣统统铲除，而且提出推翻封建制度。1525 年 3 月，闵采尔领导图林根的缪尔豪森人民起义，建立了革命政权"永久议会"，宣布没收教会财产，取消贵族与农民签订的一切契约，废除封建特权。

  显然，无论是正统宗教发动的打击异己的宗教战争，还是下层民众争取实现"人间天国"的宗教运动，宗教政治化的结果，往往是现实的政治目的和利益"喧宾夺主"，而关于灵魂得救的追求和信仰上的分歧退居其次，宗教斗争变成赤裸裸的政治厮杀或阶级斗争。因此有些人将下层民众的宗教斗争归类为社会政治运动，将其宗教因素（如原初的宗教动机）称之为"宗教外衣"。宗教斗争政治化虽然可以归为一类现象，但对具体的宗教斗争政治化必须加以具体的历史分析，既不能笼统地说宗教斗争的政治化都是社会革命运动，也不能简单地以为宗教与哪个阶级（如被压迫阶级）结合就是好的、与哪个阶级（如统治阶级）结合就是不好的。评判的着眼点还是要看宗教斗争政治化与社会发展总趋势的顺逆关系和是否提升了整个社会的文明程度。①

（二）以宗教的价值取向影响政治选举

  我们所知的宗教都对人们生活的世界（小到特定族群，大到整个人类）有一个神话的或神学的解说。这些神话或神学解说了特定群体的来龙去脉（如起源的神话），特定的生活方式或社会运行规则是如何形成的（如由文化英雄或祖先创立）。进入文明时代后，宗教的世界观越来越明晰化和体系化，特别是增添或强化了与尘世的对照世界，即被称作"天国""天堂""极乐世界"的神圣的理想世界。这个理想世界是十全十美的，是宗教信徒追求的终极目标。这个理想世界成为一个标准，宗教信徒依此评判尘世或生活的现状：第一种可称作否定论

---

① 参见何其敏：《论宗教与政治的互动关系》，《世界宗教研究》2001 年第 4 期。

者,他们认为现实世界不值一提,应当尽快摆脱或改变。第二种可称作肯定论者,他们接受并投入现实社会,但却认为尘世乃是理想世界的有许多瑕疵的摹本。这两种都可以归类为外在论者,因为无论否定还是肯定,他们都将神圣的理想世界看作外在于现实生活的。而第三种则可称作内在论者,持这种观念的人认为神圣的理想世界根植于现实世界中,甚至根植于每个人的心中(如"人人皆有佛性"),这种内在的神圣性既是人们改良社会的目标,也是人们净化自我的动力。所以,无论何种宗教,其宗教世界观所阐述的神圣的理想世界与人们生活于其中的现实世界之间,总是有一种张力。

这种张力是一种动力。神圣的理想境界是一个标准,也是一个目标,是人类生活的参照系。人类社会总是在追求理想的进程中实现个人和社会的进步,虽然这个目标难以实现,但追求过程本身却使个人或群体得到净化,得到提升,得以完善。人类信仰宗教的过程有如个体信徒的一次特定的进香(朝圣)活动,收获既在结果,更在过程本身。人们争相将最美好的艺术献给神灵,同时提升了音乐、舞蹈、绘画、雕塑、建筑等艺术;人们争相做善事让神灵喜爱,同时提升了自己或群体的道德境界和施善范围;人们争相论证神灵的全知全能,同时提升了自己的思辨能力,有了更多的哲思和发现。当然,当人们将宗教信仰与实践的过程变成维护某种不合理的或腐朽的制度或秩序的工具时,信仰的功能就由弘扬真善美向兜售假恶丑转化;如若将对信仰的执着变成迫害异己或残害生灵的迷狂,那就是一种"堕落",或应当说是"罪恶"。

这种张力也是一种压力。因为宗教理想与政治取向是相合还是相悖,其结果大不一样,所以这种张力常常会使执政者感到紧张。如果特定宗教群体对政治统治集团的所作所为虽然有所指摘,但总体上肯定,也就是说,特定宗教群体所主张的社会理想和价值观念与政治统治集团的主张大致相合,政治统治集团感到的压力并不那么沉重。但是文明时代的各个国度里，总是有不同的宗教群体。它们的价值观念和社会理想并不一致，甚至相去甚远。对此格局中的张力评估变得比较复杂，不是抽象地评估宗教与统治集团的张力，而是要分析：哪些宗教群体与政治统治集团处于和谐关系中，哪些处于紧张关系中？从量上看，处于和谐关系中的是多数，还是处于紧张关系中的是多数？从质上看，无论多数还是少数，处于紧张关系中的宗教群体和政治统治集团，相互的容忍度是多少？如果只有少数的或个别的宗教群体与政治统治集团的相互容忍度低，那么由此引发的社会冲突可能只是局部的，影响面较小；如果多数的宗教群体与政治统治集团相互难以容忍，那么引发的社会冲突可能会是大规模的，甚至会使整个社会陷入危机。但是我们还要看到，有时候只有人数不多的宗教群体与政治统治集团针锋相对，但由于相互容忍度很低，也很有可能出现极端的冲突事件。在这种情况下，人数较少的群体却可能造成巨大的社会震动并产生长远的社会影响。

在现代选举政治中，宗教群体的价值取向成为政治家们关注的焦点之一。进入21世纪以来，美国的政治选举与外交政策和宗教群体的价值观互动呈现出明显上升的趋势。按照徐以骅的研究，宗教在美国对外关系问题上呈现出"或隐或显"的七个趋势，即立法化（或国会化）趋势、机构化趋势、国际化趋势、草根化趋势、联合或联盟化趋势、媒体化趋势、安全化趋势，从而使美国在对外关系上，具有"以信仰为基础的外交"的鲜明特征。① 宗教群体与政治家们在选举过程中既有利益上的博弈，也有价值观上的相互推波助澜。2004年美国总统选举为基督教福音派和宗教右翼的政治动员提供了舞台，"价值观选民"和"400万白人福音派选民重回投票站"，被认为是共和党获胜的关键因素。大选之后的民主党领导层改变了自20世纪70年代以来

---

① 徐以骅：《宗教在当前美国政治与外交中的影响》，《国际问题研究》2009年第2期。

放弃白人教会的做法，从基层组织到全国机构开展了民主党有史以来最大的宗教拉票活动。媒体和政治家们将民主党"拥抱宗教"渲染成"民主党宗教大觉醒"和"新道德多数派"的崛起，其结果是出现宗教左翼/进步派的政治复兴并成为 2008 年总统选举中的一个亮点。①

（三）宗教政党和政治参与

人们对政党有不同的界定，制度性界定强调的是"个人之成为集体政治行动者的场所。当有着政治动机的个人把资源联合起来为竞选职位而竞争时，他们就成了政党"。功能性定义将政党看作表达和聚集政治要求的政治联盟，功能在于"解决在追求政治目标的过程中出现的集体行动和社会选择的难题"。②宗教与政府实行"政教分离"是可以在法律上做出明确规定的，但是在现代民主的选举政治中，宗教团体可以通过组建政党或准政党组织从事政治活动，既可以参与现政权，也可以反对现政权。由于"宗教政党既是一个政治组织，又是一个特殊的宗教实体，它既追求宗教目的，也追求政治目标"③，它会将自己的宗教信仰和政治主张作用于国家（或地方）的政治层面，影响政策的制定与实施。有学者统计，全世界现有 50 多个宗教政党，主要分布在40 多个国家。④

近代社会政党政治的出现，使文明时代宗教与政治的互动格局展现出更丰富的色彩。宗教政党的根本属性是政党，像其他政党一样是一个群体或集团维护其利益的政治组织。但是宗教政党与其他政党的区别在于它将宗教信条和教规等纳入党的纲领，它的成员也许分属不

---

① 参见徐以骅：《宗教在当前美国政治与外交中的影响》，《国际问题研究》2009 年第 2 期。
② 参见 Herbert Kitschelt：《政党与政治中介》，载凯特·纳什、阿兰·斯科特主编：《布莱克维尔政治社会学指南》，李雪等译，浙江人民出版社 2007 年版，第 154 页。
③ 吕大吉主编：《宗教学纲要》，第 284 页。
④ 参见李东清：《论全球化条件下宗教与社会政治问题的联系》，《学术论坛》2006 年第 11 期。

同的阶级或从事不同的职业，但却有着鲜明的宗教属性。在宗教政党参与国家政治生活的过程中，宗教作为一种社会群体，为了维护自身的利益参与国家政治生活，并通过自己的价值观和力量对社会发展的政策和走向施加影响。

在考察宗教政党时，首先涉及的是能否组建宗教政党，这取决于现代国家的政治安排与文化传统。同是现代社会，欧洲不同于美国，宗教或教派可以组建政党并表达自己的政治意愿和利益诉求。宗教政党在参与国家政治生活的过程中，因自身情况和生存环境不同，具有不同的特性。按其政治倾向划分，可分为左中右，也可分为激进的、温和的或保守的；按地位划分，可分为执政党、参政党、在野党或反对党。并非所有的有政党的国家里都有宗教政党，宗教政党往往出现在有着政教合一传统或政教关系比较密切的国家里。在发达地区，同宗教政党具有鼎足作用的欧洲相比[1]，北美几乎是一片空白。同是发展中地区，拉丁美洲的宗教政党就比其他地区发达。[2]

在世界三大宗教中，基督教政党参与国家政治生活的例子十分常见，如基督教民主党、基督教社会党、基督教人民党、天主教人民党、天主教民主党等，但政治地位略有不同：

有的基督教政党虽然在野，但目标明确。如1990年成立的乌克兰基督教民主党（前身为1988年成立的乌克兰基督教民主阵线），就将党的目标设定为使乌克兰"成为独立的基督教国家"。[3]

---

[1] 欧洲比较著名的宗教政党有荷兰的基督教民主联盟、德国的基督教民主联盟和基督教社会联盟、比利时的基督教社会党、意大利的天主教民主党、瑞士的基督教民主党和人民福音党、瑞典的基督教民主联合党、挪威的基督教人民党等等。

[2] 拉丁美洲比较著名的宗教政党有尼加拉瓜的基督教社会党、秘鲁的基督教人民党、巴拉圭的基督教民主党、厄瓜多尔的基督教社会党和人民民主党—基督教民主联盟、海地的基督教民主党等。

[3] 在欧洲之外，智利的基督教民主党（Partido Demócrata Cristiano，PDC）也是个基督教政党，于1957年成立，是智利执政联盟第一大党。其主张为"实现真正的基督教主义"，建立民主制度，尊重人权，与不同的思想派别共处。但在2001年议会选举中失去了保持40多年的议会最大党团地位。

有的是参与执政。如瑞典的基督教民主党（Kristdemokraterna）在瑞典议会中拥有19席，在欧洲议会中拥有1席，从2006年至今，基督教民主党与温和党、中间党和自由人民党组成执政联盟——瑞典联盟。又如荷兰的基督教民主党（英语：Christian Democratic Appeal，荷兰语：Christen-Democratisch Appèl，CDA）是第四届巴尔克嫩德内阁的主要成员，但在2010年荷兰大选中大败，从第一大党滑落至第四大党。

有的成为执政党并执政多年。如德国的基督教民主联盟（Deutschlands Christlich-Demokratische Union，德语缩写为CDU，简称"基民盟"），是德意志联邦共和国最大的政党之一，成员主要是企业主、农场主、职员和知识分子。基民盟的前身是1945年成立的天主教中央党。1947年基民盟与基社盟结成姐妹党，1950年10月在戈斯拉尔举行第一届联盟代表大会，正式成立基民盟，首任主席是康拉德·阿登纳。1949年至1969年，1982年至1998年，2005年至2021年为执政党。

宗教政党不同于世俗政党，它将特定的宗教信仰体系作为自己的意识形态，作为自身政治主张与政治作为的依据和归宿。除了基督教之外，伊斯兰世界的宗教政党在当代政治生活中也很活跃（如伊斯兰共和党、真主党、复兴党、召唤党、救国党、阿迈勒运动、伊斯兰革命阵线等）。在中东地区，有学者指出：利比亚的正义与建设党、埃及的自由与正义党、突尼斯的复兴党、摩洛哥的正义与发展党，都与穆斯林兄弟会有着共同的意识形态基础。"突尼斯的复兴党（当时叫"伊斯兰趋势运动"）1981年寻求被承认为一个独立的政党，可是被拒绝，直到其总统本·阿里被推翻后，才开始正常活动，于2011年3月登记成为合法政党。"1992年摩洛哥的正义与发展党在国王允许下成为官方注册的政党（当时叫"人民民主宪政运动"，1998年更用现名），开展公开活动。①

政党政治在伊斯兰国家并不是新现象。大多数伊斯兰国家虽然实行专制主义的统治形式，但是在政治体制上都或多或少地效仿西方，建立有议会或是类似议会的咨议机构。近20多年来，不少国家为了增加统治的合法性，开始在一定程度上实行民主化，出现了一定程度的大众政治参与、定期选举、有限多党制等现象，议会和政党在国家政治生活中的作用有所增强。在这种局势下，一些新的政党纷纷成立，他们多采取现代政党的组织形式，但其纲领又带有浓厚的宗教色彩。②

其次，涉及宗教政党与特定宗教或教派的关系。在许多情况下，宗教政党与宗教教派不是一一对应的关系，即并非一个宗教只有一个政党，也就是说在一种宗教内有不同的宗派，每个宗派各有自己的政党。比如在黎巴嫩，1936年11月成立的长枪党（The Lebanese Kataeb Party）属于基督教马龙派政党；1958年成立的自由国民党（The National Liberal Party），其成员大部分也是基督教徒。但是在一个教派中也可能会有几个政党，如在黎巴嫩的伊斯兰教什叶派中，就有1974年成立的"阿迈勒"运动（"Amal" Movement，前身为"被剥夺者运动"）；1982年以色列入侵黎巴嫩期间成立的真主党（The Party of God 或 Hezbullah）；还有1949年成立的属于什叶派支脉德鲁

---

① 覃胜勇：《北非成长中的伊斯兰政党》，《南风窗》2012年第17期。在东南亚，有代表性的是马来西亚伊斯兰党（马来语：Parti Islam Se Malaysia, PAS，简称"伊斯兰党"），旧称"泛马来亚回教党"（Persatuan Islam Sa-Malaya/ Sa-Tanah Melayu，简称"回教党"），1971年其正式的全称改为泛马来西亚回教党，至2011年10月1日60周年党庆时正式将中文名改为现名，是马来西亚自独立以来持续活跃的一个政党。

② 王宇洁：《宗教与国家——当代伊斯兰教什叶派研究》，社会科学文献出版社2012年版，第320页。

兹派（al-Daruziyyah）的社会进步党（The Progressive Socialist Party）。阿富汗的宗教政党则是党中有派，派中有党，逊尼派的"阿富汗圣战者伊斯兰联盟"内有七党，故又称"七党联盟"①，什叶派的"伊斯兰革命联盟"内分八党，故又称"八党联盟"②。再如以色列是以犹太教为国教的，绝大部分人口是犹太教徒，但是在以色列，除了工党和利库德集团之外，沙斯党（SHAS）、全国宗教党（National Religious Party）和圣经联合阵线（United Torah Judaism）的政治作用不可小觑，特别是在对待巴勒斯坦被占领土问题上，宗教政党内的激进派积极投身定居运动，全国宗教政党靠施压使政府执行扩大定居点的政策等。③

再次，涉及跨国宗教政党与特定国家或政府的关系。一个国家或一个宗教内有不同的宗教政党，构成多元政治格局。然而在现代化进程中，一个宗教政党会在不同的国家里有其分支，即跨国的宗教政党，但因其是在不同的国度，可能会有不同的政治命运。在此我们关注两个世人瞩目的典型，一个是由纳布哈尼（Taqiuddin al Nabhani）于1952年创立的"伊斯兰解放党"（hizb-ut-tahrir，又称"伊扎布特"），发展至今它已经从一个在西岸活动的地方组织变成一个活跃在40多个国家的全球政治运动。从它的一个主要网站（www.hizb-ut-tahrir.org）所列出的阿拉伯语、土耳其语、英语、德语、乌尔都语、俄语和丹麦语七种语言，可以看出它的主要影响力在哪些人群和哪些地区。另一个是1928年哈桑·巴纳（Hasan al-Banna）创立的"穆斯林兄弟会"

---

① 它们是伊斯兰党、伊斯兰党（哈里斯派）、阿富汗伊斯兰促进会、解放阿富汗伊斯兰联盟、伊斯兰民族阵线、伊斯兰民族解放阵线和伊斯兰革命运动。
② 它们是胜利组织、伊斯兰圣战卫士、伊斯兰运动、伊斯兰党、真主党、伊斯兰革命联合阵线、伊斯兰呼声和伊斯兰力量。
③ 参见冯基华：《宗教政党对以色列政局及阿以冲突的影响》，《西亚非洲》2006年第5期；王彦敏：《以色列政党政治演变中宗教政党角色地位的变化》，《历史教学》2010年第24期；王彦敏：《以色列宗教政党政治演变探析》，《理论学刊》2011年第10期。

（al-Ikhwān al-Muslimūn, Muslim Brotherhood Emblem），其行动口号是："安拉是我们的目的，先知是我们的领袖，《古兰经》是我们的法典，吉哈德是我们的战斗，为目的而牺牲是我们的理想。"① 这两个宗教政党的共同特点是建立政教合一的伊斯兰教国家，而且都在许多国家设有分支机构，但这两个党并非在所有的国家都获得合法地位。在有些国家，伊斯兰解放党曾是合法政党，但先后在土耳其、中东和北非被取缔。2003年，俄国、巴基斯坦和德国又查禁了它。而穆斯林兄弟会的情况，则与之大同小异。

最后，除了对有无宗教政党及宗教政党参与政治的性质和程度进行类型学的梳理之外，更重要的问题在于宗教政党如何影响国家的政治运作，即宗教团体与政府是什么关系，宗教政党的领袖与政府首脑是什么关系，宗教政党对国家政治生活产生什么影响。诸如德国等欧洲国家，政府设有专门的"宗教税"，在这些国家成立宗教政党参政或执政是合乎宪法的，但是在确立"政教分离"原则的国家里，若成立宗教政党，甚至去参政执政，就会面临违宪的窘境。

在土耳其，1983年成立的土耳其繁荣党（以下简称为繁荣党），自诞生之日起就以其浓厚的宗教色彩引起了广泛的关注。繁荣党公开反对世俗化，主张按照伊斯兰教教义治国，要求建立公正的生产和分配体制；对外政策上，主张为维护土耳其的民族利益和民族独立，联合伊斯兰教国家对抗美国和西方。1987年繁荣党参加大选，得票7.1%；1991年大选中它的得票率为13%，取得了巨大的成功；1995

---

① 穆斯林兄弟会建立后发展迅速，20世纪40年代在埃及国内拥有约50万积极会员，在北非的摩洛哥、突尼斯、苏丹，西亚地区的叙利亚、伊拉克、约旦、黎巴嫩和巴勒斯坦，南亚地区的巴基斯坦以及东南亚地区的印度尼西亚和马来西亚等国，都建有穆斯林兄弟会的分会。该组织以训导局为最高领导机构，其成员在埃及已达50万之多，遍布社会各个阶层，该组织影响力遍及中东乃至全球穆斯林社会，是近代历史悠久、规模庞大、组织严密的世界性伊斯兰政治集团，出版的宗教及政治刊物有《警告》《路标》《呼声》《笃信》《伊斯兰文选》等，其标志是交叉的双剑拱卫着一本《古兰经》，双剑下和左右侧分别用阿拉伯文写着"感谢真主"和"真主至大"。

年大选中取得了惊人的成果，得票 21.38%，取得议席 158 个，成为土耳其第一大党。1996 年，繁荣党组成了新政府并调整自身的政策。虽然其政策在执政后趋向温和，但是作为宗教性政党，繁荣党的上台鲜明地表现出伊斯兰势力在土耳其的复兴和影响。繁荣党的获胜引起土耳其社会中世俗主义者的一片哗然，它的宗教色彩不断挑战着世俗主义者的极限。最终，土耳其军方在 1997 年通过一纸备忘录迫使繁荣党下台。1997 年 5 月 21 日土耳其共和国最高检察官乌拉尔·萨瓦什以"繁荣党已成为反对世俗行动的中心"为由，向土耳其宪法法院提出起诉，要求取缔该党。宪法法院经过近 8 个月反复审议，并多次听取了繁荣党的口头和书面辩护后认为，繁荣党在执政前后，特别是执政期间的许多言行违背了宪法，其党内的某些伊斯兰极端分子攻击共和国世俗体制，成立非法武装，有把土耳其拖入内战的危险。1998 年 1 月 16 日下午，土耳其宪法法院院长塞泽尔宣布，由于繁荣党的某些言行违背了土耳其共和国宪法，宪法法院的 11 名成员以 9 票对 2 票通过了关于取缔繁荣党的判决。而在 2001 年，土耳其又出现了正义与发展党，这是一个中间偏右的温和伊斯兰保守派土耳其政党，自 2002 年起一直是土耳其的执政党。

日本的创价学会是 1930 年创立的新兴宗教团体，它对政治的参与方式，是直接向地方议会和参议院输送议员。1961 年创价学会成立了外围团体公明政治联盟，1964 年又在此基础上成立了公明党，主张"王佛冥合"，即世俗政权与日莲正宗思想的有机结合，是实现真正的和平与幸福的根本保证和必由之路，其精神实质是社会的繁荣与个人幸福的一致性。创价学会虽"作为独立的公明党的支持团体、后援团体"，但外界认为公明党不过是实现学会的宗教目标的政党，有违反"政教分离原则"的嫌疑。1967 年公明党参加日本第 31 届众议院选举，获得 25 个议席。在 1969 年的第 32 届众议院选举中，公明党又进一步，获得了 47 个议席。与此同时，"其政教合一的路线遭到社会的批判"，

1970年创价学会发表了否定国教化的政治目标,声明公明党完全是为大众谋福利的国民政党,今后将开展中道政治。"公明党在组织上被迫与创价学会分离,学会原则上不干涉公明党的内部事务,但仍是公明党最主要的支持力量,两者保持密切的关系。"①

总之,宗教团体组成政党从而参政甚至执政,是现代社会政党政治格局中宗教与政治互动的形态之一。

(四)宗教与国际政治

我们不能说宗教从来都是影响国际政治的首要因素②,宗教在不同的时代对国际政治的影响是不一样的,而且在同一时代,不同的宗教教派或团体对国际政治的影响也是不一样的。另一方面,我们也不能将宗教与国际政治的互动看作宗教与国际关系的所有方面。③然而不可否认的是,无论在历史上还是在现代,宗教都是影响国际政治的一个重要砝码。在张战和李海君看来,当代宗教因素对国际政治的影响主要表现在五个方面:一是个别西方国家不断挥舞宗教的旗帜,以"反对宗教迫害""人道主义干涉"为借口推行强权政治,干涉别国内政,甚至穷兵黩武、大打出手。他们散布所谓的"文明冲突论",挑起西方同伊斯兰世界、同东方文明的冲突。不少国际观察家惊呼,21世纪,宗教问题将是突出的世界性问题。二是宗教作为一种实体,为扩展自身影响,直接或间接地参与到国际政治中来,对国际政治产生重大作

---

① 参见邵宏伟:《日本战后的新宗教与政治》,世界知识出版社2013年版,第112—120页。
② 如特德·罗伯特·古厄和芭芭拉·哈尔夫分析了第二次世界大战以来的国家内部冲突,认为对不同种族在政治上和经济上的歧视性对待,乃是不断增加的暴力事件的原因,他们对233个种族的观察显示:"宗教的差异很少成为爆发种族冲突的唯一原因或者说主要原因。相反,宗教差异通常和那些由少数民族、或阶级差别产生的种族冲突联系在一起……共同的宗教信仰就有点像将这些团体黏合在一起的'社会水泥',然而,当今似乎只有在很少的一些社会,宗教差异才会成为团体间冲突的首要根源。"(哈拉尔德·米勒:《文明的共存——对塞缪尔·亨廷顿"文明冲突论"的批判》,郦红、那滨译,第92页)
③ 宗教与国际关系还包括宗教与世界经济的互动、宗教与国际文化(交流)的互动等方面。

用。当今世界许多热点问题的台前幕后,均同宗教有着或多或少的关联。有的冲突、战争直接由宗教因素引发。有的冲突因宗教因素而加剧和扩大。中东和平进程举步维艰,中东被称为"东方的巴尔干",其中就有宗教因素在里面。三是各种国际政治势力都在争夺宗教这面旗帜,拉取选票和信教群众,为其政治目的服务。四是西方国家利用宗教对社会主义国家进行价值观输出,以实现其"和平演变"的企图。五是社会邪恶势力也打着宗教的旗号,图财害命,危害社会。他们认为"在上述影响中,最主要的方面是霸权主义和宗教极端主义的兴风作浪,两者都对国际社会的安全和稳定构成威胁"[①]。

宗教与国际政治涉及古今中外,需要分析的事件、教派、领域和层面十分复杂,不可能面面俱到,我们在此只提出三个问题略加讨论:一是宗教与战争,这涉及发展到极点的政治冲突;二是宗教极端主义对国际关系的影响;三是宗教间对话,这涉及和平时期如何促进各宗教间的沟通、理解、宽容与合作。

1. 宗教与战争(或冲突)

国际关系是各国(包括跨国组织)之间不断滋生矛盾又不断解决矛盾的过程。在国际关系中,国家之间的利益博弈达到一定程度,特别是当有些矛盾激化到不可调和时,就会爆发双方或多方的战争。自古以来,人类不同群体间的战争不绝于史,对战争的不同看法同样不绝于史。马基雅维利将战争看作君主正当的事业,康德认为以一种正当方式进行的战争会具有某些高尚的东西,而黑格尔则赞扬战争是一种健康的干扰剂,因为它可以治疗由旷日持久的和平所引起的停滞,克劳塞维茨说战争只不过是以另一种方式进行的政治,而尼采坚信战争对于人类生存是必不可少的。无论思想家们怎样从积极的意义评说战争,战争给人类带来的苦难始终让人不寒而栗,对和平的呼唤亦不

---

① 张战、李海君:《国际政治关系中的宗教问题研究》,第2—3页。

绝于史。在 20 世纪，人类经受了两次世界大战，人们对和平的企盼也更加强烈。战争与和平，乃是宗教与国际关系中的一个重要话题或焦点问题之一。可以肯定地说，当今世界上的绝大多数宗教领袖和宗教徒，都是热爱和平、反对战争的；而在世界各大宗教传统中，也都有许多倡导和平的信仰资源。

然而重要的问题也许并不在于各个宗教中有没有倡导和平的信仰资源，而在于"事到临头"时宗教领袖和宗教徒必须在战争与和平（甚至是在参战与反战）之间做出政治上的抉择。远古时代无须选择，那时虽已有了宗教和政治，但社会规模不大，内部分化不强：部落社会的政治、经济、宗教等虽属于社会的不同层面，但基本上是同构一体的。也就是说，在政治上成为部落的敌人，同时也在宗教上成为部落神灵的敌人。作为部落成员的参战与作为宗教信仰者的参战是二位一体的。可是进入文明时代，世界上有了不同国家之后，情况就大不相同了。一方面，国家与宗教的关系复杂化了，除了统治集团确立的国教，还可能会有被统治者的宗教，还可能有若干独立教团。文明社会有了不同的阶级、不同的职业群体和不同的族群。人的身份不仅比部落群体更为复杂，而且多重身份相互之间可能不再是同构的，甚至是分裂的。另一方面，不仅身份认同多元化，而且在政治的价值取向上也出现多样化：国家的政治价值取向与宗教群体的政治价值取向可能一致，也可能不一致；宗教信徒与宗教群体的政治价值取向可能一致，也可能不一致。在这种情况下，面对战争与和平的抉择时，一个国家、一个宗教群体、一个宗教信徒（如信徒对服兵役的态度），既可能做出大致相同的选择，也可能形成某种不同意见，还可能因意见分歧形成分裂之势。

历史上的许多战争是以某种宗教目的或价值理念为旗帜发动的。这种与宗教密切相关的战争又可再细分为不同的类别：有些世界性的战争与宗教间的动因密切相关，如中世纪著名的"十字军东征"，前后八次主要的东征动员总人数达200多万人，历时近200年。① 有些国内战争因价值观的分歧而撕裂宗教派别或团体，如19世纪的美国，许多宗派围绕废除奴隶制问题发生分裂，他们各自以圣经的某些论断为依据并在南北战争中分庭抗礼。② 还有些战争虽然是赤裸裸的侵略，但某些宗教团体会出于自身利益积极地为侵略者张目，甚至或主动或被动地修改教义，如第二次世界大战中的日本佛教。③

---

① 十字军东征从1095年发动，到1291年拉丁基督徒最后被赶出其在叙利亚的基地。参加东征的有不同的阶层和群体，各自都有不同的追求：诸多缺少土地的封建主和骑士（尤其是非长子的贵族子弟）想以富庶的东方作为掠夺土地和财富的对象；意大利的商人想控制地中海东部的商业而获得巨大利益；生活困苦、面对天灾与赋税压迫的许多农奴与流民想到东方寻找出路与乐土。除此之外，教皇乌尔班二世想借此恢复教会的统一（1054年东西教会大分裂）乃是十字军东征的重要动因。当时耶路撒冷已落入伊斯兰教教徒手中，十字军东征大多数是针对伊斯兰教国家的，意在从伊斯兰教手中夺回耶路撒冷。1095年11月18日在法国的克莱蒙召开宗教会议，号召信徒进行"圣战"，教会授予每一个战士十字架（并可完全免罪），参战者服装均饰以红十字为标志，组成的军队称为十字军。一般认为，十字军东征是在罗马天主教教皇的准许下，由西欧的封建领主和骑士对地中海东岸的国家发动的一系列宗教性战争。

② 在19世纪的四五十年代，美以美会、浸礼宗、长老会等皆因奴隶制问题而分裂，并出现了独立的黑人教会。参见沃尔克：《基督教会史》，孙善玲、段琦等译，第616页。

③ 关国磊指出：自中日甲午战争以后，日本佛教界基本上采取了配合协助政府的立场。一方面，佛教界希望通过协助战争以摆脱明治以来长期受打击、受排挤的局面；另一方面，佛教各宗拥有大量信徒，政府扩张军备以及发动侵略战争都必须得到佛教各教团上层的协助。于是佛教各派大多扮演了御用宗教的角色。首先，佛教上层为侵略战争"正名"，将其美化为"义战"，把日本军队的"战绩"说成是"在纯粹的正义中获得的"，把反战的佛教徒斥之为"佛教之贼"和"帝国之贼"。其次，宗教各宗派遣随军僧在军中宣传佛法、追悼死者、慰问将士、照顾伤病员、捐赠医护用品以及安抚出战军人家属，使军人务必"以庙许国，克尽忠勤"。再次，佛教各宗或以传教的名义到阶级矛盾严重的厂矿，宣传佛教的报恩思想和善恶果报说，灌输安分劳动、劳资谐和、忠实雇主等观念，以阻止工人运动发展的势头。日本佛教还响应日本政府关于"转向"的指令开展"监狱教诲"活动。而到了日本全面侵华时期，佛教各宗更是积极响应日本政府的政策，通过这种举措顺应政意，配合日本政府发动的战争：1. 各宗忠实执行内务省"顺应国策刷新教义"的指示，相继删改本宗教典中"不稳妥""不合时宜"或"冒渎皇祖神"的词句，以证明和国体观念的"相适性"。2. 积极配合天皇崇拜绝对化的宣传，按照"天皇与宗祖结合，唯神与宗学结合"的逻辑，编制所谓的"皇道佛教学"，把"扫除反皇思想，发展皇道文化，以创圣纪"作为教化内容的核心。3. 对内外模糊战争的侵略性质，在国民以及信徒中宣传"举国一致，尽忠报国"思想。4. 以赠送慰问品和资金、派随军僧随军传教、举办战事胜利祈祷法会以及慰灵法会等多种形式配合战局。5. 对占领区的民众进行安抚与教化。可以说，在近代时期，日本佛教基本是全力配合日本政府发动的战争，对占领区的民众进行安抚，"发挥了为日本帝国主义服务和配合、补充侵略的作用"。（参见关国磊：《近代日本佛教的发展、战争态度及在中国东北地区的传教》，载大连市近代史研究所旅顺日俄监狱旧址博物馆编：《大连近代史研究》第7卷，辽宁人民出版社第273—281页）

但是人们早已注意到，即使某些宗教团体发动、支持或参与了某个战争，也总是声称自己是在进行（参与或支持）一场"正义的"战争。然而在别人看来，其性质却可能是完全相反的。宗教社会学家英格尖锐地指出这种各执一词与"麒麟皮下露出马脚"的尴尬：

> 现在我们迫不得已经常地注意到世界性宗教的教义一直和国家的目的、阶级的目的紧密关联，而我们过去对此未给予足够的注意，故对宗教和战争的说明是不充分的。随着时间的流逝，现在可以清楚地认识到，普救论者宣布的"神圣战争"经常以有限的目的作掩护。在时间和空间上距我们愈近的局势，我们对它们的判断越多半缺乏远见……当一位日本的佛教徒写道："日本是一个热爱和平的国家，即便她进行战争，那也总是一场为和平的战争"时，美国人毫不费劲地认识到，这是不正确的。设想如果美国宗教界人士宣称第二次世界大战中美国的胜利是世界博爱事业的关键，日本观察家也同样争辩道：这是不正确的。1917年时，德国境外的人们也很清楚，德国教会的"上帝与我们同在"只是一种虚辞；但德国境内的人也同样清楚，美国基督教教会联邦大会声称美国正为"维护正义原则"而战的声明中也有不少谬误。①

历史有太多的重复，人们不愿意总是在事后才明白谁说的是虚伪的，谁说的是真诚的。人们也不愿意成为某种最终自己也成为受害者的"时势"的推助者。那么如何尽早地判断一个宗教团体，特别是一位宗教领袖所说的理由是否站得住脚？英格提出了五个标准：（1）整体的宗教思想被强调的程度。当一个日本的基督教徒强调基督教通过提倡自我牺牲、忠诚、勇敢守纪律而服务于武士道道德，却丝毫不注

---

① 英格：《宗教的科学研究》，金泽等译，第667—668页。

意基督教思想的不同成分("不反抗邪恶""人人皆兄弟")时,我们就有了为了有限目的而歪曲世界性宗教的例子。(2)以"完全肯定或完全否定"的语言来形容一场冲突的程度。如果宗教界发言人把敌人形容为彻头彻尾的凶兽,如果不承认战争发生中各国互相卷入和互相作用的事实,不正视自己方面的错误,那么主张普救论多半是无效的。(3)尽管教会在战争中基本上支持政府,但继续保持自己批评政府的与普救论目标不相容的特定行为和政策的程度。(4)和强调与众不同(即便是起补充作用)的任务相比较,教会直接参与军事和补给活动的程度。如果教会不保持一种独立于国家的组织化的敏锐意识,那么强调普救论目标的能力便是含混的。(5)教会继续强调普救论的观念并付诸行动的程度。①

英格所提出的标准只能是参考性的,实际情况十分复杂,尤其是全球化进程的快速推进,科学技术(特别是互联网)的迅猛发展,使得今天的宗教与战争的关联在不同于以往的社会历史文化背景中又有了新动向和新形态。在近代历史进程中不断强化的政治、宗教、民族的领域边界和层级边界出现相反的趋势,即有所模糊甚至高度重叠。如今人们担心的主要不是某个主流宗教或宗派是否支持甚至发动战争,而是某个宗教团体甚至某些宗教徒个人发动的军事行动或恐怖活动。这中间有许多活动是政治组织打着宗教旗号进行的。但确有一些活动,是个别的宗教组织或宗教徒所为。这就涉及宗教极端主义。

2. 宗教极端主义、恐怖主义、国际政治

世纪转换前后,尤其是"9·11"事件的发生,使人们对宗教极端主义,特别是与伊斯兰教相关的宗教极端主义越来越关注。金宜久认为宗教极端主义是"宗教"与"极端主义"的复合概念。宗教极端主义是与宗教有关的,具有由偏激而至极点的主张要求,或以偏激的手段实现其主张要求的行为活动。宗教极端主义有四个特征:(1)宗

---

① 英格:《宗教的科学研究》,金泽等译,第668—670页。

教极端主义是宗教蜕变的产物,它不是人们信仰的宗教,但它又与所冠其名的宗教有一定的关联。(2)宗教极端主义在信仰同一宗教的特定人群中从事活动。(3)宗教极端主义绝对排斥一切异质文化和一切异教信仰,进而对之冲击、拒绝、打杀,毁灭一切异质文化和一切异教信仰的载体或象征物;即便是那些与它同质的文化和信仰,由于与自身极端的思想观念有一定差距或区别,同样会受到排斥和打击。(4)宗教极端主义主张一切思想观念和行为活动要以所信仰的神的启示、旨意和经典为准则,主张一切应对神灵负责而不是对人类和社会负责,鼓励追随者可以不择手段,可以杀人放火,也可以自我牺牲。①

实际上早在20世纪末,中国学者已经关注"伊斯兰教政治化"现象。吴云贵在《当今世界伊斯兰教的八大趋势》中指出,伊斯兰教世界的政教关系格局变化显著。除了那些穆斯林在国内人口中占少数、不掌握政权的国家外,在那些穆斯林人口较多、历史上伊斯兰教影响较深的许多"伊斯兰国家"中,宗教意识形态与国家主流政治话语,宗教政党、组织与国家政权之间,普遍出现了巨大的张力,协调政教关系成为有关国家政府的中心工作之一,为此这些国家政府付出了巨大的心血和代价。随着伊斯兰复兴运动的崛起,宗教教义政治化、国家政权宗教化的呼声一浪高过一浪。在宗教政治学说上,逊尼派原教旨主义提出了真主主权论、先知权威论、代行主权论、政治协商论——统称为"四论",成为伊斯兰政治反对派的指导原则。而什叶派原教旨主义则以霍梅尼思想为楷模,其创建伊斯兰政府、实现教法学家主政的思想主张,与逊尼派有不同的侧重,亦有广泛的影响。与此相关的是极端组织的暴力恐怖活动愈演愈烈。吴云贵强调指出:

伊斯兰的宗旨是和平,伊斯兰教常被理解为热爱和平的宗教。

---

① 参见金宜久:《宗教极端主义的基本特征》,《中国宗教》2004年第2期。

但在伊斯兰教思想中也有许多以正义的暴力反对不义行为的内容，"圣战"思想就是这方面的显例。这类价值中立的内容可以为不同的社会力量所利用。80年代以来，随着伊斯兰复兴运动的崛起，世界政治格局中出现了某些与伊斯兰教相关的热点地区、热点问题，引起伊斯兰教的回应。90年代以来，苏联解体、东欧剧变、冷战结束，两极机制不复存在，宗教与民族主义成为争夺和维护权益的工具和外衣，出现了一系列重大的国际事件。由于强权政治愈益成为国际关系中的流行话语，而弱小的国家和民族在西方的强权政治面前无能为力，于是某些极端的伊斯兰组织便策划制造了针对西方大国的一系列暴力恐怖事件。90年代以来，纽约、巴黎、罗马、波恩、日内瓦、布鲁塞尔等西方大城市相继发生了极端组织策划的爆炸事件，令西方防不胜防。这类暴力恐怖活动只是极少数人所为，但却是前所未有的现象，它从一个层面反映了当今伊斯兰世界的焦灼、烦躁和不安。[①]

宗教极端主义不是某种宗教特有的现象，它是当今国际和有关国家国内各种关系急剧变化和日益复杂的产物。宗教极端主义确实与特定宗教或教派有所关联，但我们必须清醒地认识到，宗教极端主义是社会历史的产物，不是某个宗教（特别是那些成为历史传统和文化传

---

① 参见吴云贵：《当今世界伊斯兰教的八大趋势》，《世界宗教文化》1997年第2期。李利安等人指出：宗教极端主义中最凶恶的是宗教恐怖主义。根据兰德公司1995年《恐怖主义年鉴》统计，80年代世界上活跃的恐怖组织约64个，其中宗教恐怖组织只有2个。1992年全球宗教恐怖组织增加到11个，1994年49个恐怖组织中16个为宗教组织，1995年56个恐怖组织中有26个为宗教组织。到1998年，在世界上最危险的30个恐怖组织中，带有宗教极端主义的组织已经过半，其中既有犹太人的，也有穆斯林的，还有佛教徒的。兰德公司1995年登记在案的国际恐怖活动中25%为宗教恐怖活动，造成的伤亡人数占所有恐怖活动伤亡总数的58%。2001年9月11日的恐怖袭击就造成300多人死亡。当代宗教恐怖主义的主要特征是：立场的不妥协性、行动的残酷性、组织的严密性、目标的战略性、效果的轰动性。（参见李利安、谢锐、阎文虎：《当前世界宗教的基本动向及其对我国构建和谐社会的影响》，载《2006民族宗教问题高层论坛暨甘肃研究基地年会论文集》）

统的宗教）的固有属性。同时我们也要面对现实，因为宗教极端主义虽属于某个宗教或某个教派的内部事务，但是在全球化的今天，它对国际关系的影响极大。金宜久认为宗教极端主义的危害有四个方面：一是宗教极端主义将会激化热点地区固有的矛盾，或使之进一步恶化；二是宗教极端主义成为冷战后民族冲突（种族冲突）或战争的强劲精神支柱；三是宗教极端主义与恐怖主义和分裂主义相结合，严重威胁国际社会的安全与稳定；四是宗教、宗教极端主义问题往往成为国际斗争的一个重要方面。西方国家，特别是美国，出于实用主义和自己的利益考量，往往利用宗教问题作为干涉他国内政的借口。①

宗教极端主义不是孤立产生的，宗教冲突也不是仅仅出自宗教自身的原因。正如李利安等人所概括的：宗教对立、教派纷争是信仰的、意识形态的冲突，有其思想的、文化传统的因素；这类对立和纷争往往只是表象，甚至只是假象，实质上，宗教对立、教派纷争的背后有着更为深层次的原因，即民族之间的，甚而是同一民族内部因社会政治、经济利益的差异所产生的矛盾而导致的冲突。也就是说，宗教问题往往是复杂的利益矛盾、文化冲突的"宗教表现"。②

然而并非所有的极端主义都是宗教的，也不是所有的极端思想（无论政治的还是宗教的）都会付诸行动。那些采取行动的极端者经常被人们称为"恐怖分子"。宗教思想上的极端主义与政治行动中的恐怖主义有关联但不能等同。恐怖主义在目标上和动机上都是政治性的，有学者将恐怖主义定义为：

> 通过暴力或暴力威胁，蓄意制造和利用恐惧来达到政治变

---

① 参见金宜久：《冷战后的宗教发展与国际政治》，载《伊斯兰与国际政治》，中国社会科学出版社 2013 年版，第 262—272 页。
② 参见李利安、谢锐、阎文虎：《当前世界宗教的基本动向及其对我国构建和谐社会的影响》，载《2006 民族宗教问题高层论坛暨甘肃研究基地年会论文集》。

革的目的。所有的恐怖主义行为都牵涉到暴力或暴力威胁。恐怖主义尤其被用于产生深远的影响，这种影响超过了对直接受害者或恐怖袭击目标的影响。它意在人们心中造成恐惧，从而对更广泛的受众产生威胁。这些受众可能包括敌对族群、宗教团体、整个国家、一国政府或政党，或者一般公众舆论。恐怖主义被用来在没有权力的地方获取权力，在权力微弱的地方强化权力。通过暴力的方式产生宣传效应，恐怖分子寻求获得一种制衡力、影响力以及他们所缺乏的对地方或国际范围内的政治变革施加影响的力量。①

有学者分析了自杀式恐怖主义的战略逻辑，指出恐怖主义是由一个组织而非一国政府使用暴力，以便在目标受众中造成威胁或引发恐惧。②总的来说恐怖主义有两大目的：获取支持者和强迫对手。③虽然早在 20 世纪 80 年代就有学者研究自杀式恐怖主义，但当代国际政治

---

① 参见罗伯特·J. 阿特、罗伯特·杰维斯：《政治的细节》（第 10 版），陈积敏、聂文娟、张键译，世界图书出版公司 2014 年版，第 154 页。
② 在自杀式恐怖主义袭击中，死伤的多是平民。有一种说法，在 20 世纪初，战争中军人和平民的伤亡率之比是 8∶1；如今，这一比例几乎完全颠倒过来，在 20 世纪 90 年代的战争中，军人与平民的伤亡率之比是 1∶8。（罗伯特·J. 阿特、罗伯特·杰维斯：《政治的细节》[第 10 版]，陈积敏、聂文娟、张键译，第 187 页）
③ 参见罗伯特·J. 阿特、罗伯特·杰维斯：《政治的细节》（第 10 版），陈积敏、聂文娟、张键译，第 171—174 页。学者们将恐怖主义行为分为三类：示威式恐怖主义主要在于对外扬名，其原因有三：招募更多活动分子；获取对方阵营内那些愤愤不平的温和路线者的注意；获取可能给对方施加压力的第三方的注意。破坏式恐怖主义更具攻击性，既力求动员人民支持其事业，也力求打击反对者。自杀式恐怖主义是最具进攻性的一类恐怖主义，甚至不惜丧失恐怖分子自身所在社会中的支持者来追求强制力。自杀式恐怖主义的核心是一种强制战略，是迫使目标国政府改变政策的一种手段。自杀式恐怖分子通过三种方式来增大惩罚的强制效应：第一，自杀式袭击的破坏性一般要大于其他恐怖主义袭击；第二，自杀式袭击是昭示将来可能会有更多痛苦到来的一种特别令人相信的方式，因为自杀本身就是一个高代价的信号，表明袭击者不可能会被代价高昂的报复性威胁所阻遏；第三，自杀式恐怖组织通过蓄意违背暴力运用规则，在提升对未来代价升级的预期方面有着比其他恐怖分子更为有利的位置。参见罗伯特·J. 阿特、罗伯特·杰维斯：《政治的细节》（第 10 版），陈积敏、聂文娟、张键译，第 171—174 页。

呈现出的却是恐怖主义组织越来越依靠这类袭击。实际上，自杀式恐怖主义的行为者虽然在世界总人口中，甚至在一个地区的人口中都是极少数，可是他们造成的社会的"强制性效用"却是极大的：自杀式恐怖主义是战略性的，是集群发生的，并成为一个组织集团发动的一场较大规模运动的一部分，以便实现一个特定的政治目的。①

　　政教分离涉及的只是宗教团体与政府的关系，而宗教与政治的互动却多种多样。在人类历史上，宗教间的冲突和战争，宗教群体支持不同国家间的联合与博弈，宗教群体参与其中或直接操控的国际贸易，具有多重身份的宗教群体成员在国际往来中促成的不同宗教文化间的碰撞，都会影响国际政治的格局与互动模式。宗教极端主义与恐怖主义虽然只是部分的关联，但宗教极端主义有可能导致政治行动上的恐怖主义这种关联以及这种关联搅动国际政治的能量，已使它们成为影响国际政治格局及其互动模式的重要维度之一。世界各大传统宗教均有数以亿计的信徒，各教之内持极端主义思想（以及进而实施恐怖主义暴行）的都是极少数。一方面，很多有识之士断然否认宗教与恐怖主义有任何关联，声称恐怖分子根本就不是本宗教的信徒；但是另一方面，某些恐怖分子的确是先接受宗教极端主义思想再走上恐怖主义道路，并继续打着宗教的旗号为自己张目。采取不承认的策略并不能斩断宗教极端主义与某些恐怖行动或某些恐怖分子的关联。重要的是存有极端主义思潮的宗教群体（无论是基督教的还是伊斯兰教的或是佛教的）如何提高自身机体免疫力，只靠外力治疗效果相当有限。马丁·路德的宗教改革带来基督教的新纪元，但这种自我更新的动力和主角乃是来自于内部。

　　在世界各大宗教中，"沉默的大多数"位于中间地带，宗教极端主

---

① 参见罗伯特·J.阿特、罗伯特·杰维斯：《政治的细节》（第10版），陈积敏、聂文娟、张健译，第170—171页。

义只是思想流派之谱系的一极,与之形成鲜明对照的则是强调开放宽容,推动对话理解。这些力量在世界各大宗教中都有,他们不仅一直在发声,而且随着世界各地各种突发事件引发的误解加深乃至仇恨情绪的增长,人们也愈发感到增进不同宗教不同教派间的对话和理解的必要性与迫切性。

3. 宗教间对话

1893年9月11—27日在美国芝加哥召开的第一届"世界宗教议会"（World Parliament of Religions）①,被看作"东方和西方的灵性传统的代表第一次正式聚会"。一般认为这是现代世界范围的宗教间对话的起点,也是建构对话平台的标志。

广义的宗教对话早已有之。如人们经常说到的阿克巴大帝（Akbar,1556—1605在位）,这位统治印度半岛的莫卧尔王朝皇帝曾开设宗教讨论庭,开始只容纳不同的伊斯兰教学者,后来允许印度教、基督教、耆那教、拜火教的学者也参加进来,五大教的精英济济一堂,辩论宗教、人生、救赎、超脱和永恒的真理。据说阿克巴大帝因此还产生出将五大教合而为一的念头,但却未能实现。中国的儒道佛三教对话的时间更早,而且这种对话是以论辩的形式展开的。按照牟钟鉴与张践的研究,魏晋南北朝时期（220—589）在儒道佛之间发生的多次思想交锋,可以概括为四个重要的主题:第一个是"沙门敬王之争",争辩双方是儒佛两家,代表人物是何充与庾信、桓玄与慧远,争辩焦点是沙门要不要跪拜王者,论辩的实质是宗教与政治的关系。第二个是"黑白论之争",代表人物有何承天（《达性论》）、宗炳（《明佛论》）、颜延之（《释达性论》）与慧琳（《黑白论》）,争论焦点是般若空观,争辩的实质是如何看待因果。第三个是"夷夏论之争",论辩

---

① 参见 John Henry Barrows (ed.), "The World's Parliament of Religions: An Illustrated and Popular Story of the World's First Parliament of Religions", *Held in Chicago in Connection with the Columbian Exposition of 1893*, vol.1, Parliament Publishing Company, 1893。

双方主要是道佛两家，代表人物有南齐道士顾欢（《夷夏论》），佛教徒朱广之、朱昭之，争论的焦点是道佛地位的高低，论辩的实质是文化的主体性。第四个是"神灭论之争"，论辩双方主要是儒佛两家，代表人物有范缜（《神灭论》）、法正、曹思文，论辩的焦点是形神关系，争论的实质是灵魂能否离开肉体独立存在。① 然而传统社会中的宗教对话，多以政治地位为目的，唯我独尊的态度以及较强的功利性使之基本上是争辩而非对话。

1893年在芝加哥举行的"世界宗教议会"，乃是同时举办的世界博览会的一个组成部分。而世界博览会的举办，本身已表明世界已经启动全球化的进程，因此在这个舞台上召开的"世界宗教议会"，决定了它不同于历史上在一个国家内开展的宗教"对话"：它是国际性的和跨宗教的，参加会议的人士来自不同的国家，代表不同的宗教。

在此次会议之后，基督教界于20世纪初发起普世运动，并在20世纪中期成立世界教会联合会（World Council of Churches），还在其中专门设立了与其他宗教和信仰对话的协调机构。与此同时，天主教也开始以第二次梵蒂冈公会议（Vatican II，1962—1965）为标志的革新与开放，而且在教廷成立了专门负责同各方面对话的机构。1964年教皇保罗六世的第一次通谕就集中在对话上：

> 对话是当今的要求……是由行动的动态过程提出的要求，这个过程正在改变着现代社会的面貌。
> 所有基督徒都应当尽最大努力推动对话……这是适应我们进步和成熟的时代的兄弟般慈爱的一种义务。②

---

① 参见牟钟鉴、张践：《中国宗教通史》，第337—352页。
② 弗兰耐利编：《人类个体的尊严》，"第二次梵蒂冈公会议"，第1007页。引自肖安平《宗教对话——从理解、合作到自身发展》，《金陵神学志》2012年第1—2期。

宗教间对话的大幕虽然已经拉开，来自不同宗教的人士也坐在了一起，但如何对话，对话的内容、方法、目的等，都摆在了宗教间对话的参与者和研究者面前。研究者们发现，对话参与者的心态对于对话的质量与价值甚为关键。跨宗教对话成功的关键在于人们要在生活的感受方面彼此产生共鸣。1985年，美国学者斯特伦（Frederick J. Streng）就指出，这种共鸣使人们有可能了解其他人的宗教信仰，而且能够揭示自己对生活中真、善，以及最充实之物的深刻感受。而要形成共鸣，人们必须在对宗教的看法上形成类似于宗教之比较研究的几点共识：（1）人类精神活动的基本方面是统一的，不能仅仅归结为心理学、社会学、经济学、化学或物理学的某个方面。（2）无论从终极背景中演化而出的宗教活动是什么，它们全都超越了个人或群体的局限。有一种普遍存在的"宗教能力"，它超越了任何个人的宗教信仰、群众的伦理建制以及审美期求。（3）要想认识宗教生活的本质，或在最深刻的层次上把握宗教生活的真谛，人们必须找出盘根错节的宗教形态并加以比较。就理想的要求而言，只有了解了所有的宗教，人们才能深刻地认识自己的宗教传统。（4）在不同的世界宗教中，不仅存在着不同的宗教象征，不同的崇拜仪式，不同的道德准则，以及不同的社会建制，而且在某个宗教团体内，也有不同类别与不同层次的理解。因此，在同一宗教传统内，总是有些表现形式比其他表现形式更为重要和更为真实。而认识或把握用来理解这些的具体材料，就显得格外重要。（5）对灵性的追求，有如爱心、安全感与秩序感一样，构成人类生活的基础。人类生活的这种基本性质，既可以在人类对最高价值的追求中体验到，亦可在揭示最深刻源泉的奋斗中体验到。从理想的境界说，它应当有意识或无意识地贯穿于个人生活的每时每刻。[1]

显然，唯我独尊的态度不可能给宗教对话带来建设性的成果。有

---

[1] 斯特伦：《人与神——宗教生活的理解》，金泽、何其敏译，第340—341页。

鉴于此，美国学者斯维德勒（Leonard J. Swidler）提出"对话十诫"：（1）对话的首要目的是学习，亦即改变和提高对现实的感受和理解，并相应地行事。进行对话是为了我们自己可以学习、改变和提高，而不是像过去论战性的争辩那样，强令其他人、我们的对话伙伴改变。在对话中双方都怀着学习和改变自己的意向，所以任何一方事实上也将发现对方已经在改变。每一方也都会给对方以教益。（2）无论是在宗教或意识形态共同体之内，还是在宗教共同体之间或意识形态共同体之间，宗教的、意识形态之间的对话都必须是一个双边的工程。（3）每一个对话参与者都必须十分坦率诚恳。（4）在宗教间、意识形态间的对话中，我们绝不可拿我们的理想与我们伙伴的实践相比较，而应当以我们的理想与我们伙伴的理想，以我们的实践与我们伙伴的实践相比较。（5）每个对话参与者都必须明确自己的身份。（6）每个对话参与者对分歧点之所在都绝不能有不容变通的定见。（7）对话只能在对等的或平等的双方之间进行。（8）对话只能在互相信任的基础上进行。（9）参加宗教之间或意识形态之间对话的人必须最低限度学会对自己和自己宗教的或意识形态的传统的自我批判。（10）每个对话参与者最终都必须尝试从内部体察对方的宗教或意识形态。[①]

在斯特伦看来，宗教对话是"理解宗教生活"的组成部分。当信奉不同宗教传统的信徒，或某一传统宗教内的不同信众，乃至执着"根本转变之世俗手段"的人，聚在一起，并彼此敞开心扉之际，他们往往会以为精神生活之最深刻的源泉掌握在自己的手中。而这种心态又总会使他们陷于自相矛盾的泥潭之中："他们使用的语言是变动的、灵活的，他们的理解也牢牢打上了文化的烙印，可是他们却想由此讲出永恒的和普遍的真理与正义。"在这种情况下，要把其他人的个人观

---

① 节选自斯维德勒：《全球对话的时代》，刘利华译，中国社会科学出版社 2006 年版，第 70—74 页。

点或群体意识综合进来，不仅需要极其宝贵的宽容大度，而且需要有倾听他人见解的技巧。"对话中所展示出的不同价值，只有变成参与对话者的内在对话，人们才能由此跨入理解宗教实体（各种不同的努力都是要表现这个实体）的门槛。"①

若要在严肃认真的对话中揭示宗教的真谛，就必须有一种特殊的意识或觉悟。参加对话的人不仅愿意敞开心扉，把自己信念中的真髓展示出来，而且能够平等地把其他人的信仰核心也看作真实的。在这种心态的背后，蕴含着深刻的哲学问题，即人类对宗教本性之最高的彻悟与历史上那些具体的宗教形态是何关系？对此问题的回答可以说千姿百态，斯特伦将它们概括为三种：第一种观点以舒昂（Frithj of Schuon）、史密斯（Huston Smith）、拉达克里希南（Sarvapali Radhakrishnan）为代表，他们认为在所有的时空中的、有形的差异之上或背后，有一种神秘的、概莫能外的统一体。这种观点有时被称作"永恒的哲学"，它主张如果达到这一层次，那么具体宗教形态的千差万别，就会顿时化为乌有。第二种观点以庞德（Roscoe Pound）、怀特海（Alfred N. Whitehead）、希克（John Hick）为代表，他们认为不同的宗教传统与文化，具有不同的选择与时代重心，这就像审美趣味与情感一样，不可能有一种最终的和谐。在这种思想指导下，人们使对话致力于具体的世俗问题（诸如压迫与不义）的批判，或者探讨某些具体的哲学论断（如怎样解释真理）。在这类探讨中，真理与正义虽然不需要看作超越的实体，但某种普遍的、规范性的观念和道德论断，则被看作全人类共有的。第三种观点以史密斯（Wilfred C. Smith）、潘尼卡（Raimoudo Panikkar）、扎纳（Robert C. Zaehner）为代表，这种观点虽然论述的宗教信仰与意识形态的信念十分广杂，论述了某种理念的或终极的、普遍的实体，但强调的是人们在交朋友时的体验。参加

---

① 斯特伦：《人与神——宗教生活的理解》，金泽、何其敏译，第 343—344 页。

对话的人具有共性，这不仅见于超验的精神实体，而且见于某种抽象的观念或社会理想。然而它的复杂性与自相矛盾，却是人们在对话中能够更深刻地体验到的。使对话成为可能的和必然的那个深刻的实体，实际上只是一种人性，它为所有自相矛盾的既渴望又畏惧"彼岸"的人，提供了一种终极的背景。①

宗教间对话，是宗教界促进世界和平与宗教间和平的诸多努力之一，意在促进生活在同一片蓝天下的不同群体的人们相互理解，意在促进不同信仰的群体和谐相处，意在提升自己。这种善良美好的愿望得到越来越多的人的理解、支持和积极参与。但是，仅有国际层面和部分宗教领袖间的对话是远远不够的，更需要的是在不同国家或地区（尤其是在多族群多宗教共存的国度）内部通过对话缓解分歧、增进理解，形成有效的化解矛盾的社会机制。另一方面，"各美其美"以求"美美与共"确实是一种良好的愿望②，但是我们也要深思：在多元文化、多元宗教的格局中，"各美其美"的"美"是大家公认的"美"还是自我认定的"美"，如果只是自我认定的而非公认的"美"，那还是一种"美"么？如果只是各"美"自己而不承认别人有美，不愿意也不能够"美人之美"，还能"美美与共"么？各美其美易，美人之美难。如果"各美其美"也意味着各有不美，那么在对话中能否或应否有各自的扬弃？能否在彼此赞美的同时对彼此有所希望、建议甚至批

---

① 参见斯特伦：《人与神——宗教生活的理解》，金泽、何其敏译，第344—360页。关于宗教对话以及相关学者的观点，还可参见刘述先：《有关"全球伦理与宗教对话"的再反思》，《中国社会科学院研究生院学报》2001年第6期；王志成、思竹：《宗教多元论与宗教对话》，《浙江学刊》2002年第4期；何光沪：《关于宗教对话的理论思考》，《浙江学刊》2006年第4期；叶小文：《论宗教对话、世界和平与和谐社会》，《北京大学学报》（哲学社会科学版）2007年第1期；张志刚：《论五种宗教对话观》，《世界宗教文化》2010年第2期；张志刚：《宗教对话的理论动向及其现实启发》，《西北民族大学学报》（哲学社会科学版）2010年第5期；张祥龙：《宗教范式与宗教对话》，载《诠释与建构——汤一介先生75周年华诞暨从教50周年纪念文集》。

② 1990年12月，费孝通在就"人的研究在中国——个人的经历"主题进行演讲时，总结并提出"各美其美，美人之美，美美与共，天下大同"这一处理不同文化关系的十六字"箴言"。

评?如果不认识到彼此各自都有美与不美,"各美其美"会不会无法"美美与共",甚至会撕裂社会?所以我们在强调"各美其美"时必须不断强调"美人之美",只有这样才有可能推进"天下大同"和人类命运共同体的意识。

宗教间对话是一个方兴未艾的领域,任重道远。有时候知难行易,有时候却知易行难,关键在行动。

(五)"政治整合"历史进程中的宗教与政治

宗教与政治的互动不仅仅是上述四个方面。这四个方面,从分析的主客角度说,似乎都是从"宗教"着眼的,如果从"政治"着眼,可能又有若干层面。换个视角理解问题十分重要:有些事情从宗教、教派或教团的角度看,自然而然,有其成长演变的内在逻辑;但是从大的历史进程去看,从与宗教发展进程同时进行的其他社会历史进程(如政治整合进程,不同文化系统的碰撞)去看,不仅有逆顺的价值取向关联,而且有思想(教义)、组织(结构)、行为规范等方面的互动关联。这些关联需要条分缕析,不能一刀切。我们在此只能提纲挈领地提出问题和理路,若有机会再展开详细的论证与发挥。

人类社会从氏族—部落社会阶段进入国家阶段,共居在同一片蓝天下和同一块土地上的不同社会群体——无论这些群体是按照以血缘为基础的氏族—部落划分,还是按照非血缘的阶级划分——都会以某种方式形成一个或大或小的称作"国家"的政治单位。国家对外要保卫国民和国土,对内要建立秩序以规范不同群体间的关系模式和行为准则,这就必然要进行政治、经济、社会、文化等层面的整合。这些整合进程对于国家长治久安的重要性是不言而喻的。其中,政治整合[①]

[①] 政治整合是指:占优势地位的政治主体,将不同的社会和政治力量,有机纳入到一个统一的中心框架中,实现政治社会一体化,维持社会稳定和国家认同的过程。(吴晓林:《现代化进程中的阶层分化与政治整合》,天津人民出版社 2012 年版,第 33 页)

是重中之重，尤其是在一个特定国家的上升时期。至于整合进程借助什么样的制度，用什么样的方法，经历了哪些重大转折，整合的进程是刚烈还是温和，则是不同的国家在不同的历史时期有不同的经历。

中国的政治整合进程从古老的时代就开始，至今可以说仍未终结。中国上古史究竟能上溯到何时还在探索中，夏商周三代各有政治建设，但我们目前只是对周代的政治整合有较详细的了解。

周代与商代虽然都是贵族统治，但周代"同姓不婚"的外婚制和长子继承加分封的政治安排显然有更强大的结盟力量和执政基础：这个统治联盟是盘根错节的但又是有等差的，是"血缘"的但不是内向的而是外向的，既有一整套不断丰富的观念（如以德配天），又有定期重演的仪式并逐渐定格为"礼"。也有人将此称为"宗法制度"。它的特点之一是宗教与政治同构和互动，共同在周代的政治整合中发挥作用。

春秋时期秦楚实行郡县制，秦在统一六国中建立以郡统县的两级地方行政制度，并确立中央垂直管理下官员由中央直接任免的流官任期制。郡县制取代以宗法血缘为基础的分封制，是以官僚政治取代血缘政治。实行郡县制后，地方行政机关不再是相对独立的王国，而是中央的分支机构或代理机构。这是与三代不同的政治制度安排，它的政治整合和文化整合在强度和广度上是周代"宗法制度"所不能比拟的。都说汉承秦制，但实际上汉只是以郡县制为主，同时杂以周代的分封制，先是分封异姓王后又分封同姓王。然分封已不是简单世袭，而是"君子之泽，五世而斩"。以后朝代虽还有分封，但更多的已不是中央权力的"分"而是外围政治势力的"封"，意在对之加以笼络与加强其归属感。

关于秦汉以来以郡县制为基础的中央集权体制的价值若何，已有太多太多的评价和讨论。然而无论如何评价，这个进程虽有中断却又不断再续，直至今日，这是历史事实。如果我们将宗教与政治的互动放到中国政治整合的这个大历程或大趋势中去观察和解读，会不会豁然开朗不好说，但至少会别有一番滋味在心头。

汉末早期道教的"二十四治"，隋唐时代的佛教庄园，都是某种形态和某种程度的"政教合一"：有独立于主流意识形态的信仰体系，有独立的行政、经济乃至武装的运行系统，有数以千计的信众。从宗教发展的轨迹看，它们都有自身的演变逻辑，但从巩固国家政权的角度看，它们都不亚于分封格局中的"国中之国"。政教之间在政治、经济和文化上发生利益争夺与冲突可以说是必然的，博弈的过程长短与结果则取决于双方的力量对比。中国历史上的"三武一宗"灭佛，可以说是这种博弈的典型事件。其实所谓"灭佛"并非此后佛教退出历史舞台（与景教、摩尼教的命运有别），相反佛教在中原地区枝繁叶茂，只不过"庄园"模式不复存在。然而这却是非常重要的改变，因为这重塑了宗教与政治的关系：宗教"专注"于人们的宗教需求而不再有独立于政权之外的政治、经济和武力等方面的特权，用现代的语言表述就是，（宗教）信仰变成"个人的私事"。道教和佛教在宗教与政治互动中的改变并不是孤立的现象，中国明清以来中央政权与西北门宦的抵牾以及与中原民间教派的碰撞，民国以来中央政权与藏传佛教的矛盾，博弈的焦点可能不在于一神信仰还是多神信仰，也不一定在于有神还是无神，而在于组织结构和运行体系（一定程度的政教合一）上的"违和"。而就世界范围看，近代以来政教冲突与政教分离的案例更是不胜枚举。

从政治整合的视角考察历史进程中宗教与政治的互动，首先涉及的是二者的相合度。在文明时代，任何宗教要生存和发展，都要调集社会资源，包括思想资源、经济资源、人力资源等等。宗教调集社会资源的过程中自然要与现代国家的政权形成互动，这不仅仅涉及特定的宗教能在多大程度上参与社会资源的分配与再分配，更重要的是特定的宗教在多大程度上与现行体制"违和"。与现行体制"违和"的宗教或教派虽然有可能在更大和更长时段的历史进程中成为新政治体制的推手与合作者（如宗教改革后欧美的基督新教各教派），但却有可能与旧政治体制（以及旧宗教体制）陷入冲突。当然，若以政治作为"主位"分析宗教与政治的互动，还要重视不同类型的政治体制的作用，郡县＋中央集权的政体与郡县＋邦联（或联邦）的政体显然在宗教与政治的互动上亦有区别。然而无论是战争年代还是和平时期，无论是为了夺取政权还是为了巩固政权，任何一个国家（乃至一个政党）都会进行这样那样的社会整合，有的以政治整合为主，有的以文化整合为主。虽然在多族群多宗教的社会中这种整合会变得复杂曲折，但社会整合的进程会一直持续。这不是人们喜欢不喜欢的问题，而是人们如何面对的问题。若想减少冲突，降低社会整合的成本，就要在政治领袖、宗教领袖和民众（包括信教民众）之间达成共识，哪些是不可触碰的"红线"或底线，触碰底线的后果是什么，维护底线的经验和教训有哪些。这些问题非常重要，而我们的探讨还远远不够。另一方面，在政治整合的历史进程中考察宗教与政治的互动固然十分重要，但是政治整合本身也需要考察。政治整合有没有不同的类型？不同类型的政治整合进程中的宗教与政治互动有什么差异？政治整合有没有边界？若有，边界在哪里？若没有，宗教、民族、社团等的独特性还有没有？又会有什么样的后果？

小结

1. 宗教与政治都不是孤立的现象或事项，而是处于持续的互动关系中。宗教与政治是两种不同的人类历史现象，也是两种不同的社会文化事物，它们之间的相互作用不是抽象的，而是由具体的人以及由人们组成的社会群体来推动的。"诸神的争吵"实际上是信仰诸神的人们在争吵。宗教与政治的互动是直接涉及人们利益和社会发展的、非常具体的和操作色彩相当强的社会事件和社会运动过程。无论是一元宗教的社会还是多元宗教的社会，无论是政教合一的体制还是政教分离的体制，历史上的各种政权和宗教群体为了寻求社会的稳定和发展，为不失其本而又恰当地把握宗教的两重性，并在宗教与政治之间建立某种和谐的或相互容纳的关系，做出了各种各样的努力。如何认识和把握宗教与政治的互动关系，既是一个理论问题，也是具有实际意义的问题。

2. 宗教信奉神灵或神秘（或神圣）力量，追求的是灵魂的解脱或得救。从这一点来说，宗教总是有超越现实的或与现实保持某种距离的一面。在宗教信仰中，只有天国（天堂或西方净土等）才是最神圣的、最完善的和最美好的（那里没有饥饿、没有病痛、没有战争、没有不平等……）。而人间的政权无论实行什么制度，无论社会怎样繁荣，以宗教的终极标准来看，都是不完美的、不神圣的、不美好的，充其量只是对那个神圣王国的模仿。宗教总是有一个作为现实社会对应物的超越的理想天国，总是有一个比现实社会美好千百倍的彼岸世界。一旦宗教没有了这个属性，宗教就失去了自身的独特性。在这一方面，宗教所扮演的先知角色，既是人类孜孜不倦求索幸福之本性的折射，是推动人类社会（包括政治）不断走向合理化的动力之一；也可以是以神圣的名义，把自身作为忠诚的对象，甚至将极端主义的催化剂投入冲突的反应堆中，成为制造社会分裂的动因。

3. 政治的特性及其在社会生活中的作用，使它成为一种超越于个人之上的社会管理力量和重要的价值取向。而宗教的神圣性和不可抗拒性，决定了它无论作为社会文化还是作为社会力量，都不可避免地会与政治形成这样那样的互动，即相互作用。宗教与政治的关系和相互作用，不同于宗教与艺术主要地互动于审美的或超越现实的层面，不同于宗教与科学主要地互动于宇宙观和方法论的层面，也不同于宗教与道德主要地互动于伦理体系和人生准则的层面，而是主要地互动于社会的权力结构和利益分配层面（但会波及社会生活的各个层面）。

宗教与政治的互动关系，要比宗教与其他社会文化范畴的关系更为复杂，对人类社会生活和历史进程的影响也更为重大。

4. 宗教与政治的关系不是平面而是立体的，不是单向度的而是互动的，不是一元的而是多维的，宗教与政治的互动是在不同场域和层面上发生和延续的。政教关系不是从来就有的，而是在人类进入特定历史阶段中产生的，而且会随着社会发生阶段性转变而出现互动模式的转变。一些重大的历史事件，乃是既往历史进程的结果，同时也是此后历史进程的新起点。人类在处理宗教与政治的关联方面，有不同的路径及不同的结果。许多历史事件的影响都不是单层面的，而是涉及宗教、政治和思想文化三个不同的层面，甚至还有其他的领域。中外历史上的许多重大事件影响了历史的走向和进程，并形成若干典型的互动模式。从研究的角度看，对历史事件的记述和阐释实际上已是一种解释，一种话语建构。而当代学者对以往事件的阐释又是一种重新解释和一种话语建构。这种重新解释是为了建构一种话语，而这种话语则体现了建构者的政教关系观。

5. 在理论上看，政教关系与互动的模式可以有若干，但在实践中要更为复杂和灵活多样。一个社会的宗教团体与政府关系怎样，既取决于底线的划定，也取决于对底线的遵守。底线的划定需要社会的共识。所谓共识，不是某一方（尤其是位势较强者）的"制定"，而是政府、诸宗教群体、学界、非宗教民众等各方各界共同认定的底线。若能真正形成这样的底线，政府与诸宗教群体是可以相安无事的。"取决于对底线的遵守"这句话意味着可能出现对底线的突破（不遵守），突破者有自己的企图，遵守者有自己的期盼。如果有遵守有突破，政教关系格局就会出现不稳定状况。能否形成新的底线或改变现有的关系模式，就要看各方的力量与取向。

6. 古往今来，人们会有意识地推动或操作宗教与政治的互动，这既来自宗教力量，也来自政治力量。当社会形成多层的阶级社会后，统治阶级自然要求社会的宗教结构与社会的阶级结构相适合，与自己所维护的社会秩序相适应。因此，政治力量，无论是当朝的还是在野的，总是从本群体的利益出发考虑和处理政治与宗教的关系。一方面，他们会通过抬高宗教地位和受制于宗教价值观的形式，神化公共权力以及权力持有者；另一方面，如果社会的宗教结构滞后于社会政治结构的发展，如果某种宗教的群体取向有悖于社会发展的总趋势，只要统治阶级的力量足够强大，他们就会运用政治权力推动（或操作）宗教结构的变化，纠正（或压制）某种宗教的群体取向。一般来说，政治力量往往不是从思想观念或信仰来区别对待不同的宗教，而是从宗教的政治态度和是否有利于巩固社会秩序来取舍的。古往今来的政界人士之所以对宗教持有程度不同的疑虑或戒心，并不在于宗教所描绘的天堂究竟是七重天还是九重天，而是担心掌握一定群众的宗教团体变成异己的或反社会的力量，因而采取各种可以运用的手段消除各种可能出现的政治风险。

7. 从宗教的方面看，宗教是信仰团体，但也是生活于社会中的特定人群，自然有其自身利益。无论宗教内部结构的变化，还是宗教在社会生活结构中的地位变化，都会影响到特定宗教的整体利益，至少会使该宗教内部领导层的社会地位和权益有所变化，因此宗教团体必然会或主动或被动地对旨在改变社会结构的政治变革，做出积极的或消极的反应。一般说来，一种宗教对政治变革的反应强度，与这种政治变革对于社会结构的改变程度成正比，与这种政治变革对于该宗教群体的利益的触及程度成正比。

8. 人类进入阶级社会后，有意识地推动或操作宗教与政治的互动成为宗教与政治关系的主要形式。但是，在多元格局中居于主导地位的政治力量对不同宗教采取拉一派打一派的政策，甚至利用或夸大宗教矛盾以达到某种政治目的做法，尽管可以得到短期的利益，但这样做的结果往往是饮鸩止渴，不仅想削弱的没有削弱，而且想扶持的对象或者扶不起来，或者是千方百计扶持起来后又形成尾大不掉之势。从长远来看，这种做法总是留下许多难以愈合的后遗症。聪明的政治家，大都善于化解不同派别（包括不同的甚至敌对的宗教派别）间的矛盾，团结各种能够团结的力量来实现最紧迫的政治任务。而实行这种政策的政治力量，只要其政治目标真正体现了这个社会发展的最大利益，能够满足人民群众政治经济的根本需求，也往往能够众望所归，得到大多数宗教团体的响应和支持。

9. 无论何种形式的宗教斗争的政治化，总是有宗教的原动力包含于其中。任何一种宗教，都是宗教观念、宗教情感、宗教行为和宗教组织的集合。任何一种宗教都有其自身的、或多或少有别于其他宗教的信念和价值追求，都有自己的视为唯一正确的人生道路和社会秩序。宗教不仅可以以其宗教观念间接地影响教徒的政治取向，而且可以通过其组织系统直接左右教徒在现实政治生活中的抉择。宗教信徒的信仰越虔诚，就越容易将本宗教所追求的社会形态和行为准则，看作是最理想的、最完美的和最神圣的。宗教的入世性越是强烈，越倾向于将本宗教所遵循的人生取向推而广之。当宗教领袖和宗教信徒不仅感到现实的生活方式和社会秩序与自己所信奉的拯救（或幸福）之路相距甚远，而且为了自己所坚信的理想而投身于改造社会的行动之中时，就会形成某种社会运动。

10. 只要宗教斗争采取了政治化的形式和手段，就不再是纯宗教的，总会有世俗利益和政治目的掺杂其中。宗教斗争政治化虽然可以归为一类现象，但对具体的宗教斗争政治化必须加以历史的具体分析，既不能笼统地说宗教斗争的政治化都是社会革命运动，也不能简单地以为宗教与哪个阶级（如被压迫阶级）结合就是好的、与哪个阶级（如统治阶级）结合就是不好的。评判的着眼点主要还是看宗教斗争政治化与社会发展总趋势的顺逆关系和是否提升了整个社会的文明程度。

11. 如果只有少数的或个别的宗教群体与政治统治集团的相互容忍

度低，那么由此引发的社会冲突可能只是局部的，影响面较小；如果多数的宗教群体与政治统治集团相互难以容忍，那么引发的社会冲突可能会是大规模的，甚至会使整个社会陷入危机。但是我们还要看到，有时候只有人数不多的宗教群体与政治统治集团针锋相对，但由于相互容忍度很低，也很有可能出现极端的冲突事件。在这种情况下，人数较小的群体却可能造成巨大的社会震动并产生长远的社会影响。

12. 宗教政党与其他政党的区别在于它将宗教信条和教规等纳入党的纲领，它的成员也许分属不同的阶级或从事不同的职业，但却有着鲜明的宗教属性。在宗教政党参与国家政治生活的过程中，宗教作为一种社会群体，为了维护自身的利益参与国家政治生活，并通过自己的价值观和力量对社会发展的政策和走向施加影响。在考察宗教政党时，首先涉及的是能否组建宗教政党，这取决于现代国家的政治安排与文化传统。同是现代社会，欧洲不同于美国，宗教或教派可以组建政党并以此形式表达自己的政治意愿和利益诉求。宗教政党在参与国家政治生活的过程中，因自身情况和生存环境不同，具有不同的特性。其次，涉及宗教政党与特定宗教或教派的关系。在许多情况下，宗教政党与宗教教派不是一一对应的关系，即并非一种宗教只有一个政党，也就是说在一种宗教内有不同的宗派，每个宗派各有自己的政党。再次，涉及跨国宗教政党与特定国家或政府的关系。一个国家或一种宗教内有不同的宗教政党，构成多元政治格局。然而在现代化进程中，一个宗教政党会在不同的国家里有其分支，即跨国的宗教政党，但因其是在不同的国度，可能会有不同的政治命运。最后，除了对有无宗教政党及其参与政治的性质和程度做类型学的梳理之外，更重要的问题在于宗教政党的存在状态与作用，如何影响国家的政治运作，即宗教团体与政府是什么关系，宗教政党的领袖与政府首脑是什么关系，宗教政党对国家政治生活产生什么影响。

13. 可以肯定地说，当今世界上的绝大多数宗教领袖和宗教徒，都是热爱和平、反对战争的；在世界各大宗教传统中，也都有许多倡导和平的信仰资源。然而重要的问题也许并不在于各个宗教中有没有倡导和平的信仰资源，而在于"事到临头"时宗教领袖和宗教徒必须在战争与和平（甚至是在参战与反战）之间做出政治上的抉择。

14. 宗教极端主义不是某种宗教特有的现象，它是当今国际和有关国家国内各种关系急剧变化和日益复杂的产物。宗教极端主义确实与特定宗教或教派有所关联，但我们必须清醒地认识到，宗教极端主义是社会历史的产物，不是某个宗教（特别是那些成为历史传统和文化传统的宗教）的固有属性。同时我们也要面对现实，因为宗教极端主义虽属于某个宗教或某个教派的内部事务，但是在全球化的今天，它对国际关系的影响极大。

15. 政教分离涉及的只是宗教团体与政府的关系，而宗教与政治的互动却多种多样。在人类历史上，宗教间的冲突和战争，宗教群体支持不同国家间的联合与博弈，宗教群体参与其中或直接操控的国际贸易，具有多重身份的宗教群体成员在国际往来中促成的不同宗教文化间的碰撞，都会影响国际政治的格局与互动模式。宗教极端主义与恐怖主义虽然只有部分的关联，但宗教极端主义有可能导致政治行动上的恐怖主义这种关联以及这种关联搅动国际政治的能量，已使它们成为影响国际政治格局及其互动模式的重要维度之一。

16. 宗教间对话是宗教界促进世界和平与宗教间和平的诸多努力之一，意在促进生活在同一片蓝天下的不同群体的人们相互理解，意在促进不同信仰的群体和谐相处，意在提升自己。这种善良美好的愿望得到越来越多的人的理解、支持和积极参与。然而仅有国际层面和部分宗教领袖间的对话是远远不够的，更需要的是在不同国家或地区（尤其是在多族群、多宗教共存的国度）内部通过对话缓解分歧、增进理解，形成有效的化解矛盾的社会机制。另一方面，"各美其美"以求"美美与共"确实是一种良好的愿望，但是我们也要深思：在多元文化、多元宗教的格局中，"各美其美"的"美"是大家公认的"美"还是自我认定的"美"，如果只是自我认定的而非公认的"美"，那还是一种"美"么？如果"各美其美"只是各"美"自己而不承认别人有"美"，不愿意也不能够"美人之美"，还能"美美与共"么？如果"各美其美"也意味着各有"不美"，那么在对话中能否各自扬弃，能否彼此赞美甚至有所批评？如果不认识到彼此各自都有"美"与"不美"，又如何"美美与共"？

17. 宗教调集社会资源的过程与方式自然要与现代国家的政权形成互动，这不仅仅涉及特定的宗教能在多大程度上参与社会资源的分配与再分配，更重要的是特定的宗教在多大程度上与现行体制"违和"。若以政治作为主位分析宗教与政治的互动，还要重视不同类型的政治体制的作用，郡县＋中央集权的政体与郡县＋邦联（或联邦）的政体显然在宗教与政治的互动上亦有区别。无论是战争年代还是和平时期，无论是为了夺取政权还是为了巩固政权，任何一个国家（乃至一个政党）都会进行这样那样的社会整合，有的以政治整合为主，有的以文化整合为主。虽然在多族群多宗教的社会中这种整合会变得复杂曲折，但社会整合的进程会一直持续。

第八章 宗教与法治

宗教与法治在广义上似应属于宗教与政治的领域，但若细究起来，法治又不同于政治。法治与政治有密切的关联，又有各自的相对独立性。我们虽将"宗教与政治"和"宗教与法治"分开讨论，但这只是为了方便深入探讨问题，它们之间的相关性不能忽视。

一、宗教律法与世俗法律

人类个体组成群体即社会，必然会形成各种各样的关系。古往今来形形色色的习俗、"礼"、"法"（包括不成文法），都可以说是将人与人的关系以及相关行为定格化、规范化、秩序化。[①] 而宗教，无论是一神论的还是多神论的，都有这样那样的戒律（如佛教的"五戒"，基督教的"十诫"），而且通过其神学（或神话）将整个世界纳入一种文

---

① 庞德认为，法律是通过系统地、有秩序地使用政治组织社会的强力来调整关系和安排行为的制度。"法律秩序是一种有序化或条理化的过程，它部分是由司法而实现的，部分是通过行政机构而实现的，还有一部分是通过为人们提供以法律命令的形式的指导而实现的——法律命令为人们提供了一种避免冲突或使冲突减至最低限度的指南。司法、行政、立法和法学等方面的活动，都旨在调整各种关系和协调人们之间彼此重叠的权利主张，都旨在规定每个人可以安全地坚持自己的权利范围来保障各种利益，而且也都旨在发现那些能够在使更多的权利主张或要求得到满足的同时牺牲更少权利主张或要求的手段。"（庞德：《法律史解释》，邓正来译，中国法制出版社2002年版，第231页）

化秩序并在仪式中展演,使世间万物在其中都有其结构的地位或意义。所以在秩序化的意义上说,无论是起源的发生学还是历时性的动态演变,宗教与法律的关系都十分密切。

(一)宗教法与世俗法的历史演变

法律的起源可以追溯到宗教禁忌与图腾崇拜等早期社会规范。在原始的氏族社会中,宗教禁忌主要包含两类对象——一是不可侵犯的神圣事物,二是不可接近的危险和不洁的事物——以及与此相关的行为规范。而在图腾崇拜中,包含诸多涉及图腾的行为、食用、称谓(语言)及婚配的禁忌规则。这些禁忌规则在原始氏族—部落的生产和生活中具有惩戒和协调作用,一旦有人触犯氏族—部落的禁忌,会被处以忏悔、献祭或驱逐出氏族的惩罚。此外,原始社会的人们还以血亲复仇和神判等方式解决纠纷。汉字的"法"就在形意上体现了这种起源。[①]

最早的法律都归根于神或天,都带有宗教性,无所谓宗教与世俗之分,或者说界限很模糊。虽然法律一开始就是处理人和人之间关系的,但它的合法性与权威性却是来自天意或神意。所以处理人—人关系的与处理人—神关系的法或规矩都在同一个筐里。许多传统社会虽然在进入文明时代之际都建立了国家,但主导群体的原生性宗教并没有被放弃或颠覆,而是经过改良后继续发挥作用。如犹太教在前13世纪形成了以《摩西五经》为代表的律法,并在此后出现的以色列王国中成为法律的基础。[②] 印度的婆罗门教也是源自统治集团的原生性宗教,

---

[①] 《说文解字》:"'灋',刑也,平之如水,从水;廌,所以触不直者去之,从去。"其中的"廌"(又称"獬豸")是传说中的独角神兽,是纠纷裁判者。汉代学者杨孚在《异物志》中对"獬豸"特性的概括最有代表性:"性别曲直。见人斗,触不直者。闻人争,咋不正者。"

[②] 王宏选认为《摩西五经》中的律法根据调整对象可分为宗教仪式律法、伦理律法和刑事与民事律法。(参见王宏选:《法律文化视野下的宗教规范研究》,厦门大学出版社2013年版,第77—78页)他的另一论述也有助于我们对这一问题的理解:"从发展历史看,宗教规范最初多是自

出自婆罗门之手的《摩奴法典》①经历了漫长的形成过程,《摩奴法典》虽然没有像犹太教的律法那样成为政教合一的律法,但在印度社会的许多方面都起着律法的作用。② 正如梅因(Henry Sumner Maine)所概括的:

> 这些东方的和西方的法典的遗迹,也都明显地证明不管他们的主要性质是如何不同,它们中间都混杂着宗教的、民事的以及仅仅是道德的各种命令;而这是和我们从其他来源所知道的古代思想完全一致的,至于把法律从道德中分离出来,把宗教从法律中分离出来,则非常明显是属于智力发展的较后阶段的事。③

宗教法与世俗法的分离,在世界上不同地区的历史进程中是有先有后的。在中国,帝尧时代的皋陶被奉为司法的鼻祖,而且至少

（接上页）发产生,具有风俗习惯和民间法的特征;后来由宗教组织的权威机构予以颁布和实施,具有成文法和制定法的特征。在不同时代和地域的社会规范体系中,宗教规范的地位和影响不尽相同。在政教合一、神权政治或国教体制下,宗教规范是基本的和主要的社会规范。它或者以宗教组织规范的形态存在,作用范围限于宗教团体内部;或者发展为与国家法平行的宗教法律体系,其地位和影响甚至超越国家法。在政教分离或世俗国家体制下,宗教规范往往以民间法和习惯法的形式存在,其作用范围一般限于宗教团体或信仰者群体内部。"(王宏选:《法律文化视野下的宗教规范研究》,第 3 页)

① 《摩奴法典》(mānava-dharma-sāstra, manu-smrti)是古代印度婆罗门教的经典,系以《摩奴法经》(Mānavadharma-sūtra)为基础所修补之法典。相传为"人类的始祖"摩奴所编,再由其后代波利怙(Bhrgu)传到人间,故名。实际上,它是婆罗门教的祭司根据《吠陀经》与传统习惯而编成的。法典内容驳杂,大约编成于前 2 世纪至 2 世纪(一说为公元后的头几个世纪)。传至今日之《摩奴法典》共 12 章,2684 条。第 1 章讲述创世记的神话;第 2—6 章论述婆罗门教徒的四住期的行为规范;第 7—9 章主要包括民法、刑法、婚姻制度、继承法;第 10 章是关于种姓的法律;第 11 章是赎罪法;第 12 章包括因果报应、轮回转世之说。其中,纯粹法律的篇幅约占全书的 1/4。它表现了婆罗门教维护高级种姓的利益和特权的愿望。《摩奴法典》古来即为印度人生活法规之基准,缅甸之佛教法典即依此法典作成,暹逻法典亦根据《摩奴法典》而作,爪哇亦有《摩奴法典》,巴厘岛仍实际应用之。

② 参见《摩奴法论》,蒋忠新译,中国社会科学出版社 1986 年版;邱永辉:《印度教概论》,社会科学文献出版社 2012 年版。

③ 梅因:《古代法》,沈景一译,商务印书馆 1959 年版,第 9—10 页。

从"绝地天通"的五帝时代起,王权就一直高于教权,世俗法在政治生活和社会生活中的作用一直是主导性的。秦汉至明清的两千多年间,儒教的礼乐观对法律影响很大,但儒教的四书五经在中国社会中的作用,既不同于《摩西五经》、《塔木德》(Talmud)和《米德拉什》(Midrash)在犹太人中的作用,也不同于《摩奴法典》在印度社会中的作用。与西方和印度不同的是,从子产铸刑鼎到商鞅变法,从秦律到大清律,中国的世俗法在体系上日趋繁复。而在西方,法律起源于古代氏族—部落社会中平民与贵族的斗争。古希腊的雅典在发展中,氏族—部落内部出现平民反对贵族的斗争,最终导致氏族—部落组织的崩溃和希腊国家的产生。与国家产生的这种形式相伴随,梭伦(Solon)改革的核心内容是废除贵族所享有的特权,以财产的多寡划分公民的等级以及与之相应的权利义务。后来在罗马出现相似的情形,只不过这次是氏族—部落外的平民反对罗马氏族—部落贵族,最终导致罗马国家的产生以及罗马第一部成文法《十二铜表法》的公布,确认了平民的权利义务。中世纪基督教一统欧洲,世俗法同哲学、艺术一样都成为神学的"婢女"。直到文艺复兴和资本主义兴起,西方人在经历了一个轮回之后(这次不是摆脱氏族—部落的血缘,而是摆脱教权的教缘),才越来越自觉地将宗教法与世俗法区分开来并逐步凸显世俗法的主导地位和作用。

宗教法与世俗法都是基于人类生活的社会性而产生的。现代社会十分强调个体的价值,但是人类生活在本质上是社会生活,无论宗教法还是世俗法,都与人类社会的群体性密切相关。作为维护社会生活秩序的规范,法律具有某种超越性,它超越了社会成员个体和社会的不同群体。按照庞德的说法,"在一个不以个人为单位而以血亲集团为单位的血亲组织社会中,法律的任务只是在各个好战集团之间保持和平这样一个简单任务。如果一个血亲成员伤害了另一成员,就由血亲集团的内部纪律来加以处理"。但是如果超出了单个血亲群体,如甲血亲群体的成员伤害了乙血亲群体的成员，在没有一个共同的上级（如部落联盟或国家）来调解争端的情况下，通常的结果就是血亲复仇。"最早设计的法律制度，是通过要求被害血亲放弃复仇行为和规定旨在确定事实的机械的审讯方式，来调节并最终制止私人间的战争。"①

法律的这种超越性，不仅表现在超越个人和群体，而且表现为超越当下的时间而在社会文化的扬弃选择和累积中化为传统或惯例。在历史进程中，世界三大宗教（佛教、基督教、伊斯兰教）以及其他宗教各自形成了形色各异的宗教戒律体系；而现代西方的世俗法律经过几百年修改完善，逐步形成了英美法系和大陆法系。②

（二）宗教法与世俗法的功能关联

在古希腊，法律（nomos）一词意为惯例，涉及政治权威和政治义务以及公民的权利问题。公元前5世纪末前4世纪初，古希腊的一些诡辩学家区分自然（physis）与习俗（nomos），并将法律归入习俗一类中。一般认为法律是人类创造出来的，是经人们一致同意而形成的。但在法律是否普遍和是否永久的问题上，却有两种不同的意见：一些人认为法律在任何地方都具有同等的效力，而另一些人则主张法律是由习俗产生的，并且随着人们认识的改变而变化。在法律的社会作用上，一些人主张法律在体现人类本性上有促进作用，而另一些人则认为法律通过控制过度的个人主义而在维护人们已经获得的利益上

---

① 庞德：《通过法律的社会控制》，沈宗灵译，商务印书馆2013年版，第12页。
② 大陆法系又称罗马法系、民法法系、法典法系或罗马日耳曼法系，是承袭古罗马法的传统，仿照《法国民法典》和《德国民法典》的样式而建立起来的法律制度。欧洲大陆上的法、德、意、荷、西、葡等国和拉丁美洲、亚洲的许多国家的法律都属于大陆法系。英国、美国、加拿大、印度、巴基斯坦等国家采用的是英美法系，英美法系又称英国法系、普通法系或判例法系。大陆法系和英美法系的区别是：（1）分类不同，英美法系分普通法和衡平法，大陆法系分公法和私法。（2）法官在诉讼中的地位不同，英美法系国家奉行当事人主义，法官是中立者；大陆法系国家法官占主导地位。（3）法律渊源不同，英美法系国家为判例法，大陆法系国家主要法律渊源为制定法，不包括判例。（4）法律编撰形式不同，大陆法系国家采用法典形式，英美法系国家不然。

有限制作用。

法律与个人、群体、国家、世界的关系，以及这些因素在时间长河中展现出的丰富动态性。我们尝试归纳出如下图（图8-1）：

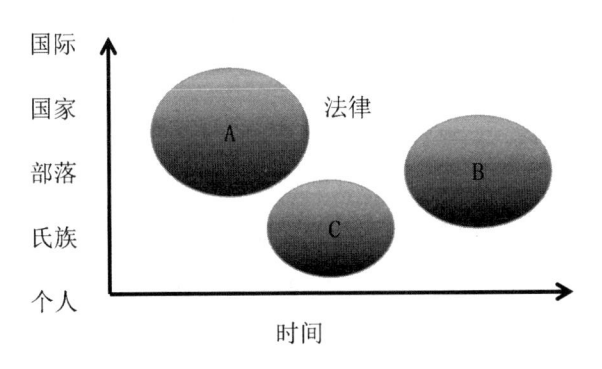

图8-1 法律与个人、群体、国家、世界的关系

图8-1中的ABC既可以代表不同的个人，也可以代表不同的氏族—部落、不同的群体、不同的国家；而坐标所形成的空间，则是比ABC更大的社会单位，它既可以代表不同的氏族—部落，也可以代表不同的群体、国家和国际社会。这种相互关系并不难理解。关键在于社会的复杂性所带来的问题复杂性突出地表现于"不同的群体"这个概念：首先，它可以指不同的性别群体、年龄群体、职业群体，也可以指不同的阶层、不同的族群、不同的宗教或教派，还可以指不同的爱好群体（如各种各样的俱乐部、千姿百态的"粉丝团"等）。法律所规范和协调的不仅涉及ABC的内部关系，更重要的是规范和协调ABC的相互关系或外部关系。其次，这种复杂性还表现为"不同的群体"不仅包括同一层面的不同群体，而且涉及不同层面的不同群体，这种跨层面的群体间的互动有时涉及多个层面，不同的群体既有分别又有交叉，其相互间的关联极其复杂。宗教群体是"不同的群体"中的独特一类，它形成这种复杂性的第三个维度。宗教与社会（部落、

国家）在历史进程中既有重合的状态，也有作为后者之组成部分的格局；宗教内部又可以区分出阶级的、职业的、年龄的、性别的、受教育程度的等亚群。宗教既可以等同于社会（如氏族状态或国教状态），以其律法规范社会中的不同群体，也可以作为 ABC 的一分子构成社会的一个亚群。从这种复杂性我们可以看出，宗教法与世俗法的作用范围因时、因地、因教而有所不同。

宗教法与世俗法都是"法"，都是带有某种强制性的行为规范和关系准则，违犯了都会受到惩罚（不同于伦理道德）。但是从神圣与世俗的角度看，它们分属于不同的领域：宗教法只是宗教的一个维度，世俗法也只是世俗社会的一个方面。然而若从现代社会的构成看，宗教与法律乃是上层建筑及其意识形态的两个部分。对于宗教与法律的基本关系，伯尔曼说得十分到位：如果人们根据词典上的定义，把法律仅仅视为政治当局制定的规则"制度"，把宗教也仅仅视为与超自然相关的信仰和实践制度，那么可以说两者似乎没有什么关联，或者只在一些相当有限和具体的方面彼此关联。但事实并非如此。"法律并不只是一个规则制度；它是人们立法、裁判、执法和谈判的活动——它是分配权利义务并由此解决纠纷、建立合作途径的过程，这一过程充满了活力。宗教也不只是一套信条和仪式；它是人们所表现出的对生命根本目的和意义的集体关切——它是对超验价值的共同直觉和委身。律师有助于给社会带来维系内部团结所需要的结构和格式塔，法律反对无政府状态。宗教有助于给社会带来面向未来的信仰，宗教向堕落开战。"①

伯尔曼还认为，法律与宗教在所有的文化里具备四个共同的要素：仪式、传统、权威和普遍性。"在任一社会，这四个要素都代表了人类探求自身难以企及的真理的努力，……它们将任一特定社会的法律秩

---

① 伯尔曼：《信仰与秩序——法律与宗教的复合》，姚剑波译，第3页。

序与该社会对终极超验实在的信仰连在一起。同时，这四个要素赋予法律价值以神圣性，并因此增强了人们的法律情感：权利义务意识、公正审判的要求、对适用规则前后不一的反感、受到公平对待的愿望、忠于法律及相关事物的强烈感受、对不法行为的痛恨。"这些情感是任何法律秩序都不可少的基础。它们不可能从纯粹的功利主义伦理道德中得到充分滋养。它们需要一种信仰来支撑，即相信它们具有先天的、根本的正确性。①有群体行动和交往规则的不仅仅是人类社会，但人类社会的规则不仅仅是出于本能，而且（更重要也更根本）是出于价值追求。因此社会群体对价值（或终极超验目的）的信仰，必定会在社会秩序形成的过程中显现出来。同样，社会秩序形成的过程，也会在社会的价值观中显现出来。"事实上，在有些社会。比如古代以色列，法律，也就是律法书（Torah），即是宗教。但即使在那些法律与宗教泾渭分明的社会，二者也是相辅相成的——法律赋予宗教以精神、方向和法律博得尊重所需的神圣。若二者彼此脱节，法律容易沦为教条（legalism，即律法主义），宗教容易陷入狂热。"②伯尔曼是从人类文明的整体思考宗教与法律的关系的：

> 说宗教是世界秩序的渊源，并不是要否认宗教同时也是世界失序的渊源。宗教狂热会破坏世界秩序，这不需要举例。不狂热的宗教信仰也可能会阻挠看起来是理性的政治问题解决方案。宗教并不必定美好，法律并不必定美好，世界秩序也不必定美好。但倘若我们要问："法律与宗教在世界秩序的发展当中各自有何作用？"显然，不管怎样，正在形成的世界秩序需要法律与宗教的支持，在某种程度上也正在接受它们的支持；也就是说，它需

---

① 伯尔曼：《信仰与秩序——法律与宗教的复合》，姚剑波译，第3—4页。
② 伯尔曼：《信仰与秩序——法律与宗教的复合》，姚剑波译，第4页。

要一种分配权利义务的结构、过程,及与此有关的对超验价值的共同直觉和委身,而且在某种程度上,它也正在接受它们。其次,这些需要只能随着各种共同体(各种经济、文化、政治共同体)的形成而逐步实现——这些共同体跨越国界,成为历经世代由世界秩序到世界社会再到世界共同体逐步过渡的基础。

世界社会有一部分将由而且也正由形形色色的共同体和利益组成——它们时常是相互敌对的。国家对立、种族对立、政治对立、宗教对立、意识形态对立、阶级对立、性别对立以及其他对立无疑将继续存在。……我们同在一个世界,这个世界是个多元的世界,也必须保持多元,有着多种多样的民族、种族、信念和社会制度。但这个世界又必须是一个完整的世界,合众为一(Epluribusunum)。既为多元,又为一体。①

在许多传统社会中,宗教法与世俗法在许多方面是互相渗透、相辅相成的。昂格尔(R. M. Unger)指出:

如果说,神的权威性是神法传统的第一共同属性,那么,第二个共同属性就是神圣戒律、王室法令和习惯之间的相互作用。这种相互作用既是一种权限分配又是一种相互影响的过程;神法、国王命令和社会惯例适用于尽管有时是相互重叠而不同的社会生活领域,但是,有时它们也彼此借鉴。因而,一套法律规则在依赖神的权威性的同时,也仍然浸透着习惯和官僚法的影响。②

但是另一方面,宗教法与世俗法又有所不同。许多宗教法的内容

---

① 伯尔曼:《信仰与秩序——法律与宗教的复合》,姚剑波译,第268页。
② 昂格尔:《现代社会中的法律》,吴玉章、周汉华译,译林出版社2001年版,第107—108页。

或者是道德劝诫性的（如"十诫"），缺乏国家机构所制定的法律法规的那种凌驾于整个社会之上的、有效的和强制的惩罚与制裁；或者，宗教法所规定的惩罚或是在死后或是在来世，或需要通过神灵或宇宙本身的作用降临到犯罪者身上。从制定法的立场看，文明时代的宗教法不同于原始时代的宗教"法"（如果非用这个词的话），文明时代多种宗教及多种宗教法体系存在的格局，使每种宗教的宗教法规都不具有普遍性，不足以形成有效的和强制性的富有约束力的法律规范。宗教法与世俗法的不同还表现在权威的源泉、解决争议的程序、强制的机制等方面。宗教法的权威源泉，往往是神灵或始祖。而现代社会的法律的特点在于创建法律的权威专有地存在于大众选举的立法机构中，在许多情况下属于一个也是体现了民众意志的更基本的章程，反过来说，民众的意志也受到普遍的世俗规范的约束。在许多传统社会里，某些宗教法将神判作为解决争议的方法。例如，在印度教和中世纪的基督教中，神判作为审判的结果，至少名义上出自神灵之手。而在现代审判中，结果是直接出自世俗人（法官或是陪审团）之手。此外，宗教法还有一点不同于世俗法：宗教法往往延伸到人们的良心领域，如在印度教中，"法"（dharma）这个词不仅意味着"法律"，而且意味着"宗教的"和"正确的"行为。《摩西五经》和伊斯兰教教法（sharia）既能够作为社会生活的规范，也可以作为个体或教团的宗教修行方法。有学者对宗教的治理方式做出如下概括：

> 宗教规范作为一种社会治理方式，在秩序形成方面具有不同于其他社会规范的特征。国家法主要是通过外在的他治、借助于自治达到其构造秩序的目的；习惯法主要是通过社会团体的自治实现其目的。而宗教规范要构造社会秩序，一方面需要发挥信徒的自律意识，或者信仰的教化作用，另一方面需要通过外在的强制作用。也就是说，宗教规范作为社会治理方式，既包括他治的

成分，也包括自律的因素，而其注重的是由外在的强制转化为内在的自律。①

宗教法与世俗法的区别还可以再列举若干，然而在这些差异之下，有一个根本的和重要的不同：虽然法律与宗教都有助于建立和维护秩序，但在指向上有所不同，如伯尔曼所说："法律以其稳定性制约着未来；宗教则以其神圣观念向所有既存社会结构挑战。"② 不过，宗教并非总是通过其神圣感挑战一切现行制度。在许多传统社会里，在当代许多政教合一或政主教从的社会里，主导宗教与现行社会制度不是挑战的关系，而是互补的关系。只有在政教分离的社会里，或者在某些宗教处于在野状态的社会格局中，宗教之神圣秩序与现行社会制度的张力才会凸显出来。而且，即使是政教分离，或者某些宗教未居主导地位，宗教所尊奉的神圣秩序，也不一定与现行社会制度在价值上相悖。我们认为伯尔曼的提醒十分重要且确有其事，这就是宗教有可能通过其神圣感挑战某种现行制度。宗教之神圣秩序与现行社会制度的关系虽然因教派因制度不同而有多种可能，但说到底就只有两种：相合或相悖。

在此，有一点我们要补充也是强调：在现代世俗国家里，包括宗教戒律在内的"宗教法"总是有若干条规与现代国家的某些法律条规相冲突或抵牾。在这样的情况下，现代世俗国家往往做出硬性规定或施加压力，不仅不允许任何宗教团体将自己认可的"宗教法"的某些规则施于教外，也不允许宗教团体将与国家法律法规相抵牾的这些教法规则施于教内，在某些情况下甚至会施加压力迫其中止或废止这些规则，而不论这个教法内容有多么强劲的宗教理由。这一点十分重要，它不仅表明现代社会中宗教与法律的相互关联，同时也说明在现代国

---

① 王宏远：《法律文化视野下的宗教规范研究》，第 104 页。
② 伯尔曼：《法律与宗教》，梁治平译，中国政法大学出版社 2003 年版，第 12 页。

家中"宗教信仰自由"不是一种绝对的自由,而是一种相对的或有限的自由。

二、"宗教信仰自由"的理解

宗教与法治的原点问题也是核心问题乃是"宗教信仰自由"。因为宗教信仰的权利问题,说到底是宗教信仰的现实实现,而实现的范围与程度取决于法治框架。因而讨论宗教与法治的关系,最根本最核心的是实现和保护宗教信仰自由的法律限制。对这个问题的理解以及由此形成的社会共识,直接关系到一个社会的法治状态和运行功效。无论"政教分离"还是"政教合一","政教分立"或是"政主教从",政教关系解决的是宗教(尤其是各大传统宗教和各宗各派)在国家政治生活大框架中的基本定位及行动准则,而且都会对"宗教信仰自由"做出或明或隐的界定,因为这涉及根本的制度安排、秩序原则并事关每个公民的行为规范,具有较强的操作性、具体性和指向性的法律法规都是由此派生或演绎出来的。我们讨论"宗教信仰自由"问题,不仅要讨论宗教信仰的性质——如果这个问题不明确,所有与之相关的行为规范就失去了立身之本;还要讨论宗教信仰自由的范围与程度及其变化发展;讨论为什么要保护宗教信仰自由,以及在全球化和中国社会转型的进程中如何保护宗教信仰自由。

我们在此对这些问题的探讨只是抛砖引玉,希望能有越来越多的理论分析和个案解剖跟进,从而使我们对宗教与法治的理解越来越丰厚,既上通天道又下接地气,如有可能在理论上再有所提升,使宗教学理论升级到新的版本,善莫大焉。

(一)宗教信仰的社会历史属性

有些法学家或宗教学家认为,宗教信仰乃是一种仅仅限于人的精神和意志层面的活动与内容，并由此将宗教信仰自由仅仅视作思想上的绝对自由。但是这种只言"观念"不谈"行为"的由宗教信仰所延伸出的对宗教信仰自由的狭义理解，不具有法律意义。法律的关注点是言行是否合法，而非精神（或思想）是否合法。霍布斯（Thomas Hobbes）早就意识到：

> 世界上没有一个国家能订出足够的法规来规定人们的一切言论和行为，这种事情是不可能办到的；这样就必然会得出一个结论说：在法律未加规定的一切行为中，人们有自由去做自己的理性认为最有利于自己的事情。因为自由的本义如果指的是人身自由，也就是不受锁链锁禁和监禁的自由；人们显然已经享有这种自由了。①

霍布斯这段话的前半部分并没有明确指明为何思想自由是不用法律赋权的，却阐述了后人归结为"法不禁止公民可自行其是"的观点。但后半部分却有间接论述，如果信仰仅仅是某个人的思想活动，那在法律上赋予或不赋予自由的权利，确如霍布斯所说是无意义的。制定和执行法律的国家无权干预纯思辨的自由，其实这根本不是有权无权的问题，即使国家颁布法令不允许人们思想也没有用，因为谁也无法约束人的思想。人们可能会说有时候文化传统和意识形态倒可能影响或"制约"人们的思想，但若确切地说，文化传统与意识形态只能通过社会化等过程"影响"人们想什么，而不能"制约"人们思想（此"思想"作为动词）。法律不同于文化传统和意识形态：它不仅不能干预人们"思想"，也不能干预人们"想什么"，而只能约束人们表达出来的思想内容（即言论）及其采取的行为（个人的或群体的）。所以，

---

① 霍布斯：《利维坦》，黎思复、黎廷弼译，商务印书馆1997年版，第164—165页。

法律层面上讨论的"宗教信仰自由"是社会的和历史的，属性上是相对的和有限的自由，唯此才需要法律做出规范并加以保护，唯此才有不同地域和不同时段的变化，也唯此才有学术探讨的必要。如果将宗教信仰只是理解为思想的绝对自由，就不属于研究（无论是法学还是宗教学）的范畴，因为在此层面上讨论思想（包括宗教信仰）能否或应否自由如同讨论呼吸能否或应否自由一样是毫无意义的。其实不仅仅是宗教信仰自由是一种相对自由，其他领域的自由也是如此。只要是法律加以规定和保护的自由，都是相对的或有条件的自由；道理很简单也很直白：绝对的自由根本不需要法律赋权和保护。

正是因为意识到这一点，许多学者将信仰自由与信仰自由外化后的行为活动联系起来理解，或将宗教信仰自由理解为信仰宗教自由和实践宗教信仰自由两部分构成的统一体。闫莉在讨论宗教信仰的自由与限制时，不仅认识到宗教信仰包括观念与行为这两个方面，同时还着重指出了宗教信仰的行为所带来的相对性："宗教信仰自由是指个体或个体结成的团体在法律规定或认可的情况下，通过各种行为公开或私下表明、显示或传递其有关宗教信仰的思想、意见、观点、情感等的权利。公民的宗教信仰自由包括精神层面的信仰绝对自由和实践层面的宗教活动相对自由。宗教组织的宗教信仰自由仅指宗教活动相对自由。"[①] 董江阳试从区分私人生活与公共生活来理解宗教信仰自由的相对性："宗教自由作为一项基本人权，当然是指个体层面上的一种权利。但这种个人权利，如果仅限于个人生活或私人生活，则是没有实际意义的。只有在与公共生活关联中，或者说，只有在社会公共领域内，享有和行使宗教自由这种个人权利，才具有真正的意义和价值。只有关联公共生活的宗教自由，才是完全而真正的宗教自由。"[②] 虽然他

---

① 闫莉：《宗教信仰：自由与限制》，社会科学文献出版社 2012 年版，第 43 页。
② 董江阳：《迁就与限制——美国政教关系研究》，第 457—458 页。

说的是"宗教自由"而非"宗教信仰自由",但是他也认识到这个问题的讨论要划定适用场域,必须有所限定。

按照我们的理解,在宗教信仰中思想与行为是两面一体(手＝手心＋手背)的,它既是思想也付诸行动(我们在讨论宗教与哲学的区别时亦说明此意),由此宗教信仰本身才与法律(及法治)有了关联,才有能否或应否自由的问题。宗教信仰自由的这种相对性在实际的社会历史进程中,主要地表现为在范围与程度两个维度上的变化。

(二)宗教信仰自由的范围与程度的可变性

"宗教信仰自由"说起来是一句话,但落到实地或解决实际问题时,会涉及许多领域和许多方面,这就涉及"范围"和"程度"这两个维度,不同时代和不同国度的相关法律法规,也基本上是在这两个维度形成的扇区里做文章。同时我们还要注意到,在讨论"范围"和"程度"时既要将个人与群体(团体)分开,又不能将它们完全割裂。

1. 直接的宗教信仰自由与间接的宗教信仰自由

在历史上的不同时期、不同地区、不同国家,甚至不同宗教里,历史积淀的传统不同,社会变迁(尤其是政治因素)形成的宗教格局不同,因而个人的宗教信仰自由在范围和程度上是有分别的。在很多情况下,一部分宗教信徒的自由意味着另一些宗教信徒的不自由或不那么自由,主流宗教或教派的成员享有最多的宗教信仰自由(在确立"国教"的国家里更是如此),非主流宗教或教派的成员或享有较少的宗教信仰自由,或受到歧视,或根本没有这种自由,甚至遭受迫害。世界历史上曾有许多形态的"宗教裁判所"和"判教",非主流宗教或教派的信徒或处于边缘状态、地下状态,或远走他乡。即使在近现代政教分离(或分立)的国家里,也有宗教上的多数派和少数派,也有若干边缘群体,他们在宗教信仰自由上享有的范围和程度还是有事实上的不同。这些不同有时是隐含的,有时是法律明确规定的。这些都可以归入"直接的宗教信仰自由"。

此外，宗教信仰自由还会涉及日常生活的一些方面，当宗教信仰自由权利与身为公民的其他权利义务有矛盾时，也会间接地影响宗教信仰自由。我们暂且称之为"间接的宗教信仰自由"。比如耶和华教派出于宗教信仰而不服兵役，基督教科学派主张生病不去医院治疗，锡克教徒出于宗教信仰拒绝摘下缠头而无法戴上安全帽，等等。格里纳沃尔特（Kent Greenawalt）在探讨涉及宗教信仰的自由与公正问题时概括了诸如此类的"典型的宗教活动自由问题"：

> 政府应当允许宗教和平主义者或是所有的和平主义者免于入伍，还是拒绝为任何和平主义者提供例外？假设一条普适规定要求所有的孩子都应当在学校呆到16岁，那么政府官员是否应当允许某宗教组织在此之前就让他们的孩子辍学，从而为这些孩子的社会生活进行职业训练？一个州禁止食用佩奥特（peyote，一种仙人掌，具有致幻作用），它是否应当允许某个教会的成员食用该仙人掌以作为他们礼拜活动的中心仪式？一项禁止在雇佣合同中进行性别歧视的法律是否应当对只允许男人担任神职人员的宗教组织听之任之？
>
> ……犯人也许会想佩戴一些狱政当局禁止的首饰。某个教会也许会想利用其社区房产建立一所规划方案禁止的学校。一名犹太正统派军官佩戴了他的圆顶小帽，这违反了要求军事人员不得在室内佩戴帽饰的规定。……对某位守安息日的信徒来说，其宗教思想要求其在星期六关闭他的商店。他可以同时遵行这一宗教义务以及另一项要求所有商店在星期日关门的法律，但是该法律与其宗教义务联合起来给他带来了经济上的问题……①

---

① 肯特·格里纳沃尔特：《宗教与美国宪法——自由活动与公正》，程迈译，中国民主法制出版社2013年版，第2—3页。该书分析了多个具体案例，如从良知出发反对军事义务、宗教豁免和使用毒品、军队与监狱生活、失业补助、土地开发、雇佣关系和医学治疗等问题。

无论"直接的宗教信仰自由"还是"间接的宗教信仰自由",都是看似一句话就可以说清楚,实际上却很复杂的问题。不同的文化传统和不同的国情对这些问题的处理在范围上和程度上各有法度,形成不同的模式或类型,也催生一系列的研究成果。我们在探讨宗教信仰自由的范围与程度时,不仅要关注直接的宗教信仰自由层面,还要关注间接的宗教信仰自由层面。有时候,由于"直接的宗教信仰自由"比较直观而易于是非分辨,"间接的宗教信仰自由"因其隐含于其他事项中而往往不被人们重视甚至被曲解,社会的与文化的误解也往往由此孕育,所以更应引起我们关注:只有将两个层面结合起来,我们对一个社会的宗教信仰自由的范围与程度的把握才会更加全面;也只有将这两个方面结合起来,我们对宗教与法治关系的理解才会更加深入。

2. 个人的宗教信仰自由

个人的宗教信仰自由涉及不同时代、不同国家、不同族群、不同宗教,十分复杂。对于人们已经反复强调过的东西我们不再赘言(也不可能在这样一小节中面面俱到),而是提出几点思考以期人们在"个人的宗教信仰自由"这个问题上的认知有所推进。

要确立"个人的宗教信仰自由"的范围和程度(直接的与间接的),人们首先会问这里所说的"个人"是谁,是我,是你,还是他或她?人们对于个人的宗教信仰自由的范围与程度的感知,当然首先是从"我"自身出发的。但是一个社会要确立个人的宗教信仰自由的范围与程度,是不是要以"我"为原点?作为个体,"我"当然希望个人的宗教信仰自由在范围上和程度上是无限的,至少是越大越好。但是如果另一个与我信仰不同的"我"(即"他者")也这样主张,那我的权益可能就会有损失。如果我生活在一个有国教的社会里,或生活在一个主流宗教比较强势的社会里,作为主流宗教的信徒,我可能享有较多的自由,而我若是非主流宗教的信徒或不信仰任何宗教,我可能就只能享有较少的自由甚至没有宗教信仰的自由。在此人们自然想起"己所不欲,勿施于人"

的古老格言。可是在前现代的社会里，特别是有国教的社会里，许多有关宗教信仰的法律就是那么"任性"。但结果往往是一派掌权压制其他教派，当另一派掌权时也是压制其他教派，甚至报复原来居于主导地位的教派。由此冤冤相报，恶性循环。这是第一点。

宗教信仰自由是现代社会的观念，是在现代国家制度的法律框架中确立、保障和实施的。这种"现代性"是我们观察和思考宗教信仰自由问题的一个关键词：一方面，从国家或社会之间的比较来看，人类历史虽然进入"现代"，但不是每个国家或每个社会都是"现代的"。由此去观察别的国家或社会，会看到许多宗教权益不平等的现象，我们分析一个社会宗教信仰自由的范围与程度，不能以那个社会的主流宗教信徒享有的权益为尺度，而要以非主流宗教信徒享有的权益为尺度。主流宗教信徒享有的自由也许是一种上限的自由，而非主流宗教信徒享有的自由，才是构成该社会"基线"的个人宗教信仰自由。另一方面，从国家或社会的内部来看，一个国家或一个社会虽然总体上称得上"现代"国家或"现代"社会，但并非这个国家或这个社会中的所有成员都是"现代"的。其中或许有许多人还执着于传统的观念或信条，固守其价值理念，甚至否定现代社会所确立的关于"宗教信仰自由"这个法律原则的合法性。这会产生强大的张力。无论是个人还是国家，面对这种张力的进退失据，后果都是灾难性的。这种现象提醒我们看问题不要一刀切，全部肯定或全部否定都是不符合实际的。这是第二点。

第三点是"个人的宗教信仰自由"总是体现或实现在不同法律法规的交叉点上。在这些点上往往会出现需要法律解决的问题（既可能是有所抵触的，也可能是相互推助的）。社会也需要在这些点上达成共识，它们既是我们享有这种自由的范例，也是我们继续前行的路标。我们每个人都是按照自己的文化传统（或信仰传统）和个人在成长经历中形成的价值观来理解宗教信仰自由的。古希腊哲学家德谟克利特

（Democritus）在讨论原子运动的规律时曾说过一些启迪后人的话，他说世界的本原是原子，原子是沿直线运动的，原子在相互碰撞中形成一个一个的"团"，构成了各种事物。问题是沿直线运动的原子为何会相互碰撞。德谟克利特告诉我们，原子是直线运动的，但不是平行运动，它们运动的方向并不一致。德谟克利特的原子论在当代物理学中还有多少合理性无须赘言，但对我们理解宗教与法治的关系颇有启发：每个人对宗教信仰自由的理解是有不同取向的，这些直线运动的个体相互碰撞，形成一些结合点，也形成一些问题甚至冲突的关节点，必须以法律加以规范和调节。如果我们进一步思考，会发现一个社会有许多法律法规，每个法律、每条法规都有其自身的合理性，但不同直线运动的法条会因指向不同而相互碰撞，由此也会形成一些问题（如宗教信仰自由权利与生命权，宗教信仰自由权利与受教育权利，宗教信仰自由权利与服兵役的义务，等等），甚至冲突的关节点。具有不同传统背景和不同宗教信仰的人（即使是旁观者）对这些问题或冲突有自己的感悟，不同的反应又会形成具有一定压力的社会舆论。现代化的进程虽然解构了传统社会从而使个体"原子化"了，但在当代发达的社交媒体作用下，"蝴蝶效应"会使本来属于个体面对的"问题"迅速变成一个社会"事件"，甚至引发社会运动。本来就不简单的事情由此变得更加复杂。

第四点，个人的宗教信仰自由看起来是针对个人而言的，其实是以与"他者"的关系为前提的。如果世上只有一个人，或者世上只有一个氏族且全氏族有着共同的信仰，那么根本无所谓宗教信仰自由不自由。只有在世界上有不同的个人且有不同的宗教信仰者（包括无神论者）存在，并且还共同生活在同一国度或同一社区内，讨论个人的宗教信仰自由才有意义，制定有关个人宗教信仰自由的法律法规才有意义。现代世俗国家在法律原则上对所有的宗教与教派一视同仁（实践中可能有某种倾向）：不是从宗教信仰的传统和力量出发确立"我"

的宗教信仰自由的范围与程度，而是看与"我"不同的"他者"是不是享有同样的宗教信仰自由。说到底，"个人的宗教信仰自由"不是某一个个体的宗教信仰自由，而是一个社会中每一个个体享有的且同等的宗教信仰自由。

在充满暴力和强权并以此解决利益和信仰分歧的当代世界中，中国人如何基于自己的文化传统，在多民族多宗教的社会格局中使不同宗教信仰方（包括每个人）达成共识，既是现代法治维护宗教信仰自由的基础，也是现代法治推进和全面实现的目标：第一，只有在他人存在或其他宗教信仰共在的情况下，你我他才会意识到宗教信仰的权利问题，而自由这个权利原点首先涉及的是自由的选择权。第二，天下没有永恒的主流宗教，更没有永恒的国教，无论是主导宗教的信仰者，还是非主导宗教的信仰者，只要不是所有公民、所有宗教或教派都享有自由，部分人的自由就只是一种带引号的"自由"。第三，宗教信仰自由不仅是全民共享的选择自由，而且还必须是尊重他人的宗教信仰自由，这是一种义务。任何人任何教派，出于自己的宗教信仰或宗教教义，虽然可以认为自己的信仰是最"正宗"、最"纯正"的，但在现代多元社会里，如果你不尊重他人的宗教信仰自由，你也就得不到他人对你的宗教信仰自由的尊重，如果你希望他人尊重你的信仰选择，那么你就要尊重他人的宗教信仰，正所谓"己所不欲，勿施于人"。① 第四，宗教信仰自由还是一种改宗的自由，如果有人想改信另外一种宗教，别人无权干涉，这完全要出于自愿而非强迫，这种强迫

---

① 现代新媒体的出现，使人们有更多的机会和更快的速度发表和传播个人的见解。有关宗教的资讯既是海量的也是实时的。在这种新格局中，更要强调"己所不欲，勿施于人"的原则，共同维护新媒体信息交流的基本规则。对宗教现象和宗教问题的理论探索是在学术范围内，既不是护教的，更不是神权政治的，在学术范围内对某些现象或事件的批评和发表不同意见是正常的。在学术探讨中不让人家说话就是不让自己说话（伏尔泰说："虽然我不同意你的观点，但我誓死捍卫你说话的权利。"），而且不允许人身攻击，不允许恶意伤害。讨论问题是为了弄清事实，辩明道理，让问题得到合理的解决，让社会和文化得以健康的发展。

可能来自两个方面：一是强迫你改信某种宗教，二是阻挠你改信某种宗教。改宗的自由是积极自由，即主体在各种选择方案中选择自己的目标和行为方式；不受强迫是消极自由，即没有外部的约束、强制或强迫的力量。第五，作用力和反作用力相等，无论是历史还是现实都告诉我们，在宗教信仰自由这个问题上将个人或群体的宗教信仰权益膨胀，甚至走极端，都是在玩火：自以为点个烟花绚烂夺目，但飞溅的火星却可能点燃毁掉整个家园的炸药库。第六，个人的宗教信仰自由只是个人的诸多权利和义务之一。作为公民，个人还有其他的权利和义务。我们在讨论"直接的宗教信仰自由"与"间接的宗教信仰自由"时已经触及这个问题。在国家的法律框架中，在各种法律法规交织的法网中，每个国家对于宗教信仰自由的法律定位是不一样的。然而无论如何定位，总是有比它更根本的权利（如生命权），也有比它次要的权利（如旅行的权利）。每个国家的法律规则粗细不同、周延不同。法律法规或案例的数量与质量，也是衡量个人宗教信仰自由程度与范围的一个重要参数。法律法规的细致程度反映和标志着人们对宗教信仰自由认知的深度和广度，反之亦然。

　　人们或许会问：有些人不认可这些共识，挑战甚至破坏这些共识，将我们不愿意的东西强加于我们，我们怎么办？更有甚者，有些人在处于弱势时运用宗教信仰自由保护自己，而一旦成为强势（也许只是局地的）又不容纳别人的宗教信仰自由，对此我们怎么办？这个时候不能单靠觉悟，而是靠法律法规的力量维系应有的行动原则和关系准则（思想教育不是没有作用，但我们在此所讨论的是宗教与法治的关系）。如果姑息养患，不仅会使正常的宗教关系陷入混乱，而且会使国家的法律变得没有威严，政教关系会变得十分吊诡，维系社会秩序和文化秩序的价值观念也会被粉碎。法律不仅是规范人们行为的准则，必须保障这些准则不被违犯，而且要有一定的防范和预见，并不断针对新出现的问题做出补充。这，本是宗教与法治关联的应有之意。

3. 群体的宗教信仰自由

人们常以一根筷子可以折断，但一把筷子却难以折断来说明群体的力量不等于个体力量之和。的确，人类群体尤其是作为社会群体（或团体）的出现，不仅在自然的血缘关系之上（或之外）形成社会关系且社会关系的作用越来越重要，使人类跨入文明的大门，而且随着"不等于个体之和"的附加值越来越多、越来越复杂，社会群体在人类生活中的作用也越来越重要，群体具有许多个体所不具有的属性。然而并非所有的人类集合体都可称作"群体"，"群体是由那些在对彼此行为有着共同期待的基础上有组织地在一起相互作用的人组成的集团"[1]。任何社会群体都是具有某种内在结构的组织。这里所说群体的"组织"十分重要，它决定了群体不是在某一空间内自在的诸多个体，而是指在这些个体之间形成特定的有机联系。宗教就是这样一种社会有机体，它的内部虽然可以细分出具有不同内在结构的类型，但没有不成"组织"的宗教群体。[2]

第一，宗教群体是社会群体的一个亚型，自然具备社会群体的固有属性。依照社会学的说法，社会群体是具有共同的社会身份，通过一定的社会关系和纽带所形成的具有某些确定的共同目标与期望，并有指导行动的共有规范，互相间表现出一种认同感，建立起特定的互动模式的相对稳定的整合体。人们是为着某一目标而组成群体的，通常这一目标无法靠群体成员个人的努力圆满地实现。群体的本质是它的成员彼此间发生相互作用。这一相互作用的结果是使群体形成了一种内部结构。宗教组织尽管在信仰对象上可能不同，在仪轨上相互有

---

[1] 伊恩·罗伯逊：《社会学》，黄育馥译，第207页。
[2] 杜尔凯姆的宗教定义中特别强调宗教的组织（教会）方面：宗教乃是"一个与神圣事物（也就是说，被分开的和有禁忌的）相关联的信仰与实践的统一体系，这些信仰和实践将所有的信徒结合成在同一个被称为教会的道德共同体中"。（参见杜尔凯姆：《宗教生活的基本形式》，渠东、汲喆译，第54页。译文略有改动）

别，但都具有作为社会组织的共有特点：一是具有产生于共同问题的共同目标并希望去解决这些问题；二是一致赞同一套规范，并希望这些规范能帮助它们达到其共同的目标；三是将一定的规范结合成一些角色，并希望群体中的每个人为了集体的利益去充任和实现这些角色；四是对某些地位的各方面及其区别形成一致意见（经常仅仅是默契），并在这个基础上对别人进行评价；五是与群体相认同，成员对群体必须表现出某种程度的忠诚，并对群体提出的要做的事和建议如何去做表示遵从。① 总之，群体一经产生，就有了自己的"生命"甚或自己的"生命意志"，其存续的过程自然留下"生命的"轨迹。群体的生命往往超越个体成员的生命，其社会能量与文化能量也往往超越个体的能量之和。如果再加上历史的累积，这种能量会积聚为一个特定的传统并持续地影响社会和塑造个体。不同的宗教群体在社会能量与文化能量上会有所不同，政府的法治体制和力量会与之形成特定的回应关联，从而决定特定群体之宗教信仰自由的范围与程度。

第二，从古至今世界上有过无数的宗教群体，它们在宗教信仰自由的范围与程度上各有不同，可从三个维度加以考察：第一个可称作社会人口比，是指宗教群体的成员数占社会总人数的比例，人口比既可以呈现一个宗教群体的绝对人口数，也可以表明它的相对比例，这两个方面可使人们对其作为一种社会存在形成直观的把握；第二个可称作社会亲和度，是指宗教群体接受或拒绝社会世俗价值观和社会结构的程度，这既呈现一个宗教群体对主流社会的拥抱程度，也表现为主流社会对它的接纳或合作程度；第三个可称作内部结构度，是指宗教团体作为一个组织把众多的单位组成一个结构，培养专职人员，建立管理体制的程度，通过这个维度人们可以观察一个宗教群体的内部

---

① 如社会群体可分为正规组织的和非正规组织的。正规组织内又可再分为志愿性组织（如宗教、政党、专业学会）、强制性组织（如监狱、小学）和功利性组织（如公司企业）。但在现实社会中，有些宗教组织不是自愿性的而是强制性的（不允许退出或改宗）。

整合，观察它的运行效率，观察它的社会动员能力。宗教群体的人口比、社会亲和度与内部结构度是考察和分析宗教与法治关系时不可忽视的三个维度，因为这三个维度既呈现出宗教群体的价值取向与国家政权之意识形态的逆顺关系，也表现出宗教群体的社会动员能力及其能量（社会的、经济的和文化的）。每个宗教群体在这三个维度上都不可能一致，但国家制定的法律却是面向所有宗教群体的，有时甚至是面向包括宗教群体在内的所有社会群体的。然而世界上又有许多国家，且其社会制度和历史传统各有特色。这就造成了同一套法律制度面对不同的宗教群体，而同一类宗教群体会在不同时段和不同国度里面对不同的法律制度。群体的宗教信仰自由的范围与程度是比个人的宗教信仰自由更为复杂的问题，也更加引人注目。

例如在宗教群体的信仰所内含的价值观和社会理想与其所生存的社会这个维度上，从社会历史进程来看，无论宗教群体还是国家政权，都会切身感受到在这个问题上的张力与博弈，特别是在社会转型和法治建设进行中的社会，常常会在这个问题上产生分歧甚至冲突。历史上的摩门教曾经实行多妻制，与美国政府间有较多的摩擦，但在1900年前后按照美国政府的法律要求废除了多妻制，此后这个宗教群体逐渐融入美国社会（但也有少数教会坚持奉行多妻制并从主流教会中分离出去）。罗马天主教在某种意义上是个宗教帝国，它是作为一个整体来面对不同国家的法律制度，有些国家虽然社会制度已从帝制走向共和，但由于历史传统以及信徒在人口中的比例较大，教会与国家政权的关系总体上并不是很紧张（如法国），然而在有的国家，天主教徒人数并不多，传入历史也较短，政教关系却在总体上一直不顺畅，有时还弄得相当紧张。然而同样是世界宗教，佛教（尤其是汉传佛教）的结构不是个帝国，佛教徒在东亚国家中所占人口比例也比较高，每个教派甚至每个教派中的各个教团都有较强的独立性，但总体上与各国法律制度的关系都比较顺畅。也许可以说越是"入乡随俗"的宗教群体越容易和当地政府协调好相互关系，然而社会文化的"水土"只是诸多影响因子中的一个，虽然在许多时候，地方性越强的宗教群体与当地的社会文化越容易协调，但地方性很强的宗教与更大地域的社会文化却既有相合亦有相反的情势。另一方面，并非落在同一块文化土地上的宗教种子都能在政教关系上和谐相融，而且同属一类的种子也可能有顺逆相左的变异。

第三，宗教群体是由诸多个体组成的，但不同的个体在群体中的结构位置大有不同，在某些宗教群体中，不同的个体位于不同的结构层级，而位居高位的总是宗教领袖。在讨论宗教群体特性时，宗教领袖是个必须直面的要素。以往宗教学在分析宗教领袖时，常常将关注点放在宗教领袖的"超凡魅力"（charisma，又译"卡里斯玛"）上。这个术语是由德国社会学家韦伯提出来的。很多创立新宗教或新教派的宗教领袖都是具有超凡魅力的人物。① 然而宗教史中亦有许多例证表明一个人并非仅仅依靠超凡魅力就足以创立宗教并左右宗教的发展。成功者往往是天时地利人和三者皆备。社会文化因素既可以令超凡魅力人物乘风破浪，亦可使之覆灭于惊涛骇浪中。宗教领袖与宗教群体是一个硬币的两面。没有群体就无所谓领袖，只要有领袖，就会有这样那样的群体。这方面的分析探讨已有很多，我们在此强调的是要关注宗教领袖的另一方面：宗教领袖的二重性② 和宗教领袖与信徒的关系或

---

① 宗教史中的超凡魅力人物在西方宗教中多表现为作为神与人中介的先知，在东方宗教中多表现为作为德行楷模的圣人。他们都具有一种特殊的魅力或超人的天赋之类的特殊品质，具有这种品质和力量的人高居一般人之上而成为领导，他们能够感召他人或激存他人之忠诚。信徒对具有超凡魅力的宗教领袖怀有一种神秘感和敬畏感，甚至会认为他们与神或神秘世界具有特殊关系，可以通神或与超自然力量沟通，因而宗教创始人的言行往往被信徒视为真理和真理的见证。

② 宗教领袖的二重性是说在宗教群体中：他（她）是一个个体，作为个体，他（她）与其他个体一样要呼吸要吃饭，甚至和其他个体一样有自己的家庭生活；但他（她）又是一个十分特殊的个体，很多人会说他（她）的特殊性在于他（她）能够通神或他（她）有神秘的能力，然而我们要说的是在宗教与法治的框架内，他（她）的特殊性在于他（她）是宗教群体的代表，在于他（她）对整个宗教群体所发挥的影响以及所要承担的社会责任。宗教领袖的神秘能力主要是神学所关注的，而他（她）的群体代表作用和社会影响力乃是宗教学所关注的。

宗教领袖在宗教群体内部形成的结构关系。①

宗教领袖②是影响宗教群体之宗教信仰自由的范围与程度的一个重要变量。宗教领袖总是与其信徒形成特定的结构关系，这既可能受社会文化的影响而形成相似的结构关系，也可能针对社会文化形成逆向的结构。在日趋复杂的近现代社会中，一个社会中往往具有诸多不同宗教或教派的宗教群体，它们有各自的内部结构并在延续中形成传统：既有几乎平面的相当民主和平等的内部结构，也有等级化的金字塔式的帝国结构；既有公开透明的开放结构，也有封闭的秘密团体，还有半明半暗的群体结构；既有专业的神职人员和培训机制，也有无固定神职人员的宗教群体；如此等等。无论宗教群体具有何种结构，宗教领袖的地位一旦形成，他（她）就成为宗教群体对内和对外的人格化代表，其个人的社会能量与文化能量，甚至政治能量，会远远超出群体的其他成员。但是这种影响力既取决于个人，更取决于结构，组织的结构既可以集中能量也可以分散能量。可以说，宗教群体在内部组织结构上越等级分明、权威越自上而下，能量越集中，宗教领袖在宗教信仰自由的范围与程度方面（无论对内还是对外）越是个重要的影响因子。正是由于宗教领袖与宗教群体的这种特定关联，所以法治体系对宗教群体领袖的关注也不同于宗教群体的一般成员，与之相关的宗教信仰自由的范围与程度的法律法规不仅涉及个人，而且涉及群体。

第四，在现代社会中，法制社会的建立和维系取决于社会成员的遵纪守法，在这一点上无论个人还是社会群体都不例外。然而在"宗

---

① 需要进一步说明的是，宗教神职人员与宗教领袖之间不能画等号。有些神职人员是宗教领袖，有些只是某种意义上或某种程度上的宗教领袖。在中国民间，还有许多不是神职人员却在信教群众中颇有号召力和组织能力的人物，他们在某种意义上也可看作宗教领袖。

② 个人成为信徒是一回事，成为一个宗教领袖是另一回事。社会关注度、社会影响力、社会能量都不一样。所以群体性的宗教信仰不同于个体性的宗教信仰。无论是政治统治还是社会治理，关注的重点从来都是宗教团体（群体），宗教与法律、宗教与政治的互动点也多聚焦于群体性宗教信仰。

教信仰自由的范围与程度"这个问题上，在讨论个人的宗教信仰自由时，我们往往更多地强调要承认和尊重宗教信仰与其他文化形态相比的特殊性和不同宗教信仰传统的特殊性，强调和保障社会成员在宗教信仰上的选择权和践行权；而在讨论宗教群体的宗教信仰自由时，我们常常会更多地强调宗教群体与其他社会群体以及不同的宗教信仰传统在法律上的平等，亦即关注它们的共性。认识到这种区别十分重要：宗教信仰群体不能因为自己具有与众不同的信仰，不能因为自己的成员数量或多或少，不能因为自身独特的内部组织结构和外部关联，而享有与其他社会群体（包括其他宗教群体）不一样的社会特权，更不能凌驾于其他社会群体之上。反过来说，也不能因此而不享有其他社会群体（也包括其他宗教群体）所享有的社会权利和义务。

这样说很多人不以为然，他们坚持宗教群体与其他社会群体不一样，因为宗教群体是"宗教的"。然而宗教群体还有另一面，即它们首先是"群体"，其次才是"宗教的"。汉语是种非常有意思的语言，它的许多语词是由两个不同的字组成的，但若进一步思考，会发现许多语词的意义重点在后面的字词上。比如你、我、他是三个名词，但组成你们、我们、他们时，语词的意义重点是"们"，而你、我、他就变成修饰"们"的，即不一样的"们"。当我们讨论宗教群体时，说它们与其他社会群体享有相同的社会权利和义务，是将语义重点放在"群体"上，"宗教的"是修饰和说明它不同于商业群体、企业群体或政党群体，但它们都是社会"群体"，这是它们共有的身份。从这个维度上看，它们都该遵循社会"群体"所共有的发生、成长和演变的规律或规则。这些规律或规则并不因为群体是"宗教的"而不起作用。将宗教群体与商业群体、企业群体并列可能会让某些人反感，然而它们虽有不同却有可比较之处：企业、商业的组织结构有股份制、家族制的、国有制的、混合制的……宗教群体的组织结构也有不同类型，虽然名称很不相同，但都有不同的内部结构和相应的管理体制。每个社会都有针对社会群体的法律法规（包括财务管理制度），每个群体都有关于自身组织结构和运行规则的章程（有些宗教组织没有成文的章程，但也有称作传统或"规矩"或"说法"类的东西）。某一个个体在加入某个群体时，不管有意识的还是无意识的，都意味着他（或她）承认并遵守既有的内部章程（或规矩）；而一个社会群体以此章程去政府的工商部门或社团部门登记时，既意味着它承认国家的相关法律法规，也意味着政府认可它的章程与国家的法律法规是相合的（否则不予登记）。代表国家的政府部门会依此对之考核，某个群体不论是违反了国家的法律法规，还是违反了自己制定的章程，都会受到相应的处理。群体成员也可依照群体章程和国家法律对群体组织机构的某些作为提出批评和建议。

现代社会发展的一个重要趋势是社会功能的分化、细化和专业化，传统社会虽然也有行会，甚至有专门的救助团体，但从总体上看，宗教群体往往是一体多能的。进入现代社会，很多宗教群体不是专业的商业组织但却有经营活动，不是专业的慈善机构却有慈善活动，不像专业的 NGO 组织那样公开透明但却有所免税，在捐赠上既有给宗教团体的也有给某个神职人员的。这些界限上的不清晰很难用一句话厘清，它们不是一朝一夕形成的，但它们的延续却会使宗教群体与现代国家的社会治理产生这样那样的张力，不同的宗教群体在这几个方面程度不同，因而张力也不同。就特定的某一个宗教群体而言，在不同时段不同地域每个方面的张力也会各有不同。一方面，宗教群体，尤其是那些拥有悠久传统的宗教群体，面临着融入现代社会的转型问题（功能专业化以适应现代社会治理体系）；另一方面，政府部门既给予时间又对之积极引导，针对不同类型的宗教群体制定不同的路线图。这是一个互动的过程，即使在短期内不可能令各方在宗教信仰自由的范围和程度上皆大欢喜，也尽可能地在各方之间达成共识和"底线"，避免将张力激化而对社会（亦包括宗教群体本身）造成伤害。

第五，宗教群体的仪式活动是集体活动，而集体活动往往会使个人产生独自活动时所不具有的心理效应。对此学者们从不同视角加以研究，概括起来有以下几个方面：一是同质化。在集体活动中所形成的反应增强和动员的机制，会使集体成员彼此间容易产生暗示和模仿，因而无论在成员的心理上还是行为上均显示出明显的同质化。二是在集体活动中，群体的情绪、观念及兴奋感有如传染病那样迅速传播，人们的行为在这一过程中很快地受到感染。三是在集体活动中，大多数人具有共同的动因而显示共同的反应，这就产生一定的压力，使在场的个人产生要遵从群体行为的心理，即所谓的从众心理。以上三个社会群体在集体活动中表现出来的心理特点是中性的，它们既可以是积极的，也可能是消极的，例如同质化既能强化内部认同又可产生排外情绪。然而还有些群体心理特征虽然不一定具有普遍性，但有些偶发的负面特点却是人们极为关注的：比如集体活动中的情绪化（群体的情绪性高于理智性，而情绪高涨又反过来促使智力判断及自制力的降低）、匿名性（在同质性增强的前提下，个性融化于群体之中）与过激性（个人自制力降低，容易产生偏向极端情绪的行为）。这几个因素互相放大会导致某种无责任性，使成员做出平时不敢做的行为（在集体活动中，有时会出现暴力行为和攻击行为）。

第六，宗教群体的集体活动还会带来社会治安问题。一个人对着星星祷告或是跪在床头祷告一般不会影响他人，但许多信徒在一起祷告就可能不仅相互影响，而且会影响他人（如在空间上或声音上）。零散的香客去宫庙进香是"日常"，千百万香客在同一时间同一地点聚集做一件事就是"非常"。"日常"是常态，"非常"是非常态。即使是正当的群体性宗教活动，一旦达到一定的人数规模，即使没有负面的群体心理出现，单纯的治安问题就是非常严重的安全问题。这不是因为这个群体活动是"宗教的"。现代建筑技术令当今的宗教活动场所能容纳的人数远远超过了以往。然而随之而来的，活动场所的安全，建筑、电、水、通风，甚至吃饭、上厕所都成了"大问题"。所以当人们说要为宗教"脱敏"时至少包括两个方面：一方面，某些政府官员和社会上的非宗教信仰者不要戴有色眼镜看待宗教活动，是什么事情就按什么方面的法律法规办，既不因其宗教属性而加分，也不因之而减分；另一方面，宗教信徒也不要戴有色眼镜看待政府的相关管理制度，只要是群体性活动就有相关的治安问题，不是因为群体活动具有宗教属性就一定不会发生意外。凡事都要有规有矩，既保护自己又不伤害他人，如此才能和谐相处。

现实生活中群体的宗教信仰自由在范围和程度上的实现状态，既取决于特定社会的法治结构和政教关系等外在因素，也取决于宗教内在的结构关系，还取决于不同于个体的群体属性。它不是绝对的而是相对的。虽然作为宗教信徒的个人也是社会的，甚至也是政治的，但宗教群体的社会性与政治性不同于个人。人们可以说对国家而言宗教信仰是私人的事情，但对国家而言，宗教群体从来都不是私人。区别不在于国家的法治是否将宗教群体纳入其中（或隐或显），而在于纳入怎样的法治框架和实施怎样的法治治理。

小结

1. 人类个体组成群体即社会，必然会形成各种各样的关系。古往今来形形色色的习俗、"礼"、"法"（包括不成文法），都可以说是将人与人的关系以及相关行为定格化、规范化、秩序化。而宗教，无论是一神论的还是多神论的，都有这样那样的戒律，而且通过其神学（或神话）将整个世界纳入一种文化秩序并在仪式中展演，使世间万物在其中都有其结构的地位或意义。所以在秩序化的意义上说，无论是起源的发生学还是历时性的动态演变，宗教与法律的关系都十分密切。

2. 宗教法与世俗法都是"法"，都是带有某种强制性的行为规范和关系准则，违犯了都会受到惩罚（不同于伦理道德）。另外，宗教法与世俗法又有所不同。许多宗教法的内容或是道德劝诫性的，缺乏国家机构所制定的法律法规的那种凌驾于整个社会之上的、有效的和强制的惩罚与制裁；或者，宗教法所规定的惩罚或是在死后或来世，或是需要通过神灵或宇宙本身的作用降临到犯罪者身上。宗教法与世俗法的不同还表现在权威的源泉、解决争议的程序、强制的机制等方面。宗教法的权威源泉，往往是神灵或始祖。而现代社会的法律的特点在于创建法律的权威专有地存在于大众选举的立法机构中，在许多情况下属于一个也是体现了民众意志的更基本的章程，反过来说，民众的意志也受到普遍的世俗规范的约束。

3. 宗教与法治的原点问题也是核心问题乃是"宗教信仰自由"。因为宗教信仰的权利问题说到底，是宗教信仰的现实实现，而实现的范围与程度取决于法治框架。因而讨论宗教与法治的关系，最根本最核心的是实现和保护宗教信仰自由的法律限制。对这个问题的理解以及由此形成的社会共识，直接关系到一个社会的法治状态和运行功效。

4. 在探讨宗教信仰自由的范围与程度时，不仅要关注直接的宗教信仰自由层面，还要关注间接的宗教信仰自由层面。有时候，由于"直接的宗教信仰自由"比较直观而易于是非分辨，"间接的宗教信仰自由"因其隐含于其他事项中而往往不被人们重视甚至被曲解，社会的与文化的误解也往往由此孕育，所以更应引起关注。

5. 一个社会有许多法律法规，每种法律每条法规都有其自身的合理性，但不同直线运动的法条会因指向不同而相互碰撞，由此也会形成一些"问题"（如宗教信仰自由权利与生命权，宗教信仰自由权利与受教育的权利，宗教信仰自由权利与服兵役的义务，等等）甚至冲突的关节点。具有不同传统背景和不同宗教信仰的人（即使是旁观者）对这些问题或冲突各有自己的感悟，不同的反应又会形成具有一定压力的社会舆论。现代化的进程虽然解构了传统社会从而使个体"原子化"了，但在当代科技促进的发达的社交媒体作用下，"蝴蝶效应"会使本来属于个体面对的问题迅速变成一个社会事件，甚至引发社会运动。本来就不简单的事情由此变得更加复杂。

6. 个人的宗教信仰自由不是某一个个体的宗教信仰自由，而是一个社会中每一个个体享有的且应同等的宗教信仰自由。宗教信仰自由不仅是全民共享的选择自由，而且还必须以尊重他人的宗教信仰自由为前提，这是一种义务。

7. 宗教信仰自由还是一种改宗的自由，如果有人想改信另外一种宗教，别人无权干涉，这完全要出于自愿而非强迫，这种强迫可能来自两个方面：一是强迫你改信某种宗教，二是阻挠你改信某种宗教。改宗的自由是积极自由，即主体在各种选择方案中选择自己的目标和行为方式；不受强迫是消极自由，即没有外部的约束、强制或强迫而行动的力量。

8. 宗教群体的人口比、社会亲和度与内部结构是考察和分析宗教与法治关系时不可忽视的三个维度，因为这三个维度既呈现出宗教群体的价值取向与国家政权之意识形态的逆顺关系，也表现出宗教群体的社会动员能力及其能量（社会的、经济的和文化的）。

9. 在日趋复杂的近现代社会中，一个社会中往往具有诸多不同宗教或教派的宗教群体，它们有各自的内部结构并在延续中形成传统：既有几乎平面的相当民主和平等的内部结构，也有等级化的金字塔式的帝国结构；既有公开透明的开放结构，也有封闭的秘密团体，还有半明半暗的群体结构；既有专业的神职人员和培训机制，也有无固定神职人员的宗教群体。

10. 无论宗教群体具有何种结构，宗教领袖的地位一旦形成，他（她）就成为宗教群体对内和对外的人格化代表，他（她）个人的社会能量与文化能量，甚至政治能量，会远远超出群体的其他成员。但是这种影响力既取决于个人，更取决于结构，组织的结构既可以集中能量也可以分散能量。可以说，宗教群体在内部组织结构上越等级分明、权威越自上而下，能量越是集中，宗教领袖在宗教信仰自由的范围与程度方面（无论对内还是对外）越是个重要的影响因子。

11. 宗教信仰群体不能因为自己具有与众不同的信仰，不能因为自己的成员数量或多或少，不能因为自身独特的内部组织结构和外部关联，而享有与其他社会群体（也包括其他宗教群体）不一样的社会特权，更不能凌驾于其他社会群体之上。反过来说，也不能因此而不享有其他社会群体（也包括其他宗教群体）所享有的社会权利和义务。

12. 宗教群体的仪式活动是集体活动，而集体活动往往会使个人产生独自活动时不具有的心理效应：一是同质化，二是传染性，三是从众心理。以上这三个社会群体在集体活动中表现出来的心理特点是中性的，它们既可以是积极的，也可能是消极的，例如同质化既能强化内部认同又可产生排外情绪。然而还有些群体心理特征虽不一定具有普遍性，但有些偶发的负面特点却是人们极为关注的：比如集体活动中的情绪化（群体的情绪性高于理智性，而情绪高涨又反过来促使智力判断及自制力的降低）、匿名性（在同质性增强的前提下，个性融化于群体之中）与过激性（个人自制力降低，容易产生偏向极端情绪的行为）。这几个因素互相放大会导致某种无责任性，使成员做出平时不敢做的行为（在集体活动中，有时会出现暴力行为和攻击行为）。

参考文献

一、中文文献

《列宁选集》，人民出版社 1995 年版。

《马克思恩格斯选集》，人民出版社 1972 年版。

《毛泽东选集》，人民出版社 1991 年版。

《摩奴法论》，蒋忠新译，中国社会科学出版社 1986 年版。

《清朝续文献通考》（影印本），浙江古籍出版社 1988 年版。

《清代中国伊斯兰教论集》，宁夏人民出版社 1981 年版。

《清宫廷画家郎世宁年谱——兼在华耶稣会士史事稽年》，《故宫博物院院刊》1988 年第 2 期。

《文献丛编》上册，台联国风出版社 1964 年版。

《循化志》，青海人民出版社 1981 年版。

W. E. 佩顿：《阐释神圣：多视角的宗教研究》，许泽民译，贵州人民出版社 2006 年版。

埃文斯-普里查德：《原始宗教理论》，孙尚扬译，商务印书馆 2001 年版。

昂格尔：《现代社会中的法律》，吴玉章、周汉华译，译林出版社 2001 年版。

奥戴：《宗教社会学》，刘润忠等译，中国社会科学出版社 1990

年版。

班班多杰：《和而不同：青海多民族文化和睦相处经验考察》，《中国社会科学》2007 年第 6 期。

贝尔：《资本主义文化矛盾》，赵一凡等译，生活·读书·新知三联书店 1989 年版。

伯尔曼：《法律与宗教》，梁治平译，中国政法大学出版社 2003 年版。

伯尔曼：《信仰与秩序——法律与宗教的复合》，姚剑波译，中央编译出版社 2011 年版。

布宁、余纪元编著：《西方哲学英汉对照辞典》，人民出版社 2001 年版。

陈来：《古代宗教与伦理——儒家思想的根源》，生活·读书·新知三联书店 1996 年版。

陈立胜：《一与多："宗教性"的现象学的进路、预设与时代精神》，《现代哲学》2004 年第 2 期。

陈立胜：《宗教现象学正名》，《中山大学学报》（社会科学版），2012 年第 1 期。

陈荣富：《马克思主义宗教观研究》，四川人民出版社 2008 年版。

达瓦马尼：《宗教现象学》，高秉江译，人民出版社 2006 年版。

戴安娜·克兰主编：《文化社会学——浮现中的理论视野》，王小章、郑震译，南京大学出版社 2006 年版。

德拉姆、沙夫斯：《法治与宗教——国内、国际和比较法的视角》，隋嘉滨等译，中国民主法制出版社 2012 年版。

迪特·森格哈斯：《文明内部的冲突与世界秩序》，张文武等译，新华出版社 2004 年版。

董江阳：《迁就与限制——美国政教关系研究》，生活·读书·新知三联书店 2017 年版。

杜尔凯姆：《宗教生活的基本形式》，渠东、汲喆译，上海人民出版社 1999 年版。

杜继文主编:《佛教史》,中国社会科学出版社 1991 年版。

方豪:《中国天主教史人物传》,中华书局 1988 年版。

冯基华:《宗教政党对以色列政局及阿以冲突的影响》,《西亚非洲》2006 年第 5 期。

冯友兰:《中国哲学简史》,新世界出版社 2004 年版。

弗雷泽:《金枝》,徐育新等译,汪培基校,中国民间文艺出版社 1987 年版。

傅乐安:《托马斯·阿奎那》,载《西方著名哲学家评传》第 2 卷,山东人民出版社 1984 年版。

傅统先:《中国回教史》,宁夏人民出版社 2000 年版。

高秉江:《初探宗教现象学》,《现代哲学》2004 年第 3 期。

高秉江:《与威斯特福教授谈宗教现象学》,《哲学动态》2003 年第 8 期。

高师宁:《格奥尔格·西美尔:宗教性创造出宗教》,《中国民族报》2011 年 8 月 16 日。

高宣扬:《当代社会理论》,中国人民大学出版社 2005 年版。

高宣扬:《鲁曼社会系统理论与现代性》,中国人民大学出版社 2005 年版。

格尔茨:《文化的解释》,纳日碧力戈等译,王铭铭校,上海人民出版社 1999 年版。

顾丽梅:《美国新公共服务理论之反思》,《中共浙江省委党校学报》,2009 年第 5 期。

顾丽梅:《新公共服务理论及其对我国公共服务改革之启示》,《南京社会科学》2005 年第 1 期。

顾肃:《宗教与政治》,译林出版社 2010 年版。

顾长声:《传教士与近代中国》,上海人民出版社 1981 年版。

顾忠华：《韦伯学说新探》，台北唐山出版社1992年版。

哈拉尔德·米勒：《文明的共存——对塞缪尔·亨廷顿"文明冲突论"的批判》，郦红、那滨译，新华出版社2002年版。

郝长池：《宗教现象学的基本问题》，《现代哲学》2006年第1期。

何其敏：《中国明代宗教史》，人民出版社1994年版。

赫治清：《清代"邪教"与清朝政府对策》，《清史论丛》（2003—2004号），中国广播电视出版社2004年版。

黑格尔：《宗教哲学》，魏庆征译，中国社会出版社1999年版。

亨廷顿：《文明的冲突与世界秩序的重建》（修订版），周琪等译，新华出版社2010年版。

亨廷顿：《政治发展与世界秩序中美国体系的衰落》，载丹尼尔·贝尔主编：《2000年展望》，1968年版。

黄裕生：《哲学在今天要面对什么问题和哪些经典》，《探索与争鸣》2017年第11期。

霍布斯：《利维坦》，黎思复、黎廷弼译，商务印书馆1997年版。

基奇特：《政党与政治中介》，载凯特·纳什、阿兰·斯科特主编：《布莱克维尔政治社会学指南》，李雪等译，浙江人民出版社2007年版。

金宜久：《伊斯兰与国际政治》，中国社会科学出版社2013年版。

金宜久：《宗教极端主义的基本特征》，《中国宗教》2004年第2期。

金泽：《民间信仰的聚散现象初探》，《西北民族研究》2002年夏季卷。

肯特·格里纳沃尔特：《宗教与美国宪法——自由活动与公正》，程迈译，中国民主法制出版社2013年版。

况晗、陆元：《消失的胡同》，学苑出版社2008年版。

李东清：《论全球化条件下宗教与社会政治问题的联系》，《学术论坛》2006年第11期。

李利安、谢锐、阎文虎：《当前世界宗教的基本动向及其对我国构建和谐社会的影响》,载《2006 民族宗教问题高层论坛暨甘肃研究基地年会论文集》。

李亦园:《中国文化中"小传统"的再认识》,杭州"中国文化:20 世纪回顾与 21 世纪前瞻"研讨会论文,1994 年。

廖申白:《形成中的中国公民社会》,《首都师范大学学报》(社会科学版) 2008 年第 4 期。

列奥·施特劳斯、约瑟夫·克罗波西主编:《政治哲学史》(第三版),李洪润等译,法律出版社 2009 年版。

林安梧:《重建中华文化主体性　守护民族精神家园》,《中国社会科学网》2012 年 5 月 7 日。

刘澎:《世界主要国家政教关系模式比较》,载刘澎主编:《国家·宗教·法律》,中国社会科学出版社 2006 年版。

刘义:《全球化背景下的宗教与政治》,上海大学出版社 2011 年版。

楼宇烈:《中国的品格》,当代中国出版社 2007 年版。

卢国龙主编:《宗教在文化战略中的地位和作用》,中国社会科学出版社 2014 年版。

卢克曼:《无形的宗教——现代社会中的宗教问题》,覃方明译,中国人民大学出版社 2003 年版。

卢曼:《宗教教义与社会演化》,刘锋、李秋零译,中国人民大学出版社 2003 年版。

罗伯逊:《社会学》,黄育馥译,商务印书馆 1991 年版。

罗伯特·J. 阿特、罗伯特·杰维斯:《政治的细节》(第 10 版),陈积敏、聂文娟、张键译,世界图书出版公司 2014 年版。

罗德尼·斯塔克、罗杰尔·芬克:《信仰的法则——解释宗教之人的方面》,杨凤岗译,中国人民大学出版社 2004 年版。

洛克:《论宗教宽容》,吴云贵译,商务印书馆 1998 年版。

吕大吉:《西方宗教学说史》,中国社会科学出版社 1994 年版。

吕大吉主编：《宗教学纲要》，高等教育出版社2003年版。

马林诺夫斯基：《科学的文化理论》，黄建波等译，张海洋校，中央民族大学出版社1999年版。

马林诺夫斯基：《巫术、科学、宗教与神话》，李安宅译，中国民间文艺出版社1986年版。

马林诺夫斯基：《巫术与宗教的作用》，载史宗主编：《20世纪西方宗教人类学文选》，上海三联书店1995年版。

马书田：《华夏诸神》，北京燕山出版社1990年版。

梅因：《古代法》，沈景一译，商务印书馆1959年版。

梅铮铮：《满清王朝崇拜关公论》，《成都大学学报》（社会科学版）2008年第6期。

米格代尔：《社会中的国家——国家与社会如何相互改变与相互构成》，李杨、郭一聪译，张长东校，江苏人民出版社2013年版。

缪勒：《宗教学导论》，陈观胜、李培茱译，上海人民出版社1989年版。

默顿：《社会理论和社会结构》，唐少杰等译，译林出版社2006年版。

牟钟鉴、张践：《中国宗教通史》，中国社会科学出版社2000年版。

牟宗三：《人文主义与宗教》，载《生命的学问》，台北三民书局1970年版。

聂平平：《公共治理：背景、理念及其理论边界》，《江西行政学院学报》2005年第4期。

帕特南：《使民主运转起来——现代意大利的公民传统》，王列、赖海榕译，中国人民大学出版社2015年版。

帕特南主编：《流动中的民主政体——当代社会中社会资本的演变》，李筠、王路遥、张会芸译，社会科学文献出版社2014年版。

庞德：《法律史解释》，邓正来译，中国法制出版社2002年版。

庞德：《通过法律的社会控制》，沈宗灵译，楼邦彦校，商务印书馆 2013 年版。

培根:《新工具》,许宝骙译,商务印书馆 1984 年版。

卿希泰、唐大潮:《道教史》,中国社会科学出版社 1994 年版。

邱永辉:《印度教概论》,社会科学文献出版社 2012 年版。

任剑涛:《内在超越与外在超越:宗教信仰、道德信念与秩序问题》,《中国社会科学》2012 年第 7 期。

萨林斯:《文化与实践理性》,赵丙祥译,张宏明校,上海人民出版社 2002 年版。

萨义德:《开端:意图与方法》,章乐天译,生活·读书·新知三联书店 2014 年版。

邵宏伟:《战后日本的新宗教与政治》,世界知识出版社 2013 年版。

施皮格伯格:《现象学运动》,王炳文、张金言译,商务印书馆 2011 年版。

史密斯:《宗教的意义与终结》,董江阳译,中国人民大学出版社 2005 年版。

斯特伦:《人与神——宗教生活的理解》,金泽、何其敏译,上海人民出版社 1991 年版。

斯维德勒:《全球对话的时代》,刘利华译,中国社会科学出版社 2006 年版。

宋林飞:《西方社会学理论》,南京大学出版社 1997 年版。

苏国勋:《从社会学视角看"文明冲突论"》,《社会学研究》2004 年第 3 期。

苏国勋:《理性化及其限制》,上海人民出版社 1988 年版。

泰勒:《原始文化》,连树声译,谢继胜等校,上海文艺出版社 1992 年版。

覃胜勇:《北非成长中的伊斯兰政党》,《南风窗》2012 年第 17 期。

唐君毅:《中国文化之精神价值》,台北正中书局 1974 年版。

王宏选：《法律文化视野下的宗教规范研究》，厦门大学出版社 2013 年版。

王辑思主编：《文明与国际政治：中国学者评亨廷顿的文明冲突论》，上海人民出版社 1995 年版。

王六二：《宗教现象学》，《世界宗教资料》1994 年第 2 期。

王小强：《"文明冲突"的背后——解读伊斯兰教原教旨主义复兴》，香港大风出版社 2004 年版。

王彦敏：《以色列政党政治演变中宗教政党角色地位的变化》，《历史教学》2010 年第 24 期。

王彦敏：《以色列宗教政党政治演变探析》，《理论学刊》2011 年第 10 期。

王宇洁：《宗教与国家——当代伊斯兰教什叶派研究》，社会科学文献出版社 2012 年版。

王志平主编：《硝烟中的沉思——当代世界武装冲突中的民族宗教问题研究》，中国社会科学出版社 2003 年版。

王钟翰：《清代民族宗教政策》，《清史续考》，台北华世出版社 1993 年版。

魏道儒：《中国华严宗通史》，江苏古籍出版社 1998 年版。

沃尔克：《基督教会史》，孙善玲、段琦、朱代强译，朱代强校，中国社会科学出版社 1991 年版。

吴效群：《妙峰山：北京民间社会的历史变迁》，人民出版社 2006 年版。

吴于廑：《十五十六世纪东西方历史初学集》，武汉大学出版社 2005 年版。

吴云贵：《当今世界伊斯兰教的八大趋势》，《世界宗教文化》1997 年第 2 期。

希尔斯：《论传统》，傅铿、吕乐译，上海人民出版社 1991 年版。

夏普：《比较宗教学史》，吕大吉等译，上海人民出版社1988年版。

肖安平：《宗教对话——从理解、合作到自身发展》，《金陵神学志》2012年第1—2期。

小约翰·威特：《宗教与美国宪政经验》，宋华琳译，上海三联书店2011年版。

辛旗：《诸神的争吵》，海南出版社2002年版。

徐以骅：《宗教在当前美国政治与外交中的影响》，《国际问题研究》2009年第2期。

徐以骅主编：《宗教与美国社会》（1—16辑），时事出版社2004—2018年版。

徐宗泽：《中国天主教传教史概论》，上海书店1990年版。

薛刚凌：《行政体制改革研究》，北京大学出版社2006年版。

闫莉：《宗教信仰：自由与限制》，社会科学文献出版社2012年版。

杨庆堃：《中国社会中的宗教——宗教的现代社会功能与其历史因素之研究》，范丽珠等译，上海人民出版社2006年版。

杨舒文：《公共治理理论对我国构建和谐社会的启示》，《公共行政》2009年第8期。

耶律亚德（伊利亚德）：《宇宙与历史：永恒回归的神话》，台北联经出版事业公司2000年版。

伊利亚德：《神圣与世俗》，王建光译，华夏出版社2002年版。

英格：《宗教的科学研究》，金泽等译，刘澎校，中国社会科学出版社2009年版。

英格尔：《宗教社会学经典快读》，李向平、傅敬民译，宗教文化出版社2006年版。

樱井龙彦、贺学君编：《关于妙峰山庙会的民众信仰组织（香会）及其活动的基础研究》，2006年版。

于本源：《清王朝的宗教政策》，中国社会科学出版社1999年版。

俞可平:《治理与善治》,社会科学文献出版社2000年版。

约翰斯通:《社会中的宗教》,尹今黎、张蕾译,四川人民出版社1991年版。

云杉:《文化自觉 文化自信 文化自强》,《红旗文稿》2010年第15期。

张践:《中国古代政教关系史》,中国社会科学出版社2012年版。

张祥龙、陈岸瑛:《解释学理性与信仰的相遇——海德格尔早期宗教现象学的方法论》,《哲学研究》1997年第6期。

张训谋、雷丽华:《欧洲宗教与国家关系的历史演变》,《世界宗教文化》2013年第3期。

张训谋:《欧美政教关系研究》,宗教文化出版社2002年版。

张战、李海君:《国际政治关系中的宗教问题研究》,中国社会科学出版社2009年版。

赵德宇:《日本"南蛮时代"探析》,《世界宗教研究》2008年第2期。

赵敦华:《西方哲学简史》,北京大学出版社2001年版。

赵世瑜:《狂欢与日常——明清以来的庙会与民间社会》,生活·读书·新知三联书店2002年版。

赵一凡等主编:《西方文论关键词》,外语教学与研究出版社2006年版。

郑筱筠:《人类学视域下南传上座部佛教的中国阈限理论分析——以南传上座部佛教管理体系中的安章现象为例》,《思想战线》2010年第2期。

郑筱筠:《中国南传佛教研究》,中国社会科学出版社2012年版。

周一良、吴于廑主编:《世界通史·中古部分》,人民出版社1972年版。

朱东华:《"领悟"与"理想型"——论列欧的宗教现象学的方法

论基础》,《清华大学学报》(哲学社会科学版) 2007 年第 4 期。

朱高正:《康德批判哲学的启蒙意义——谈文化主体意识的重建》,《哲学研究》1999 年第 7 期。

庄吉发:《清朝宗教政策的探讨》,《清史论集》五,台北文史哲出版社 2000 年版。

卓新平:《"全球化"的宗教与当代中国》,社会科学文献出版社 2008 年版。

卓新平:《宗教现象学的历史发展》,《世界宗教资料》1988 年第 3 期。

宗力、刘群:《中国民间诸神》,河北人民出版社 1987 年版。

二、外文文献

A Reader in the Anthropology of Religion, Edited by Michael Lambek, Blackwell Publishers Inc., 2002.

Daniel L. Pals, *Seven Theories of Religion*, Oxford University Press, 1996.

E. K. Nottingham, *Religion and Society*, Doubleday & Company, Inc., 1954.

Edward Norbeck, *Religion in Primitive Society*, Harper and brothers, 1961.

J. M. Yinger, *Religion, Society and the Individual*, The Macmillan Company, 1957.

J. Wach, *Sociology of Religion*, Chicago, 1943.

James Dreve, *A Dictionary and Psychology*, London, 1984.

John Henry Barrows, "The World's Parliament of Religions: An Illustrated and Popular Story of the World's First Parliament of Religions", *Held in Chicago in Connection with the Columbian Exposition of 1893*, vol. 1, Parliament Publishing Company, 1893.

John L. and Jean Comaroff, "The Colonization of Consciousness", in *Ethnography and the Historical Imagination*, Boulder, CO: Westview Press, 1992 (1989), pp. 235-263.

L. J. Hanifan, "The Rural School Commuity Center", *Annals of the American Academy of Political and Social Science*, 1916(67), pp. 130-138.

Malcolm Ruel, "Christians as Believers", in John Davis (ed.), *Religious Organization and Religious Experience*, London: Academic Press, 1982.

Michael Taussig, "The Genesis of Capitalism amongst a South American Peasantry: Devil's Labor and the Baptism of Money", *Comparative Studies in Society and History*, 19(2), 1977, pp. 130-155.

Mircea Eliade, *Autobiography*, vol. II, 1937-1960: Exile's Odyssey, trans. by Mac Linscott Rickets, Chicago: University of Chicago Press, 1988.

Pierre Boundieu, "Forms of Capital", in John G. Richardson (ed.), *Handbook of Theory and Research for the Sociology of Education*, New York: Greenwood Press, 1983.

Quentin Skinner, *Liberty before Liberralism*, Cambridge: Cambridge University Press, 1998.

Robert Redfield, *The Primitive World and Its Transformations*, Chicago: University of Chicago Press, 1953.

Robert H. Lowie, *The History of Ethnological Theory*, New York, 1966.

Sharma, *To the Things Themselves: Essays on the Discourse and Practice of the Phenomenology of Religion*, Berlin/New York: Walter de Gruyter, 2001.

Thomas Ryba, *The Essence of Phenomenology and Its Meaning for the Scientific Study of Religion*, New York: Peter Lang, 1991.